Kampf der Erinnerungen

Die Autoren

Walther L. Bernecker, Dr. phil., Professor, geb. 1947, Studium der Geschichte, Germanistik und Hispanistik an der Friedrich-Alexander-Universität Erlangen-Nürnberg, 1984/85 *Visiting Fellow* am *Center of Latin American Studies* der University of Chicago, 1986 Habilitation, 1988–1992 Lehrstuhl für Neuere Geschichte an der Universität Bern, seit 1992 Lehrstuhl für Auslandswissenschaft an der Universität Erlangen-Nürnberg.
Veröffentlichungen (u.a.): *Spaniens Geschichte seit dem Bürgerkrieg.* München (3. Auflage) 1997; *Krieg in Spanien 1936–1939.* Darmstadt (2. Auflage) 2005, span. Ausg. Madrid 1996; (zus. mit H. Pietschmann) *Geschichte Spaniens seit dem Mittelalter.* Stuttgart (4. Auflage) 2005; (zus. mit Torsten Eßer und Peter A. Kraus): *Eine kleine Geschichte Kataloniens.* Frankfurt am Main 2007; (Hg.) *Spanien heute.* Frankfurt am Main (5. Auflage) 2008.

Sören Brinkmann, Dr. phil., geb. 1970, Studium der Neueren Geschichte, Auslandswissenschaft und Volkswirtschaftslehre in Freiburg, Madrid und Erlangen/Nürnberg, seit 1999 Wissenschaftlicher Mitarbeiter am Lehrstuhl Auslandswissenschaft (Universität Erlangen-Nürnberg), 2000–2003 Stipendium der Hans-Böckler-Stiftung, 2006 Stipendium der Fritz-Thyssen-Stiftung, seit 2007 Projektbearbeiter der Deutschen Forschungsgemeinschaft.
Veröffentlichungen (u.a.): *Der Stolz der Provinzen,* Frankfurt am Main 2005; *Katalonien und der Spanische Bürgerkrieg,* Berlin 2007.

Walther L. Bernecker
Sören Brinkmann

Kampf der Erinnerungen

Der Spanische Bürgerkrieg in Politik und Gesellschaft
1936–2010

Verlag Graswurzelrevolution

Umschlagfoto: Die Erinnerungsstätte von La Barranca im Bau, 1979
Quelle: J. V. Aguirre, represionrioja.com

Bibliografische Information der Deutschen Bibliothek
Die Deutsche Bibliothek verzeichnet diese Publikation in der Deutschen Nationalbibliografie; detaillierte bibliografische Daten sind im Internet über http://dnb.ddb.de abrufbar.

Fünfte, erweiterte und überarbeitete Auflage 2011

Sitz: Heidelberg
E-Mail: buchverlag@graswurzel.net
www.graswurzel.net
ISBN 978-3-939045-16-8

Umschlaggestaltung: Graphisches Atelier Johannes Sternstein, Stuttgart
Satz: Verlags- und Medienservice, Bernd Degener, Bremen
Druck & Bindung: Books on Demand GmbH, Norderstedt

INHALT

VORBEMERKUNG

Obgleich kaum direkt in andere Sprachen übertragbar, hat es der deutsche Begriff der »Vergangenheitsbewältigung« zu internationaler Bekanntheit gebracht, insofern er für die besondere deutsche Problematik des Umgangs der Nachkriegsgenerationen mit der Vergangenheit des Nationalsozialismus und dessen gewaltiger Opferbilanz steht. Diese kritische Auseinandersetzung mit der eigenen Geschichte hatte in Deutschland stets viele Gesichter und reicht von der von den alliierten Siegermächten durchgeführten politischen und strafrechtlichen »Entnazifizierung« über die bundesdeutschen Entschädigungspolitiken gegenüber den Opfern bis hin zur historiographischen Erforschung von Nationalsozialismus und Holocaust und zu der Frage, wie eine kritisch reflektierte Erinnerung an diese Epoche der Geschichte für die Zukunft bewahrt werden soll. Unverkennbar ist freilich, daß die Anstöße hierzu zunächst von außen, d.h. in erster Linie von seiten der alliierten Siegermächte kamen, und daß Politik und Justiz im Nachkriegsdeutschland unter strenger Beobachtung standen. Spätestens seit den siebziger Jahren allerdings geschieht die Aufarbeitung der Geschichte des Dritten Reiches vornehmlich aus inneren Antrieben, und ihre geradezu permanente Präsenz in Form von Museen, Denkmälern, Dokumentarfilmen und einer Fülle wissenschaftlicher Publikationen hat sie mittlerweile zu einem festen Bestandteil deutscher Identität werden lassen. »Vergangenheitsbewältigung« aber ist keineswegs nur ein deutsches Phänomen geblieben. Denn längst ist in Ländern wie Frankreich und Italien und – seit dem Fall des Eisernen Vorhangs – in Osteuropa neben der Fokussierung auf die eigene Opferrolle auch die Frage nach schuldhafter Verstrickung und Mitverantwortung für die Verbrechen des Nationalsozialismus zum Gegenstand heißer Debatten avanciert. Und blickt man jenseits der Problematik des Zweiten Weltkrieges schließlich nach Südafrika, Kambodscha oder in einige Länder Zentral- und Südamerikas, so stellt sich die kritische Auseinandersetzung mit von Diktaturen, politischer Gewalt und Bürgerkriegen geprägten Vergangenheiten seit den achtziger Jahren geradezu als ein globales Signum der Epoche dar.

Wenn Deutschland aufgrund der besonderen Schwere der nationalsozialistischen Verbrechen gezwungen war, in Sachen kritischer Aufarbeitung der eigenen Geschichte eine Führungsrolle zu übernehmen, so stellte Spanien in dieser Hinsicht lange Zeit ein markantes Gegenbeispiel dar. Zwar war die historiographische Aufarbeitung des Spanischen Bürgerkrieges und der Diktatur schon lange vor dem Tod von General Francisco Franco in Gang gekommen. Eine breitere, in Politik und Öffentlichkeit ausgetragene Debatte um die Bewertung der jüngeren Vergangenheit aber hat tatsächlich erst seit der Wende zum 21. Jahrhundert eingesetzt. Zugleich scheint es, als ob aus dieser Verspätung ein gewaltiger »Nachholbedarf« erwachsen wäre. Jedenfalls überrascht die Geschwindigkeit, mit der die vor allem von Opfern des Franquismus und deren Nachfahren angestoßene Debatte ins Zentrum der öffentlichen Aufmerksamkeit und der Politik vorstoßen konnte: Die vergangene Legislaturperiode (von 2004 bis 2008) war begleitet von heftigen Kontroversen um das Vorhaben der Regierung von José Luis Rodríguez Zapatero, die Opfer von Bürgerkrieg und Diktatur im Rahmen jenes sogenannten Erinnerungsgesetzes moralisch und materiell zu entschädigen.

Schon jetzt ist aus den jüngsten Entwicklungen in Spanien die Lehre zu ziehen, daß vergangene Gewalterfahrungen ohne eine angemessene öffentliche Aufklärung nirgendwo auf der Welt einfach »vergehen«, sondern auch nach Jahrzehnten noch ihr Recht auf Aufarbeitung einfordern. Zugleich führt die im internationalen Maßstab verspätete spanische Vergangenheitskonjunktur zu der Einsicht, daß der Zeitpunkt und die Art und Weise, wie Gesellschaften sich »erinnern« und sich kritisch mit vergangenen Gewalterfahrungen auseinandersetzen, in erster Linie von innergesellschaftlichen Bedingungsfaktoren abhängen. Daß einzelne Opfer in der Regel ein besonderes Mitteilungsbedürfnis haben und – wenn nicht gar nach Rache – so doch wenigstens nach Strafverfolgung der Täter und Entschädigung streben, liegt auf der Hand. Die Erfüllung dieser Ansprüche aber ist je nach politischen Umständen und Konjunkturen nur in den seltensten Fällen eine Selbstverständlichkeit. Die erlittene Gewalt war in der Regel nicht von zwischenmenschlichen Differenzen motiviert, sondern stand in einem gesellschaftspolitischen Zusammenhang, dessen zugrundeliegende Strukturen zumeist weit über das Ende der Gewaltausübung hinaus fortbestehen und so zumindest mittelbar auch den gesellschaftlichen Umgang, die Art der Auseinandersetzung mit dieser Vergangenheit mitbestimmen.

Davon abgesehen gibt auch das Erinnern selbst Rätsel auf, denn Erinnerung erscheint in erster Linie als eine individuelle Aktivität. Dessenungeachtet ist von Autoren wie Maurice Halbwachs und Jan Assmann auf die grundlegend soziale Bedingtheit der Erinnerung hingewiesen worden.[1] Erinnerungen werden zwar individuell gespeichert. Doch haben Halbwachs, Assmann und andere schlüssig aufzeigen können, daß Erinnerungen stets durch soziale Interaktionen produziert bzw. aktualisiert werden, daß sie außerdem mitunter gruppenprägende Funktionen übernehmen und schließlich sogar handlungsleitend wirken können. Wenig überraschend ist daher, daß seit einiger Zeit und unter dem Schlagwort der »Erinnerungskultur« das Erinnern als gesellschaftliche Funktion selbst in den Mittelpunkt der geschichtswissenschaftlichen Forschung gerückt ist. Dabei hat deren Untersuchung nach Umständen, Akteuren und Funktionen wiederum zur Entwicklung von eigenen Kategorien geführt. Grundsätzlich zu unterscheiden ist etwa zwischen dem instrumentellen Gebrauch von Vergangenheit im Sinne der »Geschichtspolitik«, die in der Regel im Dienste konkreter politischer Interessen steht, sowie einem auf Überwindung historischer Erblasten durch rechtliche und justizielle Maßnahmen abzielenden Umgang mit Vergangenem, für den sich im deutschen Sprachraum der Begriff »Vergangenheitspolitik« eingebürgert hat. Eine dritte Dimension betrifft schließlich die Produktion und Speicherung von Erinnerungen im kollektiven Gedächtnis, das sich

1 Vgl. J. Assmann, *Gedächtnis*, S. 34 ff.

nicht nur nach sozialer Zugehörigkeit, sondern auch nach Generationen differenziert. Geschichtspolitiken wiederum zielen auf Manipulation dieses kollektiven Gedächtnisses, können dieses jedoch niemals vollständig kontrollieren. Vielmehr ist in dieser Hinsicht von gegenseitigen Abhängigkeiten beider Sphären, von einem permanenten Wechselspiel zwischen Vergangenheitspolitiken und den tatsächlichen Erinnerungen in einer Gesellschaft auszugehen.

Das vorliegende Werk hat sich vorgenommen, die spanische Erinnerungskultur zum Bürgerkrieg von dessen Ende bis in die unmittelbare Gegenwart in den Blick zu rücken und unter den drei oben genannten Gesichtspunkten über den Zeitraum der vergangenen 70 Jahre zu untersuchen. Die ursprüngliche Fassung dieses Buches erschien zu Beginn des Jahres 2006 und wollte anläßlich des 70. Jahrestages des Bürgerkriegsbeginns dem deutschsprachigen Publikum eine Gesamtdarstellung zu dem hierzulande wenig bekannten spanischen Fall liefern. Die Debatte in Spanien ist seit diesem Zeitpunkt sowohl auf regionaler als auch auf nationaler Ebene fortgesetzt worden und hat mit der Verabschiedung des sogenannten Erinnerungsgesetzes Ende Oktober 2007 nun auch ein greifbares vergangenheitspolitisches Ergebnis gezeitigt. Zugleich markiert das neue Gesetz einen Einschnitt, der den Autoren Anlaß genug für eine erweiterte und aktualisierte Neuauflage war. Neben kleineren Präzisierungen und Ergänzungen wurde der ursprüngliche Text insbesondere um die jüngsten vergangenheitspolitischen Entwicklungen in der Region Katalonien sowie auf nationalstaatlicher Ebene erweitert, um so rund zwei Jahre nach der Erstauflage dem deutschen Publikum den aktuellen Stand der Dinge präsentieren zu können.

Wenngleich mit dem Stichwort Erinnerungskultur der Schwerpunkt der vorliegenden Untersuchung bereits umrissen ist, so ist diese selbst doch kaum ohne den Hintergrund jener historischen Ereignisse zu begreifen, auf den sie sich bezieht. Um dem Umstand Rechnung zu tragen, daß die spanische Zeitgeschichte im deutschen Sprachraum häufig nur in groben Umrissen bekannt ist, haben sich die Verfasser entschlossen, ihrer Erörterung zunächst eine konzise Darstellung des historischen Ausgangspunktes, d.h. der Geschichte des Bürgerkrieges voranzustellen. Der erste, von Walther L. Bernecker verfaßte Teil des vorliegenden Werkes, der den Zeitraum vom Kriegsausbruch 1936 bis zum Ende der Franco-Diktatur 1975 behandelt, gliedert sich daher wie folgt: Kapitel I bietet einen ereignisgeschichtlichen Aufriß der Sozialen Revolution und des Bürgerkriegs, der nicht nur die zentrale Zäsur der jüngsten spanischen Geschichte, sondern auch Dreh- und Angelpunkt für die Legitimation des franquistischen Staates darstellte. Das Kapitel betont bewußt die innenpolitischen und sozioökonomischen Aspekte des Bürgerkriegs, da gerade auf diese im späteren Erinnerungsdiskurs Bezug genommen wurde. Kapitel II umreißt sodann die vielfältigen Formen von Repression in Krieg und Nachkriegszeit und bilanziert diese entsprechend dem aktuellen Kenntnisstand. Ein Großteil der hier präsentierten Ergebnisse ist erst von der Historiographie der letzten Jahre aufgearbeitet und der Öffentlichkeit präsentiert worden. Dies gilt insbesondere für die Säuberungen und Massenerschießungen, für die Konzentrationslager und Haftanstalten, für die Situation der Zwangsarbeiter und das kriegsbedingte Exil von Hunderttausenden. Diese spezifischen Aspekte der Repression – während des Krieges und danach – lassen sich heute weit präziser beurteilen als noch vor wenigen Jahren.

In den beiden folgenden Kapiteln III und IV richtet sich der Blick sodann auf die Erinnerungsgeschichte dieser traumatischen Zäsur in den knapp vierzig Jahren franquistischer Herrschaft, die oftmals mehr einer Geschichte ihrer politischen Instrumentalisierung gleicht. Die Vergangenheit ist schon immer für politische Zwecke der Gegenwart in die Pflicht genommen worden. Während des Franquismus diente sie in vielfältiger Weise zur Legitimation des politischen Systems. Erinnerung und die öffentliche Inszenierung von Erinnerung waren (und sind) somit eminent politisch. Kapitel III zeigt, wie die vollständige Niederlage der Republikaner 1939 zu einer ebenso totalen erinnerungspolitischen Neuorientierung führte. Traditionspflege hatte fortan aus der Sicht der Sieger zu erfolgen. Die Problematik ist offensichtlich: Die Erinnerung wurde im Franquismus systematisch deformiert, andere als offizielle Erinnerungen wurden nicht zugelassen, diese wiederum wurden politisch instrumentalisiert. Die franquistische Erinnerung an den Bürgerkrieg diente der historisch-moralischen Legitimierung des aus dem Krieg siegreich hervorgegangenen politischen Systems. Das »erzwungene Gedächtnis« im Franquismus wird an mehreren Beispielen illustriert: an der Ikonographie Francos und der Siegesästhetik des Regimes, an Kriegsromanen, Propagandafilmen und Wochenschauen, nicht zuletzt am Selbstbildnis Francos.

Erinnerungskulturen können höchst unterschiedliche Formen aufweisen: Kundgebungen und Paraden, Aufmärsche und Gedenkfeiern, Erinnerungstage und Demonstrationen, Gelöbnisse und Vereidigungen, Denkmäler und Gedenktafeln, Museen und Mahnmale, Bücher und Münzen. Bei der Vorstellung der wichtigsten franquistischen »Gedächtnisorte«, der sich Kapitel IV widmet, wird auf solche Beispiele zurückgegriffen. In ihrer Bedeutung erläutert werden die Ruinen von Belchite, der *Alcázar* von Toledo, das »Tal der Gefallenen« und die »Besetzung« des öffentlichen Raums durch Umbenennung von Straßen und Plätzen, aber auch der neue Festkalender der Sieger und der friedensorientierte Modernisierungsdiskurs im Spätfranquismus. Dabei wird auch auf die Formensprache eingegangen, läßt diese doch Rückschlüsse auf die Erinnerungskulturen zu. In vielen Fällen wurden religiöse Formen »adaptiert«, weltliche und religiöse Elemente gingen synkretistische Mischformen ein. In vielerlei Hinsicht wies die franquistische Erinnerungskultur eine religiöse Qualität auf.

Der zweite, von Sören Brinkmann verfaßte Teil des Buches widmet sich in weiteren vier Kapiteln der Erinnerungsgeschichte von Krieg und Diktatur seit dem Tod des Diktators (1975) bis zur Gegenwart. Als Nachzügler im Demokratisierungsprozeß Westeuropas entstanden in Spanien erst gegen Ende der siebziger Jahre jene gesellschaftspolitischen Bedingungen, die das Bild der jüngeren Vergangenheit von totalitären Vereinnahmungen erlösten und eine freie und plurale Artikulation bis dato unterdrückter Erinnerungsbestände ermöglichten. Gerade vor diesem Hintergrund erwies sich der spanische Fall – wie bereits angedeutet – über lange Zeit als Sonderfall. Denn der so reibungslos verlaufene – und daher viel bewunderte – Übergang von der Diktatur in die Demokratie hatte offenkundig mindestens einen Preis: das fortgesetzte Beschweigen der Leidensgeschichte des republikanischen Spanien. Wie Kapitel V zeigt, endete mit der Transition zwar die propagandistische Ausschlachtung der Bürgerkriegserfahrung. Doch im Interesse einer demokratischen Zukunft verzichteten die Führer der Oppositionsparteien auf eine öffentliche Anklage von Schuld und Verantwortlichkeiten ihrer damaligen Gegner. Der Täteramnestie folgte ein informeller »Pakt des Schweigens«, dem sich zumindest die politischen Eliten aller Lager über lange Jahre verpflichtet fühlten.

Jenseits der offiziellen Geschichtspolitik stellt sich allerdings die

Frage, wie sich hierzu die in den siebziger und achtziger Jahren noch recht zahlreichen Opfer franquistischer Gewalt sowie die Gesellschaft insgesamt verhalten haben. Kapitel VI zeigt auf, daß das generelle Beschweigen der Vergangenheit von Seiten der Zivilgesellschaft zwar nur selten in Frage gestellt wurde. Zugleich aber lassen sich zahlreiche Teilöffentlichkeiten finden, in denen die Erinnerung an Krieg und Diktatur insbesondere aus Sicht des unterlegenen Spanien durchaus lebendig waren. Hier spannt sich der Bogen der Betrachtung von der universitär verankerten Fachwissenschaft, über Film und Literatur bis hin zu der spezifischen Befindlichkeit der Betroffenen selbst. Als eine weitere Besonderheit des spanischen Falles erweist sich dabei, daß die Bürgerkriegsgeneration selbst nur zu einem kleinen Teil erleben sollte, daß ihre Geschichte zum Gegenstand einer öffentlichen Debatte wurde. Der Beginn jener außerordentlichen Erinnerungskonjunktur, der mit der Wende zum 21. Jahrhundert markiert ist, fiel zusammen mit der Lebensgrenze des größten Teils der Zeitzeugengeneration. Dessenungeachtet hat die Vergegenwärtigung der Bürgerkriegsvergangenheit die Konfrontationen auf der politischen Ebene in den letzten Jahren zusätzlich verstärkt und ein Widererwachen längst vergessener Argumente mit sich gebracht. Kapitel VII widmet sich in diesem Sinne nicht nur den politischen Umständen, sondern auch den überwiegend zivilgesellschaftlichen Triebkräften der aktuellen Vergangenheitsarbeit und fragt darüber hinaus nach dem Geschichtsbewußtsein in der Gesellschaft, der massenmedialen Dimension des Erinnerns und schließlich auch nach den erklärten Gegnern einer kritischen Vergangenheitsarbeit. Eine dem Anhang beigefügte Liste der wichtigsten Internetadressen von Verbänden und Bürgerinitiativen, die sich um historische Aufklärung bemühen, ergänzt die Darstellung.

Die Erinnerung an den Bürgerkrieg spaltet die spanische Gesellschaft allerdings nicht nur entlang des klassischen Gegensatzes zwischen links und rechts, sondern auch entlang der für Spanien typischen Konfliktachse zwischen Zentrum und Peripherie, d.h. zwischen dem spanischen Staat und Regionen wie dem Baskenland und Katalonien. Kapitel VIII widmet sich in einer erweiterten Fassung der regionalen Dimension der Bürgerkriegserinnerung, deren spezifische Dynamik eine weitere Besonderheit des spanischen Falles darstellt und in vielerlei Hinsicht auf die politische Debatte im Zentrum zurückgewirkt hat. Den letzten Schwerpunkt der Untersuchung bildet schließlich die Darstellung jenes schwierigen Weges, den das umstrittene Reparationsgesetz der Regierung Zapatero vom Beginn der Legislaturperiode bis zu seiner parlamentarischen Verabschiedung und Inkraftsetzung Ende 2007 genommen hat. Letztere bildet dabei zweifellos den tiefsten Einschnitt in der bisherigen Art des offiziellen Umgangs mit der spanischen Zeitgeschichte. Zur Mitte des Jahres 2008 ist es allerdings noch zu früh, um in dieser Hinsicht Bilanz zu ziehen. An den politischen Frontstellungen hinsichtlich der Bewertung der jüngeren Vergangenheit jedenfalls dürfte sich nicht viel geändert haben. Und inwieweit die verschiedenen Bestimmungen des Gesetzes selbst dazu beitragen werden, die eben erst entstandene Kultur einer kritischen Auseinandersetzung mit der jüngeren Vergangenheit Spaniens zu verstetigen, bleibt abzuwarten.

I. DER BÜRGERKRIEG

1. Zur Vorgeschichte: Problemfelder und Konfliktachsen in der Zweiten Republik (1931–1936)

JEDE GESCHICHTE DES Spanischen Bürgerkrieges wird bei der Analyse der Ursachen, die schließlich zum Krieg führten, auf die geschichtlich gewachsenen Problemfelder und Konfliktachsen verweisen müssen, die zumindest seit dem 19. Jahrhundert die spanische Geschichte mitbestimmten und in der Krise der Zweiten Republik (1931–1936) kulminierten.

Die dreißiger Jahre des 20. Jahrhunderts gehören zweifellos zu den konfliktreichsten Perioden der neueren spanischen Geschichte. Im ökonomischen Bereich unternahm die Zweite Republik den Versuch, die überkommenen Agrarstrukturen grundlegend zu modifizieren; politisch erfolgte eine Demokratisierung, die für die damalige Generation eine einzigartige Erfahrung darstellte; im sozialen und ideologischen Bereich waren die Jahre nach 1931 ein fortgesetzter Kampf zwischen einer katholisch-konservativen Rechten, einer bürgerlich-liberalen Mitte und einer anarchistisch-sozialistischen Linken; auf internationaler Ebene schließlich waren die spanischen Kämpfe der dreißiger Jahre auch eine Phase der allgemein-europäischen Auseinandersetzung zwischen Demokratie, Faschismus und Kommunismus. In diesem Kontext repräsentierte die Republik die (zum Teil antagonistischen) Kräfte der Demokratie und des Kommunismus, während die »nationale« Seite die militärischen Kräfte des siegreichen Faschismus darstellte.

Die Republik war im wesentlichen ein Modernisierungsregime; die Ausrufung der neuen Staatsform bedeutete die demokratische Macht-

Anonymes Plakat (1931) zur Ausrufung der Zweiten Republik

Quelle: Jordi Carulla/Arnau Carulla, La Guerra Civil en 2000 Carteles, República – Guerra Civil – Posguerra, Band I, Barcelona 1997, S. 102

übernahme der bürgerlich-republikanischen Parteien, die von ebenfalls modernisierungswilligen Teilen der Arbeiterschaft, besonders der Sozialisten, in ihrem Bestreben unterstützt wurden, die überkommenen sozioökonomischen und politischen Strukturen aufzubrechen und durch adäquatere zu ersetzen. Zuerst sollte ein laizistischer und liberaler Staat geschaffen werden, der den Reformvorstellungen der bürgerlich-republikanischen Kräfte entsprach; angestrebt wurde eine demokratische Verfassung, eine Militärreform, die Beschränkung der Macht der Kirche, eine Bildungsreform, die Entkrampfung des Verhältnisses zwischen Zentrum und peripheren Nationalismen, außerdem und vor allem eine Reform des Agrarsektors.[1]

Die Durchführung dieser Reformmaßnahmen sollte zu einer weitgehenden Isolierung der Regierung führen. In den meisten Fällen wurde allerdings der Alltag der Spanier von den Reformen kaum berührt; was die Bevölkerung jedoch zu spüren bekam, war die Wirkung einer Art »Subversion« gegen die traditionelle, bis dahin vorherrschende Ordnung. So begrenzt die Maßnahmen der Republik, deren Ausrufung von den Arbeitern als »Revolution« gefeiert wurde, auch gewesen sein mögen, so deutlich trat andererseits der republikanische Staat mit dem Anspruch auf, die Interessen der Mittellosen und traditionell Unterdrückten zu vertreten. Zum ersten Mal in der spanischen Geschichte rückte der Schwerpunkt der Gesetzgebung von der Begünstigung der Unternehmer und Grundbesitzer zur tendenziellen Bevorzugung lohnabhängiger Massen. Bis heute sind sich in diesem Zusammenhang die Historiker darüber uneins, ob die Republik zugrunde ging, weil sie zuviel oder zuwenig Reformen anging.[2]

Daß die Reformen zu weit gingen und von der Bourgeoisie nicht toleriert werden konnten, setzt sich neuerdings immer mehr als Erkenntnis durch. Für die Großgrundbesitzer hat diese These Edward Malefakis schon vor Jahrzehnten vertreten, indem er auf die Kräftekorrelation in der Republik verwies und betonte, daß die Reformstrategie der Regierung eine Reaktion der eingeschüchterten Oligarchie hervorrufen mußte. Pierre Vilar (und neben ihm viele andere) haben demgegenüber betont, daß die Republik an ihrem schwankenden

---

1 Zum Grundkonflikt der republikanischen Periode vgl. M. Blinkhorn, *Spain in Conflict* sowie P. Preston, *Revolution.*

2 Zu den Wurzeln der Zweiten Republik vgl. S. Ben-Ami, *Orígenes.*

Zögern zugrunde ging, da sie eine Art Zweifrontenkrieg führte, dabei die Gegnerschaft der Besitzenden provozierte, aber zugleich nicht die (volle) Unterstützung des Proletariats erhielt.[3]

Als 1931 die Monarchie zusammenbrach, harrten die »klassischen« Probleme Spaniens dringender denn je einer Lösung; die Hoffnungen, die in die Republik gesetzt wurden, waren derart überzogen, daß die Diskrepanz zwischen Zielvorstellungen und konkret Realisierbarem zwangsläufig zu Enttäuschungen führen mußte. Die Sozialisten interpretierten den Regime-Übergang als »bürgerliche Revolution«, in der liberal-republikanische Parteien die politische Führung zu übernehmen hätten und der *Partido Socialista Obrero Español* (PSOE) sie dabei unterstützen müsse. Bald nach 1931 kam es sodann in der republikanisch-sozialistischen Koalitionsregierung zu erheblichen Meinungsverschiedenheiten und in deren Gefolge zu Flügelbildungen innerhalb des PSOE, die bis 1939 und darüber hinaus unvermindert fortbestanden.[4] Im Gegensatz zu den Sozialisten betrachteten die Anarchisten die Republik von Anfang an mit Skepsis. Die *Federación Anarquista Ibérica* (FAI) drängte zur sofortigen Revolution, die Gewerkschaft *Confederación Nacional del Trabajo* (CNT) war hinsichtlich des einzuschlagenden Kurses uneinig und spaltete sich zu Beginn der Republik. Die von Anarchisten ausgerufenen Streiks und mehrere Aufstände wurden von den Behörden mit äußerster Härte niedergeschlagen; von Anfang an wurde damit deutlich, daß die Republik ihre wohl härteste Bewährungsprobe im Sozialbereich würde bestehen müssen.[5]

Während die Linke zu Beginn der Republik ihre traditionellen Organisationsformen entweder fortführen (PSOE, UGT) oder neu aufbauen konnte (CNT, PCE), war die Rechte vom politischen Wechsel derart überrascht und desorientiert worden, daß sie vorerst keine einheitliche Organisation zu präsentieren imstande war. Die Mittelschichten wiederum und die Kleinbourgeoisie entschieden sich in den Städten zwar mehrheitlich für die Republik, konnten auf dem Land

---

3 Vgl. E. Malefakis, *Agrarian Reform.*

4 Zur Entwicklung des Sozialismus während der Zweiten Republik vgl. P. Heywood, *Marxism* und S. Juliá, *Orígenes* sowie M. Bizcarrondo, *Araquistáin.*

5 Zur Auseinandersetzung der verschiedenen anarchistischen Flügel in der Zweiten Republik vgl. W. L. Bernecker, *Anarchismus* und A. Elorza, *Utopía.*

aber ihrer Instrumentalisierung durch die traditionellen, antirepublikanischen Eliten nicht immer erfolgreich Widerstand leisten. In jedem Fall traten sie für eine »bürgerliche« Politik ein, deren Ziel die Bewahrung des sozioökonomischen status quo war.

Verfechter einer derartigen »bürgerlichen« Politik war die Radikale Republikanische Partei (*Partido Republicano Radical*) von Alejandro Lerroux, deren Standort während der Republik sich immer weiter nach rechts verschob. 1934 spaltete sich der linke Parteiflügel unter Diego Martínez Barrio ab und bildete die Republikanische Union (*Unión Republicana*), die – ebenso wie die Republikanische Linke (*Izquierda Republicana*) von Manuel Azaña – für eine umfangreiche Reformpolitik im Rahmen der parlamentarischen Republik eintrat. In Katalonien repräsentierte die linksliberale *Esquerra Republicana de Catalunya* unter Führung von Oberst Francesc Macià und Lluís Companys die Interessen des Kleinbürgertums.[6]

Bei den Wahlen zur Verfassunggebenden Versammlung errangen die Sozialisten und die Republikaner im Juni 1931 einen überwältigenden Sieg: Die Parteien der Linken und der Mitte erhielten zusammen nahezu 400, die der Rechten ungefähr 80 Sitze im Parlament. Damit hatten zwar die reformfreudigen Kräfte ein deutliches Übergewicht in den *Cortes;* der Wahlsieg war jedoch zum Teil auch auf das republikanische Wahlsystem zurückzuführen, das Parteienbündnisse gegenüber isoliert antretenden Parteien begünstigte. Bei den folgenden Wahlen von 1933 wurden angesichts der zunehmenden Auffächerung der Parteienlandschaft gesamtstaatliche Wahlbündnisse wiederum dringend erforderlich; vor allem die in viele Gruppen aufgespaltenen Republikaner drängten zu Listenverbindungen, da sie ohne eine Wahlkoalition zum parlamentarischen Untergang verurteilt waren. War das Wahlsystem 1931 der Linken zugute gekommen, so profitierte 1933 die Rechte davon, die sich zwischenzeitlich organisiert und zu einem Wahlbündnis, der CEDA (*Confederación Española de Derechas Autónomas*), zusammengeschlossen hatte.[7]

---

6 Zu den linksrepublikanisch-bürgerlichen Parteien vgl. J. Avilés Farré, *Izquierda* und O. Ruiz Manjón, *Partido Republicano*. Zum katalanischen Parteiensystem vgl. außerdem I. Molas, *Sistema*.

7 Zu den Wahlen während der Republik vgl. J. Becarud, *Segunda República* und J. Tusell, *Segunda República*.

Die CEDA propagierte unter ihrem Vorsitzenden José María Gil Robles eine konservative, auf Privateigentum basierende Agrarpolitik; sie war die Interessenvertretung der Oligarchie und setzte sich, unter Berufung auf die Soziallehre der katholischen Kirche, für die Belange der Oberschicht ein. Die Partei bekannte sich zwar zur Republik, sah in ihr aber (wohl) nur eine taktische Notwendigkeit, um zu einem »neuen Staat« berufsständischer Ordnung zu gelangen; vor allem bekämpfte sie die sozialistische und laizistische Gesetzgebung.[8]

Die Eigenart des Wahlsystems führte dazu, daß die Geschichte der Zweiten Republik in drei deutlich voneinander unterscheidbare Phasen aufgeteilt werden kann: Die erste Phase waren die Reformjahre (*bienio de reformas*), in denen die verbündeten Republikaner und Sozialisten die Lösung der Hauptprobleme in Angriff nahmen; die zweite Phase hat die Bezeichung »das schwarze Doppeljahr« (*bienio negro*) erhalten, als viele Reformen, vor allem auf dem Agrarsektor, wieder rückgängig gemacht wurden; die Monate zwischen den Volksfrontwahlen im Februar 1936 und dem Beginn des Bürgerkriegs im Juli jenes Jahres stellen schließlich die dritte Phase dar, in der die Entwicklung auf dem Agrarsektor der Regierungskontrolle entglitt und revolutionäre Züge annahm.[9] Zu den ersten und wichtigsten Aufgaben der Regierung gehörte 1931 die Ausarbeitung einer Verfassung, deren endgültiger Text stark von der Weimarer Reichsverfassung beeinflußt war. Zu den umstrittensten Problemkomplexen, deren Aufzählung bereits die Belastungsfaktoren der Zweiten Republik erkennen läßt, gehörten das Verhältnis zwischen dem Gesamtstaat und den einzelnen Landesteilen, die Regelung der Beziehungen zwischen Staat und Kirche, die gesellschaftspolitischen Artikel (wie Ehescheidung oder Schulpolitik). Bei der Frage des Eigentums stießen die sozialistischen Ziele der Vergesellschaftung mit dem bürgerlich-liberalen Bedürfnis nach Schutz des Eigentums zusammen; schließlich wurde die Möglichkeit der Zwangsenteignung »im Interesse sozialer Nützlichkeit« vorgesehen. Die Grund- und Bürgerrechte wurden weit umfassender als in jeder früheren Verfassung geregelt.[10]

---

8 Zur CEDA vgl. M. Artola, *Partidos*.

9 Zur Zweiten Republik allgemein vgl. G. Jackson, *Spanish Republic* und M. Tuñón de Lara, *Tres Claves*.

10 Zur Verfassung und zum politischen System der Zweiten Republik vgl. J. Solé Tura/E. Aja, *Constituciones*.

Die Wirtschafts- und Sozialindikatoren lassen die große Bedeutung des Agrarsektors im ökonomischen und gesellschaftlichen Bereich der Republik deutlich werden. Die ersten republikanischen Regierungen waren sich auch darüber im klaren, daß sie vordringlich die Hauptprobleme im Landwirtschaftssektor angehen mußten: die Polarisierung der Betriebsgrößen zwischen Mini- und Latifundien sowie die unausgewogene Eigentumsstruktur und alle daraus resultierenden sozialen Folgen. 1930 nahmen die Latifundien, die lediglich 0,1 Prozent aller Landwirtschaftsbetriebe darstellten, 33,28 Prozent der Gesamtoberfläche ein, während die Minifundien zwar 96 Prozent aller Betriebe stellten, aber nur über 29,57 Prozent des Bodens verfügten. Im Süden des Landes stellten die landlosen Tagelöhner nicht nur die größte gesellschaftliche Schicht, sondern zugleich das revolutionärste Potential der spanischen Agrargesellschaft dar. Deren existentielle Unsicherheit erklärt den Landhunger des landwirtschaftlichen Proletariats, von dem in den Jahren der Republik zahlreiche soziale Erschütterungen ausgingen.[11]

Die ersten republikanischen Regierungen gingen mit Energie an ihre große Bewährungsprobe im Agrarbereich heran, stießen jedoch schnell auf den Widerstand der Latifundisten, die jegliche Reform zu verhindern trachteten. Der mißglückte Putschversuch von General José Sanjurjo im Sommer 1932 beschleunigte schließlich die Verabschiedung des Agrarreformgesetzes vom 15. September 1932, das die Frage der Grundbesitzenteignungen, der Entschädigungen und der Landverteilungen an die Agrarbevölkerung regelte. Den Auftrag zur Durchführung der Gesetzesbestimmungen erhielt das Institut für Agrarreform. Die Regierung von Manuel Azaña legte allerdings nach der Verabschiedung des Gesetzes ein auffälliges Desinteresse im Hinblick auf dessen Durchführung an den Tag, was nicht nur auf die Schwierigkeiten innerhalb der republikanisch-sozialistischen Koalition zurückzuführen war, sondern auch auf die Weigerung der »bürgerlichen« Regierung, zur Durchführung eines in seinen Konsequenzen revolutionären Gesetzes auch revolutionäre Maßnahmen zu ergreifen.[12]

---

11 Zum Agrarproblem vgl. E. Sevilla Guzmán, *Evolución* sowie A. M. Bernal, *Propiedad* und speziell für Katalonien A. Balcells, *Problema agrario.*

12 Zur Agrarreform grundlegend E. Malefakis, *Agrarian Reform* und J. Maurice, *Reforma agraria* sowie M. Tuñón de Lara, *Tres Claves.*

Nach dem Wahlsieg der Konservativen (1933) ging die Regierung Lerroux sofort daran, einen Teil der zuvor erlassenen Reformgesetze außer Kraft zu setzen. Teilweise gelang es der Landoligarchie, ihren Einfluß im Süden wiederzugewinnen, wodurch sich die Lage der Agrararbeiter sprunghaft verschlechterte. Die Löhne wurden gesenkt, beschlagnahmtes Land ging an seine früheren Eigentümer zurück, die Agrarreform fand ein klägliches Ende. Die Politik der Jahre 1934/35 trug zweifellos zur Radikalisierung der Landarbeitermassen bei; die zuvor gemäßigte sozialistische Agrargewerkschaft forderte nun die soziale Revolution, die UGT insgesamt machte sich unter ihrem Führer Francisco Largo Caballero revolutionäre Parolen zu eigen. Die Anarchisten wiederum gingen durch ihren Dezember-Aufstand von 1933 auf offenen Konfrontationskurs zur Republik.[13]

Nicht minder dramatisch gestaltete sich als zweites Hauptproblem der Republik das Verhältnis zwischen Staat und Kirche. Schon bei der Verfassungsdiskussion war es bei den Fragekomplexen Glaubensfreiheit, Religionsausübung, Unterrichtswesen zu erheblichen Friktionen zwischen den laizistischen Abgeordneten und den Interessenvertretern der Kirche gekommen. Die Verfassung von 1931 garantierte sodann die Gewissens- und Kultusfreiheit, alle religiösen Bekenntnisse wurden gleichgestellt, die Kirchen als Vereine betrachtet, Vergünstigungen und Unterstützungen abgeschafft. Religiöse Orden durften weder Vermögen erwerben noch Gewerbe, Handel oder Unterricht ausüben, sie wurden den allgemeinen Steuergesetzen unterworfen; der Jesuitenorden wurde verboten. Von besonderer Bedeutung sollte der Entzug der Lehrbefugnis der Kirche werden.[14]

Nicht nur die Beschneidung der kirchlichen Stellung im Bildungssektor führte zu heftigen Reaktionen der verunsicherten kirchlichen Hierarchie. Die in der Verfassung vorgenommene Trennung von Staat und Kirche, der laizistische Charakter des neuen Regimes und der Antiklerikalismus führender Politiker bewirkten, daß die Amtskirche zu einer Gegnerin der Republik und zu einem Sammelbecken der Reaktion wurde, wenn auch der niedere Klerus anfangs die Ausrufung der

---

13 Zur Radikalisierung der Landarbeiterbewegung vgl. M. Tuñón de Lara, *Luchas* sowie die Lokalstudie von M. Pérez Yruela, *Conflictividad*.

14 Zum Laizismus der republikanischen Verfassung vgl. F. de Meer Lecha-Marto, *Cuestión religiosa* und A. Fernández García, *Iglesia*.

Republik keineswegs ohne Sympathien betrachtete. Die (angebliche) Verteidigung der Rechte der Kirche wurde in den Jahren nach 1931 auch zu einem der wichtigsten Kristallisationspunkte im antirepublikanischen Kampf der konservativen Kräfte; die weitere Diskussion der »religiösen Frage« führte in der Folgezeit zur Herausbildung der CEDA, deren rechter Flügel stark antirepublikanisch war.

Nach Meinung vieler zeitgenössischer Beobachter und späterer Historiker wurde die Religionsfrage zum wichtigsten Problem der (ohnehin mit Problemen überlasteten) Republik; der Bürgerkrieg ist später auch oft als Religionskrieg bezeichnet worden, wobei allerdings übersehen wurde, daß der Antiklerikalismus sich nicht gegen die Kirche als Glaubensgemeinschaft, sondern als gesellschaftlich Verbündete der traditionell Herrschenden wandte.[15]

In der Gegnerschaft zur Republik gesellte sich zur Kirche ein Teil des Militärs, das sich von der Regierung herabgesetzt und gedemütigt fühlte. Kriegsminister Azaña wollte mit seiner Militärreform eine Demokratisierung der Streitkräfte, die Verringerung des Militärhaushaltes und die Verkleinerung des stark aufgeblähten Offizierskorps erreichen. Im rein »technischen« Sinne war die Reform auch durchaus positiv: Der Militärdienst wurde verkürzt, die Anzahl der Armeedivisionen halbiert, die der Offiziere stark reduziert, weitere Reformen sollten eine Unterordnung des Militärs unter zivile Institutionen sicherstellen. Durch diese Maßnahmen wurde allerdings das Mißtrauen der Armee gegenüber der Republik verstärkt, schon früh wurden in den Offizierskasinos Verschwörungspläne gegen die Republik geschmiedet. Von der Möglichkeit vorzeitiger Pensionierung machten eher die republikfreundlichen, nicht die antirepublikanisch eingestellten Offiziere Gebrauch.[16]

Partiell gelöst wurde das Problem des katalanischen Nationalismus, nachdem die Katalanisten schon im September 1932 für ihre Region ein Autonomiestatut durchsetzen konnten, durch das Katalonien eine eigene Regierung, die *Generalitat,* ein Parlament und umfangreiche Selbstverwaltungsrechte mit unteren und mittleren Verwaltungs-

---

15 Zum Verhältnis Staat-Kirche vgl. grundlegend H. Raguer, *Espada;* V. M. Arbeloa / M. Batllori (Hg.), *Arxiu Vidal i Barraquer;* H. Raguer, *Pólvora.*

16 Verhältnis zwischen Militär und Republik vgl. S. G. Payne, *Politics* und G. Cardona, *Poder militar* sowie M. Alpert, *Reforma.*

kompetenzen erhielt. Das Baskenland konnte demgegenüber in den Friedensjahren der Republik – wegen interner Auseinandersetzungen zwischen dem nur zum Teil baskischen Navarra und den übrigen Provinzen Euskadis und infolge der baskischen Divergenzen mit dem Antiklerikalismus der Madrider Regierung – kein Autonomiestatut durchsetzen. Als besonders problematisch erwies sich die Regionalismusfrage ab November 1933, als die Zentralregierung vom »Radikalen« Lerroux mit parlamentarischer Unterstützung durch die CEDA gebildet wurde. Denn: Die Basken fühlten sich in ihren traditionellen Steuerregelungen beschnitten und näherten sich, obwohl selbst katholisch-konservativ, den oppositionellen Sozialisten an. Die Katalanen wiederum wurden weiterhin von einem gemäßigten Linkskabinett regiert, das deutliche politische Differenzen zur konservativen Madrider Regierung aufwies und mit dieser bald in Konflikt geriet.[17]

Auf welch prekärer Grundlage die Reformen der Zweiten Republik, insbesondere auch die regionalistische Problematik, standen, lassen die Ereignisse von Oktober 1934 deutlich werden. Seit dem Wahlsieg der Rechten herrschte im Land nervöse Spannung. In dieser kritischen Situation bildete im Oktober 1934 die CEDA mit der Radikalen Partei eine Regierungskoalition; der Regierungseintritt der CEDA wurde von der Linken als Machtergreifung des Faschismus interpretiert, den es zu verhindern galt. Die Ausrufung des Generalstreiks wurde von der Regierung mit der Verhängung des Kriegszustandes beantwortet; in Katalonien und Asturien brach die Streikbewegung nicht zusammen, weitete sich vielmehr zu einem sozialen Aufstand aus. In Barcelona proklamierte Präsident Companys den »katalanischen Staat innerhalb der spanischen Bundesrepublik«; die Revolte konnte in Katalonien allerdings schnell niedergeschlagen werden, die *Generalitat* wurde suspendiert.[18]

Weiterreichende Folgen hatte der Arbeiteraufstand in Asturien, wo sich Sozialisten, Anarchosyndikalisten und Kommunisten unter der Parole »Vereinigt Euch, proletarische Brüder!« zur gemeinsamen

---

17 Zum Regionalismusproblem vgl. (für Katalonien) J. A. González Casanova, *Federalismo* sowie (für das Baskenland) J. P. Fusi, *Problema* und J. L. de la Granja, *Nacionalismo*.

18 Vgl. die CEDA-nahe Interpretation von R. A. Robinson, *Origin*.

Aktion zusammenschlossen; ungefähr 30000 Bergarbeiter leisteten zwei Wochen lang der Afrika-Armee und der Fremdenlegion unter dem Kommando von General Francisco Franco Widerstand. Nach der Niederschlagung des Aufstandes wurden einige 10000 Gewerkschafter und »Verdächtige« inhaftiert.[19]

Die Nachwirkungen des »spanischen Oktober« von 1934 führten zu einer deutlichen Radikalisierung der Rechten und der Linken und damit zu einer gesamtgesellschaftlichen Polarisierung im Lande: Die Rechte sah all ihre Befürchtungen bestätigt und betrachtete sich selbst als das einzige intakte Bollwerk gegen Separatismus, atheistischen Liberalismus und eine bevorstehende Sozialrevolution; eventuell bis dahin noch vorhandene republikanische Legalitätsskrupel wurden abgelegt. Die Linke wiederum sah – mit Blick auf Italien, Deutschland und Österreich – auch in Spanien den Faschismus an die Macht kommen; die Notwendigkeit des Zusammenstehens wurde deutlicher als bisher erkannt, was den Zusammenschluß zur Volksfrontkoalition erleichterte.[20]

Die Auseinandersetzungen zwischen den Parteien über die Liquidierung des Aufstandes von 1934 lähmten das Kabinett, das mehrfach umgebildet wurde. Seine wichtigste politische »Leistung« war der systematische Abbau aller Errungenschaften der ersten Republikjahre. Korruptionsskandale in der Radikalen Partei führten schließlich zu einer totalen Regierungskrise. Im Januar 1936 löste Staatspräsident Niceto Alcalá Zamora die *Cortes* auf und schrieb Neuwahlen aus. Zu diesem Zeitpunkt war das Land als Folge der Politik der beiden vorhergehenden Jahre zerrissener denn je: Die Lage auf dem Land war für viele Tagelöhner unerträglich, während die meisten Großgrundbesitzer die Enteignungsgefahren als gebannt betrachteten; die Militärs hatten ihre Konspirationspläne nicht preisgegeben; der größte Teil der kirchlichen Hierarchie stand in deutlichem Gegensatz zur Republik. In einem Klima äußerster sozialer und politischer Spannung wurden die Spanier zum dritten (und letzten) Mal aufgerufen, ein neues republikanisches Parlament zu wählen.

---

19 Zur sogenannten Oktoberrevolution von 1934 vgl. den grundlegenden Sammelband *Octubre 1934*.

20 Zur Debatte um die Bedeutung des Aufstandes für den Untergang der Republik vgl. R. A. Robinson, *Origin* und P. Preston, *Coming*.

Im Gegensatz zur Linken war die Rechte diesmal nicht in der Lage, gemeinsame Koalitionslisten zu erstellen. Das Ergebnis der Wahl war eindeutig: Abermals durch das Wahlgesetz begünstigt, erhielt die Linke eine überwältigende parlamentarische Mehrheit. Die neuen *Cortes* setzten sich aus 277 Abgeordneten der Volksfront, 132 der Rechten und 32 der Mitte zusammen. Obwohl die Sozialisten mit 90 Abgeordneten die stärkste Fraktion stellten, lehnten sie eine Mitarbeit in der Regierung ab. In Katalonien stellte Lluís Companys erneut die Regierung, in Madrid bildete Manuel Azaña mit seinen Linksrepublikanern wieder das Kabinett, mußte jedoch bald feststellen, daß die Arbeiterorganisationen nicht bereit waren, sich für die Verwirklichung »bürgerlicher« Reformziele einzusetzen.[21]

In den Monaten nach den Volksfrontwahlen wurde deutlich, daß die Reformpolitik der republikanischen Regierungen die drängenden strukturellen Probleme der spanischen Wirtschaft und Gesellschaft nicht lösen konnte. Die Arbeiterorganisationen wiederum konnten (und wollten) ihre Mitglieder nicht davon zurückhalten, die lange versprochenen, jedoch nicht realisierten Veränderungen – vor allem auf dem Agrarsektor – auf revolutionäre Weise in Angriff zu nehmen. Nach dem Februar 1936 überstürzten sich daher die Ereignisse: Landarbeiterstreiks, illegale Landbesetzungen, nachträgliche Legalisierungen von Enteignungsmaßnahmen waren an der Tagesordnung. Die Volksfrontregierung beschleunigte die Enteignungen im ersten Halbjahr ihrer Administration so sehr, daß zwischen März und Juli 1936 zahlenmäßig und ihrem Umfang nach mehr Ländereien enteignet wurden als in den vorausgegangenen fünf Jahren zusammen. Ihre eigentlich revolutionäre Akzentuierung gewann die Reform jedoch weniger durch die Maßnahmen der neuen Regierung als vielmehr durch die spontane Initiative landhungriger Agrarproletarier, die massenhaft auf eigene Faust Ländereien besetzten. Mit fieberhafter Aktivität berieten die *Cortes* 1936 über eine Revision der herrschenden Agrargesetze, bis durch den Militäraufstand vom 18. Juli 1936 der Versuch der Republik, die jahrhundertealten starren Agrarstrukturen zu ändern, in einer blutigen Katastrophe endete.[22]

---

21 Zu den Wahlen von 1936 vgl. J. Tusell, *Elecciones*.

22 Zur Radikalisierung der Lage in den Latifundienregionen vgl. etwa M. Tuñón de Lara, *Tres Claves*.

In den Jahren zwischen 1931 und 1936 war das Grundproblem der spanischen Gesellschaft deutlich geworden, das die Modernisierung und die Durchführung einer »bürgerlichen« Revolution in Spanien verhinderte: Es war die Konfrontation zwischen der grundbesitzenden und in archaischen Strukturen verwurzelten Oligarchie mit ihren Verbündeten, die zu keinerlei Veränderung ihrer aus dem 19. Jahrhundert überkommenen privilegierten Stellung bereit waren, und den Sektoren der Land- und Industriearbeiter, die in der Republik das Vehikel zur Überwindung ihrer überkommenen Benachteiligung erblickten und sich, nachdem sie in ihrer Hoffnung auf schnelle Veränderung ihrer Situation enttäuscht worden waren, von der bürgerlich-demokratischen Republik ebenso abwandten, wie ihre »Klassenfeinde« dies bereits getan hatten. Der Bürgerkrieg war das Ergebnis dieser unüberbrückbaren Gegensätze und der verzweifelte Versuch zuerst der Rechten, in Reaktion darauf dann auch der Linken, ihr Gesellschafts-, Wirtschafts- und Staatsmodell, das mit reformistisch-friedlichen Mitteln nicht zu erreichen war, gewaltsam durchzusetzen.[23]

2. Ausgangskonstellation und Phasen des militärischen Kriegsverlaufs

KAUM EIN ZWEITES Ereignis des 20. Jahrhunderts – allenfalls in den sechziger Jahren der Vietnamkrieg – hat Staatsmänner und Dichter, Politiker und Intellektuelle ebenso wie die breite Öffentlichkeit und die Nachwelt emotionell derart bewegt wie der Spanische Bürgerkrieg. Zwischen 1936 und 1939 wurde Spanien zur Propagandaplattform der Ideologien und zum Truppenübungsplatz ausländischer, vor allem faschistischer Waffensysteme. Lange Zeit waren in der Diskussion über den Spanischen Bürgerkrieg zwei Verschwörungstheorien vorherrschend: Die eine sprach von einer faschistischen Anzettelung, die andere von einer kommunistischen Bedrohung Spaniens als Kriegsursache. In beiden Fällen ist für die Zeit vor Kriegsbeginn die innenpolitische Bedeutung der faschistischen Falange bzw. der Kommunistischen Partei Spaniens (PCE) weit übertrieben worden. Nicht

---

23 Zusammenbruch der Republik vgl. J. J. Linz, *Great Hopes*.

Kommunismus oder Faschismus waren die entscheidenden Triebkräfte der zum Bürgerkrieg führenden spanischen Krise der dreißiger Jahre, sondern weit eher Anarchismus/Linkssozialismus und politischer Militarismus/Rechtskonservatismus in ihrer jeweils spezifisch spanischen Ausprägung. Die sozialen Konflikte und politischen Gegensätze, die schließlich im Bürgerkrieg kulminierten, waren viel älter als die kommunistische bzw. faschistische Partei.

Am Vorabend des Bürgerkrieges standen sich zwei große politische Blöcke gegenüber: Volksfront und Nationale Front. In letzterer waren Großgrundbesitz, katholische Konservative, Monarchisten verschiedener Richtungen und Rechtsrepublikaner sowie die faschistische Falange, in ersterer Sozialisten (UGT und PSOE) und Kommunisten, die republikanische Linke, die regionalistischen Kräfte und die Anarchisten (diese allerdings nur als Wähler) zusammengefaßt. An der Planung des Aufstandes waren Zivilisten kaum beteiligt gewesen. Die Falange wußte zwar von den Putschabsichten, hatte jedoch nahezu keinen Einfluß darauf. Großgrundbesitzer und Monarchisten haben die Rebellion zweifellos begrüßt, zum engeren Kreis der Eingeweihten gehörten aber auch sie nicht. Ursprünglich dachten die Militärs auch gar nicht an eine konservativ-monarchische Restauration; vielmehr sollte die Republik in einem autoritären Gehäuse beibehalten werden. Die ersten Proklamationen der Rebellen enthielten dementsprechend auch Hochrufe auf die Republik.

Der Aufstand der Militärs siegte in Marokko, Sevilla, Galicien, Navarra, der Insel Mallorca, in Teilen von Andalusien und den agrarischen Gebieten Altkastiliens (Burgos, Valladolid); Oviedo und Zaragoza konnten von den Aufständischen durch eine List eingenommen werden. Der gesamte Osten (Katalonien, Valencia, Murcia) und Norden (Baskenland, Santander, Asturien) sowie große Teile des Südens (Andalusien, Neu-Kastilien, Extremadura) blieben in Händen der Republik. Diese behielt vor allem die Kontrolle über die größeren Städte, die Wirtschaftszentren (Katalonien, Baskenland) und die Hauptstadt des Landes.

Betrachtet man die militärische Kräfteaufteilung zwischen Aufständischen und Regierungstruppen zu Beginn des Krieges, so ergibt sich ungefähr folgendes Bild:[24]

---

24 R. Salas Larrazábal, *Historia*, Bd. I, S. 181–210.

Tab. 1: *Militärische Kräfteaufteilung zu Beginn des Bürgerkrieges*

	Regierungstruppen	Aufständische	Insgesamt
Landheer	55 225	62 275	117 500
Luftwaffe	3 300	2 200	5 500
Seestreitkräfte	13 000	7 000	20 000
Polizeitruppen	40 500	27 000	67 500
Insgesamt	112 025	98 475	210 500

Zu den Aufständischen müssen noch das Afrikaheer mit ungefähr 45 000 Mann, das sich ganz dem Militärputsch anschloß, sowie die zahlenmäßig zwar kleinen, aber fanatisch kämpfenden karlistischen und falangistischen Milizen hinzugerechnet werden. Über die Teilnahme der karlistischen Milizen von Navarra, der *requetés*, konnten sich General Emilio Mola und die Karlisten erst wenige Tage vor dem Aufstand einigen. Innerhalb der militärischen Hierarchie waren es vor allem die mittleren Dienstgrade, die den Putsch unterstützten: Von den 17 höchsten Generälen nahmen nur vier am Aufstand teil, während von den über 15 000 Offizieren nur ungefähr 3500 der Republik treu blieben. In der klassenbewußten Marine entschieden sich Matrosen und Unteroffiziere in großer Mehrheit für die Republik, die Offiziere sympathisierten demgegenüber mit den Rebellen.

Diese rein numerische Ausgangssituation stellte sich somit – berücksichtigt man das Afrikaheer mit – für die Aufständischen günstiger als für die Republik dar. Diese hatte jedoch den Vorteil, über den größeren Teil der Wirtschaftskapazität des Landes verfügen zu können. Außerdem wurde sie von den liberalen städtischen Mittelschichten und – was in den Großstädten während der ersten Kampftage meist den Ausschlag gab – von der überwiegenden Anzahl der sozialistischen und anarchistischen Arbeiter unterstützt, die entweder Waffen erhalten oder sich auf eigene Faust die erforderliche Kriegsausrüstung beschafft hatten. Demgegenüber konnten die Aufständischen nur in Navarra und den konservativen Teilen Altkastiliens mit Unterstützung durch die Bevölkerung rechnen.

Sowohl dieses ungefähre Gleichgewicht bei der Ausgangskonstellation wie die bedeutsame Mobilisierung großer Gruppen der spanischen Gesellschaft brachten es mit sich, daß der Putsch vom 17. Juli 1936 zwar in der nationalgeschichtlichen Tradition der *pronunciamientos* gesehen werden muß, in welcher der Ablauf gewaltsamer Regierungswechsel formalisiert war, im Gegensatz zu früheren Fällen jedoch nicht binnen kurzer Zeit entschieden werden konnte, sondern zum Beginn des grausamsten Krieges in der spanischen Geschichte wurde.[25]

Die militärischen Aktionen des Bürgerkrieges lassen sich in vier Abschnitte untergliedern, zwischen die sich einzelne »Gleichgewichtsphasen« schoben. Die erste Phase des Krieges dauerte von Juli 1936 bis Frühjahr 1937. In diesem dreiviertel Jahr konnten die Aufständischen ungefähr ein Drittel des Landes unter ihre Kontrolle bringen. Nachdem sie mit Hilfe deutscher Flugzeuge – die spanische Marine und Luftwaffe waren mehrheitlich republiktreu geblieben – die Fremdenlegion (*Tercio*) und die marokkanischen Truppen (*Regulares*) auf die Halbinsel übergesetzt hatten, eroberten sie bis Oktober einen Großteil Andalusiens und der Extremadura (Badajoz) und stellten damit die Verbindung zwischen der Nord- und der Südarmee her. Bereits in dieser ersten Kriegsphase wandten die Nationalisten – unter ihnen wiederum besonders das Afrikaheer – massiven Terror gegen die republikanischen Soldaten und vor allem gegen die Zivilbevölkerung an; der Massenerschießung in der Stierkampfarena von Badajoz fielen Hunderte von Menschen zum Opfer.

General Gonzalo Queipo de Llano nahm den ganzen Südwesten ein, General Mola den Norden und Nordwesten (vorläufig außer Vizcaya, Santander und Asturien); die Einnahme von San Sebastián und der spanisch-französischen Grenzstadt Irún erfolgte im September 1936. Ende September wurde der *Alcázar* von Toledo, der sich unter Oberst José Moscardó dem republikanischen Ansturm widersetzt hatte – was in den folgenden Jahrzehnten zu einer der Kriegslegenden der nationalen Seite stilisiert wurde –, von nationalistischen Truppen entsetzt. Wiederholte Versuche, im Herbst 1936 bzw. im Frühjahr 1937 (Schlacht am Jarama: Februar 1937) Madrid einzunehmen, scheiterten. Mit Hilfe der Internationalen Brigaden und unter der organisatorischen Leitung von General José Miaja widerstand die Haupt-

25 W. L. Bernecker, *Krieg in Spanien*, S. 5–24.

stadt allen Angriffen; neben dem eben erst aufgebauten »Fünften Regiment« beteiligten sich Tausende von Zivilisten an der Verteidigung Madrids; es gelang ihnen – nachdem die republikanische Regierung nach Valencia ausgewichen war –, die nationalistische Armee, die bereits in die westlichen Vorstädte und in das Universitätsgelände eingedrungen war, zurückzuschlagen und die Hauptstadt (bis Ende März 1939) für die Republik zu halten. Im Februar 1937 fiel Málaga in die Hände der Aufständischen. Die Schlacht von Guadalajara im folgenden Monat – ein erneuter Versuch, Madrid (diesmal vom Norden her) einzunehmen – wurde zu einer großen Niederlage der faschistischen Interventionstruppen Italiens. Nach dieser abermaligen Niederlage vor Madrid wandten sich die Nationalisten dem Norden zu.

In der zweiten Phase des Krieges, die von Frühjahr 1937 bis Frühjahr 1938 angesetzt werden kann, gelang den Truppen Francos die Eroberung der Nordprovinzen, die wegen ihres Wirtschaftspotentials für die weitere Kriegsführung besonders wichtig waren. Am 26. April 1937 zerstörten in einem dreistündigen Bombardement italienische Flugzeuge und deutsche Bomber der »Legion Condor« die heilige Stadt der Basken, Guernica. Inzwischen gilt es als erwiesen, daß das franquistische Oberkommando in Salamanca und die Legion Condor den Angriff auf Guernica gemeinsam beschlossen haben. Der Hauptzweck der Bombardierung, der mehrere Hundert Zivilisten – vor allem Frauen und Kinder – zum Opfer fielen, dürfte darin bestanden haben, die Moral der Basken zu brechen. Da die weltweite Empörung über das Massaker Hitlers »Friedens-Image« hätte schaden können, andererseits auch die Franquisten nicht daran interessiert waren, daß ihr Sieg als Ergebnis ausländischen Eingreifens erschien, wurde die deutsche Beteiligung an dem Terrorangriff auf die Stadt jahrzehntelang geleugnet und stattdessen von der Franco-Seite die propagandistische Lüge in die Welt gesetzt, die Basken hätten Guernica selbst angezündet. Als Ende April die ersten erschütternden Meldungen und Fotos von der Bombardierung der Baskenstadt in den Zeitungen erschienen, wurde dieser Schock für den in Frankreich wohnenden Pablo Picasso zum Anlaß, den schon längst fälligen Auftrag der spanischen Regierung – ein Wandbild für den spanischen Pavillon auf der Weltausstellung in Paris – in Angriff zu nehmen. Das Ergebnis war das Monumentalgemälde »Guernica«, das zu dem wohl berühmtesten spanischen Kunstwerk des 20. Jahrhunderts wurde und erst 1981, nach der Wiederherstellung der Demokratie in Spanien, aus den USA, wo es seither gehangen hatte, an Madrid zurückgegeben wurde.[26]

Mitte Juni 1937 durchbrachen die Nationalisten den »Eisernen Ring« um Bilbao und eroberten die industriewirtschaftlich bedeutsame Stadt. Im August folgte die Einnahme von Santander, im September/Oktober die Eroberung Asturiens. Damit war der ganze Norden in den Händen der Aufständischen. Im Dezember 1937 konnten die Republikaner zwar bei Teruel eine Offensive starten; allerdings eroberten die Nationalisten die Stadt bereits im Februar 1938 wieder zurück, und einen Monat später begann die Franco-Offensive auf Aragonien.

Die dritte Phase setzte mit einem für den weiteren Kriegsverlauf entscheidenden Durchbruch der Nationalisten ein: Mitte April 1938 konnten sie bei Vinaroz, in der Provinz Castellón de la Plana, das Mittelmeer erreichen; damit war Katalonien vom übrigen republikanischen Territorium abgeschnitten und zu einer Art »Exklave« geworden. Staatspräsident Manuel Azaña, Verteidigungsminister Indalecio Prieto und viele Republikaner hielten den Krieg schon für verloren; in den folgenden Monaten nahm der republikanische Widerstand jedoch wieder zu, und im Juli 1938 gelang der Republik ein letzter großer Sieg am Ebro. Danach befand sich das republikanische Heer nurmehr in der Defensive. Mitte November 1938 erfolgte der Rückzug der republikanischen Truppen über den Ebro, im Dezember setzte – mit einer überwältigenden Übermacht an Material – die nationalistische Offensive gegen Katalonien ein.

Die vierte und letzte Kriegsphase fand zwischen Dezember 1938 und März 1939 statt. Katalonien wurde in relativ wenigen Wochen erobert, Barcelona fiel am 26. Januar 1939. Am 7. Februar ging Staatspräsident Azaña ins französische Exil, am 24. Februar trat er von seinem Amt zurück. Am 9. Februar endete der Widerstand in Katalonien. Anfang März ergriff in Madrid eine Junta unter Oberst Segismundo Casado und dem Sozialisten Julián Besteiro die Macht; sie wollte, gegen den sinnlos gewordenen Durchhaltewillen von Ministerpräsident Juan Negrín und der Kommunisten, einen Verständigungsfrieden mit Franco aushandeln. Dieser ließ sich aber auf das Verhandlungsangebot

---

26 Vgl. hierzu Kap. V 3. *Zwischen Erinnern und Vergessen: das Spanien der Republik* in diesem Buch.

nicht ein; er besetzte die Hauptstadt am 28. März und erklärte am 1. April 1939 den Bürgerkrieg für beendet.[27]

3. Die ausländische Intervention und die Politik der Nichteinmischung

Der Spanische Bürgerkrieg erregte von Anfang an in der europäischen und amerikanischen Öffentlichkeit heftige Anteilnahme, die von literarisch-publizistischer Parteinahme bis zu persönlichem Kriegsdienst, zumeist für die Republik, reichte. »Internationalisiert« wurde der Krieg aber vor allem durch das Eingreifen ausländischer Mächte. Deutschland und Italien unterstützten seit Kriegsbeginn die Aufständischen – Italien war nachweislich seit 1934 an der materiellen Vorbereitung des Putsches beteiligt –, die UdSSR half ab Spätherbst 1936 der Republik; England, Frankreich und die USA bekannten sich zum Prinzip der sogenannten »Nichteinmischung«.

Im Zeichen einer gemeinsamen antibolschewistischen Ideologie kam es sehr früh zur Koinzidenz von öffentlicher italienisch-faschistischer und vatikanischer Parteinahme für die Rebellen. Mussolini verfolgte in Spanien einerseits das Ziel, langfristig seine imperialistischen Interessen im Mittelmeerraum abzusichern; andererseits führte das gemeinsame deutsch-italienische Vorgehen zur »Achse Rom-Berlin«. Bei der Diskussion um die deutsche Intervention sind bis heute Ausmaß, Motive und Ziele des Eingreifens umstritten. Zu den wichtigsten Motiven und Zielen gehörten (wohl) die Zurückdrängung des englischen Einflusses auf Italien und die Verbesserung der Beziehungen zu Mussolini, strategische Bündnisüberlegungen (Einkreisung Frankreichs), antikommunistische Grundeinstellung, die Chance zur Erprobung neuer Waffensysteme (Flugzeuge), schließlich und vor allem ökonomische Interessen im Hinblick auf die Erweiterung der Rohstoffbasis (besonders Eisenerz, Schwefelkies). Der Einsatz der Legion Condor erfolgte aufgrund eines Hilfeersuchens Francos. Deutschland und Italien erkannten das Francoregime am 18. November 1936 diplomatisch an.

---

27 W. L. Bernecker, *Krieg in Spanien*, S. 25–46.

Der genaue Umfang der sowjetischen Militärhilfe für die Republik ist nicht bekannt. In den ersten Monaten des Bürgerkrieges schloß sich die Sowjetunion der französisch-»neutralistischen« Politik an und trat dem Nichteinmischungsausschuß bei. Denn: Die revolutionäre Bewegung, die im republikanischen Herrschaftsgebiet Spaniens als Reaktion auf den Generalsputsch einsetzte, konnte die um Respektierung und weltweite Integrierung bemühte Sowjetunion in erhebliche Schwierigkeiten bringen, lag es in den kapitalistischen Staaten doch nahe, einen Zusammenhang zwischen der Revolution von links und dem rapiden Aufstieg der Spanischen Kommunistischen Partei – die wiederum Kominterndirektiven befolgte – zu erblicken. Um handelspolitische Restriktionen durch die Westmächte oder Störungen der politischen Beziehungen von Anfang an zu verhindern, unterstützte die Sowjetunion die spanische Republik vorerst nicht.

Anfang Oktober 1936 vollzog die Sowjetunion einen radikalen Wandel ihrer Politik gegenüber Spanien. Von Oktober 1936 bis März 1938 leistete die UdSSR der spanischen Republik Militärhilfe. Aus der allgemeinen Orientierung der sowjetischen Außenpolitik jener Jahre läßt sich schließen, daß Stalin durch die Unterstützung der spanischen Republik auch Großbritannien und Frankreich zu Hilfeleistungen an die Republik ermuntern und somit eine Koalition zwischen den westlichen Demokratien und der Sowjetunion gegen die faschistischen Staaten erreichen wollte.

Obwohl Stalins bündnispolitische Rechnung nicht aufging, unterstützte er vorerst die spanische Republik weiter. Der Grund dafür mögen die veränderten sowjetischen Kriegsziele gewesen sein: Spanien stieg nach 1936 zu einem der besten Kunden der Sowjetunion auf – zu einem Kunden übrigens, der die gelieferten (oft mangelhaften) Waffen mit dem größten Teil seiner Goldreserven bezahlte; das Land gewann für die Sowjetunion außerdem eine gewisse Bedeutung als militärisches Versuchsfeld; schließlich erkannte Stalin wohl, daß im Zuge der Ausweitung des spanischen Konflikts Hitler sich zeitweise von seinen östlichen Expansionsplänen ablenken ließ. Von enttäuschten republikanischen Spanienkämpfern ist sogar wiederholt die Behauptung verbreitet worden, daß die Sowjetunion gar nicht an einem Sieg der Republik interessiert gewesen sei, sondern die Republik absichtlich immer nur gerade soweit unterstützt habe, daß sie Widerstand leisten und den Krieg in die Länge ziehen, aber nicht siegen konnte. Umstritten ist auch bis heute, weshalb Stalin 1938 seine Unterstützung so gut wie einstellte. Neben die sowjetrussische Hilfe trat die Unterstützung durch die Internationalen Brigaden, die Freiwillige aus vielen Ländern vereinigten (ungefähr 3000 Deutsche). Die Anwerbung fand vor allem in Frankreich statt; Sammlung und Ausbildung erfolgten in Albacete. Im November 1938 wurden sie auf Beschluß der spanischen Regierung, die damit ein allgemeines Einmischungsverbot erreichen wollte, aufgelöst.

Der französische Ministerpräsident Leon Blum war am 20. Juli 1936 bereit, einem spanisch-republikanischen Hilfeersuchen zu entsprechen; das Kabinett jedoch beschloß kurze Zeit später eine Politik der »Nichtintervention«. Im Hinblick auf die innenpolitische Opposition und angesichts des Wunsches, andere (und vordringlichere) Punkte des Volksfront-Programms zu realisieren, entschloß sich Blum zu einer Änderung seiner ursprünglichen Hilfsbereitschaft. Englischer Druck dürfte bei Blums Meinungsänderung mitentscheidend gewesen sein. Die englische Politik verfolgte im Spanischen Bürgerkrieg als Ziele die Begrenzung des innerspanischen Konflikts, die Erhaltung der politischen und territorialen Integrität des Landes und die Beibehaltung der wirtschaftlichen Beziehungen zwischen beiden Staaten. Die USA betrieben offiziell eine strenge Neutralitätspolitik (*Spanish Embargo Act* vom 8. Januar 1937).

Das »Nichtinterventionskomitee« trat erstmals am 9. September 1936 in London zusammen. Das Prinzip der Nichteinmischung und die Tätigkeit des Komitees verhinderten aber weder die begrenzte sowjetische (und zum Teil französische) Unterstützung der legalen republikanischen Regierung noch vor allem die massive, kriegsentscheidende deutsch-italienische Hilfe für die Aufständischen. Das Komitee diente den Westmächten vor allem zur Rechtfertigung ihrer eigenen Passivität und zur Ignorierung der »inoffiziellen« Unterstützung der Rebellen. Außerdem sollte es die Ausbreitung des spanischen Konflikts auf die europäische Ebene verhindern.

Die Auswirkungen des ausländischen Eingreifens auf die beiden kriegführenden Lager waren quantitativ wie qualitativ unterschiedlich: Der Einsatz russischen Materials auf republikanischer Seite war für die Verteidigung Madrids entscheidend, und es ermöglichte die wenigen republikanischen Offensiven, zu denen es überhaupt im Kriegsverlauf kam (Brunete, Teruel, Ebro). Zum Einsatz kamen einige Hundert russische Panzer, mehrere alte Artillerie-Batterien, 500–700

Plakat (1937) zu den Internationalen Brigaden im Bürgerkrieg

Quelle: Jordi Carulla/Arnau Carulla, La Guerra Civil en 2000 Carteles, República – Guerra Civil – Posguerra, Band I, Barcelona 1997, S. 243

Flugzeuge, bis zu 2000 russische Piloten, Techniker und Offiziere der Geheimpolizei. Die Tatsache, daß die Republik weitgehend von sowjetischer Hilfe abhing, verschaffte der UdSSR einen überragenden Einfluß auf die Innen-, Sozial- und Wirtschaftspolitik in der republikanischen Zone – ein Einfluß, der von der KP Spaniens massiv zu parteipolitischen Zwecken ausgenutzt wurde. Die Internationalen Brigaden, die insgesamt an die 59000 Mann zählten, waren nicht nur militärisch hilfreich, sondern sie vermittelten ihren Kampfgenossen darüber hinaus ein Gefühl der moralischen Überlegenheit, das für die psychologische Kriegsführung besonders wichtig war.

Die Hilfe, die die Nationalisten aus dem Ausland erhielten, war bei weitem entscheidender als die Unterstützung, die den Republikanern zuteil wurde. Daß der Putsch nicht schon in den ersten Tagen kläglich zusammenbrach, ist darauf zurückzuführen, daß die afrikanische Armee Francos von deutschen und italienischen Transportflugzeugen über die Meerenge von Gibraltar gebracht wurde, und im weiteren Kriegsverlauf waren die aufständischen Truppen stets von Nachschub aus dem Ausland (etwa amerikanischem Benzin der Firma Texaco) abhängig. Auf der Seite der Nationalisten kamen zum Einsatz: »circa 750 italienische und 600 deutsche Flugzeuge; etwa 200 deutsche mittlere Panzer und einige hundert italienische Panzerkampfwagen; deutsche Fernmeldeausrüstungen und bewegliche Flugabwehr-Artillerie; italienische Unterseeboote und Überwasserfahrzeuge verstärkten die Marine der Nationalisten; etwa 70000 italienische Soldaten, 19000 deutsche Piloten, Techniker und Ausbilder, bis zu 100000 Marokkaner, die während des Krieges rekrutiert wurden; und einige Tausend portugiesische Soldaten, Lastwagenfahrer, Grenzposten und Polizisten«.[28] Außerdem wurde Franco (direkt oder indirekt) von Engländern, amerikanischen Gesellschaften sowie französischen, belgischen und Schweizer Finanzkreisen unterstützt.

Die eigennützige, insgesamt jedoch erfolglose Politik der Sowjetunion und die verlogene Haltung der Westmächte, deren ökonomische Interessen bei Franco letztlich besser aufgehoben waren als bei einer zunehmend von Kommunisten beeinflußten Volksfrontregierung, sind wesentlich für den Untergang der spanischen Republik mitverantwortlich. Diese Politik konnte ihr stets proklamiertes Ziel: die Erhal-

---

28 G. Jackson, *Annäherung*, S. 122.

tung des Friedens, nicht erreichen. Wenige Monate nach Beendigung des Spanischen Bürgerkrieges begann der Zweite Weltkrieg. Die Großmächte nahmen aber um ihrer eigenen Interessen willen bewußt in Kauf, daß die spanische Demokratie zerstört und das Land einer nahezu vierzigjährigen Diktatur ausgeliefert wurde.[29]

4. Die innenpolitische Entwicklung in beiden Kriegszonen

DER MILITÄRISCHE VERLAUF des Krieges läßt sich von der politischen Entwicklung, vor allem jedoch von den revolutionären (und konterrevolutionären) Aspekten in beiden Bürgerkriegszonen nicht trennen. Bereits eine knappe Woche nach Kriegsbeginn entstand in der »nationalistischen Hauptstadt« Burgos unter Leitung von General Miguel Cabanellas eine provisorische Junta. In der von den Rebellen beherrschten Zone wurden Gewerkschaften verboten, Parteien aufgelöst, jeglicher Widerstand gewaltsam und blutig unterdrückt; das Agrarreformgesetz wurde sofort aufgehoben, die Böden kehrten in die Verfügungsgewalt ihrer früheren Eigentümer zurück.

Nachdem sich die »Junta von Burgos« konstituiert und internationale Anerkennung gefunden hatte, schob General Franco seine Person bei gleichzeitiger Betonung aller »nationalen« Argumente in den Vordergrund und gab sich als Verteidiger der »nationalen« Interessen Spaniens aus; die Generäle nannten ihren Aufstand eine »nationale Erhebung« und eine »nationale Bewegung« – gaben sie doch vor, das authentische, traditionsbewußte, echte Spanien gegenüber dem verdorbenen »Anti-Spanien« der marxistischen Politiker zu vertreten. Seit Franco Ende September/Anfang Oktober 1936 in Salamanca zum »Generalissimus« aller Streitkräfte, zum unumschränkten Staatschef des nationalen Spanien und, nach José Antonio Primo de Riveras Erschießung, zum *Caudillo* der Bewegung ernannt worden war, wurde seine Politik von dem Willen bestimmt, einerseits ein semifaschistisches System aufzubauen, andererseits die Abhängigkeit gegenüber Deutschland und Italien zu reduzieren. Eine besondere Rolle in den wechselnden innenpolitischen Konstellationen der Kriegs- und Nachkriegsjahre

---

29 W. L. Bernecker, *Krieg in Spanien*, S. 47–114.

spielte eine Partei, zu der Franco ursprünglich keinerlei Beziehungen hatte: die Falange.

Die spanische *Falange* war Anfang 1934 als Zusammenschluß der ein halbes Jahr zuvor gegründeten *Falange Española* von José Antonio Primo de Rivera und der 1931 geschaffenen sektiererischen »nationalsyndikalistischen Angriffsgruppen« (JONS) der beiden Hitlerbewunderer Ramiro Ledesma Ramos und Onésimo Redondo entstanden. Das 27-Punkte-Programm der Partei vom Herbst 1934 war Faschismus und Nationalsozialismus, totalitären Ideen und spanischer Tradition zugleich verhaftet; es forderte für Spanien die Hegemonialstellung im hispanischen Raum, die Abschaffung der Demokratie, die Erfassung aller Arbeitsfähigen in staatlichen Zwangssyndikaten, die Verstaatlichung des Bankwesens und der öffentlichen Dienste, eine radikale Agrarreform, vormilitärische Erziehung der Jugend sowie den Führungsanspruch der Falange im Staat. Die Partei war antidemokratisch, antiliberal und ursprünglich antimonarchistisch; ihr Ziel war der durch eine national-syndikalistische Revolution herbeigeführte syndikalistische *Falange*-Staat.

Die Partei wurde zuerst von einem Triumvirat, seit Oktober 1934 von José Antonio, dem Sohn des in den zwanziger Jahren regierenden Diktators Primo de Rivera, als »unabsetzbarem Führer« geleitet. Während der gesamten Republik blieb der Einfluß der *Falange* gering; 1933 erhielt sie ein einziges Parlamentsmandat, Ende 1935 gab es rund 8000 eingeschriebene Mitglieder. Nach dem Wahlsieg der Volksfront wurde die *Falange* als Partei faschistischen Typs im März 1936 verboten und das Führerkorps verhaftet. Sie gehörte nicht zu den Initiatoren des militärischen Putsches gegen die Republik, schloß sich jedoch zu Beginn des Bürgerkrieges mit ihren rund 4000 Milizionären sofort dem Aufstand an. In den ersten Kriegsmonaten wurden die wichtigsten Falangeführer von den Republikanern erschossen; auch José Antonio Primo de Rivera gehörte zu den Opfern. Der Tod des attraktiven Anwalts und rhetorisch brillanten Falangeführers kam Franco sehr gelegen, da er sich nun der führerlosen und durch Fraktionskämpfe geschwächten Partei – der er politisch nicht angehörte, die jedoch als einzige tragende Kraft für den geplanten autoritären Staat in Frage kam – bemächtigen konnte. Durch eine Überrumpelungsaktion vollzog Franco im April 1937 mit Unterstützung seines Schwagers Ramón Serrano Suñer die Vereinigung der *Falange* mit den traditionalistischen Karlisten. Nach dieser Zwangsvereinigung mußte die »neue« *Falange* Ideologie und Zielsetzungen der »alten« *Falange* aufgeben; konservative und monarchistische Programmpunkte rückten in den Vordergrund.

Die beiden Bürgerkriegszonen waren nicht nur politisch-ideologisch und wirtschaftlich-militärisch, sondern auch finanz- und währungstechnisch getrennt. Bereits im November 1936 führte Franco für die in seinem Herrschaftsbereich zirkulierenden Noten den Abstempelungszwang ein; im März 1937 ließ er neue »nationale« Banknoten emittieren. Die republikanische Pesete war einer dauernden Kursverschlechterung unterworfen, die verschiedene Ursachen hatte: Die republikanischen Regierungen setzten die Außenhandels- und Devisenkontrolle nicht ausreichend zur Kursstützung ein; sie betrieben die Kriegsfinanzierung (weit mehr als Franco) mit dem Mittel der Notenausgabe, ersetzten im Oktober 1936 die umlaufenden Silbermünzen durch »Silberzertifikate« in unbegrenzter Emissionshöhe und wirkten dem Mangel an Hartgeld durch Ausgabe neuer Münzen entgegen; hinzu traten die Notgeldemissionen lokaler Stellen. Der Banknotenumlauf nahm im republikanischen Gebiet von 3,4 auf 16,6 Milliarden Peseten zu, während gleichzeitig der Goldvorrat von 2,2 Milliarden auf Null sank. Demgegenüber verstanden es die nationalen Machthaber, durch Devisenbewirtschaftung, Außenhandelsüberwachung, Verbot der Ein- und Ausfuhr von Banknoten und des Hortens von Silbermünzen sowie durch Beschlagnahme von Devisen und ausländischen Wertpapieren, durch weitgehendes Festhalten an Vorkriegspreisen und strikte Kontrolle der Notenausgabe, eine Stabilisierung der »nationalen« Pesete herbeizuführen. Als die beiden Lager sich auf den verschiedenen Kriegsschauplätzen noch militärisch zerfleischten, war währungs- und finanzpolitisch an den internationalen Börsen der Kampf für Franco schon gewonnen.

Während im Lager der Nationalisten zwangsweise alle politischen Kräfte unter einer Führung zusammengefaßt wurden, vollzog sich in der republikanischen Zone der entgegengesetzte Prozeß einer Desintegration der politischen Kräfte. Bei Kriegsbeginn sah sich die Regierung Santiago Casares Quiroga zum Rücktritt gezwungen; die Ein-Tages-Regierung von Diego Martínez Barrios nahm nicht einmal die Amtsgeschäfte auf und wurde am 19. Juli 1936 von der lediglich aus bürgerlichen Republikanern bestehenden Regierung José Giral abgelöst, die bis Anfang September 1936 im Amt blieb. Angesichts seines Mißerfolgs beim Versuch, internationale Hilfe für die Republik zu erlangen, wich Giral dem sozialistischen Gewerkschaftsführer Francisco Largo Caballero, dessen Regierung aus Liberalen, Republikanern, Kommunisten und Sozialisten Anfang November 1936 – zum ersten Mal in der Geschichte – durch Vertreter der anarchistischen Organisationen CNT und FAI erweitert wurde. Mitte Mai 1937 stürzten die Kommunisten Largo Caballero; die nun folgende »Regierung des Sieges« des sozialistischen Ministerpräsidenten Juan Negrín blieb (bei wiederholten Umbildungen) bis zum Ende des Krieges im Amt.

Neben der Zentralregierung, die im November 1936 ihren Sitz von Madrid nach Valencia und Ende Oktober 1937 nach Barcelona verlegte, amtierte in Katalonien die autonome *Generalitat* unter den Linksrepublikanern Lluís Companys und Josep Tarradellas; seit dem Erlaß des baskischen Autonomiestatuts im Oktober 1936 regierte in Bilbao die »Provisorische Regierung von Euzkadi« unter Präsident José Antonio de Aguirre.

Im weiteren Kriegsverlauf gingen die Haltungen der verschiedenen politischen Kräfte im republikanischen Lager immer weiter auseinander; streckenweise kann man eher von einem Gegen- als von einem Miteinander der einzelnen Parteien und Gruppierungen sprechen. In diesem internen Machtkampf gelang es den Kommunisten, aus ihrer anfangs eher unbedeutenden Position zum beherrschenden politischen Faktor in der republikanischen Zone zu werden. Hierzu trugen die für die Republik lebenswichtigen sowjetischen Waffenlieferungen ebenso bei wie die Tatsache, daß der PCE zu einem Sammelbecken der gemäßigten und kleinbürgerlichen Elemente im republikanischen Lager wurde, daß er die Internationalen Brigaden organisierte und wesentlichen Anteil am Aufbau der republikanischen Armee hatte. 1937 war die KP mit inzwischen 250000 Mitgliedern die dominierende Partei auf republikanischer Seite, während die zu Kriegsbeginn in einigen Landesteilen (vor allem Katalonien) dominierenden Anarchisten und Linkssozialisten den größten Teil ihres Einflusses eingebüßt hatten.

Als sich nach Niederschlagung des Militärputsches am 19. Juli 1936 die Soziale Revolution[30] unerwartet, unkoordiniert und unkon-

---

30 »Soziale Revolution« wird (in Übereinstimmung mit vielen zeitgenössischen Quellen) groß geschrieben, um damit den besonderen Charakter dieses Terminus als

trolliert wie ein Lauffeuer über weite Teile des republikanischen Territoriums ausbreitete, stellte sich für die Träger dieser Revolution nicht nur die Frage der wirtschaftlichen Neustrukturierung auf kollektivistischer Grundlage; zugleich galt es, das politische Verhältnis des organisierten Anarchismus zum bisher radikal abgelehnten Staat, dessen Existenzberechtigung prinzipiell geleugnet wurde, neu zu bestimmen. Der Militäraufstand hatte den Staat in seinen Grundfesten erschüttert; die Institutionen, in denen die Anarchisten den Unterdrückungsapparat »Staat« symbolisiert sahen – Polizei, Heer, Verwaltung, Regierung – bestanden nicht mehr, waren machtlos oder in Auflösung begriffen. In dieser kritischen Situation mußte die weitere Entwicklung davon abhängen, wie sich die realen Machtträger, das heißt die anarchosyndikalistischen Organisationen der Arbeiter, verhalten würden: Sollten sie den Staat vollends zerschlagen und – entsprechend ihrem Vorentwurf – durch horizontal und vertikal miteinander verbundene Produzentenvereinigungen und Selbstverwaltungsorgane ersetzen? Den anarchistischen und anarchosyndikalistischen Komitees war sofort klar, daß sich in der historischen Situation des fehlgeschlagenen Militäraufstandes die erste (und wohl einmalige) Chance bot, den seit Jahrzehnten programmatisch verkündeten »freiheitlichen Kommunismus« zu realisieren.

Schlagartig gewannen die anarchistischen Gremien jedoch eine weitere Einsicht: In einigen Landesteilen, wie zum Beispiel in Katalonien, in gewissen Landstrichen Andalusiens und der Levante, könnten sie den Staatsapparat auf lokaler und regionaler Ebene wahrscheinlich ohne größeren Widerstand zerstören und mit dem Aufbau neuer Strukturen beginnen; sie waren aber nicht stark genug, um die Zerstörung des Staatsapparates mühelos im Landesmaßstab durchsetzen zu können – und das mußte bedeuten, daß sie sich zuerst im regierungstreu gebliebenen Territorium gegen den Widerstand der republikanischen, der kommunistischen, der liberalen und bürgerlichen Kräfte durchzusetzen hatten. Es lag auf der Hand, daß davon die aufständischen Truppenteile profitiert hätten. Des weiteren wurde ein konzeptioneller Mangel in der anarchistischen Theorie des Übergangs von einer Gesellschaftsordnung in die andere deutlich: CNT und FAI hatten

---

Eigennamen hervorzuheben, der von dem konkreten »sozialen« Inhalt quasi losgelöst und als Abstraktion zu sehen ist.

sich bisher primär mit ihrer Zielvorstellung einer herrschaftsfreien Gesellschaft beschäftigt und dem Prozeß der Zielverwirklichung – also den Voraussetzungen der Revolution, den auftretenden Schwierigkeiten, den notwendigen Kompromissen, allgemein den Problemen bei der Durchführung des sozialrevolutionären Umsturzes – keine oder viel zu wenig Aufmerksamkeit geschenkt. Zu der Unmöglichkeit, die libertären Konzeptionen im Landesmaßstab zu realisieren, kam somit die mangelnde Vorbereitung auf die destruktive Phase der Revolution, die die Anarchisten durch ihre ausschließliche Fixierung auf die konstruktive Phase völlig vernachlässigt hatten.

Diese Überlegungen wurden für CNT und FAI vor allem in dem Landesteil von unmittelbar praktischer Bedeutung, in dem ihnen keine andere gesellschaftliche Kraft die Vorherrschaft streitig machen konnte: in Katalonien. Hier waren sie zuerst gehalten, das Verhältnis von Anarchismus und Staat neu zu bestimmen. Als nämlich am 20. Juli 1936 die aufständische Garnison von Barcelona besiegt war, lag die Gewalt über die Stadt in den Händen der Arbeiter – und das hieß: der Anarchisten. Nahezu alle Augenzeugen und Historiker stimmen darin überein, daß im Juli 1936 keine andere Organisation den Anarchisten die Macht in Katalonien hätte entreißen können. Die *Generalitat* bestand zwar weiter, war aber vorerst faktisch machtlos und konnte auf die Ereignisse lediglich reagieren, nicht jedoch weichenstellend auf sie einwirken. Die entscheidende Frage, von deren Beantwortung der Fortgang des Krieges und der beginnenden Revolution abhängen mußte, bezog sich somit auf das Verhalten von CNT und FAI: Würden die anarchistischen Organisationen den »bürgerlichen« Staat vollends zerstören und an seine Stelle den »freiheitlichen Kommunismus« setzen, oder in welch anderer Form würden sie von der ihnen überraschend zugefallenen Entscheidungsrolle Gebrauch machen?

Die katalanischen CNT-Bezirkskomitees beschlossen, mit den übrigen »antifaschistischen« Kräften in einer gemeinsamen Organisation, dem *Zentralkomitee der Antifaschistischen Milizen,* zusammenzuarbeiten. Damit gewann (wenige Wochen nach dem »radikalen« Zaragozakongreß der CNT, auf dem die anarchistisch-dogmatische Linie der FAI sich voll durchgesetzt hatte) jener »revisionistische« Flügel des organisierten Anarchismus die Oberhand, der schon seit längerem darauf hingewiesen hatte, daß der Übergang vom Kapitalismus zum herrschaftsfreien Kommunismus nicht vorbehaltlos vollzogen wer-

Plakat der anarchosyndikalistischen Gewerkschaft CNT (1936)

Quelle: Jordi Carulla/Arnau Carulla, La Guerra Civil en 2000 Carteles, República – Guerra Civil – Posguerra, Band I, Barcelona 1997, S. 158

den könne. Mit einem Schlag wurde den katalanischen Anarchisten deutlich, daß sie keine Strategie als Handlungsanleitung für die Phase des Übergangs von einer Gesellschaftsordnung in die andere entwickelt hatten.

Ihre Entscheidung, mit der Regierung und den politischen Parteien – ihren bisherigen ärgsten Gegnern! – zusammenzuarbeiten, war der Anfang einer ideologischen Entwicklung, die nicht nur zur Akzeptierung des Staatsapparates und der Regierung, sondern konsequenterweise auch zur Teilhabe an der Macht führte. Der Gesinnungswandel von absoluter Ablehnung des Staates über dessen (durch die Umstände bedingte) Hinnahme bis zu seiner Stärkung und Verteidigung verlief in deutlich unterscheidbaren Stufen: Das katalanische Zentralkomitee der Antifaschistischen Milizen konstituierte sich zwar als »revolutionäres« Machtorgan, arbeitete de facto aber – was sich schon aus seiner personellen Zusammensetzung ergab – von Anfang an mit der Regierung zusammen. Sehr schnell erkannten die Anarchisten auch, daß ihr eigentliches Anliegen, nämlich das beschleunigte Vorantreiben der Sozialen Revolution, zum großen Teil eine Machtfrage war, daß also die Ablehnung jeglicher Herrschaftsausübung von ihren ideologischen Gegnern im republikanischen Lager gegen sie verwendet werden konnte (und wurde). In einem zweiten Schritt forderten sie daher die Einsetzung eines »Nationalen Verteidigungsrates«, der an die Stelle der Regierung treten sollte. In diesem neuen Organ – das nichts anderes als eine Regierung mit anderer Bezeichnung gewesen wäre – sollte die CNT mit der UGT und den Republikanern unter Vorsitz von Francisco Largo Caballero verantwortliche Posten übernehmen. Als dieser Plan einer Gewerkschafts-»Regierung« am Widerstand aller politischen Lager sowie des Staatspräsidenten scheiterte, waren die Anarchisten – bezeichnenderweise zuerst in Katalonien – bereit, Regierungsverantwortung zu übernehmen. Sie setzten zwar durch, daß die *Generalitat* in Zukunft die revolutionäre Bezeichnung »Rat« (*Consejo*) erhielt, änderten jedoch nichts am exekutiven Charakter dieser Institution. Mit ihrer Regierungsbeteiligung hatten die Anarchisten nicht nur verbal, sondern auch faktisch eines ihrer Prinzipien durchbrochen. Es lag in der Konsequenz dieser Entwicklung, daß sie – als letzte Phase in diesem »Anpassungsprozeß« – weitere sechs Wochen später der Zentralregierung in Madrid beitraten.

Als CNT/FAI im September/November 1936 die Regierungsmitverantwortung übernahmen, befand sich die Soziale Revolution auf ihrem Höhepunkt. Es lag daher im Interesse aller republikanischen (nicht-anarchistischen) Organisationen, durch Integration des Anarchismus in das bestehende Staatsgefüge und Übertragung von Verantwortung eine gemäßigtere Haltung der Führungsgremien und damit eine Eindämmung der Radikalität an der Basis zu erzielen. Diese Rechnung ist letzten Endes auch aufgegangen. Die anarchistischen Minister trugen selbst zur »Legalisierung« der revolutionären Errungenschaften bei; dies bedeutete in den meisten Fällen jedoch Kontrolle, Kompetenzeingrenzung der Basisorgane, Mitspracherecht des Staates, Zurückdrängung der Revolution.

In historischer Perspektive führte der Regierungseintritt von CNT und FAI nicht nur zu einer Identitätskrise der libertären Bewegung, sondern trug zugleich direkt zur Domestizierung der Revolution und indirekt zur Machterweiterung der Kommunisten bei. Nach seinem Ausscheiden aus dem republikanischen Industrieministerium gestand der Anarchosyndikalist Juan Peiró öffentlich ein: »Wir sind so ehrlich gewesen, daß wir uns wie ausgesprochene Naivlinge benommen haben.«[31] Diese Einsicht führte bei den Anarchisten jedoch nicht zur Rückbesinnung auf ihre revolutionäre Tradition der direkten Aktion, des Apolitizismus und der Staatsverneinung – auch dann nicht, als die Angriffe auf die revolutionären Errungenschaften, wie etwa in Aragonien, immer massiver wurden. Das Millionenpotential von CNT/FAI blieb im innerrepublikanischen Machtkampf ungenutzt. Die anarchosyndikalistische Gewerkschaft begnügte sich mit verbalen Protesten und der Drohung, ihre Mitglieder aus allen Komitees zurückzuziehen, wenn die antifaschistischen Organisationen nicht unverzüglich an die »Ausarbeitung eines gemeinsamen Programms« gingen. Zu diesem Zeitpunkt (Herbst 1937) wurden allerdings derartige Drohungen nicht mehr ernst genommen, da von ihnen nichts Ernstes zu befürchten war. Der spanische Anarchismus hatte den Höhepunkt seiner Macht überschritten.

Die Geschichte des revolutionären Syndikalismus war im Kriegsverlauf sowohl im machtpolitischen wie im ideologischen Bereich weitgehend ein Rückzugsgefecht. Auf wirtschaftlichem Sektor wur-

31 *Boletin de Información* CNT-AIT-FAI vom 15. Juni 1937, S. 4.

den die Anarchisten marginalisiert, auf politischem zum größten Teil ausgeschaltet; revolutionäre »Errungenschaften« – etwa kollektivierte Betriebe – blieben zwar bis Kriegsende bestehen, unterlagen aber staatlicher Kontrolle. Bedeutsam angesichts dieses effektiven Machtverlustes war die Reaktion der CNT: Sie mobilisierte nicht etwa ihre Massengefolgschaft, besann sich nicht auf bisher proklamierte Mittel und Ziele, sondern flüchtete in einen verbalen Eskapismus, der deutlich werden läßt, daß sie schließlich nur noch eine Position der Selbstrechtfertigung zu verteidigen suchte.

Die anarchosyndikalistische Politik hatte durch den katalanischen Entschluß vom 20. Juli 1936 zur Mitarbeit in den republikanischen Institutionen ihre entscheidende Weichenstellung erfahren. Als sich die Linkskräfte damals zum Verzicht auf die radikale Durchführung ihres revolutionären Programms entschlossen, ermöglichten sie nicht nur ihre allmähliche Integration in das Staatswesen, sondern leiteten außerdem einen Prozeß ein, der seine inhaltliche Bestimmung in Zentralisierung, Bürokratisierung, Hierarchisierung und Politisierung der anarchistischen Organisationen fand. Im Juli 1937 etwa lehnte eine FAI-Versammlung den Staat nicht mehr grundsätzlich ab; die Anarchisten bezeichneten sich nurmehr als »Feinde der Diktaturen« und der »totalitären Regierungsform«, forderten ihre Mitglieder jedoch zur Mitarbeit in den bestehenden Staatsinstitutionen auf.[32]

Durch ihre Zusammenarbeit mit politischen Parteien sowie durch ihren Regierungseintritt erfuhr das bisherige, ausschließlich negativ bestimmte Verhältnis des Anarchismus zum Staat eine weitreichende Änderung. CNT und FAI trugen selbst zur Restauration und Stärkung des Staates bei: Daß dieser Entwicklung zum »starken Staat« nur wenige Hindernisse in den Weg gelegt wurden und der Prozeß von anarchistischer Seite kaum öffentliche Kritik erfuhr, ist vor allem darauf zurückzuführen, daß die breite Masse der anarchosyndikalistisch organisierten Arbeiter allmählich den im Namen der Staatsräson auch von ihren eigenen Führungsgremien vorgebrachten Argumenten der Mäßigung und Zurückhaltung erlag. In dem Maße, in dem die Spontaneität der Massen kanalisiert und kontrolliert wurde, nahm die Revolution von ihren ursprünglichen, herrschaftsfreien Zielen Abstand;

---

32 Federación Anarquista Ibérica, *Memoria del pleno peninsular de regionales*, Valencia 1937.

sie engte ihren eigenen Aktionsraum zusehends ein und erweiterte damit das Wirkungsfeld des Staates, der als übermächtige Struktur schließlich in alle gesellschaftliche Bereiche vordrang. Damit hatte sich gegen Ende des Krieges das Verhältnis Gesellschaft-Staat im Vergleich zum Juli 1936 nahezu vollständig zugunsten des Staates verkehrt.

5. Die Soziale Revolution: Anarchismus in der Praxis

ZENTRALER GEGENSTAND DER inner-republikanischen Auseinandersetzungen war der vor allem von Anarchisten und Linkssozialisten getragene Versuch, in weiten Zonen des republikanischen Spanien zwischen 1936 und 1939 eine sozialistische, rätedemokratisch strukturierte Wirtschafts- und Gesellschaftsordnung zu errichten. Diese »Soziale Revolution« richtete sich nicht nur gegen den Militärputsch, sondern bedrohte darüber hinaus die Grundlagen der bestehenden bürgerlich-kapitalistischen Ordnung, den Großgrundbesitz und das Privateigentum an Produktionsmitteln. Die revolutionäre Bewegung war spontan, dezentralisiert und uneinheitlich und brachte daher die verschiedenartigsten Verwaltungs- und Machtorgane, Wirtschaftskomitees und räteähnlichen Entscheidungsgremien auf betrieblicher, lokaler und regionaler Ebene hervor. Charakteristisch für die ersten Kriegs- und Revolutionsmonate waren zum einen die allgegenwärtige Macht der gewerkschaftlich organisierten Arbeitermassen, zum anderen die Enteignung und Übernahme von Landwirtschaftsgütern, Industriebetrieben und Dienstleistungsunternehmen und deren Selbstverwaltung bzw. Kollektivierung durch die Arbeiter. Neben die Kollektivbetriebe mit ihren Verwaltungs- und Kontrollkomitees traten von Anfang an revolutionäre »antifaschistische« Komitees mit primär politischen Funktionen, die zu einem (schließlich nicht realisierten) Selbstverwaltungssystem mit pyramidenförmig aufeinander aufbauender Rätestruktur führen sollten. Erstrebt wurde nicht nur die Abschaffung der vorhandenen Erscheinungsform von Herrschaft, sondern zugleich der dahinter stehenden ökonomischen Machtverhältnisse und deren Ersatz durch eine neue, herrschaftsfreie Ordnung, die sich für Anarchisten in dem Begriff des »freiheitlichen Kommunismus« konkretisierte.

Die revolutionären Ereignisse führten innerhalb kurzer Zeit zur Entmachtung traditioneller Eliten, zur weitgehenden Übernahme der wirtschaftlichen und politischen Macht durch die Arbeiter, zum Aufbau einer neuen, aus Arbeiter- und Bauernmilizen hervorgehenden »Volksarmee«, zur Abschaffung des überkommenen Justizwesens und Einsetzung revolutionärer Volkstribunale, kurz: zu einer Änderung etablierter Macht- und Gesellschaftsstrukturen. Für die Mehrzahl der anarchistischen und sozialistischen Arbeiter stand mit der Niederschlagung des Militäraufstandes fest, daß es im nun beginnenden Kampf nicht um die Wiederherstellung der bürgerlichen Demokratie, des republikanischen Staates und der kapitalistischen Wirtschaftsordnung, sondern um den Aufbau einer neuen Gesellschaft, einer proletarischen Demokratie und einer sozialistisch-kollektivistischen Wirtschaftsordnung ging. Die revolutionäre Bewegung hatte ihren zeitlichen Höhepunkt im ersten Kriegsjahr; geographische Schwerpunkte waren die Industriezentren Kataloniens sowie die Agrargegenden Aragoniens, Andalusiens, Neu-Kastiliens und der Levante.

Ausbreitung und Durchsetzung, Niedergang und Ende der Sozialen Revolution wurden durch verschiedene Rahmenbedingungen beeinflußt; die allgemeinste und zugleich bedeutendste dieser Rahmenbedingungen war der Zusammenhang von Krieg und Revolution. Der Krieg, der die Ausbreitung der Revolution erst ermöglichte, verhinderte zugleich deren volle Durchsetzung. Außerdem trug er dazu bei, daß von Anfang an der Rekurs auf hierarchische Organisationsmuster und sehr bald die Abkehr vom anarchistischen Milizgedanken erforderlich wurden. Als die Anarchisten in den Julitagen 1936 aus Gründen, die in ihrer eigenen Ideologie und Geschichte lagen, schließlich noch auf die »Abschaffung« des Staatsapparates verzichteten, blieb eine weitere Voraussetzung zum Gelingen der Revolution unerfüllt. Die militärische Lage zwang die Republik sehr bald, Hilfe aus dem Ausland anzufordern. Damit wurde, ebenso wie durch die Unterstützung Francos durch die Achsenmächte, der Krieg internationalisiert. Die Abhängigkeit der republikanischen Kriegswirtschaft vom Waffenlieferanten Sowjetunion und die Rücksichtnahme auf die kapitalistischen Interessen der westlichen Demokratien legten der vollen Durchführung des anarchorevolutionären Wirtschaftsprogramms ebenfalls Fesseln an. Im Landesinneren war das republikanische Lager auf die Unterstützung des gerade im Wirtschaftsgebiet Katalonien starken industriellen und bäuerlichen Mittelstandes angewiesen. Dieser aber wurde durch die kollektivierungsfeindliche Haltung der Kommunisten, die in ihrer Politik wiederum von den Komintern-Direktiven abhängig waren, unterstützt.

Die Chancen der Sozialen Revolution hingen somit von militärischen und außenpolitischen sowie von innen- bzw. machtpolitischen Variablen ab. Letztere führen zu der Frage, welche gesellschaftlichen Kräfte die Revolution trugen bzw. bekämpften. Die Träger der Sozialen Revolution waren das landlose Agrarproletariat sowie die Mehrzahl der lohnabhängigen Industriearbeiter Kataloniens, die ihren gewerkschaftlich-politischen Standort im Anarchosyndikalismus/Anarchismus (CNT/FAI) oder Sozialismus (UGT/PSOE) gefunden hatten. Der Anarchismus stellte in Spanien 70 Jahre lang eine bedeutende revolutionäre Kraft dar. Während des Bürgerkrieges hatte die 1910 gegründete, stark anarchistisch beeinflußte revolutionär-syndikalistische *Confederación Nacional del Trabajo* (CNT) zwischen zwei und drei Millionen, die halbgeheime, 1927 gegründete rein anarchistische *Federación Anarquista Ibérica* (FAI) über 150000 Mitglieder. In keinem anderen Land der Erde hat die anarchistische Bewegung eine ähnliche Bedeutung wie in Spanien erlangt; die Anarchisten waren nicht nur die zahlenmäßig stärkste Fraktion der spanischen Arbeiterbewegung,[33] sondern auch die militanteste. Im Bund mit der syndikalistischen Bewegung erwies sich der Anarchismus bis 1939 als eine wirksame Kraft der praktischen Politik; die anarchosyndikalistischen Ideen konnten so feste Wurzeln schlagen, daß in der Zeitspanne von Juli 1936 bis August 1937 der freiheitliche Kommunismus als Ziel der anarchistischen Sozialen Revolution der Verwirklichung nahe kam.

Neben den Anarchosyndikalisten zählten vor allem die in der *Unión General de Trabajadores* (UGT) organisierten Arbeiter zu den Trägern der Revolution. Diese 1888 gegründete sozialistische Gewerkschaft war ursprünglich reformistisch ausgerichtet und erstrebte den Aufstieg der Arbeiterklasse durch friedliche Mittel. In den Jahren der Zweiten Republik wurde der von Francisco Largo Caballero gesteuerte UGT-Kurs zusehends radikaler; als die Republik 1933/34 deutlich nach rechts schwenkte, setzte sich die UGT-Führung für die sofortige Durch-

33 Auf eine Diskussion des widersprüchlichen Zahlenmaterials zu den Organisationen der Arbeiterbewegung muß an dieser Stelle verzichtet werden. Verwiesen sei (für die CNT) auf A. Elorza, *Utopía;* (für die UGT) auf M. Ramírez Jiménez, *Grupos de presión.*

führung einer Sozialen Revolution mit dem Ziel der Diktatur des Proletariats ein. In der Ablehnung des bestehenden Staates und dem Streben nach einer Sozialen Revolution stimmten CNT und UGT somit vor dem Bürgerkrieg bereits überein; dieses gemeinsame »Rahmen«-Programm ließ 1936–1939 Tausende von CNT- und UGT-Mitgliedern auf betrieblicher und lokaler Ebene eng zusammenarbeiten. Nicht nur hinsichtlich der Radikalität der Positionen, auch bezüglich des Mitgliederstandes sind UGT und CNT in den dreißiger Jahren vergleichbar; vor dem Krieg scheint die UGT mit ca. 1,5 Millionen Mitgliedern die CNT sogar deutlich überflügelt zu haben.

Die dritte Organisation, die die Revolution mittrug, war die sich zum Marxismus-Leninismus bekennende antistalinistische Partei *Partido Obrero de Unificación Marxista* (POUM), die erst im September 1935 aus dem Zusammenschluß oppositionell-kommunistischer, zum Teil trotzkistisch orientierter Parteien entstanden war. Der POUM erstrebte eine sofortige »demokratisch-sozialistische« Revolution; er lehnte die Volksfront entschieden ab, da sie den Klassencharakter des Staates verschleiere und den Klassenkampf als Grundmaxime marxistischen Handelns aufgegeben habe. Der Schwerpunkt des POUM lag in Katalonien; die Partei ist nie zu einer Massenorganisation geworden, auch wenn die massiven Anschuldigungen und Verfolgungen durch die »offizielle«, der Komintern angeschlossenen KP ihr eine Bedeutung unterstellten, die sie im politischen Spektrum des Landes nicht hatte. Im Juli 1936 dürfte der POUM kaum über 3000 Mitglieder gezählt haben; allerdings soll der Mitgliederstand innerhalb weniger Wochen auf 30000(!) angestiegen sein. Die der Partei angeschlossene Gewerkschaft FOUS hatte in Katalonien angeblich 60000 Mitglieder.[34]

Zu den Gegnern der Revolution entwickelten sich sehr schnell die Parteien der Volksfront, die (aus im einzelnen sehr unterschiedlichen Gründen) zu Verfechtern des Privateigentums und der Interessen des Mittelstandes und des Kleinbürgertums wurden. An der Spitze dieser antirevolutionären Bewegung stand der kominterntreue *Partido Comunista de España* (PCE) bzw. in Katalonien die (ebenfalls stalinistische) Regionalpartei *Partit Socialista Unificat de Catalunya* (PSUC). Der PCE hatte vor dem Bürgerkrieg zwischen 10000 und 30000 Mitglie-

34 Zahlenangaben zum POUM bei V. Alba, *Historia*.

der[35] (genaue Zahlen sind noch schwieriger als bei anderen Organisationen zu erhalten), stieg bis 1938 allerdings auf knappe 300000 Mitglieder an; selbst der erst zu Beginn des Krieges aus dem Zusammenschluß verschiedener Klein-Gruppierungen gebildete PSUC soll 1937 schon zwischen 40000 und 60000 Mitglieder gezählt haben. Die beiden kommunistischen Parteien haben damit innerhalb kurzer Zeit mit Sicherheit die Sozialistische Partei PSOE, deren Mitgliederbestand für Juli 1936 auf 60000 bis 80000 geschätzt wird, überflügelt. Sowohl die Gewerkschaften CNT und UGT, die entschiedene Befürworter der Revolution waren, als auch die kommunistischen Parteien PCE und PSUC, die ebenso entschiedene Gegner der Sozialen Revolution waren, hatten während des Krieges erheblichen Zulauf. Läßt sich die Zunahme an Gewerkschaftsmitgliedern damit erklären, daß in der revolutionären Situation von 1936/37 die an unmittelbarer Betriebsdemokratie orientierten syndikalistischen Organisationen große Teile der Arbeiterschaft an sich ziehen konnten, so resultierte die Anziehungskraft der Kommunisten aus ihrer revolutionsfeindlichen Einstellung, was sich auch in der sozialen Zusammensetzung der Parteimitglieder niederschlug. Diese entstammten während des Krieges vor allem dem Militär- und Verwaltungspersonal, dem Kleinbürgertum, wohlhabenderen Bauerngruppen, Angestellten und erst an letzter Stelle der Industriearbeiterschaft.[36]

Neben den Kommunisten waren es vor allem die (quantitativ wie machtpolitisch viel unbedeutenderen) bürgerlichen Parteien sowie (vor allem seit Frühjahr 1937) die republikanische und die katalanische Regierung, die durch Insistieren auf der demokratisch-parlamentarischen Legitimität des republikanischen Systems und der Legalität aller sozial-ökonomischen Veränderungen auf »loyalem« Territorium die Revolution zuerst zu kanalisieren und kontrollieren, dann zu legalisieren und reglementieren, schließlich zu blockieren und strangulieren versuchten. Da die Revolutionsgegner in der Regierung saßen und den Staatsapparat zur Durchsetzung ihrer antisozialistischen Ziele einsetzten, läßt sich die Soziale Revolution im Spanischen Bürgerkrieg auch als die Geschichte der Auseinandersetzung zwischen gewerk-

35 Eine kritische Abwägung des heterogenen Zahlenmaterials unternimmt R. Huhle, *Geschichtsvollzieher*, S. 185–195.
36 Hierzu F. Borkenau, *Spanish Cockpit*, S. 192.

schaftlich organisierten Arbeitern und regierungstreuen Volksfrontparteien, zwischen dem Wunsch nach Dezentralisierung und Autonomie einerseits und dem Streben nach Zentralisierung und Staatsinterventionismus andererseits auf den Nenner bringen.

Unmittelbar nach der Niederschlagung des militärischen Aufstandes und der Ausweitung der Kampfhandlungen wurde allen Organisationen des republikanisch gebliebenen Landesteils klar, daß sie innerhalb kürzester Zeit Strategien zu entwerfen hätten, die zwei Funktionen erfüllen müßten: Vordringlich ging es darum, eine erfolgversprechende Kriegspolitik zu betreiben, um die Rebellen und ihre ausländischen Helfer möglichst schnell militärisch schlagen zu können. Auf dieses Ziel hin mußten alle Anstrengungen konzentriert werden. Sodann aber galt es, auf wirtschaftlichem und sozialem Gebiet Konzeptionen zu entwickeln, die den revolutionären Veränderungen der ersten Kriegswochen Rechnung trugen und zugleich dem Ziel der siegreichen Beendigung des Krieges gerecht wurden. Diese beiden Aspekte: Krieg und Revolution, sind daher auch Dreh- und Angelpunkt aller Manifeste, Stellungnahmen, Programme, Pakte und Resolutionen der ersten Monate nach dem 19. Juli 1936. Die entscheidende Frage: Wie kann der Krieg gewonnen werden? konnte nicht beantwortet werden, ohne auf die nicht minder bedeutsame Frage: Wie kann die Revolution vorangetrieben werden? einzugehen. Auf Krieg und Revolution und das Problem ihrer Kompatibilität mußten sich daher alle gesellschaftlichen Kräfte der Republik konzentrieren.

Am 18. Dezember 1936 erließ das Zentralkomitee der Kommunistischen Partei anläßlich des Ablaufs der ersten fünf Monate Bürgerkrieg einen Aufruf, der die Bedingungen des Sieges aufzeigen sollte. Einleitend wurde in diesem Dokument darauf hingewiesen, daß sich in der Zwischenzeit der Charakter des Krieges verändert habe: Er sei von einem »Kampf der gesetzlich gebildeten Regierung gegen die Gruppe von Verrätern« durch die Unterstützung der deutschen, italienischen und portugiesischen Faschisten zu einem »nationalen Krieg«, einem »Krieg um die Unabhängigkeit Spaniens« geworden.

Die heftigen Auseinandersetzungen, die das Verhältnis der Komintern zu den Anarchisten vor dem Bürgerkrieg gekennzeichnet hatten, setzten sich nach Beginn der Kampfhandlungen verstärkt fort. Jetzt ging der Streit jedoch nicht mehr nur um verbal ausgefochtene Interpretationsunterschiede der revolutionären Situation; nach dem

19. Juli 1936 hatten die verschiedenen Deutungen vielmehr konkrete Folgen im wirtschaftlichen und politischen Bereich. Hierbei versuchte der PCE mit allen Mitteln, an seiner »bürgerlich-demokratischen« Interpretation der Revolution festzuhalten. Da diese Einordnung der historischen Situation schon bald zur massiven Kritik der Anarchisten und Linkssozialisten, des POUM und zahlreicher Mitglieder der (kommunistischen!) Vereinigten Sozialistischen Jugend führte, die der KP vorwarfen, die marxistische Revolutionstheorie aufgegeben und sich einem reformistischen Sozialdemokratismus verschrieben zu haben, der die Revolution zugunsten des militärischen Sieges vernachlässige, sahen sich die Kommunisten zu einer Präzisierung des Wesens der von ihnen angestrebten Republik genötigt. Sie erklärten nun, eine »demokratische und parlamentarische Republik neuen Typs« anzustreben.[37] Dabei hoben sie die Unterschiede zwischen der »neuen« und der »klassischen« bürgerlichen Republik hervor und wiesen darauf hin, daß die »lebendigen Tatsachen der sozialen, ökonomischen und politischen Wirklichkeit Spaniens« das eigentliche Unterscheidungskriterium zwischen beiden Republik-Typen darstellten.

Die wirtschaftspolitische Konzeption des PCE/PSUC war den anarchistischen Vorstellungen deutlich entgegengesetzt. In den ersten Kriegsmonaten hatten die Kommunisten in Katalonien, dem industriell am weitesten fortgeschrittenen Landesteil, gegenüber der erdrückenden Vorherrschaft der Anarchisten keinerlei Chance, ihre Vorstellungen auf wirtschaftlichem Gebiet durchzusetzen. Als jedoch der Höhepunkt der anarchistischen Macht überschritten war und der CNT/FAI-Einfluß auch in den Betrieben Kataloniens nachließ, artikulierten PSUC und UGT im Verlauf des Jahres 1937 deutlicher ihre wirtschaftlichen Gegenvorstellungen, die auf Nationalisierung und Milita-

37 Zur inhaltlichen Bestimmung der »demokratischen und parlamentarischen Republik neuen Typs« vgl. J. Díaz, *Tres años; Guerra y revolución,* Bd. 2, S. 268–271. H. Kühne, *Militärpolitik,* S. 23–31, faßt aus kommunistischer Sicht die wichtigsten Voraussetzungen und Merkmale der »demokratischen Republik neuen Typus« zusammen. Für Dolores Ibárruri bildete sich im Spanien der Bürgerkriegszeit eine »Art Volksrepublik« heraus: D. Ibárruri, *Camino,* S. 324. Die kommunistische Politik ist in der Forschung über den sowjetischen Einfluß in Spanien schon Mitte der fünfziger Jahre (D. Cattell, *Communism*) als Vorläufer späterer »Volksdemokratien« bezeichnet worden; diese These wurde auch vom POUM (J. Gorkin, *España*) wiederaufgegriffen.

risierung der Schlüsselindustrien sowie (innerbetrieblich) auf Differenzierung bei der Entlohnung und Hierarchisierung in der Unternehmensleitung hinausliefen. Auf militärischem und politischem Gebiet waren Straffung und Zentralisierung die Schlüsselbegriffe, um die sich alles drehte. Ein Jahr nach Kriegsbeginn bestand kein Zweifel mehr darüber, daß die machtpolitischen Weichen im republikanischen Spanien zugunsten der Kommunisten gestellt waren. PCE und PSUC hatten, auch und gerade wegen ihrer mittelstandsorientierten Politik, außerordentlichen Zulauf erhalten.

Während die Stellung der Kommunisten und Anarchisten deutlich umrissen war, konnten sich die Sozialisten bis in den Herbst 1937 hinein aufgrund heftiger innerorganisatorischer Auseinandersetzungen nicht auf eine gemeinsame Plattform einigen. Im Mai 1937 war es aus Anlässen verschiedener (allgemein-politischer, parteipolitischer, militärischer, zum Teil auch rein persönlicher) Art zur Regierungskrise und in deren Gefolge zum Sturz von Ministerpräsident Largo Caballero gekommen. Ein Teil der UGT-Leitung hatte sich vorbehaltlos hinter den Regierungschef gestellt und die Einsetzung eines neuen Kabinetts gefordert, in dem der UGT-Sekretär wieder Ministerpräsident und Kriegsminister sein müsse. Demgegenüber verlangten der PSOE-Vorstand und die Kommunisten die Einrichtung eines Verteidigungsministeriums, das dem Sozialisten Indalecio Prieto übertragen werden sollte. Nach der Konstituierung der neuen Regierung Juan Negrín, aus der die Gewerkschaften ausgeschlossen blieben (bzw. sich selbst ausgeschlossen hatten), begann innerhalb der UGT ein erbitterter Machtkampf. Largo Caballero mußte bald feststellen, daß er das Vertrauen vieler seiner gewerkschaftlichen Genossen verloren hatte. Vor allem war die katalanische UGT seit Kriegsbeginn zum gewerkschaftlichen Sprachrohr des (kommunistischen) PSUC geworden. Ein Unterschied in den Stellungnahmen des PSUC und der UGT Kataloniens war nicht mehr feststellbar.

Läßt sich somit für Katalonien festhalten, daß die ehemals sozialistische UGT im ersten Kriegsjahr zum gewerkschaftlichen Transmissionsriemen des kommunistischen PSUC geworden war, so gestaltete sich im übrigen republikanischen Gebiet das sozialistisch-kommunistische Verhältnis weit differenzierter und komplizierter. PCE und PSOE beriefen sich übereinstimmend auf Karl Marx als ihren geistigen Vater. Umso mehr bedauerten es immer wieder Vertreter beider

Parteien, daß die marxistische Bewegung Spaniens in zwei Organisationen aufgespalten sei; schon bald wurde in diesem Zusammenhang die Forderung nach Einheit beider Parteien laut. Im Winter 1936/37 konnten die Kommunisten das inner-sozialistische Zerwürfnis zwischen Prieto und Largo Caballero für ihre Interessen nutzen und ersteren (vorübergehend) auf ihre Seite ziehen. Im Januar 1937 wurde ein Verbindungskomitee beider Parteien eingesetzt, das der Largo-Caballero-Flügel heftig bekämpfte. Nach dem Sturz des UGT-Führers als Regierungschef im Mai 1937 verlor Largo Caballero gegenüber dem PSOE-Apparat zusehends an Einfluß. Schließlich setzten sich in der Sozialistischen Partei die Tendenzen durch, die für ein Zusammengehen mit der KP plädierten.

Die eigentlichen Verfechter der wirtschaftlichen Kollektivierung und Sozialisierung waren die Anarchisten. Dabei bedeutete Kollektivierung für CNT und FAI die Abschaffung des Privateigentums und die Übernahme der Betriebe durch die Arbeiter; diese wurden aber nicht zu kollektiven Eigentümern »ihrer« Betriebe – wie es viele Komitees mißverstanden –, sondern die kollektivierten Unternehmen gingen in gesamtgesellschaftliches Eigentum über. Erwirtschaftete Überschüsse durften nicht unter der jeweiligen Betriebsbelegschaft aufgeteilt, sondern mußten in eine zentrale Ausgleichskasse einbezahlt werden. Im Gegensatz zur Kollektivierung verstanden CNT und FAI unter Sozialisierung einen »höheren Grad«, eine »Verallgemeinerung der Kollektivierung«;[38] zumeist bezog sich Sozialisierung auf die Kollektivierung ganzer Industriebranchen durch Industriegewerkschaften oder regionale bzw. nationale Industrieföderationen.

Bei dem Versuch, ihre Sozialisierungsvorhaben in die Praxis umzusetzen, stieß die CNT immer wieder auf heftigen Widerstand. Sie mußte ihre Maßnahmen gegen die massive Opposition der republikanischen, besonders jedoch der kommunistischen Kräfte durchzusetzen versuchen. Letztere sprachen den Gewerkschaften das Recht ab, die Wirtschaft auf regionaler Ebene zu organisieren. Daß jedoch die Syndikate die einzigen befähigten Organe zur Leitung der kollektivierten Wirtschaft waren, hat die CNT immer wieder in einer doppelten Frontstellung betont: Zum einen trat sie damit den republikanischen und den verschiedenen kommunistischen Parteien entgegen, die selbst

---

38 E. Gerlach/A. Souchy, *Soziale Revolution,* S. 44.

die Leitung des sozialen Lebens des Landes beanspruchten; zum anderen mußte sie auch gegen die Betriebskomitees angehen, in denen zwar ihre eigenen Mitglieder saßen, die aber lange Zeit einen Eingriff der Gewerkschaften als unzulässige Einmischung in autonom-innerbetriebliche Entscheidungen und Kompetenzen betrachteten. Die von den Anarchosyndikalisten stets wiederholte Forderung, die Revolution voranzutreiben, hing mit ihrer Überzeugung zusammen, daß Krieg und Revolution untrennbar seien und nicht nacheinander, sondern gleichzeitig erfolgreich durchgeführt werden müßten (und könnten). Allerdings wurde die Untrennbarkeit von Krieg und Revolution nicht von allen Anarchosyndikalisten vorbehaltlos unterstrichen. Kurz nachdem er Industrieminister der Republik geworden war, hielt der Syndikalist Juan Peiró (CNT) im November 1936 eine vielbeachtete Rede in Barcelona, in der er sich mit Nachdruck nicht nur für Disziplin an der Front, einheitliches Kommando oder größere Arbeitsmoral einsetzte, sondern vor allem dafür, zuerst den Krieg und dann die Revolution zu Ende zu führen. Die zahlreichen Komitees müßten sich strikt den Befehlen der Regierung unterordnen.

Mit diesen Vorstellungen, die sich weitgehend mit den kommunistischen deckten, konnte Peiró zum damaligen Zeitpunkt bei den meisten seiner anarchosyndikalistischen Genossen wenig Verständnis erwarten. Andererseits sprach aus seinen Worten eine Haltung, die von immer mehr CNT-»Führern« übernommen wurde und die schließlich in die faktische Preisgabe des libertären Zielkatalogs einmündete. Allerdings war nicht die gesamte anarchistische »Basis« bereit, die Denaturierung ihres sozial-revolutionären Programms kritiklos zu akzeptieren: Die kompromißlerische Haltung der CNT-Organe gegenüber ihren Gegnern im republikanischen Lager, der Eintritt der Anarchosyndikalisten in die Regierung, der von den CNT-Führern hingenommene Stillstand bzw. Rückgang der Revolution führten im Frühjahr 1937 bei einer Gruppe von Anarchisten zu der Überzeugung, daß das Verhalten der Gewerkschaftsleitung und der oberen Entscheidungsinstanzen nicht länger fatalistisch geduldet werden dürfe. Im März trat eine Gruppe an die Öffentlichkeit, die sich *Los Amigos de Durruti* (»Durrutis Freunde«) nannte[39] und heftige Kritik an der Strategie der

39 Vgl. die Anthologie wichtiger Presseartikel dieser relativ unbekannten Gruppe: F. Mintz/M. Peciña, *Amigos*.

Anarchosyndikalistischer Aufruf zur Lektüre des Organs »Solidaridad Obrera« (1936)
Quelle: Jordi Carulla/Arnau Carulla, La Guerra Civil en 2000 Carteles, República – Guerra Civil – Posguerra, Band II, Barcelona 1997, S. 499

CNT-»Bürokratie« übte. *Los Amigos de Durruti* verstanden sich als die Stimme der anarchistischen Basis, des »echten« Anarchismus, der nicht von der Machtausübung pervertiert worden war und als linkes Korrektiv die CNT auf ihren revolutionären Kurs zurückführen wollte.

Die Fronten waren somit klar abgesteckt: Lief vor dem Bürgerkrieg die Trennungslinie zwischen den »linken« Gewerkschaften UGT und CNT (FAI) auf der einen und den eher »reformistischen« politischen Volksfrontparteien auf der anderen Seite, so löste sich der Gegensatz »Gewerkschaften-Parteien« im ersten Kriegsjahr zugunsten einer neuen Konstellation auf: Jetzt standen sich die sozialrevolutionären Gruppierungen CNT/FAI (oder genauer: deren jeweiliger linker Flügel), POUM und ein Teil der UGT auf der einen und das um einen Teil der UGT erweiterte Lager der Volksfrontparteien (ohne den POUM) auf der anderen Seite gegenüber. Entscheidendes Unterscheidungskriterium war dabei die jeweilige Haltung zur Fortführung bzw. Drosselung der Revolution.

In der Landwirtschaft hatte die Soziale Revolution nicht erst mit Kriegsbeginn eingesetzt; sie griff bereits unmittelbar nach den Volksfrontwahlen im Februar 1936 um sich. Die erste republikanische Regierung des Bürgerkrieges unter Ministerpräsident José Giral erließ sodann im August 1936 eine Reihe agrarpolitischer Verordnungen, durch die sie das Gesetz des Handelns, das ihr am 19. Juli entglitten war, wieder zurückgewinnen wollte. Sie hob unter anderem die Bezahlung von Pachtzins an die Eigentümer besetzter Ländereien auf und ermöglichte den (Halb-)Pächtern den Eigentumszugang zu dem von ihnen mindestens sechs Jahre bewirtschafteten Boden.[40] Zu den ersten gesetzlichen Maßnahmen gehörte auch der Eingriff (*intervención*) in die landwirtschaftlichen Anwesen, die von ihren Eigentümern verlassen worden waren. Mit dem Agrardekret vom 8. August 1936 verschaffte sich die Regierung die gesetzliche Basis für die vorübergehende Fortführung der erforderlichen Arbeiten durch »Sonderbevollmächtigte des Instituts für Agrarreform«. Primärer Zweck des Dekrets war die Rettung der Ernte, in zweiter Linie war es als Mittel zur Arbeitsbeschaffung auf dem Land gedacht. Eigentumsrechtliche Fragen oder mögliche Bewirtschaftungsformen wurden noch nicht angeschnitten.

40 Hierzu A. Ramos-Oliveira, *Historia*, Bd. 3, S. 107.

In einer ersten Phase des Abwartens wurde von der Gesetzgebung der Regierung auf dem Land allerdings kaum Notiz genommen; die Entwicklung auf dem Agrarsektor verlief weitgehend autonom, das heißt unbeeinflußt von Regierungsverordnungen. Sobald jedoch Anfang September 1936 der Kommunist Vicente Uribe das Landwirtschaftsministerium übernahm, begannen die bis zum Kriegsende nicht mehr endenden Auseinandersetzungen zwischen der Regierungspolitik einerseits und den kollektivistisch-sozialistischen Organisationsformen der gewerkschaftlich organisierten Landarbeiter andererseits. In zahllosen Zeitungsartikeln, Rundfunkvorträgen, Informationsbroschüren wiesen Uribe und seine Equipe auf die Erfolge im Landwirtschaftssektor hin. Alle gesetzlichen Festlegungen wurden als Maßnahmen im Rahmen der bürgerlich-demokratischen Revolution, die die Volksfront vorantreibe, dargestellt.

Die wichtigste gesetzliche Maßnahme auf dem Agrarsektor war im ersten Bürgerkriegsjahr das Enteignungs- und Nationalisierungsdekret vom 7. Oktober 1936. Nach den Bestimmungen dieses Dekrets wurden zugunsten des Staates alle Güter »Aufständischer« entschädigungslos enteignet, das heißt das Land ging in Staatseigentum über; Landarbeitern und Bauern wurde ein dauerndes Nutzungsrecht zugesprochen. Die Bewirtschaftung der landwirtschaftlichen Betriebe konnte individuell oder kollektiv erfolgen, wurde aber in jedem Fall von der Regierung genehmigt und überwacht. Dieses Dekret verschaffte dem Staat – und das heißt: den Kommunisten, die über das Landwirtschaftsministerium die Entwicklung auf dem Agrarsektor kontrollierten – umfangreiche Ländereien, womit die spontane, zumeist von Anarchisten und Sozialisten getragene, sich jeglicher Staatskontrolle entziehende Kollektivierung, wollten die Kollektivisten nicht mit den gesetzlichen Bestimmungen in Konflikt geraten, ihr Ende finden mußte. Die spontane Kollektivierung »von unten« wurde abgelöst durch die Verstaatlichung und die Möglichkeit einer Kollektivierung »von oben«, die wiederum durch das Mittel der Kreditvergabe seitens des Instituts für Agrarreform (das ebenfalls kommunistisch orientiert war) gesteuert werden konnte.

Die kommunistische Presse feierte das Nationalisierungsdekret als die revolutionärste Maßnahme seit dem militärischen Aufstand; über 40 Prozent des in Privatbesitz befindlichen Bodens sollen enteignet worden sein. Auch heute noch bezeichnen Kommunisten das Dekret als die »revolutionäre und demokratische Lösung des jahrhundertealten Landproblems« und als »Waffe der einzigen tatsächlichen Agrarrevolution, die es in Spanien je gegeben hat.«[41] Demgegenüber lehnten CNT und große Teile der UGT das Dekret auf das entschiedenste ab. In ihrer massiven Kritik an der Politik des Landwirtschaftsministeriums wiesen die Anarchosyndikalisten darauf hin, daß der revolutionäre Wille der Arbeiter auf eine Sozialisierung aller Latifundien hin orientiert sei und nicht die Nationalisierung lediglich des Großgrundbesitzes erstrebe, der »Putschisten« gehört habe: »Sozialisierung, nicht Verstaatlichung« lautete die klare Alternative der CNT.

Die Kommunistische Partei gab unumwunden zu, daß »die kleinen Bauern und die kleinen Produzenten« ihre eigentliche Zielgruppe auf dem Land darstellten. Diese eigentumsorientierte Mittelschicht war von Anfang an gegen die Kollektivierung eingestellt und wurde in ihrer Haltung massiv vom PCE unterstützt. Uribe forderte die Bauern auf, den Kollektiven fernzubleiben und dafür der von den Kommunisten eilig gegründeten Landwirtschaftsorganisation beizutreten, der sich vor allem um ihren Privatbesitz besorgte Händler und Kleineigentümer anschlossen. Die im Oktober 1936 in Valencia gegründete levantinische *Federación Provincial Campesina* hatte schon nach drei Monaten 50000 Mitglieder.[42]

Die spontanen Kollektivierungen der ersten Revolutionsmonate wurden von den Kommunisten mit staatlichen Repressionsmitteln – im weiteren Kriegsverlauf sogar mit Waffengewalt – bekämpft. Nach der Auflösung des Verteidigungsrates von Aragonien im Sommer 1937 gab der neue kommunistenfreundliche Generalgouverneur Mantecón ein Rundschreiben heraus, in dem er darauf hinwies, daß die aragonesischen Kollektive auf dem Höhepunkt der revolutionären Krise häufig »aus Angst« entstanden seien und sich später zu »Instrumenten der Tyrannei« entwickelt hätten. Er stellte es ausdrücklich allen Kollektivisten frei, aus den Kollektiven auszutreten – ein Hinweis, der nur als Aufforderung verstanden werden kann. Wenige Tage später zerstörten Truppen des Kommunisten Enrique Lister einen beträchtlichen Teil der anarchistischen Kollektivwirtschaften.

---

41 *Guerra y revolución,* Bd. 2, S. 62, 66; vgl. auch J. Sandoval/M. Azcárate, *Spain,* S. 88–90.

42 Vgl. J. Mateu, *Por qué;* V. Uribe, *Política agraria.*

Im Gegensatz zu Kommunisten (und in Katalonien den *Rabassaires*) konnten CNT und FAI keinen direkten Einfluß auf die Agrarpolitik der Regierung ausüben. Außerdem wurden sie von der Kollektivierungsbewegung der ersten Wochen, zumindest von ihrem unerwarteten Ausmaß, selbst überrascht. Im Laufe der ersten Bürgerkriegsmonate entwickelte die CNT eine Reihe von Forderungen, die zum Teil ihrer bereits vor dem 19. Juli entworfenen Programmatik entsprachen, zum Teil eine Anpassung an die neue Situation auf dem Agrarsektor darstellten. Das Ziel der Anarchosyndikalisten blieb dabei (vorerst) die Kollektivierung des Bodens. Die freiwillige Kollektivierung sollte durch den auf dem Land herrschenden Klassenkampf gefördert werden, wobei sich die CNT auf die Landarbeiter, Tagelöhner und proletarisierten Pächter stützte. Die agrarkollektivistische Konzeption der CNT war von der Latifundienwirtschaft des Südens als strukturellem Hintergrund ausgegangen; der starke Widerstand der bäuerlichen Mittelschichten gegen die Kollektivierung war programmatisch nicht in die Planung einbezogen worden und zwang daher zu Kriegsbeginn die CNT zu einer vorläufigen Änderung ihres agrarwirtschaftlichen Zielkatalogs.

Das Verhältnis zwischen Kollektiv- und (kleinem) Privateigentum stellte eines der Hauptprobleme auf dem Land dar. Die Auseinandersetzungen um das Recht der Kleinbesitzer auf individuelle Bewirtschaftung ihrer Privatparzelle konfrontierte nicht nur Befürworter und Gegner einer sozialisierten Landwirtschaft, sondern führte auch dazu, daß die CNT ihr Kollektivierungsprogramm dem verstärkten Drang bisheriger Kleinpächter (*Rabassaires*) und landloser Tagelöhner nach Erwerb und privater Bewirtschaftung »ihres« Bodens anpaßte. Obwohl die anarchosyndikalistische Langzeitprogrammatik die Kollektivierung des gesamten Bodens vorsah, beschloß (angesichts der Unmöglichkeit einer vollständigen Kollektivierung) der erste regionale CNT-Bauernkongreß nach dem Militäraufstand im September 1936 in Katalonien, daß die kleinen Grundbesitzer zwischen Individual- und Kollektiveigentum wählen dürften. Als Endziel strebten die Anarchisten jedoch die Sozialisierung oder die Kommunalisierung der Landwirtschaft an. Sie verstanden dabei unter Sozialisierung eine das gesamte Land – also auch das kleine Eigentum – umfassende Kollektivierung; *Kommunalisierung* bedeutete den Übergang des Bodens an die »revolutionären Kommunen«, die nicht gleichbedeutend mit den bestehenden Gemeinden waren, sondern eine der beiden organisatorischen Zellen des zukünftigen Gesellschaftsaufbaus im »freiheitlichen Kommunismus« darstellen sollten.

Wo immer sie konnte, setzte die CNT sich für die Kollektivierung des Bodens ein. Nach der Vertreibung, Flucht oder Ermordung der Großgrundbesitzer in den ersten Kriegstagen beratschlagten sofort einberufene lokale Landarbeiter-Vollversammlungen über den einzuschlagenden Kurs; in Aragonien lautete das Beratungsergebnis fast immer Kollektivierung. Was ein Agrarkollektiv genau darstellte, wie es sich konstituierte und organisiert war, wie es in der Praxis des Alltags funktionierte, welche Regelungen im einzelnen getroffen wurden: Diese und viele andere Fragen zum Aufbau und praktischen Funktionieren der Agrarkollektive lassen sich nicht typologisierend beantworten, sondern bedürfen zu ihrer Erfassung konkreter Einzelfälle, die zusammengenommen die schillernde Vielfalt und lokale Differenziertheit dessen ausmachen, was verallgemeinernd als »Agrarkollektivismus« bezeichnet wird.

Zumeist wurden in den Kollektiven die enteigneten Großländereien und die zusammengelegten Kleinparzellen gruppenweise abgeerntet. Die Arbeitsgruppen wurden täglich oder wöchentlich neu zusammengestellt. Es gab reine CNT-, reine UGT- und gemischte CNT/UGT-Kollektive; an einigen Orten konnten sich die rivalisierenden Gewerkschaften nicht einigen und gründeten zwei Kollektive. Agrarkollektive konstituierten sich entweder durch Enteignung von Latifundien oder durch freiwilliges Zusammenlegen der Landparzellen kleiner Grundbesitzer und Pächter. Die gesamte Fläche des zu einem Kollektiv gehörenden Landes wurde als eine Einheit angesehen und nur zu Bewirtschaftungszwecken in verschiedene Arbeitszonen aufgeteilt. Das einzelne Mitglied behielt zumeist außerhalb des zu Kollektiveigentum gewordenen Landes eine Parzelle zur individuellen Bewirtschaftung. Kleidung, Wohnungseinrichtung und Kleinvieh verblieben ebenfalls fast immer in Privateigentum. In einigen Fällen mußten Beitrittswillige ihre finanziellen Mittel dem Kollektiv überlassen, in anderen konnte man ohne finanziellen Beitrag die vollen Rechte eines Kollektivisten erlangen.

Folgt man anarchistischen Presseangaben, so scheint die zuerst skeptisch-reservierte Haltung der Agrarbevölkerung gegenüber der Kollektivierung allmählich einer bedeutend positiveren Einstellung gewichen zu sein. Fördernd auf den Entschluß zum Eintritt in ein Kollektiv mögen die unzweifelhaften Vorteile vor allem auf sozialem, bildungspolitischem und dem Gebiet des Gesundheitswesens sowie die Einrichtungen der kollektiven Daseinsvorsorge gewirkt haben. So waren zum Beispiel Miete, Elektrizität, Wasser, ärztliche Betreuung und Arzneien, Alten- und Invalidenversorgung unentgeltlich. Auch die Kosten für den Schulbesuch übernahm das Kollektiv, das außerdem Krankheits-, Arbeitslosigkeits-, Alters- und Unfallunterstützung gewährte.

Diese und viele andere Fragen zur Organisation und zum praktischen Funktionieren der Agrarkollektive wurden in den sog. Kollektiv-»Statuten« geregelt, die zumeist auf einer der ersten Vollversammlungen diskutiert und verabschiedet wurden. Sie stellten eine Art »Rahmen-Verfassung« dar, die für das Kollektiv nach ihrer Annahme verbindlich war und nur von einer weiteren Vollversammlung modifiziert werden konnte. Die Statuten regelten fast alle wesentlichen politischen und ökonomischen Fragen eines Kollektivs und wurden von diesem selbst erarbeitet; sie variierten im Hinblick auf den Umfang der Bestimmungen und auf die Schwerpunkte der Rahmenrichtlinien. In fast jeder Kollektiv-»Charta« wurden die Freiwilligkeit des Beitritts zu einer Kollektivwirtschaft sowie die Gleichberechtigung ihrer Mitglieder und die Gleichrangigkeit von Rechten und Pflichten hervorgehoben. Aufbau und Statuten von Agrarkollektiven waren mannigfachen Variationen unterworfen. Gemeinsam war ihnen vor allem die Absicht, eine »Gemeinwirtschaft« zu errichten und den Kollektivismus durch innerorganisatorisch-egalitäre Selbstbestimmungsmechanismen als eine sozial-ethisch höhere Lebensform erscheinen zu lassen.

Der erste konkrete Schritt zur Zusammenfassung örtlicher Kollektivwirtschaften auf Regionalebene erfolgte im Februar 1937 in Aragonien. Ein Kongreß von Kollektivwirtschaften, auf dem circa 500 Delegierte anwesend waren, beschloß die Abschaffung bestehender Ortsgrenzen, legte das Verhältnis zwischen »politischen« Ortsräten und »wirtschaftlichen« Verwaltungsausschüssen sowie zwischen »Individualisten« und Kollektivisten fest und beschloß die Gründung eines Regionalbundes landwirtschaftlicher Kollektive. Die Statuten dieses Regionalbundes wiesen ihm die Aufgabe zu, die Interessen der in Kollektivwirtschaften organisierten Arbeiter zu verteidigen und die »regionale Wirtschaftskraft« zu koordinieren. Zur Durchführung des umfangreichen Programms wurde die Einsetzung eines *Regionalkomitees der Kollektive* und mehrerer Bezirksföderationen beschlossen.

Dem aragonesischen Beispiel folgend, wurden später noch die landwirtschaftlichen Regionalföderationen der CNT »Mitte« (Kastilien), Levante, Extremadura, Katalonien und Andalusien gegründet. Es verging allerdings fast ein Jahr, bis die CNT zur Konstituierung einer Landwirtschaftsorganisation kam, die das gesamte republikanische Territorium umspannte. Erst im Juni 1937 wurde in Valencia der »Nationale Landwirtschaftsbund« gegründet, dem alle in der Landwirtschaft tätigen CNT-Mitglieder beitreten sollten. Wichtigstes Ziel des Bundes war die Organisation und Förderung der von CNT-Mitgliedern, Gewerkschaften oder Kollektiven betriebenen Agrarwirtschaft. Die Beschlüsse des Bundes waren für alle Mitglieder verbindlich. Die Grundsätze des Nationalen Landwirtschaftsbundes standen in offensichtlichem Widerspruch zu einigen anarchistischen Grundpostulaten. Die Verbindlichkeit aller vom Bund gefällten Entscheidungen etwa ließ sich nur schwer mit dem von der CNT stets propagierten Modell der Beschlußfassung von unten nach oben vereinbaren. Die Übernahme hierarchisch strukturierter Organisationsprinzipien läßt sich wohl nur aus dem Zugzwang erklären, dem sich die CNT ausgesetzt sah; mußte ihr doch daran gelegen sein, ihre Kollektivwirtschaften durch Koordinierung in einer Nationalorganisation vor den immer zahlreicheren Behinderungen und Übergriffen der Volksfrontorganisationen zu schützen.

Versucht man eine Bewertung der Agrarkollektivierung, so wird zunächst auf ihren Umfang und ihre Reichweite verwiesen werden müssen:[43] Im Winter 1936/37 gab es auf republikanischem Territorium über 1500 landwirtschaftliche Kollektive; 450 davon lagen in Aragonien, wo sie 300 000 Personen und über 70 Prozent des bewirtschafteten Bodens umfaßten. In Katalonien dürfte es zwischen 200 und 400, in Andalusien zwischen 250 und 300 Kollektive gegeben haben. Levante zählte Ende 1937 circa 400 kollektivierte Dörfer; nach anderen Quellen waren es 1938 zwischen 500 und 900 Ortschaften,

---

43 Zu den folgenden Angaben vgl. A. Prats, *Vanguardia;* F. Mintz, *Autogestión;* G. Leval, *Spanien;* Federación Libertaria de la Capital (Hg.), *Veinte años;* J. L. Gutiérrez Molina, *Colectividades.*

die sich kollektivwirtschaftlich organisiert hatten. Für Kastilien ist die Zahl von 240 Kollektiven mit fast 23 000 Familien für Anfang 1939 – also unmittelbar vor Kriegsende – genannt worden. Im August 1938 waren nach Angaben des Instituts für Agrarreform 2213 Kollektive legalisiert; da Katalonien, Aragonien und die Levante nicht in der Statistik figurierten, muß die absolute Zahl der Kollektive bedeutend höher gelegen haben. Nach Angaben (exilierter) spanischer Anarchisten beteiligten sich drei Millionen Menschen an den kollektivwirtschaftlichen Experimenten.

Die Frage nach der Wirtschaftlichkeit der Agrarkollektive läßt sich, in Ermangelung aussagekräftiger Quellen, allgemein nur schwer beantworten. Allerdings scheinen nur wenige Kollektive ein eindeutiger wirtschaftlicher Mißerfolg gewesen zu sein. Die Entwicklung dieser neuen gemeinschaftsstrukturierten Wirtschaftseinheiten wurde durch äußere und innere Schwierigkeiten behindert: Zu den von außen einwirkenden Problemen zählten der Kriegsverlauf, die Gegnerschaft der Kommunisten und Republikaner, der Devisenmangel, der Verlust eines Großteils des bisherigen Absatzmarktes; endogene Schwierigkeiten waren die mangelhafte Vorbereitung der Kollektivisten, ihre Unerfahrenheit bei betriebs- wie volkswirtschaftlichen Operationen, ihr unkoordiniertes Vorgehen.

Folgt man anarchistischen und anarchistenfreundlichen Quellen, so scheinen der soziale Erfolg der Kollektivwirtschaften und die sozialethische Komponente dieser Maßnahmen überwältigend gewesen zu sein. Hervorgehoben wird vor allem der »Gemeinschafts«-Charakter, die auf emotional-affektiver Orientierung basierende, besonders enge soziale Verbundenheit der Kollektivisten untereinander, die entscheidende Rolle der Solidarität sowie die nicht überschätzbare Bedeutung der »Selbstbestimmung« für das Gefühl, die Ausbeutung des Menschen durch den Menschen überwunden zu haben. Agrarkollektive wurden als Keimzellen einer neuen, herrschaftsfreien Gesellschaft verstanden, als Antizipation des freiheitlichen Kommunismus. Festzuhalten bleibt aber auch, daß sie sich im weiteren Kriegsverlauf der Tendenz zur Legalisierung und Kontrolle, Normierung und Vereinheitlichung nicht entziehen konnten und sowohl die Gegnerschaft aus dem eigenen, republikanischen Lager als auch die Einsicht in zahlreiche anfängliche Fehler vielfach zur Denaturierung des ursprünglichen libertären Konzepts führte.

Eine Darstellung der Revolution auf industriewirtschaftlichem Sektor wird sich schwerpunktmäßig auf Katalonien konzentrieren müssen. Zwischen 1936 und 1939 entwickelte die autonome Region ein eigenständiges Regierungsprogramm auf ökonomischem Sektor und führte im Zusammenhang mit der neugeschaffenen Kriegsindustrie und der Reform des Kreditwesens einen neuen Begriff von »öffentlichem Sektor« in die Wirtschaftspolitik Spaniens ein.

Das von der *Generalitat* regierte Territorium war (neben dem Baskenland) das bedeutendste Industrierevier Spaniens und nach dem Fall Bilbaos im Juni 1937 die wirtschaftliche Hauptstütze der Republik; außerdem wurden in Katalonien zwischen 1936 und 1939 neue Organisationsformen der Wirtschaft entwickelt, deren vorläufiges Ergebnis eine »dualistische« Wirtschaftsstruktur war, in der kapitalistisch-privatwirtschaftliche und kollektivistisch-sozialisierte Produktionseinheiten nebeneinander bestanden und ein bis dahin unbekanntes ökonomisches System *sui generis* bildeten.[44] Diese Neustrukturierung der katalanischen Wirtschaft während des Bürgerkrieges ist als Kompromiß zwischen den revolutionären Kräften der Anarch(osyndikal)isten (CNT/FAI) und Marxisten (POUM) einerseits sowie der Staatsrepräsentanten und Vertreter des liberalen Bürgertums (ERC) und der stalinistischen Kommunisten (PSUC, UGT) andererseits zu bezeichnen. In keinem anderen Gebiet Spaniens hatte die CNT eine der katalanischen vergleichbare Machtposition, nirgends gab es im Sommer 1936 bessere Startchancen zur Durchführung und Erreichung dessen, was CNT und FAI als konstruktiven Gegenentwurf zur bestehenden Gesellschafts- und Wirtschaftsordnung mit *comunismo libertario* bezeichneten.

Während der Kriegszeit hatte sich die Wirtschaftspolitik an drei Bezugsfaktoren zu orientieren: an den vorgegebenen Bedingungen der Industriestruktur, an den kriegsbedingt-neuentstandenen Wirtschaftsproblemen und an den zu Beginn der Revolution von den Arbeitern spontan durchgeführten Betriebsübernahmen. Für die ersten zwei Kriegsmonate kann man kaum von einer überschaubaren Wirtschaftsentwicklung sprechen. In einer zweiten Phase (ungefähr bis Ende Ok-

---

44 Zu dem aus der Revolution hervorgegangenen (industrie-)wirtschaftlichen System Kataloniens vgl. J. M. Bricall, *Política económica;* A. Pérez Baró, *30 meses;* J. Arias Velasco, *Hacienda.*

tober 1936) wurde das katalanische Wirtschaftsleben allmählich wieder »normalisiert«. Restriktionen im Rohstoffnachschub und die Unmöglichkeit, ein einigermaßen funktionierendes Marktsystem aufrechtzuerhalten, charakterisieren die dritte Phase, die bis Frühjahr 1938 reichte. Seit Sommer 1938 ließen handels- und finanzpolitische Schwierigkeiten ebenso wie der militärische und diplomatische Kriegsverlauf das Ende der Republik als immer unausweichlicher erscheinen.

In den ersten Kriegstagen wurden in Katalonien, aber auch in anderen Landesteilen, zahlreiche Industrie- und Handelsunternehmen okkupiert und von der Belegschaft beschlagnahmt. In Barcelona besetzten die Arbeiter außerdem alle bedeutenden städtischen Dienstleistungsunternehmen, Hotels und Warenhäuser und führten sie nach der *incautación* (Beschlagnahme) durch gewählte Komitees selbst weiter. Spontaneität und Improvisation bestimmten die Vielfalt der Organisationsformen und Gremien, die in den ersten Kriegswochen unkoordiniert entstanden. Der Zwang zu raschem Handeln ließ die verschiedenen politischen und gewerkschaftlichen Organisationen innerhalb kurzer Zeit Wirtschaftsprogramme entwerfen, die die weitere industriewirtschaftliche Entwicklung wesentlich beeinflussen sollten. Die Kommunisten forderten die Nationalisierung der Grundindustrien, die Kommunalisierung der öffentlichen Dienste und die privatwirtschaftliche Weiterführung der Klein- und Mittelbetriebe; darüber hinaus setzten sie sich von Anfang an für eine zentralisierte und »militarisierte« Kriegsindustrie ein. Dem kommunistischen Programm standen anfangs die CNT-Vorstellungen einer von Syndikaten »sozialisierten« Wirtschaft, der Kollektivierung sämtlicher Betriebe und der Nutznießung der Produktionsmittel durch die Gewerkschaften gegenüber. Mangelnde programmatische Klarheit, vor allem jedoch die Erfordernisse einer koordinierten Kriegswirtschaft trieben die Anarchisten jedoch sehr bald in einen kasuistischen Wirtschaftsinterventionismus und ließen sie schließlich einen Großteil des kommunistischen Nationalisierungs- und Zentralisierungsprogramms übernehmen.

Die ersten industriewirtschaftlichen Maßnahmen der Zentral- wie der Regionalregierung stimmten hinsichtlich ihres Ziels weitgehend mit den Landwirtschaftserlassen überein. Analog zum Agrarsektor ging es der Bürgerkriegs-Regierung Giral nämlich darum, die Fortführung der industriewirtschaftlichen Produktion zumindest notdürftig sicherzustellen. Auch in Katalonien ging es der *Generalitat* bis Ende

Oktober 1936 vor allem um die »Normalisierung« der Industriewirtschaft, das heißt um Aufrechterhaltung und Fortführung der Industrieproduktion. Von Oktober 1936 bis Juni 1937 hatte die CNT das regionale Wirtschaftsministerium inne; ihre Politik basierte auf einem System von Betriebsräten mit starker syndikalistischer Vertretung. Das Ministerium sollte lediglich Koordinationsorgan der sich selbst verwaltenden Industriekollektive sein. Die Wirtschaftspolitik der katalanischen und der Zentralregierung verfolgte zwei Ziele: Neben den wirtschaftsspezifischen Intentionen ging es darum, durch partielle Akzeptierung des von den Arbeitern geschaffenen *fait accompli* sowie durch Legalisierung der revolutionären Errungenschaften die kollektivistische Bewegung einzudämmen und durch Unterstellung vieler kriegswichtiger Betriebe unter Staatskontrolle die spontanen (und somit unkontrollierbaren) Aktionen der Arbeiterschaft in den Griff zu bekommen.

Bereits wenige Wochen nach Kriegsbeginn machte sich in Katalonien die Erforderlichkeit einer Institution bemerkbar, die die Produktion koordinieren und den Kriegserfordernissen anpassen sowie eine Regelung der Güterverteilung organisieren, das heißt die gesamtwirtschaftliche Leitung übernehmen sollte. Ein derartiges Organ konnte bei den gegebenen Machtverhältnissen nicht gegen den Willen der CNT eingesetzt werden. Als daher am 11. August 1936 von der *Generalitat* der »Wirtschaftsrat von Katalonien« per Dekret ins Leben gerufen wurde, war die CNT nicht nur mit seiner Gründung einverstanden, sondern wesentlich an seiner Konstituierung beteiligt. Außerdem waren Anarchosyndikalisten und Anarchisten stark in diesem Gremium vertreten, das schnell die Funktion eines zentralen Lenkungsorgans der katalanischen Wirtschaft übernahm und während des gesamten Bürgerkrieges die eigentliche wirtschaftspolitische Entscheidungsinstanz der autonomen Region blieb.

Die für die weitere Entwicklung der katalanischen Wirtschaft zweifellos wichtigste gesetzliche Maßnahme war der Erlaß des Kollektivierungsdekretes vom 24. Oktober 1936. Dieses Dekret war von Mitgliedern aller im Wirtschaftsrat vertretenen Organisationen ausgearbeitet worden. Es legte im einzelnen fest, unter welchen Bedingungen Kollektivierungsmaßnahmen vorgenommen werden durften. Diese Kollektivierungskriterien waren im Wirtschaftsrat Gegenstand heftiger Diskussionen zwischen der politischen Vertretung der Mittelschichten und den Arbeiterorganisationen gewesen. In der endgültigen Fassung wurde die Kollektivierung als das neue Organisationsprinzip der Wirtschaft bezeichnet, das sich auf vier Grundsätze stützte: Jedes nicht aus Arbeit resultierende Einkommen sollte abgeschafft, Einzelbesitz zu Kollektivbesitz werden; die Arbeiter sollten selbst die kollektivierten Unternehmen leiten, kleinere Betriebe und Konsumgüter verblieben in Privatbesitz. Letztlich legalisierte das Dekret nur bereits durchgeführte Enteignungen und Kollektivierungen, hinkte somit vorerst hinter der sozialen Realität her. Allerdings stellte es sich auf den Boden der revolutionär geschaffenen Veränderungen, auf die in Zukunft die Regierung durch die ihr eingeräumten Funktionen regulierend Einfluß nehmen konnte. Somit bildete das Kollektivierungsdekret die entscheidende Zäsur zwischen der spontan-unkontrollierten, aus elementar-revolutionärem Impetus hervorgehenden Kollektivierung einerseits und der rechtlich festgelegten sowie juristisch abgesicherten, von staatlicher Verantwortung mitgetragenen Kollektivierung andererseits.[45] Im Januar 1937 folgten weitere Dekrete, die vor allem die Arbeiterkontrolle in den Privatbetrieben betrafen und die Kompetenzen des Betriebsrates bzw. des Eigentümers gegeneinander abgrenzten. Bereits am 28. November 1936 hatte der anarchosyndikalistische Wirtschaftsminister Kataloniens Ausführungsbestimmungen zur Zusammenfassung mehrerer Industrieunternehmen zu sog. »Gruppierungen« erlassen. Die Unternehmens-Gruppierungen sollten einen höheren Grad an Produktivität erreichen und gesamtwirtschaftlicher Planung unterliegen. Bis Oktober 1937 waren ungefähr 100 dieser Gruppierungen legalisiert.

Im Gefolge der staatsinterventionistischen Dekrete bildete sich in Katalonien ein von den Syndikaten »koordiniertes« und vom Staat »orientiertes« Wirtschaftssystem heraus, das auf der Ebene der Produktionseinheiten verschiedenartige Betriebstypen (kollektivierte, kontrollierte, nationalisierte, kommunalisierte und zu »Gruppierungen« zusammengefaßte Betriebe) hervorbrachte. Auf der den Produktionseinheiten übergeordneten Ebene hatten die Wirtschafts-Industrie-Föderationen, die Generalräte der Industrie und als letzte Instanz der Wirtschaftsrat (dessen Vorsitzender ein Regierungsmitglied war) Leitungsfunktionen. Somit hatte sich bis Ende des ersten Kriegsjahres die

---

45 Zur Vorgeschichte und Bedeutung des Kollektivierungsdekrets vgl. A. Pérez Baró, *30 meses.*

Struktur einer Zentralverwaltungswirtschaft herausgebildet, die neben ihrer Zentralisierung als komplementäres Strukturmerkmal einen gewissen Grad an »dezentralisierter Selbstverwaltung« in Form kollektivierter oder kontrollierter Betriebe beibehielt.

Mittelpunkt aller Überlegungen mußte die Frage sein, wie der Krieg gewonnen werden konnte. Katalonien, das bis Winter 1938/39 selbst nicht Kriegsschauplatz war, lieferte durch den Aufbau der Kriegsindustrie eine der Voraussetzungen dafür, daß die Republik den Krieg fast drei Jahre lang durchstehen konnte. Denn vom ersten Kriegstag an stellte sich für die Republik das Problem der Waffenproduktion. Die wenigen bestehenden Fabriken – von denen etliche außerdem auf dem Gebiet der Aufständischen lagen – reichten bei weitem nicht aus, um den erforderlichen Waffennachschub zu liefern; die ungefähr 800 katalanischen Metallbetriebe produzierten keine Rüstungsgüter. Die dringlichste Maßnahme bestand somit darin, die Produktion auf Kriegsbedürfnisse umzustellen; als der Krieg sich infolge ausländischer Unterstützung für die Rebellen in die Länge zog, wurde der Aufbau einer regelrechten Kriegsindustrie erforderlich. Anfang August setzte die *Generalitat* eine »Kriegsindustrie-Kommission« ein, die unter der Leitung des damaligen Finanzministers und späteren katalanischen Ministerpräsidenten Josep Tarradellas sofort an die Produktion von Waffen und Munition ging und innerhalb eines Jahres Produktionsziffern erzielte, die vorher für unerreichbar gehalten worden waren. Die zu 80 Prozent in der CNT organisierten Munitionsarbeiter scheuten selbst vor größten Anstrengungen nicht zurück, um die Produktion in Gang zu bringen und, trotz erheblicher Schwierigkeiten auf nahezu allen Sektoren, ständig zu steigern.

Die Beziehungen Madrids zu Barcelona verschärften sich nach dem 19. Juli 1936 zusehends. Je deutlicher der Wunsch katalanischer Kreise nach Separatismus wurde, je weiter die *Generalitat* ihre Befugnisse ausdehnte, desto starrer und zentralistischer wurde die Haltung der republikanischen Regierung. Sie griff immer häufiger in die (katalanische) Kriegsproduktion ein, unterstellte kriegswichtige Betriebe ihrer direkten Kontrolle und erließ schließlich am 11. April 1938 ein Dekret, das die »Militarisierung« der Kriegsindustrie, und das hieß *in praxi* ihre Verstaatlichung vorsah.

Vergleicht man das sowohl in Katalonien als auch im übrigen republikanischen Gebiet schließlich entstandene Wirtschaftssystem mit den ursprünglichen Vorstellungen der Anarchosyndikalisten von »syndikaler Ökonomie« und »gewerkschaftlicher Sozialisierung« durch die Arbeiter ohne staatliche Eingriffe, so ist die Diskrepanz offensichtlich. In den knappen drei Bürgerkriegsjahren erfuhr die libertäre Doktrin eine radikalere Veränderung als in den 70 Jahren seit ihrem Bestehen auf iberischem Boden. Besonders deutlich wird dieser Konzeptionswandel, wenn man ihn entweder mit früheren programmatischen Äußerungen konfrontiert oder mit dem (ursprünglich heftig abgelehnten) Programm der Sozialisten bzw. Kommunisten vergleicht. Dieses komparatistische Vorgehen zwingt zu dem Schluß, daß die Entwicklung der CNT-Wirtschaftsvorstellung 1936–1939 ein kontinuierliches Rückzugsgefecht von ursprünglich »reinen« Positionen war. Das »Erweiterte Nationale Wirtschaftsplenum« der CNT leitete im Januar 1938 mit der Einsetzung von Arbeitsinspektoren, gewerkschaftlichen Kontrollkomitees, Räten für Technik und Verwaltung, Beauftragten für die Arbeitsverteilung, bevollmächtigten Leitern und Wirtschaftsräten eine Entwicklung ein, die die Gewerkschaft schließlich zu einer bürokratisch-zentralistischen Organisation werden ließ, die die ursprünglich verfochtenen Prinzipien der Basisautonomie und eigenverantwortlichen Entscheidung der Produzenten zugunsten hierarchischer Strukturierung und wirtschaftlicher Gesamtplanung zumindest teilweise aufgab.[46] Zwei Monate nach diesem Wirtschaftsplenum gelangten CNT und UGT zu einer seit langem angestrebten Übereinkunft in nahezu allen wesentlichen politischen und wirtschaftlichen Fragen.[47] Die Gewerkschaften stimmten in den meisten Fragen der Kriegsmaßnahmen, der Industrie und Wirtschaft, der Arbeiterkontrolle und Sozialgesetzgebung überein. Das zum Teil radikale Vokabular kann dabei nicht darüber hinwegtäuschen, daß in der schließlich unterzeichneten Textfassung die traditionellen Forderungen der Anarchisten zum Aufbau einer sozialisierten Wirtschaft sowie einer freiheitlichen Gesellschaftsordnung nahezu vollständig unberücksichtigt blieben. Eine der anarchistischen Organisationszellen der zukünftigen Gesellschaft, die Kom-

---

46 Die Beschlüsse des »Erweiterten Nationalen Wirtschaftsplenums« dt. (unvollständig) bei E. Gerlach/A. Souchy, *Soziale Revolution,* S. 185–234.

47 Zum Verhandlungsablauf vgl. (aus anarchistischer Sicht) C. M. Lorenzo. *Anarquistas,* S. 234–237; (aus sozialistischer Sicht) A. del Rosal, *Historia de la UGT de España,* Bd. 2, S. 739–753.

mune, wurde überhaupt nicht erwähnt, die zweite, die Gewerkschaft, nur als integrativer Bestandteil gemischtstaatlicher Organe.

Der Einheitspakt zwischen den Gewerkschaften ist eines der aufschlußreichsten Dokumente für die Preisgabe libertärer Grundpositionen durch die CNT. Nur die wenigsten Punkte dieses Abkommens wurden in praktische Politik umgesetzt; die CNT war inzwischen viel zu machtlos, als daß sie von dem ihr zugestandenen einflußlosen Unterrichtsministerium aus die Geschicke der Republik wesentlich hätte mitbestimmen können. Die Regierung Negrín kämpfte um das Überleben des republikanischen Spanien, dessen Ende seit dem Münchner Abkommen nicht nur für die politisch Eingeweihten abzusehen war; anarchistische Konzeptionen hatten bei den militärstrategischen Überlegungen des verlustreichen letzten Kriegsjahres und den parallel dazu laufenden politisch-diplomatischen Verhandlungen keinerlei Chance, beachtet (geschweige denn realisiert) zu werden. Die Geschichte des revolutionären Syndikalismus im weiteren Kriegsverlauf war sowohl im machtpolitischen wie im ideologischen Bereich weitgehend ein Rückzugsgefecht. Auf wirtschaftlichem Sektor wurden die Anarchisten marginalisiert, auf politischem zum größten Teil ausgeschaltet; revolutionäre »Errungenschaften« – etwa kollektivierte Betriebe – blieben zwar bis Kriegsende bestehen, unterlagen aber staatlicher Kontrolle. In dem Maße, in dem die Spontaneität der Massen kanalisiert und kontrolliert wurde, nahm die Revolution von ihren ursprünglichen, herrschaftsfreien Zielen Abstand; sie engte ihren eigenen Aktionsraum zusehends ein und erweiterte damit das Wirkungsfeld des Staates, der als übermächtige Struktur schließlich in alle gesellschaftliche Bereiche vordrang. Damit hatte sich gegen Ende des Krieges das Verhältnis Gesellschaft-Staat im Vergleich zu Juli 1936 nahezu vollständig zugunsten des Staates verkehrt.

6. Zur Rolle von Kirche und Kultur

War der Spanische Bürgerkrieg für große Teile der Arbeiterschaft ein Klassenkrieg, so interpretierte ihn die katholische Rechte als einen Religions- und Glaubenskrieg. Nach 1939 hat sich die katholische Kirche auch als eine Märtyrerorganisation des Bürgerkrieges verstanden und für die Leiden und Verluste an Kirchengut und Priestern vom Staat erhebliche Konzessionen im Bereich von Gesellschaft und Erziehung einräumen lassen. Immerhin war seit Beginn des Krieges der größte Teil der Amtskirche eine tragende Säule der Aufständischen gewesen. Im Selbstverständnis der Kirche und der nationalen Seite insgesamt war der Bürgerkrieg ein »Kreuzzug«.

In der republikanischen Zone kam es zu Kriegsbeginn zu einer blutigen Kirchenverfolgung, deren Hintergrund die Einordnung der Kirche als historisch reaktionäre Institution durch die revolutionären Kräfte war, die in der Kirche außerdem eine säkulare Stütze der Monarchie und Mitinitiatorin des antirepublikanischen Aufstandes sahen. Daß die spanischen Bischöfe ihren kollektiven Hirtenbrief vom 1. Juli 1937 damit begannen, ihre Beteiligung an den Vorbereitungen des Militärputsches zu leugnen, stellte die Antwort auf die verbreitete Anschuldigung durch die republikanische Seite dar.

Der vor allem von konservativen Zeitgenossen und der frühen Bürgerkriegshistoriographie am häufigsten betonte Aspekt der religiösen Frage waren die antiklerikalen Ausschreitungen auf republikanischer Seite. In den ersten Kommentaren und Darstellungen ist die Zahl der Opfer religiöser Verfolgungen – ebenso wie der der Kriegsopfer insgesamt – grob verzerrt worden. Kardinal Isidro Gomá sprach in einem Hirtenbrief von Januar 1937 von einer Million Opfern, Serrano Suñer bezifferte im Juni 1938 diejenigen Spanier, die durch die »Feinde Gottes« das Martyrium erlitten hatten, auf 400 000, der »Osservatore Romano« berichtete im März 1937 von 16750 ermordeten Priestern.

Einen entscheidenden Fortschritt erzielte die Forschung über die religiöse Verfolgung im Bürgerkrieg durch die Studie von Antonio Montero.[48] Der Autor gelangt zu dem Ergebnis, daß die Kirchenverfolgung ein kalkuliertes politisches Ziel anvisierte: die Eliminierung des kirchlichen Einflusses, ja: der Kirche selbst aus der spanischen Gesellschaft. Es handelte sich, dieser Deutung zufolge, weniger um einen »kriegstypischen« Haßausbruch als vielmehr um eine Folge der Ideologien, die von den republikanischen Regierungen vertreten wurden. Diese Interpretation hat, ihrer Einseitigkeit und reduktionistischen Verengung wegen, heftige Reaktionen ausgelöst, die auf die Unhalt-

48 A. Montero, *Historia*.

barkeit von Monteros Schlußfolgerungen hinweisen. Solide sind demgegenüber seine Zahlen: Er spricht von 6832 aus religiösen Gründen Getöteten, von denen 4184 dem weltlichen Klerus (jeder siebte Weltgeistliche) und 2648 dem Ordensklerus (jeder fünfte Ordensgeistliche) angehörten; außerdem wurden 13 Bischöfe umgebracht. Einige Diözesen hatten besonders viele Opfer zu beklagen: In Barbastro wurden 87,8 Prozent des Weltklerus ermordet, in Lérida 65,8 Prozent, in Tortosa 61,9 Prozent, in Segorbe 55,4 Prozent, in Menorca 48,7 Prozent, in Malaga 47,6 Prozent. In der neueren Historiographie – etwa bei Hilari Raguer, José M. Margenat Peralta oder José M. Sánchez[49] – wird die tragische Dimension der Kirchenverfolgungen insofern relativiert, als einerseits die zeitliche Konzentration der religiösen Verfolgungen in den ersten Kriegsmonaten herausgestellt, andererseits die Bemühung der republikanischen Regierung um ein geregeltes Auskommen mit der Kirche betont wird. Der Höhepunkt der antiklerikalen Verfolgungen lag eindeutig zwischen Juli und September 1936; ab Januar 1937 waren die Verfolgungen und Morde ein quantitativ zu vernachlässigendes Phänomen.

Einzelne Aspekte der religiösen Problematik im Bürgerkrieg sind in den letzten Jahren einer historiographischen Revision unterzogen worden. Vor allem wird die Haltung der Republik zur Kirche heute viel differenzierter als in der Kriegszeit und in den ersten Jahren danach gesehen. Mit Sicherheit läßt sich inzwischen sagen, daß die Haltung der republikanischen Regierungen gegenüber der Kirche sich im Verlauf des Krieges änderte. Ein Vergleich zwischen den beiden aufeinanderfolgenden, für Kirchenfragen zuständigen Justizministern Juan García Oliver und Manuel de Irujo läßt den Wandel deutlich werden: Ersterer war Anarchist und extrem antiklerikal, letzterer ein konservativ-katholischer Baske des *Partido Nacionalista Vasco,* der alles daransetzte, die Kirchenverfolgung zu beenden, möglichst viele Geistliche zu retten und die diplomatischen Beziehungen mit dem Heiligen Stuhl wiederherzustellen.[50]

---

49 H. Raguer, *Espada,* J. M. Sánchez, *Spanish Civil War,* S. 1–18.

50 Zur Haltung von García Oliver vgl. dessen Memoiren: *Eco;* zum Versuch der Wiederherstellung der diplomatischen Beziehungen zwischen der Republik und dem Heiligen Stuhl vgl. V. Palacio Atard, *Cinco historias* und die Memoiren von M. de Irujo, *Memorias.*

Auch die Haltung der katholischen Basken zugunsten der Republik und die Erschießung baskischer Geistlicher durch Franquisten zerstört das dichotomische Schema »Franquismus/Katholizismus« versus »Republik/Antiklerikalismus«, das herkömmlicherweise zur Charakterisierung der beiden Kriegsseiten bemüht wurde. Sowohl der unzweifelhaft katholisch orientierte *Partido Nacionalista Vasco* als auch der eng mit seiner sozialen Basis verflochtene baskische Klerus schlugen sich auf die Seite der republikanischen Legalität;[51] andererseits kam es auch zu Priestererschießungen durch die Franquisten, die dem baskischen Klerus Unterstützung der »roten« Republik vorhielten. Die neuere Forschung hat immer mehr jene Position aufgegeben, die in der Republik die Verfolgerin und in der franquistischen Seite die Verteidigerin der Kirche sah; die heutige Historiographie argumentiert demgegenüber bedeutend differenzierter.

Betonten franquistische Darstellungen des Bürgerkrieges vor allem die Kirchenverfolgung im republikanischen Lager, so hoben republikfreundliche Interpreten das enge Zusammenwirken zwischen Amtskirche und nationaler Seite hervor. Sehr früh schon identifizierte sich (fast) die (gesamte) kirchliche Hierarchie mit dem *Alzamiento Nacional,* wenn auch in den ersten Proklamationen der Aufständischen religiöse Anspielungen noch fehlten; von den Gruppierungen, die von Anfang an den Aufstand unterstützten, brachten nur die Karlisten explizit eine religiöse Motivation zum Ausdruck.[52] Zeitgenossen und kritische Biographen haben immer wieder darauf hingewiesen, daß Franco, Mola und andere Generäle der Kirche und religiösen Gefühlen bis 1936 sehr distanziert gegenüberstanden. Nicht Verteidigung der Religion, sondern Rettung des Vaterlandes wurde anfangs als Begründung für die Notwendigkeit eines Aufstandes angeführt. Sehr schnell wurde dann aber der Begriff Kreuzzug (*Cruzada*) zur Bezeichnung des Aufstandes verwendet; manchmal war auch von Religionskrieg oder *Reconquista* die Rede,[53] wobei vor allem letzterer Terminus stets in seiner historisch-religiösen (nicht etwa in territorialer) Bedeutung Verwendung fand. Das Kreuz wurde zum Identifikationssymbol

---

51 Vgl. J. de Iturralde (d. i. Juan José Usabiaga), *Catolicismo.*
52 M. Blinkhorn, *Carlismo.*
53 Vgl. J. A. Gallego, *Nombre.*

des nationalen Lagers. Gefestigt wurde das Bündnis zwischen Amtskirche und Aufständischen noch durch die Abwehrhaltung gegen den haßerfüllten Antiklerikalismus, der zu Beginn des Bürgerkriegs zerstörerisch aufbrach. Die Erinnerung an den Krieg als glorreichen Kreuzzug wurde sodann zu einem Dauerthema der Amtskirche nach 1939. In der nationalen Zone ging die *Junta de Defensa* sehr schnell daran, den sozialen Einfluß der Kirche (vor allem im Bildungsbereich), den die Republik drastisch beschnitten hatte, wiederherzustellen. Im Mai 1938 wurde auch der Jesuitenorden erneut zugelassen; im Februar 1939 wurde der juristische Status aller religiösen Orden wiederhergestellt. Die republikanische Gesetzgebung über Ehescheidung und standesamtliche Eheschließung, über die Säkularisierung von Friedhöfen und die Beschränkungen für katholische Beerdigungen wurde außer Kraft gesetzt. Von zentraler Bedeutung war Kardinalprimas Isidro Gomá.[54] Er erarbeitete einen Großteil der kirchlichen Doktrin, verfaßte den kollektiven Hirtenbrief der spanischen Bischöfe und prägte wesentlich die manichäistische Sicht von den sich gegenüberstehenden Lagern im Bürgerkrieg. Außerdem stellten seine »Berichte« an den Heiligen Stuhl die wichtigste Informationsquelle für Rom dar und bestimmten somit die vom Vatikan eingenommene Haltung. Schließlich fungierte Gomá als bündelnde Kraft im spanischen Episkopat, auf den er enormen Einfluß ausübte.

Eines der bemerkenswertesten Beispiele für diesen Einfluß ist jener vom Primas verfaßte und am 1. Juli 1937 vom gesamten spanischen Episkopat (von wenigen Ausnahmen abgesehen) veröffentlichte gemeinsame Hirtenbrief (*Carta Colectiva*) an die Bischöfe der ganzen Welt,[55] der praktisch eine politische Stellungnahme, eine deutliche Rechtfertigung des Militäraufstandes und dessen theologische Sanktion bedeutete. Die Bischöfe sahen nach der (äußerst negativ gezeichneten) antiklerikalen Phase der Zweiten Republik – im Krieg eine Konfrontation zwischen Gut und Böse, des »gesunden Volkes« gegen

---

54 M. L. Rodríguez Aisa, *Cardenal Gomá;* A. Granados, *Cardenal Gomá;* R. Comas, *Isidro Gomá.* Gomás Hirtenbriefe während des Bürgerkriegs sind publiziert: I. Gomá, *Pastorales.* Als weitere Biographie eines einflußreichen Prälaten vgl. die Studie über den Sevillaner Erzbischof: R. Garriga, *Cardenal Segura.*

55 Dt. Fassung: *Rundschreiben.*

die fremde und gottlose Einmischung des Kommunismus; sie stellten damit die unversöhnliche Dualität Spaniens fest, die in moralischen Kategorien begriffen wurde. Die Auseinandersetzung nahm für sie die Form einer fundamentalen metaphysisch-ethischen Konfrontation gegensätzlicher Werte an, wobei die Kirche sich gemäß dieser Vorstellung nur auf die Seite des Guten stellen konnte. Die Begriffe Vaterland und Religion, nationale Tradition und katholischer Glaube wurden vermischt; der andere Teil Spaniens wurde als »antispanisch« und »antichristlich« bezeichnet.

Der kollektive Hirtenbrief übte in der katholischen Welt eine außerordentliche Wirkung aus; mindestens 580 Antwortbotschaften aus aller Welt trafen beim spanischen Episkopat ein. Vor allem die lateinamerikanischen Bischöfe, aber auch viele andere machten sich in exponierter Form die Haltung ihrer spanischen Kollegen zu eigen; zweifellos gehört damit der Hirtenbrief zu den wirkungsvollsten Propagandamitteln, mit denen das nationale Spanien seine Position in der internationalen Öffentlichkeit vertrat.

Gegen Ende des Krieges lobten die spanischen Bischöfe und die katholische Presse Franco in theologisch-messianischen Tönen als Retter der Nation und Vorkämpfer religiöser und kirchlicher Rechte. Der *Caudillo* wurde als Bewahrer der christlichen Zivilisation verstanden und zu einem religiös-mythischen Messias stilisiert, der das Reich Gottes in Spanien wiederherstellte. Dieser Ideologie zufolge war die aus dem Krieg hervorgegangene katholische Restauration die Verwirklichung des Gottesreichs auf Erden; darin lag letztendlich der tiefste Grund, der die Legitimation des Regimes durch die Kirche erklärt.

Was die vatikanische Politik gegenüber dem Spanischen Bürgerkrieg betrifft, läßt sich darauf verweisen, daß viele Aspekte heute äußerst differenziert betrachtet werden; dies bezieht sich vor allem auf die Auseinandersetzungen zwischen der nationalen Seite und dem Vatikan.[56] Hilari Raguer etwa hat in seinen zahlreichen Studien herausgearbeitet, daß die Haltung des Vatikans im Spanischen Bürgerkrieg keineswegs mit der Haltung der spanischen Bischöfe gleichgesetzt werden darf; der Vatikan sprach sich stets – auch nach 1939 – viel zu-

---

56 Das Standardwerk zu den spanisch-vatikanischen Beziehungen ist A. Marquina, *Diplomacia;* s. außerdem H. Raguer, *Vaticano;* P. C. Kent, *Vatican.*

rückhaltender gegenüber dem franquistischen Lager aus. Unter der sichtbaren Oberfläche der vatikanischen Unterstützung der Aufständischen gab es zahlreiche Spannungen und Konflikte mit der nationalen Regierung. Die Politik Pius' XI. im Bürgerkrieg läßt sich eher in negativen als in positiven Zielen formulieren: Der Papst wollte vor allem verhindern, daß Spanien kommunistisch oder faschistisch werde. Aus dieser Zielsetzung erklärt sich auch, daß der Heilige Stuhl 1937/38 – nachdem die Verfolgungswelle in der republikanischen Zone beendet war – zwar in unterschiedlicher Form, aber weit differenzierter als früher angenommen mit beiden Seiten Kontakte unterhielt.

Die manichäistische Unterscheidung in Spanien und Anti-Spanien, die in den kirchlichen Texten so klar zum Ausdruck kam, machte sich auch in den militärischen Proklamationen der nationalen Seite von Anfang an bemerkbar. Die Argumente für die ideologische Untermauerung des Aufstandes waren stark dichotomisch geprägt: Es ging um die Gegenüberstellung von Anarchie und Ordnung, von Spanien und Bolschewismus, von Zivilisation und Barbarei – letzteres Gegensatzpaar wurde übrigens, spiegelbildlich verkehrt, von beiden Seiten verwendet. In dem epischen Gedicht *Poema de la Bestia y el Angel* von José María Pemán ist das gesamte ideologische Repertoire der Aufständischen skizziert; es handelt sich um eine geradezu theologische Sicht der Auseinandersetzung zwischen Gut und Böse, die in der Ideologiegeschichte des Spanischen Bürgerkrieges einen herausragenden Platz einnimmt.

Die Spaltung des Landes läßt sich auch an der Gegenüberstellung der verschiedenen Grundvorstellungen und Leitideen aufzeigen.[57] So überwog in den »kulturellen« Texten der franquistischen Seite die katholisch-traditionelle, nationalistisch-imperiale und hierarchische Hal-

57 Im folgenden wird ausschließlich auf spanische Beispiele kultureller Manifestationen eingegangen; die äußerst umfangreiche internationale Kulturproduktion in Zusammenhang mit dem Spanischen Bürgerkrieg bleibt unberücksichtigt. Als Zusammenfassung kultur- und ideologiegeschichtlicher Aspekte des Bürgerkrieges vgl. M. Tuñon de Laras Beitrag in ders. u. a., *Bürgerkrieg*, S. 408–535. Eine ausgezeichnete Zusammenstellung spanischer und internationaler Zeugnisse aus sämtlichen Bereichen von Kunst und Kultur (Musik, Theater, Literatur, Malerei, Graphik etc.) enthält der Katalog: *Für Spanien*.

Ausgeschmücktes franquistisches Staatswappen von 1939

Quelle: Jordi Carulla/Arnau Carulla, La Guerra Civil en 2000 Carteles, República – Guerra Civil – Posguerra, Band II, Barcelona 1997, S. 536

tung, während in den republikanischen Texten immer wieder der Gedanke aufschien, daß die Kultur ihre tiefsten Wurzeln im Volk habe, daß sie dem Volk zurückgegeben werden müsse und kein Klassenprivileg sein dürfe.

Auch die kulturideologischen Wortführer beider Seiten beteiligten sich an der Polarisierung der beiden »Kulturmodelle«. Die franquistischen Intellektuellen – etwa Eugenio D'Ors – starteten einen Generalangriff gegen die Rationalität und die Werte einer bürgerlich-liberalen Gesellschaft und verherrlichten Kampf, Soldatentum und Pflicht; in der Falange-Zeitschrift *Jerarquía,* die im nationalen Lager als Keimzelle für Ideologiebildung eine herausragende Rolle spielte, finden sich viele Beispiele für diese Grundvorstellungen. Um diese Zeitschrift – sowie später um *Escorial,*das Sprachrohr des »liberalen Falangismus« – gruppierten sich die (wenigen) Intellektuellen und Künstler, die sich für die Aufständischen engagierten – Dionisio Ridruejo, Luis Rosales, Luis Felipe Vivanco, Leopoldo Panero, Ignacio Agustí, Gonzalo Torrente Ballester, Antonio Tovar, Pedro Laín Entralgo und einige mehr.

Neben die physische Repression trat in der nationalen Zone ein ideologischer Krieg gegen »antispanische« Weltanschauungen, deren angebliche Zersetzungskraft zerstört werden sollte. Schon früh begann die franquistische Seite mit der kulturellen »Rekonstruktion« Spaniens. Im Dezember 1936 bereits verabschiedeten die Rebellen ein Dekret, das die Produktion, den Verkauf und die Verbreitung pornographischen, sozialistischen, kommunistischen, libertären, d.h. »zersetzenden« Druckmaterials verbot. Die Bibliotheken wurden von all dem gesäubert, was »Mangel an Respekt vor der Würde unseres glorreichen Militärs darstellt, einen Anschlag auf die Einheit des Vaterlandes, die Geringschätzung der katholischen Religion und all dessen, was sich dem Sinn und Zweck unseres großen nationalen Kreuzzugs entgegenstellt«.[58] Unter das Verbot fielen auch alle Zeugnisse der Regionalkulturen, die ja dem Separatismus Vorschub leisten konnten: Bibliotheken wurden nach ihnen durchforstet, Institute zum Studium des Regionalismus (in irgendeiner Ausprägung) geschlossen, regionalistische Denkmäler abgetragen, Straßen- und Geschäftsnamen ins Ka-

---

58 Zit. nach R. Gubern, *Censura,* S. 23.

stilische übertragen, der Gebrauch der Regionalsprachen in der Öffentlichkeit untersagt.

Zu den Grundvorstellungen auf republikanischer Seite gehörte demgegenüber schon bald die Gleichsetzung von Volk und Kultur. Die Zeitschriften *Hora de España* und *Nueva Cultura* dienten der Verbreitung dieser Entwürfe. Die Grundvorstellung von der Verwurzelung der Kultur im Volk fand unterschiedliche Ausdrucksformen. In *Hora de España* etwa war die Grundlage der beabsichtigten Botschaft die Begriffseinheit »Volk-Arbeiter-Vaterland«, der als Gegenpol die Assoziation »Señorito-Müßiggänger-Alte Welt« diente. Begriffe wie Vaterland oder Tradition wurden folglich vor dem Hintergrund demokratischer Wertvorstellungen definiert. Zwischen Kunst und Kultur auf der einen sowie politischem Engagement und Massenpartizipation auf der anderen Seite wurde ein Zusammenhang hergestellt und bewußt gefördert.[59]

Auf republikanischer Seite beteiligten sich auch viele Intellektuelle an der Ausgestaltung der ideologischen Grundlagen. Bei Antonio Machado etwa kann man häufig kaum zwischen den philosophischen, den dichterischen und den ideologischen Elementen unterscheiden. Zwei durchgängig feststellbare Grundideen waren die der Wiederversöhnung – eine Idee, die auch bei Staatspräsident Manuel Azaña immer wieder anzutreffen war – und die, daß die Trennungslinie zwischen den Spaniern nicht identisch mit dem Verlauf der Schützengräben war.

---

59 Hierzu M. Aznar, *Pensamiento* und Ch. H. Cobb, *Cultura*.

II. DIE REPRESSION IN KRIEG UND NACHKRIEGSZEIT

1. Die Folgen des Bürgerkrieges: Sieger und Besiegte

DER BÜRGERKRIEG BEDEUTETE für die spanische Gesellschaft zweifellos eine traumatische Zäsur; er war das wichtigste Ereignis in der spanischen Geschichte des 20. Jahrhunderts. Der Krieg vereitelte die Möglichkeit einer proletarischen, anarchistisch-sozialistisch ausgerichteten Revolution; er setzte aber auch den Möglichkeiten einer demokratisch-reformistischen Politik, wie sie von bürgerlich-republikanischen und sozialdemokratischen Kräften versucht worden war, ein Ende. Die antireformistische und restaurative Zielsetzung der Aufständischen bestand darin, die alten Formen sozialer Herrschaft wiederherzustellen.

Daß der Versuch des Staatsstreichs des Militärs im Juli 1936 fehlschlug und sich zu einem Bürgerkrieg ausweitete, hing wesentlich damit zusammen, daß das Militär gespalten war; es konnte zwar den Aufstand einleiten, ihn wegen innerer Uneinigkeit aber nicht erfolgreich zu Ende führen. Auch eine zweite Bedingung für einen Bürgerkrieg war gegeben: Die Gesellschaft insgesamt war zutiefst gespalten, und Aufrufe sowie Parolen der Anführer beider Lager fielen sofort auf fruchtbaren Boden. Der Krieg von 1936 kann daher nicht als ein Kampf des Militärs gegen die zivile Gesellschaft bezeichnet werden; ohne die (zwar sehr ungleiche, aber auf beiden Seiten feststellbare) gesellschaftliche Unterstützung hätte sich der Aufstand nicht zu einem Bürgerkrieg ausweiten können.

Um den Preis dieses Krieges konnte sodann die spanische Hegemoniekrise der dreißiger Jahre beendet werden; die »soziologische Rechte«, der Machtblock aus Großgrundbesitz, Finanzoligarchie und Großbourgeoisie, erhielt die Vorherrschaft zurück. Zum ersten Mal seit Jahrzehnten hatte der Machtblock auch wieder die ideologische Vorherrschaft inne, und zur politischen Dominanz gesellte sich die ökonomische. Heer und Kirche verkörperten den Unterdrückungs- bzw. den Ideologisierungsapparat.

Der Bürgerkrieg besiegelte das Scheitern des modernisierend-»europäisierenden« Reformismus. In der Zone der Aufständischen wurde der soziopolitische Prozeß auf eine Lösung der Krise hin orientiert, die die sozioökonomischen Verhältnisse wiederherstellte, wie sie lange vor Ausrufung der Republik geherrscht hatten. Angestrebt wurde die Rückkehr zu Strukturen ideologischer und sozialer Beherrschung der Restaurationsära. Es ging nicht nur um die Beendigung der Revolution in der republikanischen Zone, sondern um die endgültige Eliminierung des Erbes der liberalen Tradition. Darin sahen die Sieger den eigentlichen Sinn des Bürgerkrieges, dessen Ergebnis zu einem sofortigen Ende der Modernisierungsimpulse der Zweiten Republik führte. Der historische Blick zurück auf den Bürgerkrieg läßt allerdings erkennen, daß das konterrevolutionäre Gesellschaftsmodell, wie es den Aufständischen von 1936 vorschwebte, sich in Spanien nicht durchgesetzt hat – ebensowenig wie im restlichen Europa. Die gewaltsame Lösung der spanischen Krise konnte zwar für längere Zeit die überkommene soziale Ordnung erhalten und die Hegemonie des traditionellen Machtblocks neu etablieren; die Lösung war aber alles andere als dauerhaft. Bezeichnend hierfür ist – neben vielen anderen Belegen, die angeführt werden könnten – die Tatsache, daß ihm Jahr 1990, als der 50. Todestag Azañas begangen wurde, alle politischen Lager des heutigen Spanien das politische Credo des ehemaligen, von der franquistischen Seite so erbittert bekämpften Staatspräsidenten für sich reklamierten. In der Tradition des Franquismus wollte sich niemand mehr sehen.

Die Folgen des Krieges waren verheerend. Besonders hoch waren die Menschenverluste, wenn auch die genaue Anzahl der Toten bis heute zu den umstrittensten Problemen der Kriegsgeschichtsschreibung gehört. Hiervon wird weiter unten ausführlich die Rede sein. Genauer feststellen lassen sich allerdings die demographischen Auswirkungen des Krieges. Der hervorstechendste Zug der demographischen Entwicklung Spaniens war das Sinken der Sterblichkeitsrate von 23 Promille (1910) auf 8,1 Promille (1976). Gleichzeitig sank die Geburtenrate von 32,6 Promille (1910) auf 18,5 Promille (1976). Besonders kraß manifestierte sich der Geburtenrückgang als Folge des Bürgerkrieges: Lag die Geburtenrate im Jahrfünft 1931/1935 noch bei 27 Promille, so sank sie im darauffolgenden Jahrfünft 1936/40 schlagartig auf 21,6 Promille, d.h. um ein Fünftel; die gewaltsame »Anpassung« der Geburtenrate an den europäischen Durchschnitt konnte später nicht mehr erhöht werden.

Wirtschaftlich betrachtet wurde durch den Bürgerkrieg der größte Teil der Produktionsanlagen zerstört. 1940 war das Volkseinkommen auf den Stand von 1914 zurückgefallen, die erwerbstätige Bevölkerung durch den Krieg um weit über eine halbe Million gesunken. Der republikanische Staat hatte zur Kriegsfinanzierung 510 Tonnen Gold in einem Wert von 575 Millionen Dollar ausgegeben. Die Kriegskosten beider Seiten beliefen sich auf 300 Milliarden (Peseten von 1963). Rund acht Prozent aller Wohnungen waren beschädigt oder zerstört, über 40 Prozent aller Lokomotiven und Waggons unbrauchbar geworden. Die Handelsmarine büßte 225000 Bruttoregistertonnen, d.h. über 30 Prozent ihres Gesamtbestandes, ein. Die Industrieproduktion sank von 1935 bis 1939 um 31 Prozent, die Agrarproduktion um etwas über 21 Prozent, das Volksvermögen um 25,7 Prozent, das durchschnittliche Pro-Kopf-Einkommen um 28,3 Prozent. Das Pro-Kopf-Einkommen erreichte erst 1952 wieder den Stand der Vorkriegszeit.

Wichtiger als die materiellen waren die ideologischen und psychologischen Folgen des Krieges. Die Niederlage von 1939 markierte im Handeln und im politischen Bewußtsein der Arbeiterbevölkerung, vor allem in den ländlichen Gegenden, einen tiefen historischen Bruch und hinterließ ein geschichtliches Trauma, das die Arbeiteröffentlichkeit vieler Gemeinden bis zum Ende des Franquismus prägte. Die entpolitisierenden Folgen dieses Traumas konnten erst im Verlauf der siebziger Jahre allmählich überwunden werden. Das wichtigste Vermächtnis des Krieges von 1936 war die auf ihn folgende Spaltung der spanischen Gesellschaft in zwei Lager: das der Sieger und das der Besiegten.[1] Zwischen beiden gab es vorerst eine nahezu hermetische

1 R. Carr / J. P. Fusi, *España*, S. 30f.

Trennung. 1951 schrieb Raimundo Fernández Cuesta, der damalige falangistische Generalsekretär der Bewegung: »Zwischen ihrem Spanien und unserem besteht ein Abgrund, der nur durch Reue und Unterwerfung unter unsere Doktrin überwunden werden kann. Andernfalls ist es besser, daß sie jenseits des Abgrundes bleiben; falls sie ihn heimlich zu überqueren trachten, sollen sie umkommen.«[2] Für das Lager der »Nationalen« stand von Anfang an fest, daß die Sieger regieren und die Früchte der Macht genießen würden. Die Besiegten, die in den Augen Francos das absolut Böse verkörpert hatten, sollten zahlen und büßen.

Am 1. April 1939 unterzeichnete General Francisco Franco den einzigen Heeresbericht des Krieges. Er lautete: »Am heutigen Tag haben, nachdem die rote Armee gefangengenommen und entwaffnet worden ist, die nationalen Truppen ihre letzten Ziele erreicht. Der Krieg ist beendet. Burgos, 1. April 1939. Jahr des Sieges.« Am 2. April bereits verkündete der »Nationale Rundfunk«: »Spanier, seid wachsam! Der Friede ist keine bequeme und feige Erholung im Angesicht der Geschichte. Das Blut derer, die für das Vaterland gefallen sind, gestattet kein Vergessen, keine Sterilität, keinen Verrat. Spanier, seid wachsam! Spanien befindet sich weiterhin im Krieg gegen jeden Feind des Inneren und des Äußeren.«

Mit dem Hinweis einerseits darauf, daß das »Jahr des Sieges« begonnen hatte, andererseits, daß Spanien sich weiterhin im Krieg befand, hatte der »Nationale Rundfunk« gewissermaßen die Parole für die nun folgenden Jahre ausgegeben, die im Volksmund und in der Historiographie bis heute nicht »Friedensjahre«, sondern »Nachkriegsjahre« (*los años de postguerra*) heißen. Für Hunderttausende begann mit dem Ende des Krieges nicht ein besserer Lebensabschnitt, sondern eine qualvolle Leidensgeschichte, deren Ende in Abertausenden von Fällen ein gewaltsamer Tod war.

Die Vergeltung der Sieger war ungeheuerlich, die blutige Repression erreichte im ersten Jahrzehnt nach 1939 einen in der spanischen Geschichte wohl einmaligen Höhepunkt. Erst allmählich ging das Regime, nachdem es sich definitiv konsolidiert hatte, zu differenzierteren, weniger brutal-terroristischen Methoden über. Die angebliche Versöhnungspolitik Francos hat sich in all den bombastisch hoch-

---

2 Zit. nach Comisión Internacional de Juristas, *Imperio*.

stilisierten »Friedensjahren« nie dazu überwinden können, den Verlierern des Bürgerkrieges eine umfassende Generalamnestie zu gewähren; nur spektakulär aufgemachte Einzelamnestien ermöglichten sorgfältig Ausgewählten den Weg in die Freiheit.

Die fürchterliche Repression der vierziger Jahre vertiefte die vorhandenen Gräben weiter, als diejenigen, die (bewußt oder weil ihnen keine andere Möglichkeit blieb) die Republik der Volksfront unterstützt hatten, verfolgt, gefoltert, erschossen oder verbannt wurden. Die Inhaber der Macht dachten nach 1939 nicht an eine Wiederversöhnung; ihnen ging es vor allem um Rache. Der 1. April – der Tag, an dem der Bürgerkrieg für beendet erklärt wurde – war nicht etwa ein »Tag des Friedens«; er wurde in der Franco-Ära vielmehr als »Tag des Sieges« begangen und erinnerte damit Spanien Jahr für Jahr an die Zweiteilung des Landes in Sieger und Besiegte.

Auch die, die vom Racheregime Francos nicht direkt verfolgt wurden, sahen sich einer katastrophalen wirtschaftlichen und sozialen Situation gegenüber. Es waren vor allem die Angehörigen der sozial schwachen Schichten, der Arbeiterschaft, die die wirtschaftlichen und sozialen Folgen des Krieges zu tragen hatten. In ihrer überwiegenden Mehrheit wurden der Bevölkerung im ersten Nachkriegsjahrzehnt unsägliche Opfer abverlangt. Die Arbeiterschaft erlebte ausgesprochene Hungerjahre (*años del hambre*) und vegetierte zumeist am Rande des Existenzminimums dahin. Mit der Lebensmittelknappheit und der Ausbreitung blühender Schwarzmärkte war der Rückfall weiter Landgebiete in Subsistenzwirtschaft, Tauschhandel und soziale Inaktivität verbunden.

Was Ende der vierziger Jahre ausländische Spanienreisende am meisten beeindruckte, waren die Klassenunterschiede, die offen zur Schau gestellt wurden. Denn nicht alle litten unter den Folgen des Krieges. Eine schmale Oberschicht entfaltete einen provozierenden Luxus; auffällig war die relativ große Anzahl (offizieller wie privater) amerikanischer Wagen in Madrid, die märchenhafte Summen kosteten. Demgegenüber befanden sich die von einem festen Gehalt abhängigen sozialen Schichten in einer äußerst schwierigen Lage und in ständigen wirtschaftlichen Krisen. Das Hauptthema der einfachen Bevölkerung war in jenen Jahren der Hunger; *hambre* wurde zum Schlüsselwort, das von Andalusien bis ins Baskenland wie eine Obsession die Menschen nicht mehr losließ.

Das im Bürgerkrieg schon militärisch unterlegene Agrar- und Industrieproletariat und das städtische Kleinbürgertum wurden nach 1939 auch wirtschaftlich ausgeblutet, die Reallöhne sanken kontinuierlich. Selten läßt sich so klar wie am spanischen Beispiel der vierziger Jahre aufzeichnen, daß das Regime »Siegerpolitik« zugunsten der Kriegsgewinner betrieb. Für die abhängig Beschäftigten reichten in den meisten Fällen die gesetzlichen Löhne nicht aus. Um das Einkommensdefizit zwischen unzureichenden gesetzlichen Löhnen und lebensnotwendigen Ausgaben zu überbrücken mußten die Arbeiter zuerst ihren sowieso schon äußerst geringen Konsum weiter reduzieren, sodann aber zu dem Mittel der Zweit- und Drittbeschäftigung (*pluriempleo*) greifen. Ohne dies statistisch untermauern zu können – der größte Teil der »Nebenbeschäftigungen« erfolgte als Schwarzarbeit – dürfte ein Großteil der Arbeiter (die Schätzungen schwanken zwischen 50 Prozent und 70 Prozent) auf diese Weise die Lücke zwischen gesetzlichem Einkommen und Existenzminimum geschlossen haben.

Die Landwirte erlebten verschiedene Wendungen ihrer materiellen Situation. In der Zeit der stärksten Inflationserscheinungen und Lebensmittelrationierung genossen die kleinen Landwirte eine Periode des Wohlstands, die mit dem Eintreten einigermaßen »normaler« Wirtschaftsverhältnisse zu Ende ging. Die größte Armut war in Andalusien anzutreffen, wo neben ausgedehntem Großgrundbesitz Massen von Landarbeitern mit niedrigstem Lebensstandard und ohne jegliche Berufssicherheit sich von einem Tag auf den anderen retteten. Äußerlich sichtbar waren die Unterschiede in der Kleidung, die umso mehr ins Auge sprangen, als die Spanier sehr auf äußere Formen und gediegenes Auftreten achten.

Zu den anschaulichsten Beschreibungen des Hungers, der Armut und der Verzweiflung, die in Andalusien zehn Jahre nach Ende des Bürgerkrieges herrschten, gehört die Darstellung des guten Spanienkenners Gerald Brenan.[3] Nie zuvor hatte er so viel Elend gesehen; in manchen Dörfern verhungerten die Leute, Frauen waren mit Kartoffelsäcken oder Fetzen von Armeewolldecken bekleidet, ihre Beine und Gesichter mit Dreck verkrustet. In Málaga gab es viermal so viele Straßenverkäufer und Bettler wie vor dem Krieg; die Arm- und Beinamputierten waren Legion.

---

3 G. Brenan, *Face.*

Es ist außerordentlich schwer, einen Überblick über die Entwicklung der Löhne im Vergleich zum Kaufkraftschwund der Pesete zu geben, da statistische Angaben unvollständig sind und sich fast nur auf die gesetzlichen Mindestlöhne beziehen, somit die zahlreichen Zuschläge nicht berücksichtigen. Die folgende Tabelle ist daher nur als Schätzwert anzusehen, dürfte tendenziell aber stimmen, d.h. daß 1953 der durchschnittliche Arbeiter gegenüber 1936 einen Einkommensverlust von rund 50 Prozent hatte.

Tab. 2: *Entwicklung der Nominal- und Reallöhne 1936–1953*

Jahr	nominal	real
1936	100	100
1939	146	76
1941	170	73
1943	183	74
1945	197	72
1947	256	60
1949	289	58
1950	301	57
1951	301	52
1952	307	54
1953	308	53

Quelle: Ramiro Campos Nordmann: *La Política de Salarios y la Economía Nacional.* In: *De Economía,* Nr. 29, 1954, S. 528.

Im Januar 1940 sandte der deutsche Vizekonsul einen Bericht über die Lage in der Provinz Almería nach Berlin. Die Beobachtungen dieses (gewiß unverdächtigen) Zeugen aus einer abgelegenen Gegend Spaniens in der unmittelbaren Nachkriegszeit sind äußerst aufschlußreich:[4]

> Nur wenige Spanier in der Provinz Almería sind von neuem Geist durchdrungen, die große Masse hat das historische Geschehen, den

4 Abgedruckt bei und zitiert nach D. S. Detwiler, *Hitler,* S. 125 f.

außenpolitischen Moment, die spanischen Möglichkeiten und die Neuordnung durchaus nicht erfaßt, sondern sie gibt sich wie früher krassestem Egoismus und Individualismus hin und begreift das völkische Gemeinwohl überhaupt nicht. Man lebt, wie einst, in einer »ciudad alegre y confiada«, und die allgemeine Einstellung wird durch den oft zu hörenden Ausspruch gekennzeichnet: »nur kein Krieg«!
Der Einfluß der katholischen Geistlichkeit ist vielleicht noch größer als vor der Republik, und auch der sonst ziemlich energische Zivilgouverneur unterliegt ihm völlig. – Korruption und Vetternwirtschaft blühen, und das Betrübendste ist, daß vielfach die alten politischen Häuptlinge (caciques) jetzt unter dem Mantel falangistischer Bürgermeisterwürde, besonders auf den Dörfern, genau wie früher ihr Unwesen treiben. – Anzeigen gegen politische und gewöhnliche Verbrecher werden nicht weitergeleitet, wenn einflußreiche Fürsprecher vorhanden sind, und es hat manchmal den Anschein, als ob man sich scheut, energisch durchzugreifen.
Die Höchstpreise für Lebensmittel bestehen nur auf dem Papier, trotz der zahlreichen verhängten Strafen, denn die Versorgung ist völlig unzureichend. Die Unzufriedenheit ist deshalb groß und nicht weniger wegen der erschreckenden Arbeitslosigkeit. Auf den Dörfern der Provinz leidet die Mehrzahl der Einwohner Hunger. Bislang ist zur Behebung aller dieser Mißstände so gut wie nichts getan worden. In der Provinz Almería, einer der ärmsten Provinzen in Spanien, sind noch keinerlei öffentliche Arbeiten in Angriff genommen worden, abgesehen von dem bescheidenen Beginn einer Aufforstung in einem Ort der Provinz.

Der Schwarzmarkt gehört zu den wichtigsten Erscheinungen der sozioökonomischen Realität im Spanien der vierziger Jahre. Schwarzmarktpraktiken entwickelten sich beim Handel mit allen Rohstoffen, wobei der Bereich Grundnahrungsmittel besondere Bedeutung erlangte.[5] Auf diesem Sektor hielt sich der Schwarzmarkt, so lange die Rationierungen und das interventionistische System im Agrarbereich bestehen blieben, dessen wichtigstes Instrument die Zwangsabgabe

5 Zum Stand der Forschung über den Schwarzmarkt im Nachkriegsspanien vgl. C. Barciela, *Mercado negro*.

landwirtschaftlicher Produkte zu amtlich festgesetzten Preisen (*precios de tasa*) war.

Die Preise, zu denen die Agrarprodukte unter der Hand verkauft wurden, übertrafen die offiziellen Schätzpreise im Durchschnitt um mindestens das Zwei- bis Dreifache, wobei allerdings starke Regionalschwankungen zu registrieren waren. In den Gebieten, in denen keine landwirtschaftlichen Produkte erzeugt wurden, kletterten die Schwarzmarktpreise weit höher als in den agrarischen Anbaugegenden. In Alicante und Barcelona etwa wurde für Weizen in Einzelfällen bis zum Zehnfachen des offiziellen Preises bezahlt.

Ein Großteil der Ernte wurde von Spekulanten zurückgehalten, um sie im geeigneten Augenblick zu weit überhöhten Preisen (und illegal) auf den (Schwarz-)Markt werfen zu können. Eine Folge dieses Systems bestand darin, daß die meisten landwirtschaftlichen Produktionsstatistiken als äußerst ungenau zu bezeichnen sind, da das Landwirtschaftsministerium die Zahlen der offiziell angegebenen Mengen in seine Statistiken aufnahm – was aber keineswegs der realen Produktion entsprach.

Der Schwarzmarkt im Agrarbereich bedeutete faktisch ein Scheitern des staatlichen Interventionssystems im landwirtschaftlichen Sektor. Die Landwirte lehnten die offiziellen Kanäle ab und zogen es vor, trotz hoher Risiken den Schwarzmarkt zu beliefern. Die intervenierenden Staatsorgane: der »Nationale Weizendienst« (*Servicio Nacional del Trigo*) und das »Generalkommissariat für Versorgung und Transportwesen« (*Comisaría General de Abastecimientos y Transportes*) vertrieben letztlich nur einen Bruchteil der Produkte, deren Verteilung ihnen eigentlich oblag. Kleinere Landwirte mußten einen viel höheren Prozentsatz ihrer Produkte zu den offiziellen Schätzpreisen abgeben als die Großgrundbesitzer, da sie sich der staatlichen Aufsicht nicht so erfolgreich entziehen konnten wie ihre »großen« Konkurrenten. Diese verfügten über nahezu alle Bedingungen, um sich am Schwarzmarktgeschäft beteiligen zu können: Überschüsse in der Produktion, Verstecke für einen Großteil der Ernte, Transportmittel, Kenntnisse der Marktstruktur und vor allem über die erforderlichen politischen Beziehungen, die sie als Sieger des Bürgerkrieges auswiesen. Die Auswirkungen des Schwarzmarktsystems auf die soziale Situation der Arbeiter waren katastrophal. Aus Anlaß der Streikbewegung von 1951 stand in einem Bericht aus Spanien zu lesen:[6]

> Vor allem die soziale Notlage der Arbeiter muß als Beweggrund für die Streiks angesehen werden. Dazu nur einige Beispiele. Aus den Statistiken geht hervor, daß die Spezialarbeiter heute in 40 verschiedenen Berufen durchschnittlich etwa viermal soviel verdienen wie 1936, während ein ungelernter Arbeiter ungefähr zwei- bis dreimal soviel bekommt. Die allgemeinen Lebenshaltungskosten sind seit 1936 jedoch um das Acht- bis Zehnfache gestiegen.
> In Bilbao und San Sebastian haben die offiziellen Monatsrationen etwa den Wert von 16000 Kalorien, das bedeutet pro Kopf und Tag 554 Kalorien. Da ein Arbeiter rund 3000 Kalorien täglich braucht, muß er die fehlenden 2500 Kalorien auf dem Schwarzen Markt beschaffen. Im Vergleich zu 1936 betragen Schwarzmarktpreise für Brot und Milch das Zehnfache; für Fleisch und Eier das Neunfache; für Zucker das Achtzehnfache; für Öl das Fünfzigfache und für Bohnen das Vierzehnfache. Um sich ein Kilo Kaffee kaufen zu können, muß ein Arbeiter fünf Tage arbeiten, für einen Liter Öl oder ein Kilo Fleisch zwei Tage, für ein Kilo Zucker oder Kabeljau einen Tag.
> Nach zuverlässigen Erhebungen der Weltgesundheitsorganisation sterben in Spanien 114 von 10000 an Tuberkulose; in Frankreich dagegen 68 und in Italien 49.

Natürlich schwächte sich jene manichäistische Spaltung im Laufe der Zeit ab, stetig aufgeweicht durch vielfältige persönliche Beziehungen. Sie konnte aber jahrzehntelang vor allem deshalb fortbestehen, weil Franco entschlossen war zu erreichen, daß niemand den Bürgerkrieg vergaß, da ja sein Sieg über das »Anti-Spanien« die eigentliche Legitimation seiner Herrschaft darstellte. Für Franco verlor diese Schwarz-Weiß-Sicht auch im Laufe der Jahre nichts von ihrer Kraft. Aber nicht nur Franco allein war entschlossen, in der spanischen Gesellschaft die Trennungen des Bürgerkrieges aufrechtzuerhalten, sondern ganz allgemein die Rechte. Für diese war der Sieg von 1939 der Zugang zu Macht und Einfluß. Ihr durch den Sieg hervorgerufener

---

6 R. Mallorca, *Politische Streiks*, S. 294.

Enthusiasmus war sozusagen das Wesenszentrum ihrer Gefühle, und die allgegenwärtige Kriegsmystik des nationalen Spanien setzte sich die vierziger Jahre hindurch fort und wurde von den Organisationen ehemaliger Frontkämpfer des Bürgerkrieges aufrechterhalten.

Zu den durch den Ausgang des Krieges bedingten strukturellen, institutionellen und politischen Veränderungen in Spanien schreibt Manuel Tuñón de Lara zusammenfassend: »Seit dem ersten Oktober 1936 gab es nur einen einzigen Führer mit absoluten Machtbefugnissen [...] Typisch für totalitäre Herrschaftsformen und allgemein für jede Art von Despotie ist auch, daß sich die Grenze zwischen Legislative und Exekutive verwischte. Ab April 1937 existierte eine Einheitspartei totalitärer Prägung, die nicht den Staat lenkte, sondern sich in ihn einfügte und ein kompliziertes System von Dienstleistungen und ideologischer Durchdringung aufbaute. Spanien war eine ›universelle Schicksalseinheit‹, und die Autonomiestatute wurden mit Vaterlandsverrat gleichgesetzt [...] Insgesamt entsprach das Regime, das mit dem Sieg der Aufständischen etabliert wurde, einem rechts-totalitären Modell auf ländlicher Basis [...] Politisch verkörperte das Regime die grundlegenden Ideen der Aufständischen vom Juli 1936: Ablehnung der Republik, der Volkssouveränität, des allgemeinen Wahlrechts, des Parlaments, der politischen Parteien, der Menschenrechte, der Autonomiestatute und natürlich des Laizismus und der religiösen Neutralität. Die Grundlagen der republikanischen Staatsform wurden ›für immer‹ zerstört, und sie wurden durch andere ersetzt: persönliche, charismatische und von Gott gegebene Macht, Einheitspartei, vertikaler Syndikalismus, Konfessionalität des Staates, mit der Kirche geteiltes Monopol über die Massenkommunikationsmittel und das Schulwesen, Unterdrückung jeglicher individueller Rechte gegenüber dem Staat [...] Die grundlegenden Ziele des Staates waren erstens die Suche nach einer Legitimationsgrundlage, zweitens die völlige Beseitigung aller gegnerischen Organisationen und die Ausschaltung jeder Opposition, drittens die Einkommensumverteilung zugunsten der herrschenden Klasse.«[7]

Die Folgen der franquistischen Siegermentalität waren die gesamte Franco-Ära über zu spüren. Erst nach dem Tode des Diktators durfte

---

7 M. Tuñón de Lara u. a., *Bürgerkrieg*, S. 632–635.

in Dörfern und Städten an Massengräber gerührt werden, in die im April 1939 und danach Tausende hingerichteter Republikaner geworfen worden waren. Viele der Toten duldete Francos Racheregime nur als »Verschwundene« oder »Vermißte«, um die Schreckensbilanz der Abrechnung zu verschleiern. Hinrichtungen und »Säuberungen« haben bis ans Ende der Franco-Ära im Volk die Erinnerung an die Spaltung in »zwei Spanien« aufrechterhalten, trotz aller bombastischen Propaganda des Regimes über den »Frieden Francos« oder die »Einigkeit unter Franco«. Für viele Spanier dauerte der 1939 offiziell für »beendet« erklärte Bürgerkrieg bis 1975, bis zum Todesjahr des Diktators. Erst danach wurde dem ehemals unterlegenen »linken« Spanien in einem neuen, demokratischen Staat Existenz- und Gleichberechtigung zugestanden.

2. Säuberungen und Massenerschießungen

AM ENDE DES KRIEGES war Spanien ein in jeder Hinsicht verwüstetes Land.[8] Die Menschenverluste gingen in die Hunderttausende, wovon im Zuge der Kampfhandlungen allerdings »nur« 100000–150000 gefallen sein dürften. Eine mindestens ebenso große Anzahl fiel zwischen 1936 und 1944 in Franco-Spanien politischem und Justizmord zum Opfer: ca. 140000. Zu diesen Zahlen sind noch weitere knapp 500000 aus politischen Gründen Exilierte hinzuzuzählen, die nach 1939 das Land verlassen mußten.

In den ersten Kriegsmonaten verbreitete sich Panik unter der Zivilbevölkerung, als sich herumsprach, daß es im »nationalen« Lager zu Massenerschießungen ohne Gerichtsurteile kam. In einigen Fällen handelte es sich um regelrechte Massaker, etwa als am 14. August 1936 über 4000 Personen in die Stierkampfarena von Badajoz getrieben und dort erschossen wurden. Später kam es zwar zu Schnellgerichten (*juicios sumarísimos*), aber die Verurteilungen erfolgten rein willkürlich und ließen jegliche rechtsstaatliche Garantie vermissen. In einer einzigen Provinz des Nordens, in León, soll es bis Dezember

---

8 G. Jackson, *Concise History*.

1940 rund 8000 Verurteilungen aufgrund solcher Schnellgerichtsverfahren gegeben haben, 3000 davon waren Todesurteile.

Die Willkür der Verfahren läßt sich schon an der Anklagebegründung erkennen. Verurteilt wurden die Angeklagten »wegen Unterstützung eines Aufstandes«; gemeint war genau das Gegenteil, nämlich daß sie sich dem Aufstand gegen die Republik entgegengestellt hatten. Die Gesetze hatten außerdem rückwirkende Geltung, so daß all jene verurteilt werden konnten, die in der Republik einer »linken« Partei oder einer Gewerkschaft angehört hatten. Die Unschuldsvermutung galt für die Angeklagten nicht, da die Gerichte der Anklage des Staatsanwalts grundsätzlich Glauben schenkten.

Am 9. Februar 1939 wurde das »Gesetz über Politische Verantwortlichkeiten« (*Ley de Responsabilidades Políticas*) erlassen. In seiner Präambel stand zu lesen: »Kurz vor der vollständigen Befreiung Spaniens hält es die Regierung – eingedenk der ihr zustehenden Pflichten bezüglich des geistigen und materiellen Wiederaufbaus unseres Vaterlandes – für angebracht, ein Gesetz über politische Verantwortlichkeiten zu erlassen, das dazu dient, all die Vergehen zu liquidieren, die auf diesem Gebiet von jenen Personen verübt wurden, die durch Handlungen oder schwere Verfehlungen dazu beigetragen haben, die rote Subversion zu fördern, sie über mehr als zwei Jahre am Leben zu erhalten und den von der Vorsehung gewollten und historisch unausweichlichen Sieg der Nationalen Bewegung zu behindern.« Zur Ausführung des Gesetzes wurden auf dem gesamten spanischen Territorium »Sondergerichte für politische Verantwortlichkeiten« (*Tribunales Especiales de Responsabilidades Políticas*) eingerichtet. Vorgesehen waren Schnell- und Standgerichte, deren Vorsitz ein Militärrichter inne hatte. Die Bestimmungen des Gesetzes galten rückwirkend ab dem 1. Oktober 1934, sie umfaßten somit auch all jene Taten, die in Zusammenhang mit dem asturischen Oktoberaufstand von 1934 verübt worden waren. Das Gesetz zog eine Prozeßlawine nach sich, die speziell für die politische Repression eingerichteten Gerichtshöfe waren völlig überfordert. Bis zum 30. Oktober 1941 waren 125 250 Prozesse eröffnet worden; bis dahin hatte es allerdings erst 38 055 Urteile (somit 30,38 Prozent) gegeben. Am 19. Februar 1942 wurden daher die Sondergerichte wieder abgeschafft und die anhängigen Fälle den zivilen Provinzgerichtshöfen übertragen. Das »Gesetz über politische Verantwortlichkeiten« trat am 13. April 1945 außer Kraft; die Abwicklung vieler tausender bereits laufender Verfahren zog sich allerdings bis November 1966 hin. In den Jahren seiner Gültigkeit verfolgte das Gesetz zwei Ziele: Zum einen ging es um die Einschüchterung all derer, die die Republik unterstützt hatten; zum anderen ging es um ökonomische Interessen, da bei Verurteilung wirtschaftliche Sanktionen drohten, die den Beschuldigten ruinieren konnten und dem Staat in einer Zeit ausgesprochener Wirtschaftskrise Mittel verschafften. Aufgrund zahlreicher bürokratischer Hindernisse zogen sich viele Prozesse über Jahre hin; in dieser Zeit lebten die Angeklagten in einem ständigen Klima der Angst und Bedrohung. Sicherlich war diese Einschüchterung – aus der Sicht des Regimes – der größte Nutzen, der aus diesen Prozessen gezogen wurde; finanziell waren die Prozesse für den Staat nämlich in aller Regel nicht lukrativ, da die meisten Beschuldigten über keine Mittel verfügten, die beschlagnahmt werden konnten. Um mögliche Sanktionen abzuwenden, verhielten sich nicht wenige Angeklagte opportunistisch und leisteten einen Eid auf die »Nationale Bewegung«, traten der Falange bei oder reihten sich in die lokalen Milizen ein.

Schon früh ist man davon abgekommen, jene – durch den Roman *Un millón de muertos* von José María Gironella so verbreitete – runde Zahl von »einer Million Toten« für glaubwürdig zu halten. Hugh Thomas hat in der ersten Auflage seines Bürgerkriegsbuches von 500000 Toten gesprochen – eine Zahl, die sich keineswegs nur auf die im direkten Kampfgeschehen Gefallenen beziehen kann. Ramón Salas ist in seiner vieldiskutierten quantitativen Zusammenstellung auf rund 270000 Tote gekommen – eine Zahl, welche die im Kampf Gefallenen und die durch Repression auf beiden Seiten Umgekommenen zusammenfaßt.[9] Salas' Zahlen waren in den letzten Jahren heftiger Kritik ausgesetzt, wobei vor allem seine Berechnungsmethode angegriffen wurde. Als Folge der republikanischen Repression sollen (nach Salas) etwa 72000 Menschen gestorben sein, während dieser Deutung zufolge der nationalistischen Repression (bis Kriegsende) nur 35000 Personen zum Opfer gefallen wären. Später erhöhte Salas die Zahl der nationalistischen Opfer auf rund 58000; aber auch diese Zahl dürfte, folgt man neueren Regionalstudien, noch viel zu gering angesetzt sein.

Gabriel Jackson hat geschätzt, daß im Zuge der Kampfhandlun-

---

9 R. Salas, *Datos exactos*.

gen 100000–150000 Menschen gefallen sind, Manuel Tuñón de Lara spricht von 300.000.[10] Eine außerordentlich große Zahl dürfte politischem und Justizmord zum Opfer gefallen sein. Nach offiziellen spanischen Angaben waren Ende 1939 rund 270000 Menschen in Gefangenschaft, weit über 100000 außerdem in Lagern und »Arbeitsbataillonen«. Jackson geht davon aus, daß der massiven Repression im Herrschaftsbereich der Nationalisten bis zum Ende des Zweiten Weltkriegs 150000–200000 Menschen zum Opfer fielen, mit oder ohne Kriegsgerichtsurteil. Der Spanien-Korrespondent von *Associated Press,* Charles Foltz, hatte im Jahr 1944 von einem Beamten des spanischen Justizministeriums erfahren, daß in den fünf Jahren seit Ende des Bürgerkrieges angeblich über 190000 Menschen hingerichtet worden seien.[11] Im Juli 1939 berichtete der italienische Außenminister, Graf Galeazzo Ciano, daß in Madrid täglich 200–250 Hinrichtungen stattfanden, in Barcelona 150 und selbst in Sevilla, das von Anfang an in Händen der franquistischen Truppen gewesen war, immer noch 80. In Madrid waren fünf Kriegsgerichte (*consejos de guerra sumarísimos de urgencia*) pausenlos im Einsatz; täglich wurden 200–300 Personen abgeurteilt; für mehr als die Hälfte von ihnen forderte der Staatsanwalt die Todesstrafe. Auch wenn genaue Zahlen – die ohnehin an der historischen Bewertung der Nachkriegsverbrechen nichts ändern würden – nicht vorliegen, läßt sich zweifelsfrei sagen, daß die Rache der Sieger in den ersten Nachkriegsjahren einen in der spanischen Geschichte traurigen Rekord aufstellte.

Zur Jahreswende 1943/44 wurde eine der franquistischen »Freilassungsaktionen« verkündet. In der offiziellen Mitteilung hierüber hieß es:[12]

> Eine Verordnung des Justizministers bestimmte die Freilassung aller Gefangenen aus dem Bürgerkrieg mit Strafen bis zu 20 Jahren. – Der Justizminister erklärte, nach dem Grundsatz, daß die nationalspanische Justiz sich nicht von Rachegedanken leiten läßt, sondern bestrebt sei, den schrecklichen Zerwürfnissen des Bürgerkrieges ein

10 G. Jackson, *Concise History;* M. Tuñón de Lara, *Bürgerkrieg.*
11 Ch. Foltz, *Masquerade,* S. 97.
12 *Keesing's Archiv der Gegenwart,* 29. Dezember 1943, S. 6222.

Ende zu machen, um die Errichtung einer großen nationalen Volksgemeinschaft zu ermöglichen, wolle Spanien jetzt die Verurteilten, die man als irregeleitet betrachtet, in die Gemeinschaft des spanischen Volkes wieder einführen. Eine Amnestie in liberalem Sinne habe Franco wegen der Natur des Spanischen Bürgerkrieges nicht erlassen wollen. Dafür habe er, was in der Justizgeschichte vollkommen neuartig sei, bereits während des Bürgerkrieges die Möglichkeit geschaffen, Gefängnisstrafen durch Arbeitsleistung abzugelten. Dieses Verfahren habe es den Gefangenen ermöglicht, ihre Strafen auf die Hälfte zu reduzieren. Von dem System der bedingten Freilassung seien 1940 bereits 11 000, im folgenden Jahr 47 000, dann 30 000 und 1943 etwa 70 000 Gefangene erfaßt worden. Wenn man bedenke, daß das ähnlich gelagerte Justizproblem der Französischen Revolution erst nach vierzig Jahren liquidiert werden konnte, dann stelle die Liquidierung des Spanischen-Bürgerkrieg-Problems bereits nach knapp fünf Jahren einen beachtenswerten Erfolg dar.

Im gleichen Jahr 1943 hatte Franco in einem Brief an den Thronprätendenten Don Juan de Borbón geschrieben, daß es nach dem Bürgerkrieg über 400 000 Verurteilungen gegeben habe, bis 1943 die Zahl der Gefangenen aber auf 70 000 gesunken sei. Letztere Zahl sei Ausdruck seiner »Großzügigkeit«. Ende 1945 gab die Zeitschrift *El Español* amtliche Daten über die Zahl der politischen Gefangenen in Spanien bekannt:

> Höchstzahl am 31. Dezember 1939: 250 719; durch Begnadigungen sank die Zahl der Sträflinge 1940 auf 213 373, im Jahre 1941 auf 132 990, im Jahre 1942 auf 95 601, 1943 auf 46 661 und 1944 auf 28 077. Auf Grund einer allgemeinen Begnadigungsverordnung, die am 9. Oktober 1945 verkündet wurde, sind derzeit nurmehr 20 016 Menschen in Gefängnissen.[13] ›Associated Press‹ berichtete allerdings 1950 davon, daß in spanischen Gefängnissen immer noch 32 000 politische Gefangene festgehalten wurden.

13 *Keesing's Archiv der Gegenwart*, 3. Dezember 1945, S. 549.

In der (Ende der vierziger Jahre erschienenen) Franco-freundlichen Darstellung von Pattee und Rothbauer wurden folgende Angaben zur Zahl der politischen Gefangenen gemacht:[14]

> Objektive Beobachter stellten fest, daß 1. die spanische Strafgesetzgebung und das Strafsystem selbst an denen anderer europäischer Länder gemessen, ziemlich gut sind, 2. die Zahl der politischen Gefangenen weit übertrieben wurde und 3. ungeheuere Arbeit zur Wiedereingliederung der politischen Gefangenen und zur Fürsorge für ihre Familien im Geiste der Menschlichkeit und des Mitleids geleistet wurde [...] In der Zeit 1939/40 gab es wahrscheinlich ungefähr 300 000 politische Gefangene, die eine Verhandlung oder Überprüfung erwarteten. Seit dieser Zeit wurde die Zahl immer geringer. Die heutigen Schätzungen sind nicht sehr zuverlässig. Sulzberger (New York Times) spricht von 120 000; Constantine Brown (Evening Star) schreibt, daß die spanischen Gefängnisse eine Gesamtfassungsraum für 200 000 Gefangene hätten, wovon, nach Abzug der gewöhnlichen Strafgefangenen nur 50 000 politische Häftlinge übrig blieben [...] Edward Knoblaugh, der International-News-Service-Vertreter in Madrid, gibt die Zahl der politischen Gefangenen mit 33 000 an [...] Die Zahl der entlassenen politischen Gefangenen in den ersten acht Jahren nach dem Bürgerkrieg betrug: 1939: 981; 1940: 10 336; 1941: 47 244; 1942: 19.375; 1943: 57 549; 1944: 24 721; 1945: 9860; 1946: 13 109; 1947: 4528; 1948: 4701.

Anfang 1950 verkündete das spanische Justizministerium anläßlich des Heiligen Jahres eine erneute Amnestie, die sich auf 13 000 Verurteilte erstreckte, von denen 5000 freigelassen wurden, während bei den übrigen eine Strafreduktion erfolgte. Angeblich verblieben danach in den spanischen Gefängnissen noch 32 000 Gefangene, wobei nicht angegeben wurde, ob es sich um kriminelle oder politische Gefangene handelte. Der Historiker Eduardo de Guzmán beurteilt die offiziellen Zahlenangaben äußerst kritisch. Er schreibt:[15]

---

14 R. Pattee/A. M. Rothbauer, *Spanien*, S. 305–310.
15 E. del Guzmán, *Millón*.

Die offiziellen Angaben des Statistikinstituts lassen für die auf den Bürgerkrieg folgenden Jahre eine erhebliche Zunahme an gewaltsamen Todesfällen in Spanien erkennen. Während es im letzten Friedensjahr (1935) im ganzen Land nur 7289 Tote durch Gewalteinwirkung gab, stieg deren Zahl 1939 auf 50068; in den beiden folgenden Jahren fiel die Zahl auf 33384 bzw. 24754. Im Jahrzehnt 1939–1948 betrug die offizielle Anzahl der Toten durch Gewalteinwirkung 196433. Multipliziert man die 1935 gewaltsam Gestorbenen mit zehn, dann ergeben sie erst 72890. Die Differenz zwischen beiden Zahlen (123543 Tote) ist ein guter Indikator zur Beurteilung der ganzen Härte und Reichweite der franquistischen Repression in den ersten Nachkriegsjahren [...] Nach offiziellen oder offiziösen Angaben war in den zehn Jahren, die auf den Krieg folgten, die Zahl der gefangenen Männer folgendermaßen:

1939: 90413 1944: 44812
1940: 247487 1945: 39527
1941: 216640 1946: 32280
1942: 145851 1947: 34141
1943: 112755 1948: 33541

Diese Zahlen werden hier nur als Hinweis gebracht; allzu viel Glaubwürdigkeit verdienen sie nicht. Abgesehen davon, daß sie nur die Männer erfassen und die Frauen – die in jenen Jahren einen wichtigen Teil der Gefängnisinsassen darstellten – außer Acht lassen, sind die Zahlen für 1939 völlig ungenau. Wie jedermann weiß, endeten am 1. April jenes Jahres die Kampfhandlungen, und die Mehrheit der Angehörigen des Volksheeres ergab sich in disziplinierter Form. Die Zahl der Kämpfenden, die nach ihrer Übergabe in Konzentrationslagern inhaftiert wurden, betrug ungefähr 300000. Dort verbrachten sie Wochen oder Monate, bevor sie in eine bestimmte Kategorie eingeteilt, freigelassen oder automatisch wieder einberufen wurden, um in einem der Befestigungsbataillone erneut Militärdienst ableisten zu müssen. Allein diese Kräfte, die in den offiziellen Statistiken nicht als Gefangene figurieren, belaufen sich schon mindestens auf das Dreifache der 90413, die für 1939 angegeben worden sind.

Ramón Tamames spricht davon, daß es 1939–1950 in Spanien an die 850000 politische Gefangene gab. 1940 habe sich die Zahl der in Gefängnissen und Konzentrationslagern Inhaftierten auf 270719 belaufen. Einem Konzept des Jesuiten José A. Pérez del Pulgar zufolge, das unter dem Begriff »Erlösung durch Arbeit« lief, wurden die Strafgefangenen zu Zwangsarbeiten herangezogen, durch die sie Teile ihrer Haftstrafen abarbeiten konnten. Das berühmteste dieser Arbeitsbataillone (*destacamentos penales*) war jenes, das ca. 10000 politische Kriegsgefangene umfaßte und seit 1940 im Guadarrama-Gebirge das Monumentalkreuz und die Krypta des »Tals der Gefallenen« (*Valle de los Caídos*) erbaute.

Über Hungertote und »Verschwundene« liegen keine verläßlichen Zahlen vor, doch belegen inzwischen viele erschütternde Berichte die unvorstellbaren Lebensbedingungen politischer Gefangener und ihrer Angehörigen, ihre systematische Benachteiligung (etwa bei der Essensmarkenzuteilung) und ständige Demütigung, ihre andauernde Angst vor Verfolgung und Inhaftierung. Der Anarchosyndikalist Miguel García wurde erst nach zwanzigjähriger Gefangenschaft entlassen,[16] und der andalusische Sozialist Manuel Cortés, bis 1939 Bürgermeister der Ortschaft Mijas, hielt sich 30 Jahre lang – bis 1969! – vor der Rache der Sieger in seinem Haus versteckt. Erst nach einer Amnestie fühlte er sich sicher genug, aus seinem Unterschlupf aufzutauchen.[17]

Im letzten Jahrzehnt hat die Forschung über die Toten und die Opfer der Repression deutliche Fortschritte verzeichnet. Aufgrund lokaler und regionaler Detailstudien lassen sich heute die Opferzahlen für viele Gegenden Spaniens mit hinreichender Genauigkeit bestimmen. Zu den ersten Regionalstudien gehörte die von Antonio Hernández über La Rioja, der die lange Zeit gültigen Zahlen der Opfer franquistischer Repression von Ramón Salas mehr als verdoppelte, von 912 auf 2000. Es folgte die Untersuchung des Forscherkollektivs AFAN, das für Navarra fast 3000 Repressionsopfer identifizieren konnte. Zahlreiche weitere Lokal- und Regionalstudien zu Aragonien, Huelva, Córdoba, Badajoz, Zamora, Santander, Cádiz und vielen anderen Orten kamen alle zu ähnlichen Ergebnissen: Die von Salas angegebe-

---

16 M. García, *Spanien*.
17 R. Fraser, *Versteck*.

nen Opferzahlen der franquistischen Repression liegen weit unter den tatsächlichen. Bisher sind 25 Provinzen systematisch erforscht, d.h. rund 50 Prozent des spanischen Territoriums. Für diese 25 Provinzen haben die Historiker 72883 Todesopfer des Franquismus errechnet (Salas war auf lediglich 34397 gekommen). Teilergebnisse weiterer sieben Provinzen kommen auf (vorerst) 17311 Repressionsopfer; definitiv belegt sind somit 90194 Tote. Hierbei handelt es sich um ein vorläufiges und partielles Ergebnis.

Auch die Opfer der Repression im republikanischen Lager sind errechnet worden. Bisher liegen die Ergebnisse für 22 Provinzen vor: 37843 Opfer (hier hatte Salas, weit überzogen, von 60628 Opfern gesprochen). Insgesamt geht die Forschung davon aus, daß die Opfer republikanischer Repression 50000 nicht überstiegen haben, während die der franquistischen Repression (zwischen 1936 und 1950, also in der Kriegs- und Nachkriegszeit) bei ungefähr 140000 liegen.[18] Entsprechend diesen Detailergebnissen hebt Javier Rodrigo in einem vorläufigen Fazit hervor, daß die Mordrate durch die Franquisten dreimal höher als die der Republikaner war;[19] für Katalonien kommt Conxita Mir zum Ergebnis, daß die Zahl der republikanischen Opfer dort doppelt so hoch wie die der nationalen Seite war.[20]

Eines der umstrittensten und im letzten Jahrzehnt besonders intensiv untersuchten Phänomene ist die Frage der Repression im Hinterland beider Kriegszonen. Den Anfang machte die solide Untersuchung von Alberto Reig Tapia,[21] die das Funktionieren und die Folgen dessen untersucht, was der falangistische Innenminister Ramón Serrano Suñer zutreffend »die verkehrte Justiz« genannt hat, das heißt jenes System der »Nationalen«, das die Verteidiger der republikanischen Legalität in Staatsverräter verwandelte und sie einer gnadenlosen Repression aussetzte. Reig Tapia belegt und beklagt die ideologische Manipulation, der franquistische Historiker das dunkle Kapitel der Repression unterworfen haben. Er weist auf die Schließung der Archive im Franquismus hin, auf das Verschwinden von Dokumenten, auf administra-

18 Der neueste Stand der Forschung (mit umfangreicher regionaler und lokaler Bibliographie zum Thema) bei S. Juliá, *Víctimas*.

19 J. Rodrigo, *Bibliografía*.

20 C. Mir, *Vivir*.

21 A. Reig Tapia, *Ideología*.

tive Schwierigkeiten beim Versuch, weiterführende Daten ausfindig zu machen, auf die politische Instrumentalisierung der Geschichte durch Pseudo-Historiker wie Ricardo de la Cierva. (In diesem Sinne ist Reig Tapia in der entlarvenden Tradition eines Herbert Southworth zu sehen, der vor nunmehr bereits über 40 Jahren in *El mito de la cruzada de Franco* die franquistische Historiographie erbarmungslos decouvrierte.)

Der Autor rechnet nicht quantitativ die Repressionen beider Seiten gegeneinander auf, wenn er auch die Mangelhaftigkeit älterer quantitativer Studien (wie die von Ramón Salas) deutlich aufzeigt. Er betont vielmehr die qualitativen Unterschiede zwischen dem Terror in der franquistischen und dem in der republikanischen Zone; dabei geht er auch ausführlich auf die Mechanismen der Prozeßführung, das heißt auf die »legalisierte« Repressionsform ein. Im Lager der späteren Bürgerkriegssieger stand hinter dem Terror eine Ideologie; die Repression ging von oben aus und wurde Teil der Funktionsweise des entstehenden »Neuen Staates«, der meinte, das gegnerische »Anti-Spanien« (auch physisch) vernichten zu müssen, um selbst bestehen zu können. Verurteilungen des Terrors, wie sie im republikanischen Lager Azaña, Irujo, Prieto, Peiró und viele andere vortrugen, die sich gegen den Ausbruch von angestautem, gewalttätigem Haß der seit vielen Jahrzehnten unterdrückten Unterschichten wandten, hat es bei den Siegern nicht gegeben. Während im Kriegsverlauf die Republik die Kontrolle über die Staatsorgane zurückgewann und die ohne staatliche Sanktionierung begonnenen Exzesse kontrollierte, wurde im Lager der Sieger der (Staats-)Terror systematisch gegen die Besiegten angewandt.

In beiden Zonen wurden während des ganzen Krieges die Verhaftungen fortgesetzt. Die Standgerichte in der einen, die Volksgerichte in der anderen Zone und die verschiedenen (mehr oder minder offiziellen) Polizeiorganisationen, die nach Abtrünnigen oder Überläufern fahndeten, schufen in breiten Teilen der Bevölkerung ein Klima der Angst und Unsicherheit. Bis heute stellt die Frage der Repression besonders große Probleme im Hinblick auf jeglichen Quantifizierungsversuch; aber auch die aufgeworfenen soziologischen, soziohistorischen und ethischen Fragen sind bis heute noch nicht erschöpfend beantwortet, wobei ein Hauptproblem der Mangel an zuverlässigem Quellenmaterial, vor allem aus der »nationalspanischen« Zone ist. Auch auf diesem Gebiet haben lokale und regionale Untersuchungen –

Repressionszahlen

Zahl der Opfer

Insgesamt = 72.527 *Vollständig untersuchte Provinzen. Franquistische Repression (Krieg und Nachkriegszeit)*
8.568 *Teils untersuchte Provinzen. Franquistische Repression (Krieg und Nachkriegszeit)*
37.843 *Untersuchte Provinzen. Republikanische Repression*

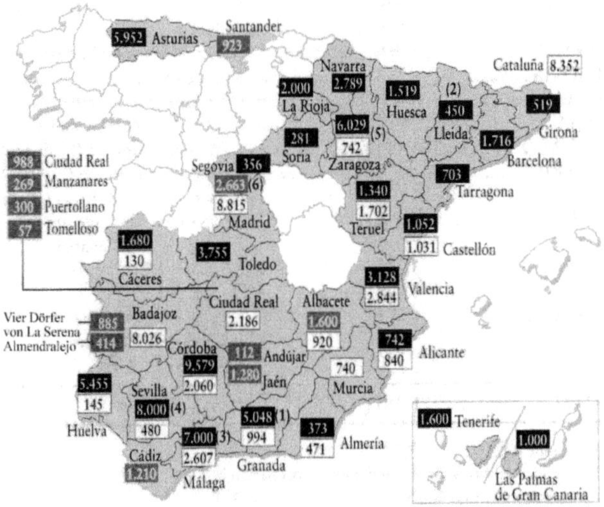

(1) Schätzung: 12.354. (2) Der Autor Solé kommt auf 300 Erschossene mehr vor Ort während der Belagerung von Lleida. (3) 2.537 nur in der Hauptstadt Málaga zwischen dem 17.2.1937 und 1940. (4) 3.028 nur in der Hauptstadt Sevilla bis Januar 1937. (5) Luis Germán kommt auf 517 mehr laut Friedhofsbuch. (6) Nur Ostfriedhof von Madrid zwischen 1939 und 1944.

Quelle: Santos Juliá (Hg.): Víctimas de la Guerra Civil, Madrid 1999, S. 411.

wie die Pionierstudien von Francisco Moreno Gómez über die Provinz Córdoba, die von Josep M. Solé i Sabaté über Katalonien, die von Joan Villarroya i Font über Badalona und die von Antonio Hernández García über La Rioja und Soria[22] – aussagekräftige Ergebnisse erbracht, die es inzwischen ermöglichen, das Phänomen der Repression quantitativ und qualitativ zu bewerten.

---

22 F. Moreno Gómez, *Guerra civil;* J. M. Solé i Sabaté, *Repressió;* J. Villarroya i Font, *Revolució;* A. Hernández García, *Represión;* G. Herrero Balsa / A. Hernández

Erschütternde Szenen erlebten wenige Tage vor Bürgerkriegsende, im März 1939, jene 30000–50000 Republikaner, die im Mittelmeerhafen Alicante auf Schiffe warteten, die sie vor den anrückenden Truppen Francos in Sicherheit bringen sollten. Die rettenden Schiffe kamen nie; die meisten Flüchtlinge wurden in Konzentrationslager gesteckt, vor allem in das Lager Albatera, von wo man sie nach Mißhandlungen und Demütigungen in ihre Herkunftsorte abtransportierte; nach Schnellverfahren wurden viele erschossen oder zu jahrelangen Haftstrafen verurteilt.

Für die Frage der Repression stellte das Ende des Bürgerkrieges keine Zäsur dar; vielmehr haben neuere Studien gerade für dieses Gebiet die thematische Zusammengehörigkeit von Bürgerkrieg und erster Nachkriegsphase (bis weit in die vierziger Jahre hinein) herausgearbeitet. Parallel zur parlamentarischen Verurteilung des Francoregimes – diese erfolgte erstmalig von allen im Parlament vertretenen Parteien am 20. November 2002 – häuften sich um die Jahrtausendwende die Studien, in denen detailliert und quellengesättigt die ungeheuerliche Repression der Nachkriegszeit dargestellt wird.[23]

Zu den Opfern des Franquismus zählten auch zahlreiche Frauen und ihre Kinder, gegen die sich die Repression nicht weniger gewalttätig wandte.[24] Jene »verlorenen Kinder des Franquismus« – so ein Buchtitel – verloren zu Tausenden ihre Eltern, weil diese im Krieg umgekommen waren. Vielen Kindern von Republikanern raubte man außerdem ihre Identität und ihre Herkunft. Ungefähr 12000 von ihnen wurden ihren verhafteten und häufig vergewaltigten Müttern in den Gefängnissen weggenommen, in katholische Internate gesteckt und dort »umerzogen«, sodann einer illegalen Adoption durch Militärs und stramme Franquisten anheimgegeben. Der Militärpsychiater Antonio Vallejo Nágera hatte für diese »Säuberung der hispanischen Rasse«

García, *Represión.* Später hat in seiner Monographie über Navarra R. Salas, *Fusilados,* seine früheren, zu niedrig angesetzten Zahlen für die franquistische Repression um über 20 Prozent nach oben korrigiert.

23 Vgl. J. Chaves Palacios, *Historiografía* (dort eine nahezu erschöpfende Auflistung sämtlicher Territorialstudien zur Repression im Spanien der Nachkriegszeit). Vgl. auch die Sammelrezensionen von Á. Egido, *Memoria y represión* und J. Rodrigo Sánchez, *Prisioneros de guerra.*

24 R. Vinyes, *Irredentas.*

eine eigene »Theorie« entworfen, in der er den Marxismus »empirisch« als Geisteskrankheit definierte.

Eine Besserung der Situation, so dachten viele, konnte durch das franquistische Siegerregime nicht herbeigeführt werden. Es galt vielmehr, den Widerstand gegen die Unterdrücker zu organisieren. Die Organisierung des Widerstandes war jedoch ausgesprochen schwierig. Dies lag zum einen an den repressiven Methoden des Regimes, zum anderen an der Schwäche, Zerstrittenheit und Orientierungslosigkeit der oppositionellen Kräfte. Während des Bürgerkrieges und in den ersten Nachkriegsjahren häuften sich die Verbotsbestimmungen: Verboten und mit hohen Strafen bedroht wurden die Gründung von oder Mitgliedschaft in einer illegalen Volksfrontvereinigung, jegliche Form von Streik oder Reduzierung von Arbeitsleistung (bzw. die Anstiftung hierzu), illegale Propaganda, alle gegen die »öffentliche Ordnung« gerichteten Maßnahmen, Teilnahme an nichtgenehmigten Versammlungen oder Demonstrationen, Verbreitung illegaler Druckerzeugnisse usw.

Die Lage der wichtigsten republikanischen Organisationen war bei Kriegsende verheerend: Nach der Illegalisierung und gewaltsamen Auflösung der sozialistischen Gewerkschaft versuchten die Führer der UGT im Exil, die Organisation außerhalb Spaniens wieder aufzubauen.[25] Neugründungsansätze gelangen 1942 in Mexiko und 1944 in Frankreich. Dabei litt die UGT von Anfang an unter gravierenden Schwächen: Die verschiedenen Tendenzen im spanischen Sozialismus hatten den Bürgerkrieg überdauert und schwächten die im Untergrund wirkende Gewerkschaft weiter. 1944/45 soll die UGT 7000–8000, fünf Jahre später nur noch 5000–6000 Mitglieder gehabt haben. Die brutale Repression, der ehemals aktive Gewerkschafter besonders in den ersten Jahren des Franquismus ausgesetzt waren, führte zur vollständigen Zerschlagung des UGT-Apparates im Landesinneren. Allein bis 1953 wurden fünf Nationalkomitees verhaftet. Die Exilführung in Toulouse verlor sehr bald den nötigen Kontakt zur soziopolitischen Realität in Spanien, konnte sich nicht flexibel und schnell genug auf neue Situationen einstellen und traf gravierende Fehlentscheidungen,

25 A. del Rosal, *Historia,* Bd. 1; J. Borrás, *Políticas;* F. Almendros u. a., *Sindicalismo;* V. Alba, *Historia.*

die auf mangelnden Überblick und fehlende Information zurückzuführen waren.

Die Entwicklung der bedeutendsten spanischen Gewerkschaft der Bürgerkriegszeit, der CNT, verlief nach 1939 in vielem parallel zur UGT. Ebenso wie diese, hatte sie in den ersten Nachkriegsjahren unter der besonderen Repression des Regimes zu leiden. Bis 1945 wurden zehn Nationalkomitees der CNT zerschlagen, bis 1949 waren es 16. Trotzdem scheinen die Anarchosyndikalisten bis zum Ende des Zweiten Weltkriegs im Landesinneren über einen gut funktionierenden Apparat verfügt und viele Zehntausende von Mitgliedern betreut zu haben. An den politisch motivierten Streiks der Jahre 1946/47 war die CNT – in vielen Fällen zusammen mit der UGT – führend beteiligt. Der eigentliche Niedergang setzte erst ein, als die erwartete Hilfe von seiten der Alliierten ausblieb, die Guerrillataktik – die die Anarchisten in beachtlichem Umfang mittrugen – sich als ein Fehlschlag herausstellte und außerdem ideologische Probleme zwischen Exilführung und den Mitgliedern im Landesinneren auftraten. 1949/50 wurde – nach heftigen, insgesamt jedoch aussichtslosen Gefechten in Galicien, Südostandalusien und anderen Landesteilen – der Guerrillakampf im wesentlichen eingestellt; der von anarchosyndikalistischer Seite sporadisch fortgesetzte Kleinkrieg fand um 1960, nachdem die letzten Symbolfiguren des bewaffneten Widerstandes hingerichtet worden waren, ein Ende.[26]

Die Erinnerungen an die heftigen Auseinandersetzungen zwischen Kommunisten und Sozialisten bzw. Anarchisten während des Bürgerkrieges bestimmten noch über viele Jahre hinweg die Atmosphäre innerhalb der Opposition gegen das siegreiche Franco-Regime. Der für die Republik ungünstige Kriegsausgang hinterließ die geschlagenen Arbeiterorganisationen nicht nur in organisatorischer, sondern vor allem auch in ideologischer Auflösung.

Ebenso wie die übrigen Exilorganisationen hatte auch die KP in jenen Jahren mit einer Fülle von Problemen zu kämpfen: Das Zentralkomitee der Partei, das in Mexiko, Kuba und der Sowjetunion saß, wurde nicht mehr von allen in Spanien verbliebenen oder neu gewonnenen KP-Mitgliedern anerkannt; zu den innerparteilichen Auseinan-

---

26 C. M. Lorenzo, *Anarquistas;* C. Damiano, *Resistencia.*

dersetzungen kamen das Fehlen geschulter Kader im Landesinneren (nachdem der Großteil der Parteiführung ins Ausland geflohen war) sowie die wiederholte Zerschlagung des Parteiapparates durch die franquistische Polizei, der es gelungen war, Spitzel in die Organisation einzuschleusen. Bis 1942 konnte der PCE im Landesinneren keine einigermaßen funktionierende Untergrundorganisation aufbauen.

Als erste illegale Widerstandsorganisation versuchten die Kommunisten, sich an die Spitze der antifranquistischen Opposition zu stellen.[27] Sie riefen eine Einheitsbewegung ins Leben, die unter der Bezeichnung »Nationale Union aller Spanier« sämtliche gegen das Madrider Regime gerichteten Gruppen zusammenfassen sollte. Da der PCE jedoch gleichzeitig Republikanern und Sozialisten Sabotage und Defätismus vorwarf und die Konstituierung einer »Arbeiter- und Bauerneinheitsfront« unter kommunistischer Führung propagierte, zeitigte dieser erste Einigungsversuch keine Erfolge, trug vielmehr zur weiteren Isolierung des PCE bei.

Im September 1942 unternahmen die Kommunisten einen erneuten Einigungsversuch: Das ZK des PCE veröffentlichte ein Manifest, in dem »alle spanischen Patrioten aufgefordert wurden, sich im Schoß einer breiten nationalen Front zusammenzuschließen, um die bedrohte Existenz Spaniens zu verteidigen, um Franco und die Falange von der Führung des Landes zu vertreiben, um zur Bildung einer Regierung der Nationalen Union zu gelangen, die im Namen und im Dienste Spaniens regieren würde«. Zwei Monate später wurde die »Nationale Spanische Union« (*Unión Nacional Española,* UNE) gegründet.

Obwohl die UNE in den letzten Weltkriegsjahren eine Reihe beachtlicher Aktivitäten entwickelte und auch maßgeblich am Guerrillakampf gegen Franco beteiligt war – der Einfall in das Tal von Arán im Oktober 1944 ging im wesentlichen auf kommunistische Initiative zurück –, scheiterte sie als Einheitsorganisation der Opposition wegen deren notorischer Zerstrittenheit. Dieses Ziel: die gesamte antifranquistische Opposition im Exil und im Landesinneren zu einer einzigen schlagkräftigen Organisation zusammenzufassen, verfolgten unmittelbar nach Kriegsende mehrere Zusammenschlüsse. Im November 1943 wurde in Mexiko von Republikanern und Sozialisten die Spanische

---

27 Vgl. V. Alba, *Oposición;* ders., *Historia;* L. Ferri, *Huelgas.*

Befreiungs-Junta (*Junta Española de Liberación*, JEL) gegründet, die nicht nur die exilierten Antifranquisten zusammenfassen und die Interessen der Flüchtlinge vertreten, sondern außerdem den Alliierten gegenüber als eine Art Exilregierung auftreten wollte. Durch ihre Intervention in San Francisco erreichte die JEL 1945 immerhin den Boykott des franquistischen Regimes durch die UNO; zur europäischen Emigrationsbewegung hatte sie jedoch nur wenig Beziehung, und in Spanien selbst konnte sie sich gar nicht konstituieren. Mit der Auflösung dieser Junta im August 1945 endete die erste Phase des Exils.[28]

Der bedeutendste Zusammenschluß der antifranquistischen Opposition in der Endphase des Zweiten Weltkrieges war zweifellos die »Nationale Allianz Demokratischer Kräfte« (*Alianza Nacional de Fuerzas Democráticas*, ANFD). Diese im Oktober 1944 »an einem Ort Spaniens« gegründete Allianz setzte sich zunächst aus Sozialisten, Republikanern und dem Inlandsflügel der Anarchisten zusammen; später schlossen sich noch die Kommunisten an. Trotz hoffnungsvoller Ansätze, trotz der Verhandlungen zwischen der »Allianz« und monarchistischen Generälen im Landesinneren mit dem Ziel einer Übergangsregierung und trotz der beeindruckenden ideologischen Breite dieser Organisation konnte die Allianz keine größeren Erfolge aufweisen. Als führende Mitglieder im Januar 1947 in Spanien vor Gericht gestellt wurden, bedeutete dies praktisch ihr Ende.[29]

Die ersten Nachkriegsjahre erlebten auch den Kampf des *maquis*, jener Widerständler gegen Franco, die entweder von Frankreich aus oder im Zentrum und Süden des Landes einen Guerrillakampf gegen das repressive System führten. Staatlicherseits wurde vor allem die *Guardia Civil* zur Bekämpfung des *maquis* eingesetzt. Jahrelang wurde in den katalanischen Pyrenäen, in Nord-Aragonien oder in Andorra jener Kleinkrieg geführt, der jedoch in der zweiten Hälfte der vierziger Jahre zum Mißerfolg verdammt war.[30]

Am Ende des ersten Nachkriegsjahrzehnts lieferten die Exilorganisationen ein deprimierendes Bild. Die Einheitsfronten waren zerfallen, die sozialistische UGT war heftigen Spannungen unterworfen. 1944

---

28 Vgl. J. Borrás, *Políticas.*
29 Vgl. J. Borrás, *Políticas.*
30 F. Sánchez Agustí, *Espías.*

führten die inner-sozialistischen Auseinandersetzungen – wenn auch nur für ein Jahr – zu einer Spaltung der UGT und trugen so zur weiteren Schwächung der Gewerkschaft bei. Die katalanische UGT verfocht einen streng stalinistischen Kurs und war der Kontrolle der Kommunisten unterworfen. Die mangelhafte Interaktion zwischen der Exilführung und den Kräften im Landesinneren wirkte sich verhängnisvoll auf zwei Entscheidungen aus, die den UGT-Kurs während der folgenden Jahrzehnte bestimmen sollten: Zum einen lehnten die Toulouse-Sozialisten entschieden jeden Kontakt mit Kommunisten ab (während die Gewerkschafter im Landesinneren für eine breite Allianz aller antifranquistischen Kräfte eintraten), zum anderen weigerten sie sich, von den legalen Möglichkeiten (wie Teilnahme an den Syndikatswahlen) Gebrauch zu machen. Auf diese Weise ging der sozialistische Einfluß auf die Arbeiter zusehends zurück. Als 1953 neben 50 weiteren Sozialisten auch der UGT-Führer Tomás Centeno verhaftet wurde, bedeutete dies für viele Jahre die nahezu vollständige Zerschlagung des sozialistischen Gewerkschaftsapparates in Spanien.

Auch die Anarchisten hatten in den Nachkriegsjahren verschiedene Fraktionen gebildet. Ein Hauptproblem der libertären Bewegung drehte sich um einen für das Selbstverständnis des Anarchismus entscheidenden Komplex, die Teilnahme an der Exilregierung der spanischen Republik. Bereits 1942 war es in Mexiko zur Spaltung der dortigen Exil-CNT in einen »apolitischen« und einen »interventionistischen« Flügel gekommen. Hauptvertreter der politischen Linie war der ehemalige republikanische Justizminister Juan García Oliver, der die gesamte antifranquistische Opposition zu einer möglichst schlagkräftigen Organisation zusammenfassen wollte. Parallel zur Diskussion innerhalb der UGT war es vor allem die innerspanische CNT, die sich in jenen Jahren für eine breite Zusammenarbeit mit allen antifranquistischen Kräften einsetzte, während die Toulouser Exilführung sich hinter der bombastischen Bezeichnung *Comisión Intercontinental del Movimiento Libertario Español* (»Interkontinentale Kommission der Freiheitlichen Spanischen Bewegung«) verschanzte und zusehends den Kontakt zur sozialen Realität Spaniens verlor.

Auch die monarchistische Opposition hatte kein überzeugendes Konzept und schwankte zwischen Anpassung und Widerstand. Die Hoffnungen, die die antifranquistische Opposition nach dem Zweiten Weltkrieg hegen konnte, mußten seit 1947/48 enttäuschter Ernüchterung weichen. Versuche, Spanien international zu isolieren, blieben letztlich unwirksam. Der Fehlschlag der Guerrillataktik und der (wenn auch mit bedenklichen Mitteln erzielte) Erfolg des Referendums 1947 ließen der Opposition deutlich werden, daß sie zum Sturz des Franco-Regimes eine veränderte Strategie betreiben mußte. Es war offensichtlich geworden, daß weder ein Volksaufstand im Inneren noch eine bewaffnete Intervention von außen zu erwarten war. Die Stabilisierung der Diktatur und der Fehlschlag der bisherigen Strategie der Opposition führten zu Krise und Verfall der Untergrundbewegungen.

3. Konzentrationslager, Haftanstalten und Zwangsarbeiter

José Bergamín hat den Satz geprägt: Auf einen Bürgerkrieg folgt ein militärischer Friede. Der Satz trifft auf den spanischen Fall voll zu. Der »Friede Francos« wurde auf der Grundlage von 900 Haftanstalten verschiedenen Typs errichtet: 194 Konzentrationslager, 217 Zwangsarbeiterbataillone, 87 Disziplinierungsbataillone, 200 Gefängnisse … Die Geschichte dieser Vollzugsanstalten war im franquistischen Spanien, aber auch in den ersten Jahrzehnten der Demokratie, tabuisiert. Erst in den letzten Jahren hat sich die Forschung dem heiklen Thema zugewandt, inzwischen allerdings mit großem Nachdruck.

Ins Zentrum des Interesses rückten schnell die franquistischen Konzentrationslager. Angelegt wurden die ersten bereits ab Dezember 1936; in ihnen sollten Hunderttausende republikanischer Häftlinge umerzogen werden und sodann Verwendung als Quasi-Sklavenarbeitskraft beim Aufbau des »Neuen Staates« finden.[31] Die Bürokratie des Regimes hat gewaltige Mengen an Dokumenten produziert, mit deren Hilfe als zentrales Element des »Neuen Staates« die physische und moralische Gewalt definiert werden kann, die unerbittlich als Unterdrückungs- und Beherrschungsinstrument gegenüber den militärisch Unterlegenen und später den politischen Gegnern eingesetzt wurde.[32]

---

31 J. Rodrigo, *Campos de concentración.*

32 Vgl. die detaillierten Ergebnisse des Sammelbandes von C. Molinero (Hg. u. a.), *Inmensa prisión.*

Die franquistischen Konzentrationslager waren keine Vernichtungslager; in einer perversen Symbiose von Kasernengeist und Klerikalmentalität sollten sie politische und ökonomische Funktionen erfüllen. Vor allem ging es um »geistige Ausmerzung«, »Liquidierung«, »Reinigung« – so die Terminologie der Zeit – und um die Erlösung von der Sünde, vom rechten Weg abgekommen zu sein, durch Arbeitsleistung.[33]

2003 fand ein vielbeachteter Kongreß zum Thema »Die Konzentrationslager und die Strafanstalten in Spanien während des Bürgerkrieges und im Franquismus« statt. Dort wurde zum ersten Mal systematisch und ausführlich über diesen Komplex referiert.[34] Bis heute kann das Thema als nicht aufgearbeitet gelten. Javier Rodrigo hat darauf hingewiesen, daß im Fall der Konzentrationslager eher von »Vergessens-« als von »Erinnerungsorten« gesprochen werden muß, da in den meisten Fällen nichts an die fürchterliche Vergangenheit dieser Orte erinnert. Nur im früheren Konzentrationslager von Albatera findet man ein Hinweisschild und in dem von Miranda de Ebro steht zur Erinnerung ein Monolith. Dieses offizielle Verschweigen oder Verdrängen hat andere Autoren dazu bewogen, von »Nicht-Erinnerungsorten« oder »Orten des Traumas« zu sprechen.

Am 5. Juli 1937 bestimmte eine Verordnung des »Kriegssekretariats« der franquistischen Regierung in Burgos die nunmehr systematische Einrichtung von Konzentrationslagern für Gefangene, deren Funktionsweise den nationalsozialistischen Lagern nachempfunden wurde. Die Generalleitung der Lager (*Inspección*), die Oberst Luis de Martín Pinillos innehatte, war in der Praxis ausschließlich dem Generalquartier Francos unterstellt. In der ersten Phase wurden 72 Konzentrationslager und »Disziplinierungsbataillone« geschaffen, vorzugsweise in alten Burgen, Klöstern, auf Fußballplätzen oder in Stierkampfarenen. Eingesperrt wurden sowohl gefangengenommene republikanische Soldaten als auch Angehörige der Internationalen Brigaden, die den Franquisten in die Hände gefallen waren. Einige Lager bestan-

---

33 Den neuesten Stand der Forschung (mit quantitativen Angaben und qualitativen Interpretationen) stellt der von Santos Juliá 2004 herausgegebene Sammelband (*Víctimas*) dar.

34 Inzwischen liegen einige wertvolle Sammelbände vor. Vgl. C. Molinero (Hg. u. a.), *Inmensa prisión;* C. Molinero (Hg. u. a.), *Campos de concentración;* J. Rodrigo, *Campos de concentración;* G. Acosta u. a., *Canal.*

den nur für kurze Zeit und wurden wieder aufgelöst, wenn die inhaftierten Gefangenen den Militärgerichten überantwortet oder Arbeitsbataillonen zugewiesen worden waren; dafür wurden – mit Erweiterung des »nationalen« Herrschaftsbereichs im weiteren Verlauf des Krieges – neue eröffnet.[35] Für die Zeit 1936–1942 kommt Javier Rodrigo auf 104 dauerhaft eingerichtete Konzentrationslager, insgesamt kommt er für diese Zeit auf 188. Allein für die Bürgerkriegsjahre zählt er 57000 KZ-Häftlinge.[36]

Das wohl bekannteste (und größte) Konzentrationslager lag bei Miranda de Ebro; es war ein besonders gefürchtetes Lager, da die Wächter für ihre fanatische Brutalität bekannt und die (Über-)Lebensbedingungen besonders hart waren.[37] Eingerichtet wurde es als Basislager zur »Reklassifizierung« der Insassen, die von dort aus entweder in die Arbeitsbataillone oder in die Gefängnisse und Zuchthäuser geschickt wurden, wenn es sich um »politische Gefangene« handelte. Auf dem Gelände einer alten Zuckerfabrik gelegen, war es von Mauern und Stacheldraht umgeben und wurde von Posten mit Maschinengewehren bewacht. Ein Entkommen war so gut wie unmöglich. Im Laufe des Krieges wurden wegen immer weiterer Überbelegung die Existenzbedingungen unerträglich; während des Zweiten Weltkriegs wurden noch Ausländer eingeliefert, die vor den Häschern der französischen Vichy-Milizen und der Gestapo aus Frankreich geflohen waren und über Spanien nach Portugal, Algerien, Marokko oder Gibraltar gelangen wollten. Die Lagerleitung sandte den vorgesetzten Behörden wiederholte Klagebriefe und wies auf die unhaltbaren Zustände im Lager hin. Es gab kein Trinkwasser, das Besteck war verrostet, Decken bestanden nur noch aus Fetzen. Besonders prekär war die Versorgungssituation; viele Häftlinge starben an Infektionen oder verhungerten. Geschlossen wurde das Lager erst 1947.

Das franquistische Regime richtete im Bürgerkrieg und danach verschiedene Formen des Strafvollzugs ein: Konzentrationslager, Arbeiterbataillone, Erziehungsbataillone, Bataillone von Arbeiter-Soldaten, militarisierte Strafkolonien, Strafbataillone etc. All diese Formen

35 Vgl. die umfangreiche namentliche Auflistung der Konzentrationslager bei F. Agramunt Lacruz, *Arte,* S. 223–225.

36 J. Rodrigo, *Campos de concentración.*

37 Vgl. die Beschreibung bei F. Agramunt Lacruz, *Arte,* S. 226–235.

Kriegsgefangene im Konzentrationslager Miranda de Ebro (unmittelbare Nachkriegszeit)
Quelle: Javier Rodrigo: Cautivos – Campos de concentración en la España franquista, 1936 – 1947, Barcelona 2005.

gehen auf das Dekret 281 vom 28. Mai 1937 zurück, das die systematische Ausbeutung republikanischer gefangener Arbeitskräfte regelte.

Die Zwangsarbeiter wurden von den franquistischen Regierungen als kostenlose oder allenfalls völlig unterbezahlte Arbeitskräfte beim Wiederaufbau der zerstörten Infrastruktureinrichtungen eingesetzt. Genaue Zahlen liegen nicht vor, Schätzungen gehen aber von 200 000 bis 400 000 Zwangsarbeitern aus. Hinzugezählt werden müssen 10 500 Häftlinge, die ab 1941 als Zwangsarbeiter nach Deutschland geschickt wurden, und ca. 40 000 in Frankreich lebende Exilanten, die ebenfalls als Zwangsarbeiter in deutschen Konzentrationslagern eingesetzt wurden.

Die Zwangsarbeiter wurden im Eisenbahn- und Straßenbau, bei der Anlage von Stauseen oder in Bergwerken verwendet. Besonders massiv wurde die Zwangsarbeit bis zum Ende des Zweiten Weltkriegs betrieben, aber viele Konzentrationslager bestanden zum Teil noch jahrzehntelang weiter. Häufig wurden die Gefangenen an Privatfirmen »ausgeliehen«. Eine der Firmen, die daraus Kapital schlugen, war Banús – auch der luxuriöse Yachthafen gleichen Namens in Marbella ist auf den Einsatz von Zwangsarbeitern zurückzuführen. Das letzte Konzentrationslager (in Los Merinales, Provinz Sevilla) wurde erst 1962 aufgelöst. Ein Vierteljahrhundert lang wurden die Gefangenen als Zwangsarbeiter im gesamten spanischen Territorium eingesetzt. Schätzungsweise 100 000 Insassen sollen in den Konzentrationslagern umgekommen sein.

Gut dokumentiert ist die Zwangsarbeit am *Canal de Riego del Bajo Guadalquivir.*[38] Dort waren zwischen 1940 und 1962 an die 10 000 Zwangsarbeiter eingesetzt, um ein großes Bewässerungsprojekt zu beenden, das in der Folgezeit bedeutende Auswirkungen auf die landwirtschaftliche Entwicklung der gesamten Region hatte.

Isaías Lafuente hat einen ersten, noch vorläufigen Versuch unternommen, die Gewinne und Ersparnisse des spanischen Staates durch den Einsatz der Zwangsarbeiter zu berechnen. Er kommt zum Ergebnis, daß zwischen 1936 und 1946 die Gefangenen 22,6 Millionen Tagesleistungen erbrachten, dadurch nahm der Staat 101 Milliarden Pe-

---

38 Vgl. G. Acosta u. a., *Canal.*

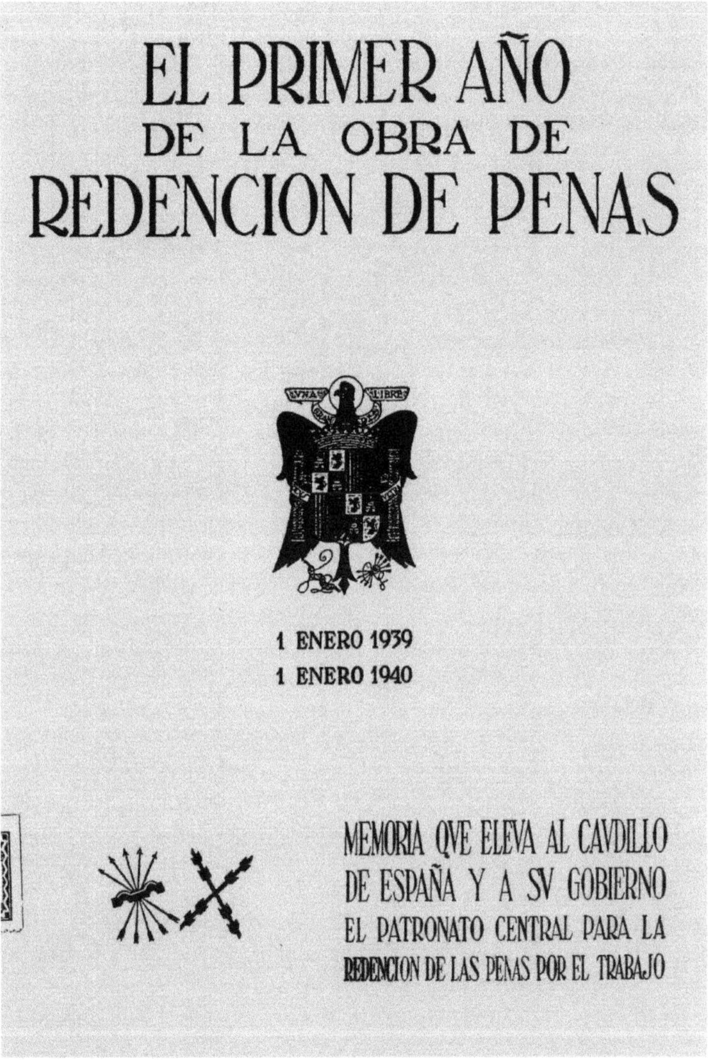

EL PRIMER AÑO
DE LA OBRA DE
REDENCION DE PENAS

1 ENERO 1939
1 ENERO 1940

MEMORIA QVE ELEVA AL CAVDILLO
DE ESPAÑA Y A SV GOBIERNO
EL PATRONATO CENTRAL PARA LA
REDENCION DE LAS PENAS POR EL TRABAJO

Denkschrift von 1940 des Werkes zur »Erlösung von Strafen durch Arbeitsleistung«

Quelle: Mirta Nuñez Díaz-Balart: Los años del terror, Madrid 2004, S. 231

seten (damaliger Wert) ein. Außerdem sparte er 208 Millionen Peseten (Wert von 1947), was ungefähr 60 Millionen Euro des Jahres 2003 entspricht.[39]

Das franquistische Strafvollzugssystem spielte beim Versuch, die überlebenden Republikaner in das neue politisch-ideologische System zu integrieren, eine entscheidende Rolle.[40] Die Funktion der Haftanstalten bestand nicht nur darin, ein Gefängnis zu sein; es ging zugleich darum, an der »Reinigung« und moralischen »Regeneration« der Besiegten mitzuwirken, aus den »Gefangenen und ihren Familienangehörigen das Gift des Hasses und der gegen das Vaterland gerichteten Ideen herauszureißen und sie durch die Vorstellung gegenseitiger Liebe und der Solidarität zwischen den Spaniern« zu ersetzen – so die Formulierung in der entsprechenden ministeriellen Verordnung. Schon 1938, noch mitten im Bürgerkrieg, wurde das »Patronat zur Erlösung der Strafen durch Arbeitsleistung« (*Patronato para la Redención de las Penas por el Trabajo*) geschaffen. Beteiligt waren alle ideologischen Strömungen des neuen Regimes. Die Kirche sollte sich um die »moralische Errettung« kümmern, den staatlichen und falangistischen Stellen wurde die »gesellschaftliche Wiedereingliederung« übertragen.

Grundlage des Strafvollzugs war die Überlegung, daß die Besiegten Vertreter des »Anti-Spanien« waren, somit Feinde des Vaterlandes, die eo ipso aus der nationalen Gemeinschaft ausgeschlossen waren und somit nicht als Spanier galten. Charakterisiert wurden sie von den Siegern als »Untermenschen«. Der Strafvollzug erhielt den Auftrag, diese Menschen für die großen Aufgaben des Neuen Staates zurückzugewinnen, sie zu »reinigen« und zu »erlösen«. Um diesem Ziel näher zu kommen, wurden in den Haftanstalten kirchliche Zeremonien durchgeführt, religiöse Vorträge gehalten, ein national-propagandistisches Erziehungssystem zur Anwendung gebracht. Viele Vertreter des neuen Regimes betrachteten die Gefangenen als Kranke, die einen ansteckenden Virus in sich trugen, der das Vaterland gefährdete und daher quasi klinisch behandelt werden mußte. Regime-Psychiater wie Vallejo-Nágera waren davon überzeugt, daß »der Marxismus und

---

39 I. Lafuente, *Esclavos*.
40 Zum folgenden vgl. D. Rodríguez, *Imposición*.

die Revolution eine medizinische und nicht eine politische Behandlung erforderlich machten«.[41]

Der Virus des Marxismus bedurfte der Isolierung und der Quarantäne, um jegliche Ansteckung des gesunden Volkskörpers zu verhindern. Das Gefängnis wurde damit zu einer Isolierungsanstalt und zugleich zu einem Symbol für den Ausschluß des Unterlegenen, der im Neuen Staat keinen Platz hatte. Gesühnt werden sollten nicht unbedingt Kapitalverbrechen, sondern »linkes« Gedankengut. Die Isolierung der unterlegenen Feinde zielte auf ihre moralische Vernichtung ab. Angst und Erniedrigung ergaben sich aus der ständigen psychologischen Anspannung, die wiederum aus der Ungewißheit über die eigene Zukunft und die der Familienangehörigen resultierte. Angestrebt war die Entpersönlichung der Gefangenen, eine Herabwürdigung der Unterlegenen. Hierzu trug auch die massive Überbelegung der Haftanstalten bei: Wo eigentlich 15–20 Häftlinge Platz finden sollten, wurden 80–100 zusammengepfercht. Haftanstalten, die für 400–500 Häftlinge ausgelegt waren, mußten die zehnfache Zahl aufnehmen. Unmittelbare Folge dieser Überbelegung waren katastrophale hygienische Verhältnisse und eine hohe Mortalitätsrate.

In den Haftanstalten wurden die Häftlinge mit moralischer und patriotischer Propaganda überschüttet: Die Gefängniskapläne waren für die religiöse Umerziehung der Häftlinge verantwortlich; abgestellte Lehrer und Professoren sollten ein patriotisches Bewußtsein erzeugen, die Indoktrinierung erfolgte mittels Vorträgen und regelmäßigem Absingen nationaler Hymnen. Die neuen Feiertage des Regimes (»Tag des Sieges«, Jahrestag des »Glorreichen Aufstandes« etc.) wurden stets kollektiv begangen, wobei die Gefangenen zu Lobpreisungen ihrer Unterdrücker gezwungen wurden. Eine eigene Wochenzeitung von und für Häftlinge, *Redención* (»Erlösung«), pries die Wohltaten der neuen Machthaber; schrieb ein Häftling einen Artikel für diese Zeitung, so wurde ihm ein Tag Haft erlassen. Zweck des Wochenblattes war die »geistliche Rückeroberung« der Gefangenen für die nationale Sache. Die in *Redención* vermittelten Werte ließen sich unschwer erkennen: Religion, Militarismus, kriegerische Einstellung, Ablehnung des Liberalismus und Sozialismus, Anpreisung der nationalen Einheit.

---

41 Vgl. M. Richards, *Tiempo de silencio,* S. 68.

Politische Gefangene im alten Gefängnis von Puerto de Santa María
Quelle: Hispanorama Nr. 104, Mai 2004, S. 27

Arbeitende weibliche Gefangene unter Aufsicht in einem Gefängnis der Nachkriegszeit
Quelle: Mirta Nuñez Díaz-Balart, Mujeres Caídas, Madrid 2003

Schenkt man der Meinung früherer Häftlinge Glauben, dann lehnte die große Mehrheit der Gefangenen die Wochenzeitung ab und verachtete die Beiträger als »Verräter« oder »Überläufer«. Andererseits scheint die Verbreitung von *Redención* ein relativer Erfolg gewesen zu sein – sei es als Folge des auf die Gefangenen ausgeübten Drucks, aus Opportunismus oder tatsächlicher Überzeugung.

4. Das Exil der Hunderttausende

AUCH DAS EXIL, das Hunderttausende erleiden mußten, gehört zur sozialen Realität Franco-Spaniens und ist als besonderer Aspekt der Repressionspolitik zu werten. Die größte Welle der Flüchtlinge ergoß sich nach Frankreich, wo die Exilierten in schnell errichteten Auffang- und Konzentrationslagern eher das kümmerliche Schicksal von Gefangenen denn von politischen Asylanten fristeten. Im Januar und Februar 1939 überquerten knapp 500000 Spanier im Nordosten des Landes die Pyrenäengrenze; es war der Beginn eines Exils, das für viele ein Leben lang andauern sollte. Andere kehrten zurück, vor allem jene, die zuvor keine politische Verantwortung getragen hatten. Ende 1939 war die Hälfte, zum Teil aufgrund massiven Drucks durch französische Behörden, wieder in Spanien.

Die ersten Exilierten waren Kinder. 32000 Kinder verließen im Verlauf des Bürgerkrieges Spanien, großteils über den Hafen von Bilbao. Ihre Eltern brachten sie im Ausland in Sicherheit – in der Hoffnung, sie nach der baldigen Niederschlagung der franquistischen Aufständischen wieder zurückholen zu können. Für viele wurde aus jener Reise ein lebenslanges Exil, in Frankreich, Großbritannien, Mexiko, Chile oder der Sowjetunion. Auch heute leben noch etliche in Rußland; sie alle sind an die achtzig Jahre alt. Nach dem Bürgerkrieg war der Franquismus bemüht, die exilierten Kinder nach Spanien zurückzuholen. Bis 1949 waren angeblich 22000 zurückgekehrt. Im Februar 2005 erhöhte das spanische Parlament die Rente jener *niños de la guerra* – damals sollen noch 556 mit Rentenanspruch am Leben gewesen sein – auf jährlich 6090 Euro.

Die exilierten Erwachsenen ließen sich in verschiedenen Ländern nieder: in Frankreich, Mexiko, Argentinien, Venezuela, Chile, Kuba, der Sowjetunion und manchen anderen. Zu bedeutenden Zentren des

Spanische Flüchtlinge auf dem Weg zwischen Port Bou und dem französischen Cerbére (Februar 1939)
Quelle: El País Semanal. 12. Januar 2003

Exils wurden Frankreich und Mexiko. In Frankreich wurden die Flüchtlinge eher feindselig empfangen; die Presse sprach von einer Überflutung durch Rote, die Priester töteten und Frankreich besetzen würden, wenn man sie nicht konzentrierte. Sie wurden im Süden des Landes in Konzentrationslagern an Stränden zusammengepfercht: in Argelès, Saint-Cyprien, Le Vernet, Gurs, Arlès, Barcarès, Brams und vielen anderen Lagern, unter miserablen Bedingungen bei hohen Minusgraden in jenem außergewöhnlich kalten Winter. Zahlreiche Beschreibungen legen Zeugnis von den unmenschlichen Bedingungen in den Lagern ab, in denen in den Wintermonaten zu Beginn des Jahres 1939 an die 35 000 Spanier umkamen. Viele andere flohen in die französischen Territorien nach Nord-Afrika, wo es ihnen aber ähnlich erging.

50 000 dieser exilierten Spanier beteiligten sich später am französischen Widerstand gegen die Deutschen, 1945 wirkten sie an den End-

Ankunft republikanischer Flüchtlinge im südfranzösischen Colliure (Februar 1939)
Quelle: El País Semanal. 12. Januar 2003

kämpfen in den südlichen Departements mit, sie waren als »Spanische Legion« unter dem Kommando von General Leclerc auch an der Befreiung von Paris beteiligt, andere kämpften in alliierten Truppenteilen. Gerieten sie in deutsche Gefangenschaft, wurden sie häufig in Konzentrations- und Vernichtungslager deportiert – an die 7200 allein in Mauthausen, von denen nur 1000–1500 überlebten.[42] Nach dem Zweiten Weltkrieg waren immer noch 150000 Spanier in Frankreich, wo sie für den Rest ihres Lebens blieben. Starke Gruppen ließen sich in Toulouse (rund 30000), zumeist ideologisch getrennt nach Anarchisten und Sozialisten, und in Paris nieder. Von Frankreich aus sendete der republikanische Rundfunk *Radio España Independiente*.

In die Sowjetunion kamen während des Bürgerkrieges und später

---

42 Vgl. die erschütternden Berichte über die Deportation von 927 Spaniern 1940 von Angoulême nach Mauthausen in M. Armengou/R. Belis, *Convoy*.

im Verlauf des Zweiten Weltkrieges insgesamt rund 5000 Spanier, 3000 davon waren Kinder.[43] Die meisten stammten aus dem Baskenland und der Bergbauregion Asturien, einige waren aus Kastilien und der Levante. Begleitet wurden sie von einer Hundertschaft von Lehrern und Erziehern. Als der Bürgerkrieg mit dem Sieg Francos zu Ende ging, flüchteten einige weitere tausend Erwachsene in die Sowjetunion: Offiziere der republikanischen Armee, Parteikader, Geflohene aus den Lagern in Frankreich und Nordafrika. Außerdem blieben 150 spanische Piloten, die in der Sowjetunion ausgebildet wurden, dort. Anfangs wurden die Flüchtlinge in Auffanglagern untergebracht, später machte man aus diesen provisorischen Unterkünften Internate mit Unterricht in spanischer Sprache. Die *niños* sollten später zur Elite eines anderen, sozialistischen Spanien gehören. Eine Reihe von ihnen starb während der 900 Tage dauernden deutschen Blockade von Leningrad, andere fielen als Partisanen in Weißrußland und der Ukraine. Auf manchen Obelisken russischer Gedenkstätten finden sich spanische Namen. Nach dem Krieg war an eine Heimkehr nach Spanien nicht zu denken. Viele ehemalige *niños* wurden zu Ärzten und Ingenieuren, zu Lehrern, Journalisten oder Dolmetschern ausgebildet. Später konnten viele von ihnen, nach der Revolution Fidel Castros, in Kuba ihr Talent beweisen.

Nach Stalins Tod kehrten 1956 ungefähr 1500 dieser Spanier – mit einer gespaltenen Identität –, unter ihnen auch etliche Kriegsgefangene der »Blauen Division«, nach Spanien zurück. Nicht alle wurden mit offenen Armen empfangen. Die »Roten aus Rußland« hatten aus politischen, ideologischen oder rein pragmatischen Gründen Probleme, sich wieder in die spanische Gesellschaft zu integrieren. Schätzungsweise zehn Prozent dieser »Spätheimkehrer« verließen die Iberische Halbinsel wieder. In den Jahren der Transition lebten noch rund tausend Spanier in der Sowjetunion, ein Drittel davon war wohl kommunistisch.

Auch unter den in der Sowjetunion Gebliebenen schwand die ursprüngliche Harmonie allmählich. Besonders problematisch wurde die Entwicklung nach 1968, dem Einmarsch der Warschauer Pakt-Staaten in die Tschechoslowakei. Santiago Carrillo, Generalsekretär des *Partido Comunista de España,* der Kommunistischen Partei Spa-

---

43 Vgl. Leo Wieland, *Los Niños – Rentner aus Rußland,* in: *FAZ* vom 10. Dezember 1983.

niens, distanzierte sich deutlich von der Haltung und Handlung der Sowjetunion; die Spanier, die noch im »Vaterland des Sozialismus« lebten, spalteten sich in der Folge in »Eurokommunisten« und »Tschechen«. Gute zehn Jahre später sollte – nach dem sowjetischen Einmarsch in Afghanistan – noch die Fraktion der »Afghanen« hinzukommen. Nunmehr war die Zersplitterung komplett, Mißtrauen und Verdächtigungen griffen um sich.[44]

Grundsätzlich anders verlief das spanische Exil in Mexiko, das wegen seiner Einzigartigkeit viel Interesse hervorgerufen und eine umfangreiche Bibliographie hervorgebracht hat.[45] Auch im mexikanischen Fall machte eine Gruppe spanischer Kinder den Anfang. 1937 schon schifften sich 291 Jungen und 116 Mädchen nach Veracruz ein; sie wurden schließlich in Morelia, im Bundesstaat Michoacán, untergebracht.[46] Jahrzehntelang kannte man sie nur als *los niños de Morelia.*[47] Von Anfang an zielte die mexikanische Flüchtlingspolitik auf Integration der Exilspanier ab. Anfangs gab es ebenfalls erhebliche Anpassungsprobleme, da die Kinder zumeist aus »linken« Elternhäusern stammten und alles ablehnten, was nach Autorität und Disziplin aussah. Mexiko hatte zwar formell ein »revolutionäres« Regime, die Alltagspraktiken waren aber konservativ und religiös geprägt geblieben. So bewarfen die Kinder etwa die Kirchen mit Steinen, wie sie es im antiklerikal aufgewühlten Chaos der ersten Bürgerkriegstage in Spanien kennengelernt hatten. Nach dem Bürgerkrieg war an eine Rückkehr nach Spanien zuerst nicht zu denken; allmählich, im Laufe der vierziger Jahre, entschlossen sich doch ungefähr 20 Prozent, zu ihren Eltern in ihr Geburtsland zurückzukehren. Die Schiffspassage wurde von den älteren spanischen Residenten in Mexiko bezahlt.

Nach Mexiko flohen insgesamt ungefähr 30000 Spanier. Die Entscheidung, eine großzügige Aufnahmepolitik gegenüber den politischen Flüchtlingen aus Spanien zu betreiben, war in der mexikanischen Regierung getroffen worden, vor allem von Präsident Lázaro Cardenas

---

44 Zu den spanischen »Kriegskindern« in der UdSSR vgl. M.J. Devillard, *Niños;* A. Alted Vigil, *Niños;* J. Fernández Sánchez, *Memorias.*

45 Vgl. M. Fresco, *Emigración;* L.E. Smith, *Mexico;* C. Martínez, *Crónica;* P.W. Fagen, *Exiles;* vgl. auch das allgemeine Werk zum spanischen Exil von J. L. Abellán, *Exilio.*

46 Vgl. *Los niños que exilió España,* in: *El País Semanal* vom 15. Mai 1983, S. 75–79.

47 Vgl. V. Foulkes, *Niños.*

(1934–1940) persönlich, unterstützt von einigen Gewerkschaftsorganisationen und Intellektuellen. Die spanischen Exilierten wurden von der breiten Masse des mexikanischen Volkes mit durchaus gemischten Gefühlen empfangen, in einigen Fällen mit offener Ablehnung. Bald jedoch integrierten sich die Spanier in das Alltagsleben des Landes, viele nahmen die mexikanische Staatsbürgerschaft an. Sie behielten lange ihre spanisch-republikanische Tradition bei, feierten alljährlich den 14. April (den Tag, an dem die Zweite Republik ausgerufen worden war), organisierten sich in ideologisch getrennten Zentren (Sozialisten, Republikaner, Kommunisten...). Mexiko hat das Franco-Regime nie anerkannt, vielmehr der republikanischen Exilregierung knapp vierzig Jahre lang Gastrecht gewährt. Erst 1977, nach den ersten freien Wahlen in Spanien, löste sich in Mexiko in einem feierlichen Akt die Regierung der Republik auf; Mexiko erkannte die demokratisch legitimierte Regierung in Madrid an, das Exil war beendet. Knapp 30 Jahre später, im Herbst 2005, erfuhren die Witwe und der Sohn von Lázaro Cárdenas eine dankbare Ehrung für das großzügige und uneigennützige Verhalten Mexikos gegenüber den spanischen Flüchtlingen.

Im Juli 1938 war in Mexiko-Stadt bereits ein Institut mit dem Namen *Casa de España* gegründet worden; die *Casa* sollte Professoren und Intellektuelle aufnehmen, die in und nach dem Spanischen Bürgerkrieg ihr Land verlassen mußten und sich in Mexiko niederließen. Von den vielen bekannten Namen seien nur einige wenige genannt: der Gelehrte und Politiker Alvaro de Albornoz, der Dichter León Felipe, der Philosoph José Gaos, der Politiker José Giral, der Soziologe und Rechtsphilosoph José Medina Echevarría, der Philosoph Joaquín Xirau, der Theaterwissenschaftler Cipriano Rivas Cherif, die Philosophin María Zambrano. Später, als das Zentrum bereits (bis heute) *El Colegio de México* hieß, kamen noch weitere bekannte Personen hinzu: der Historiker und Pädagoge Rafael Altamira, der Historiker José Miranda... An vielen weiteren hauptstädtischen und Provinzuniversitäten ließen sich zahlreiche Professoren nieder. Das spanische Exil in Mexiko führte zu einer einzigartigen kulturellen hispanisch-mexikanischen Symbiose.[48]

Viele der in Mexiko Exilierten kamen nicht direkt aus Spanien,

---

48 Vgl. J. Malagón Barceló, *Exiliado.*

sondern hatten zuvor einige Monate in den südfranzösischen Konzentrationslagern zugebracht; andere wiederum ließen sich zuerst in der Dominikanischen Republik nieder und entschieden sich erst dort für Mexiko als endgültiges Zielland. Zur Organisierung und Unterstützung bei den mit Flucht und Exil zusammenhängenden Problemen entstanden mehrere Hilfsorganisationen; die bedeutendsten waren die 1939 in Paris unter Einfluß von Ministerpräsident Juan Negrín gegründete SERE (*Servicio de Emigración para los Republicanos Españoles,* »Auswanderungsdienst für die spanischen Republikaner«) und die auf den sozialistischen Konkurrenten Indalecio Prieto zurückgehende JARE (*Junta de Auxilio a los Refugiados Españoles,* »Hilfsdienst für die spanischen Flüchtlinge«).

Das spanische Exil war für die kulturelle Entwicklung Mexikos von größter Bedeutung. 218 Hochschulprofessoren – ungefähr zwei Drittel aller spanischen Hochschullehrer im Jahr 1939 – emigrierten nach Mexiko, darüber hinaus Hunderte von Lehrern, Intellektuellen und Künstlern aller Sparten. Spanier gründeten in Mexiko über 50 Verlage; bis 1950 hatten sie 2250 Bücher publiziert und weitere 1600 übersetzt, mehrere ausgezeichnete Gymnasien und Bildungszentren gegründet (Instituto Luis Vives, Academia Hispano-Mexicana, Colegio Madrid, Fundación Cervantes ...), etliche Hospitäler eingerichtet (unter den Exilierten waren 225 Ärzte), zahlreiche Periodika geschaffen. Somit war die Wirkung der Exilierten – die sich selbst nach einer Bezeichnung des Philosophen José Gaos gerne *trasterrados* nannten, was in etwa so viel meinte wie »von einem heimatlichen Boden in den anderen verpflanzt« – außerordentlich groß: Ohne daß dies je so intendiert war, trugen sie mehr zur kulturellen Verbreitung Spaniens und zur geistigen Verbrüderung der Länder spanischer Sprache bei als die offizielle Politik Spaniens je bewirken konnte. Seit der Kolonisation Amerikas war das der wichtigste Aspekt spanischen Einflusses in der Neuen Welt. Der mexikanische Präsident Cárdenas erklärte: »Mexiko wird eine neue Heimat für jene sein, die für die Freiheit kämpfen und niemals die Tyrannei akzeptieren.«[49] Als Kulturerscheinung war das mexikanische Exil ein überaus wichtiges und erfolgreiches Phänomen.

---

49 Vgl. J. García Durán, *Exiliados.*

Viele Mexikaner haben die Leistungen der von ihnen aufgenommenen Spanier lobend anerkannt.[50] Andererseits identifizierten sich viele Spanier sehr schnell mit Mexiko. Exilpräsident Diego Martínez Barrio sagte aus Anlaß einer Ehrung des mexikanischen Präsidenten Lázaro Cárdenas durch die spanische Exilgemeinde: »Wir Emigrierte lieben dieses Land so heftig und leidenschaftlich wie wir unser eigenes lieben, ohne zwischen dem einen und dem anderen unterscheiden zu können. Denn für die große Mehrheit war Spanien das Grab ihrer Eltern und Mexiko die Wiege ihrer Kinder.«

Nach 1939 flohen nicht nur Hunderttausende »normaler« Spanier über die Grenzen; ins Exil gingen auch die Vertreter der spanischen Republik, Parlamentarier und Regierungsmitglieder. Das Exil der politischen Institutionen der spanischen Republik gehört zu den längsten in der europäischen Geschichte. Historiker haben es inzwischen in verschiedene chronologische Phasen unterteilt, denen zugleich geographische Schwerpunkte zugeordnet werden können.[51]

Die erste Phase des Exils umfaßt die Jahre 1939–1950; geographisch lagen die Schwerpunkte in London und Mexiko. In der britischen Hauptstadt hatte sich Ministerpräsident Juan Negrín niedergelassen, der die Kontinuität der Institutionen der Zweiten Republik symbolisierte und von dort aus diplomatische Aktivitäten entfaltete, um den Sturz Francos durch die Alliierten herbeizuführen. In Mexiko war die herausragende Gestalt Indalecio Prieto, der als Sozialist schon während des Bürgerkrieges zu den schärfsten innerparteilichen Kontrahenten Negríns gehört hatte; außerdem befanden sich dort die meisten Abgeordneten der letzten frei gewählten *Cortes* von 1936. Nach Ende des Zweiten Weltkriegs wählten in Mexiko die Abgeordneten José Giral zum neuen Chef der spanischen Exilregierung, die ihren Sitz nach Frankreich verlegte und von dort aus den Bruch der eben gegründeten UNO mit dem franquistischen Regime betrieb. 1947 übernahm der Sozialist Rodolfo Llopis die Regierungsgeschäfte, aber auch er konnte politisch auf internationaler Ebene nichts erreichen. Ganz im Gegenteil: Die UNO hob 1950 ihren eigenen Boykottbeschluß gegenüber Spanien auf, der Kalte Krieg stabilisierte Franco an der Macht

---

50 Vgl. J. García Durán, *Exiliados.*
51 Vgl. J. Marichal, *36 años.*

weiter, die politischen Formationen im Exil bekämpften sich gegenseitig und trugen damit zu ihrer faktischen Bedeutungslosigkeit bei.

Die zweite Phase umfaßt die Jahre 1950–1962. Das franquistische Regime konnte sich definitiv stabilisieren, es wurde international anerkannt, supranationale Organisationen wie die UNESCO (1952) und die UNO (1955) öffneten ihm ihre Tore. Andererseits nahmen Kontakte zwischen den Demokraten im Landesinneren und den politischen Exilorganisationen, die sich inzwischen überwiegend in Frankreich befanden, kontinuierlich zu. Höhepunkt dieser Konvergenzbewegung war das Treffen antifranquistischer Oppositioneller 1962 in München, deren größerer Teil aus Spanien selbst angereist war. In ausführlichen Debatten einigten sich die Oppositionellen auf ein gemeinsames demokratisches Programm, wobei als Hauptereignis der Handschlag zwischen dem »Christdemokraten« José María Gil Robles und dem Sozialisten Rodolfo Llopis gewertet wurde – zweier Politiker, die seit 25 Jahren im Kampf gegeneinander und im Bürgerkrieg auf zwei verschiedenen Seiten gestanden hatten. Die gemeinsame Erklärung – nur Kommunisten waren ausgeschlossen worden – forderte für Spanien repräsentative Institutionen, die Garantie der Bürgerrechte, Regionalautonomie, Gewerkschaftsfreiheit und das Recht zur Bildung politischer Parteien.

Die dritte Phase der Geschichte des politischen Exils umfaßt die Jahre 1962–1969. In dieser Zeit änderte sich gewissermaßen die Funktion des Exils: Es beanspruchte nicht mehr, ausschließlich das demokratische Spanien zu repräsentieren. Je intensiver sich in Spanien selbst die Opposition gegen Franco artikulierte, desto enger arbeiteten innere und äußere Opposition zusammen; letztere verstand ihre Rolle nun primär als internationaler Resonanzboden für die antifranquistischen Ereignisse in Spanien selbst, sie betrieb keine eigene Staatspolitik mehr, arbeitete vielmehr mit allen Kräften zusammen, die einen Regimewechsel im Landesinneren erstrebten.

Die letzte Phase umfaßt die Jahre 1969 bis zum Tod Francos 1975. Es waren die Jahre, in denen intensiver denn je das absehbare Ende des Franquismus herbeigesehnt wurde; die Parteien bereiteten ihre Rückkehr nach Spanien vor und stellten sich darauf ein, bald wieder Verantwortung in einem demokratischen Gemeinwesen übernehmen zu können. Bis zum Ende der Diktatur erinnerten sie daran, daß es ein »anderes« Spanien gab, daß Franco zu Unrecht, illegitimerweise, den

Anspruch für sich reklamierte, Spanien zu vertreten. Sie hielten die Idee der verfassungsmäßigen Legalität, des Rechtsstaates, der Demokratie aufrecht und leisteten damit einen wertvollen Beitrag zur Rückeroberung der Grundrechte auf spanischem Boden. Die exilierte Philosophin María Zambrano sagte, sie seien aus Spanien vertrieben worden, um zum Gewissen Spaniens zu werden. Das Exil von 1939 erreichte zwar sein eigentliches politisches Ziel nicht, den Sturz Francos und die Wiedererrichtung der Republik. Es trug aber ganz entscheidend dazu bei, den Gedanken der Freiheit wachzuhalten und schließlich in Spanien auch durchzusetzen.

5. Herrschaftslegitimation, staatliche Gewalt und Kirche

Seit Beginn des Bürgerkrieges hatte die katholische Amtskirche zu den tragenden Säulen des entstehenden, faschistoid-autoritären Regimes gehört. Zum Verständnis der späteren Rolle der Kirche im »Neuen Staat« muß deshalb darauf hingewiesen werden, daß der Bürgerkrieg im Selbstverständnis der Kirche und der »nationalen« Seite insgesamt ein »Kreuzzug« war. Am 16. November 1937 erklärte Franco:[52]

> Unser Krieg ist kein Bürgerkrieg, kein Krieg eines Pronunciamiento, sondern ein Kreuzzug der Menschen, die an Gott glauben, die an die menschliche Seele glauben, die an das Gute, das Ideal, das Opfer glauben, die gegen die Menschen ohne Glauben, ohne Moral, ohne Edelmut kämpfen [...] Ja, unser Krieg ist ein Religionskrieg. Alle, die wir kämpfen, Christen oder Muslime, sind wir Soldaten Gottes; wir kämpfen nicht gegen andere Menschen, sondern gegen den Atheismus und den Materialismus, gegen all das, was die menschliche Würde erniedrigt, die wir aufrichten, reinigen und veredeln wollen.

Mitte 1937 veröffentlichten die spanischen Bischöfe – lediglich zwei von ihnen verweigerten ihre Unterschrift – einen Brief an alle Bischöfe der Welt, in dem sie den Aufstand als »Kreuzzug« und »natio-

52 Zit. nach Altaffaylla Kultur Taldea, *Navarra 1936*, S. 412.

nale Bewegung zur Verteidigung der grundlegenden Prinzipien jeder zivilisierten Gesellschaft« verteidigten.[53] Es hieß in ihm:[54]

> Es hat im nationalen Geist eine Reaktion religiöser Art stattgefunden, die der nihilistischen und zerstörenden Aktion der Gottlosen entgegentrat [...] Das Volk war in zwei Richtungen getrennt: die geistige auf der Seite der Aufständischen, die für Ordnung, den sozialen Frieden, für die traditionelle Kultur und für das Vaterland und ein großer Teil sehr offen für die Verteidigung der Religion auftrat; auf der anderen Seite die materialistische, das heißt marxistische, kommunistische oder anarchistische, die die alte Kultur Spaniens mit all ihren Faktoren durch die neueste ›Zivilisation‹ der russischen Sowjets ersetzen wollte [...] Wir behaupten, daß die bürgerlich-militärische Erhebung im Grunde des Volksgewissens einen zweifachen Grundzug hatte: den vaterländischen Sinn, der darin die einzige Art, Spanien zu erheben und seinen endgültigen Ruin zu vermeiden, sah, und den religiösen Sinn, der den Aufstand als die Gewalt betrachtete, welche die Feinde Gottes entkräften sollte, und als die Garantie für das Fortdauern ihres Glaubens und die Ausübung ihrer Religion. Heutzutage gibt es in Spanien keine andere Hoffnung, um das Recht und den Frieden und die sich daraus ableitenden Güter wiederzuerobern, als den Sieg der nationalen Bewegung.

In diesem Brief wurden die Begriffe Vaterland und Religion, nationale Tradition und katholischer Glaube vermischt; der andere Teil Spaniens wurde als »antispanisch« und »antichristlich« bezeichnet. Die eindeutige Parteinahme der kirchlichen Hierarchie kam nicht von ungefähr, erwartete sie doch vom »nationalen« Spanien die Wiedereinsetzung des Katholizismus in seine alten, »vorrepublikanischen« Privilegien. Gefestigt wurde das Bündnis zwischen den Mächtigen von Kirche und »Neuem Staat« noch durch die Abwehrhaltung gegen den haßerfüllten Antiklerikalismus, der zu Beginn des Bürgerkrieges zerstörerisch aufbrach und sich in Form von Ausschreitungen, Kirchen-

---

53 Vgl. hierzu ausführlicher Kap. I 6. *Zur Rolle von Kirche und Kultur* in diesem Buch.

54 *Rundschreiben 1937*, S. 20, 22.

verbrennungen und Priestermorden äußerte – übrigens auf beiden Seiten, wenn auch die Übergriffe der »Nationalen« nicht so bekannt geworden sind.[55]

Die Erinnerung an den Krieg als glorreichen »Kreuzzug« wurde sodann zu einem Dauerthema der spanischen Amtskirche nach 1939. Enrique Pla y Deniel, als Nachfolger von Kardinal Gomá Primas von Spanien, sagte 1948: »Sollten wir nicht auch ›defensores civitatis‹ werden – nicht beim Ergreifen der Waffen, wohl aber bei der Ausübung unseres Lehramtes und angesichts des moralischen Gewichts unserer Autorität – zur Rettung der Religion und des Vaterlandes? Eben das haben wir, die spanischen Bischöfe, mit unserem Brief von 1937 getan.« 1958 führte er weiter aus: »Die Kirche hätte weder einen bloßen Militärputsch noch eine Partei im Bürgerkrieg gesegnet. Sie segnete einen Kreuzzug [...] Jene, die die schwierige Aufgabe unternahmen, die Rechte Gottes und der Kirche in Spanien zu verteidigen.«[56]

Rückhaltlose Anerkennung erfuhr das neue Regime nicht nur von seiten des spanischen Episkopats; am 15. April 1939 hatte auch Papst Pius XII. in einer Rundfunkbotschaft den Siegern im Bürgerkrieg gratuliert:[57]

> Mit größter Freude wenden wir uns an Euch, geliebteste Kinder des katholischen Spanien, um Euch unseren väterlichen Glückwunsch für den Frieden und den Sieg auszusprechen, mit dem Gott gnädigerweise das christliche Heldentum Eures Glaubens und Eurer Barmherzigkeit gekrönt hat, die Ihr in so vielen und großzügigen Leiden unter Beweis gestellt habt [...] Die Absichten der Vorsehung, geliebteste Kinder, haben sich erneut gegenüber dem heldenhaften Spanien gezeigt, der von Gott als wichtigstes Instrument der Evangelisierung der neuen Welt und als uneinnehmbare Festung des katholischen Glaubens auserwählten Nation; der katholische Glaube hat soeben den Anhängern des materialistischen Atheismus unseres Jahrhunderts den erhabensten Beweis dafür geliefert, daß die ewi-

55 A. Montero, *Historia;* H. Raguer, *Espada.*
56 Zit. nach V. M. Arbeloa, *Aquella España,* S. 248.
57 Zit. nach Altaffaylla Kultur Taldea, *Navarra 1936,* S. 417.

Illustration (mit einem »patriotischen« Spruch Francos) in der offiziösen Geschichte des Bürgerkriegs von Joaquín Arrarás

Quelle: Joaquín Arrarás Iribarren, Historia de la Cruzada Española, Madrid 1942, S. 9.

gen Werte der Religion und des Geistes über allem stehen. Es ist nun an Euch, verehrte Brüder im Episkopat, die eine ebenso wie die andere Seite zu beraten, damit alle in ihrer Befriedungspolitik die Prinzipien verfolgen, die von der Kirche gelehrt und mit soviel Edelmut vom Generalissimus verkündet worden sind: Gerechtigkeit gegenüber dem Verbrechen und gütige Großzügigkeit gegenüber den Irregeleiteten. Als Unterpfand der zahlreichen Gnadenbeweise, die Ihr von der Unbefleckten Jungfrau Maria und vom Apostel Jakobus, dem Schutzheiligen Spaniens und aller großen spanischen Heiligen empfangen möget, lassen wir auf Euch, liebe Kinder des katholischen Spanien, auf den Staatschef und seine Regierung, auf den großartigen Episkopat und den opferbereiten Klerus, auf die heldenhaften Krieger und auf alle Gläubigen unseren apostolischen Segen herabkommen.

Es ist aufschlußreich, daß diese päpstliche Botschaft im »neuen« Spanien zensiert wurde; jene Abschnitte nämlich, die Menschlichkeit bei der Behandlung der Besiegten forderten, wurden verschwiegen. Auch der Hirtenbrief von Kardinal Gomá »Die Lehren des Krieges und die Pflichten des Friedens« vom 8. August 1939, der einen Aufruf zur Vergebung und Versöhnung sowie eine Verurteilung des Totalitarismus enthielt, durfte nicht veröffentlicht werden.[58] Diese Beispiele deuten darauf hin, daß in den Jahren nach 1939 (dies gilt insbesondere für die Zeit bis 1945) ein Machtkampf zwischen *Falange* und Kirche um die Ausrichtung und die führenden Positionen des Regimes stattfand. Der anfangs vorherrschende faschistisch-totalitäre Charakter des »Neuen Staates« erfuhr sofort die Gegnerschaft der katholischen Kirche. In einem Brief an den Vatikan charakterisierte, unmittelbar nach Kriegsende, der Erzbischof von Sevilla, Kardinal Pedro Segura, die *Falange* mit den Worten:[59]

Falange ist der große Feind der spanischen Kirche, der Ort, wo sich alle alten Feinde der Kirche verschanzt haben; und aus diesem Schützengraben, den sie sich gesucht haben und in dem sie sich

---

58 R. Garriga, *Cardenal*, S. 267 f.

59 R. Garriga, *Cardenal*, S. 273.

durch den Staat geschützt sehen, schießen sie aus dem Hinterhalt heraus gegen unsere Heilige Religion.

Andererseits bestand nicht (wie etwa im nationalsozialistischen Fall) eine unüberwindbare weltanschauliche Gegnerschaft zwischen Einheitspartei und Kirche. Erstere hatte vielmehr von den spanischen Traditionalisten des 19. Jahrhunderts die Vorstellung der Einheit von Staat und Kirche übernommen. Die Forderung eines »Neuen Staates« faschistischer Katholizität ist auch bei Ernesto Giménez Caballero, einem der Hauptideologen des spanischen Faschismus (*Genio de España,* 1932), anzutreffen. Der Falangegründer José Antonio Primo de Rivera behauptete ebenfalls die Idee der Katholizität als konstitutives Moment des Selbstverständnisses des zu schaffenden neuen Staates. Dadurch, daß die aufständischen Kräfte von 1936 die Ideologie der *Falange* zur Grundlage eines Großteils ihrer Staats- und Gesellschaftslehre machten, wurde der neue Staat eine Art praktische Verwirklichung der Vorstellungen spanischer Traditionalisten. Die Einheit und die Katholizität gaben dem staatlichen Gefüge Festigkeit. Religionsfreiheit war damit im neuen System nicht möglich.

Raúl Morodo hat darauf hingewiesen, daß die politisch-intellektuelle Gruppe *Acción Española* das eigentliche Transmissionsglied des ideologischen und institutionellen Einflusses war, den die »gemäßigte« Diktatur Miguel Primo de Riveras (1923–1930) auf die »harte« Diktatur Francos ausübte.[60] Unter Rückgriff auf reaktionär-spanisches Gedankengut verkündete *Acción Española* eine Staatstheorie, die auf katholischem Integrismus, traditioneller Monarchie und faschistischem Korporativismus gründen sollte. Zentrale Begriffe der reaktionären Gedankenwelt von *Acción Española* sollten als Legitimation für den Militäraufstand, den Bürgerkrieg und den »Neuen Staat« fungieren: militanter Katholizismus, imperialer Messianismus, Kreuzzugsgedanke. Der Nationalkatholizismus war von *Acción Española* bereits vorgezeichnet worden, ihr politisches Credo kann daher als »ideologischer Ursprung« des Franquismus bezeichnet werden.

Die spanischen Bischöfe und die katholische Presse lobten Franco

60 R. Morodo, *Orígenes.*

in theologisch-messianischen Tönen als Retter der Nation und Vorkämpfer religiöser und kirchlicher Rechte. Er wurde als Retter der christlichen Zivilisation verstanden und zu einem religiös-mythischen Messias stilisiert, der das Reich Gottes in Spanien wiederherstellt. Dieser Ideologie zufolge war die aus dem Krieg hervorgegangene katholische Restauration die Verwirklichung des Gottesreiches auf Erden; darin lag letztendlich der tiefste Grund, der die Legitimation des Regimes durch die Kirche erklärt. Die Jesuitenzeitschrift *Razón y Fe* etwa schrieb 1939:[61]

> Franco ist der Mensch, den zwei Jahrhunderte von Träumen und Sehnsüchten erwarteten, der Mensch, dem die neue Epoche Spaniens seine Zukunft verdankt [...] Franco ist der Mensch, der einen neuen Tag, eine neue Atmosphäre, eine neue Sonne in der Geschichte schafft. Im Spanien Francos lebt man, atmet man, sieht man in einer anderen Art. Wir sind dank Francos Werk und Gnade, was wir nicht waren und werden sollten. Er hat unser geschichtliches Wesen verändert. Nennen wir Franco unseren Caudillo. Weil er uns durch ungewöhnliche Wege der Ehre und Geschichte führt, behalten wir ihm das Wort vor, das seit Jahrhunderten unberührt vom offiziellen Gebrauch lebt [...] Franco, unser Caudillo!

Die gegenreformatorischen und kämpferischen Züge der Vergangenheit wurden wiederbelebt, um das Einheitsideal des Systems reinzuhalten; katholisches Bewußtsein wurde daher auch mit patriotisch-nationalem Sinn identifiziert. Auf Schulen und Universitäten wurden Schüler und Studenten im Geist des Nationalkatholizismus erzogen; auf theologischen Hochschulen wurde der Thomismus nach den scholastischen Methoden gelehrt. Das Universitätsgesetz vom 29. Juli 1943 besagte: »Die Universität ruht auf der katholischen Lehre, die der Tradition spanischer Universitäten wesensverwandt ist; sie wird die universitäre Lehre dem Dogma, der katholischen Moral und den Normen des Kanonischen Rechts anpassen.«

Ausbildung und Erziehung der jungen Generationen wurden so von einem ausgesprochen gegenaufklärerischen Geist geprägt. Der

---

61 Zit. nach J.-F. Nodinot, *L'Eglise,* S. 85.

neue Nationalkatholizismus, der im Werk von José Pemartín *Qué es lo nuevo?* (Madrid 3. Aufl. 1940) auf den Begriff gebracht wurde, läßt sich folgendermaßen charakterisieren:[62] Das Wesen der spanischen Nationalität ist der Katholizismus; der Katholizismus als »Wurzel Spaniens« hat sich historisch im 16. Jahrhundert konkretisiert; die Hauptelemente des spanischen Nationalismus werden im Traditionalismus bewahrt.

Pemartín zog aus diesen Prinzipien die Konsequenz, daß der spanische Staat notwendigerweise katholisch sein müsse, wenn Spanien national (und faschistisch) sein wollte. Die katholische Konfessionalität des Staates erhielt metaphysischen Charakter zugesprochen, da durch sie Nation und Katholizismus zu »einem Wesen« verschmolzen wurden. Die Berufungen der Regime-Ideologen auf die Vergangenheit als Modell für die Gegenwart waren eine Mischung von Nostalgie und Triumphalismus.

Erwartungsgemäß erhielt die Kirche im franquistischen Staat all ihre Vorrechte zurück: In dem 1945 verabschiedeten »Grundrechtskatalog« wurde die katholische Religion zur Staatsreligion erhoben: »Das Bekenntnis zur katholischen Religion, die die Religion des spanischen Staates ist, und ihre Ausübung stehen unter staatlichem Schutz. Niemand wird wegen seiner religiösen Überzeugungen und der *privaten* Durchführung von Kulthandlungen behelligt. Andere *öffentliche* Zeremonien und Kundgebungen als die der katholischen Religion sind nicht erlaubt.« (Grundgesetz der Spanier, Artikel 6).

1946 legten Abkommen zwischen Staat und Kirche fest, daß der Staat die Kirche zu subventionieren habe; das Eherecht von 1947 erklärte zivile Eheschließungen, ebenso wie Scheidungen, für ungesetzlich; seit 1950 verfügten Kirchenangehörige über eigene Gerichte. Die Kirche erhielt direktes Repräsentationsrecht in wichtigen Staats- und Regierungsgremien, etwa in den *Cortes,* im Kron- und Staatsrat. Im gesellschaftlichen Bereich übte sie (vor allem über die Zensurbehörde) eine Sexualrepression aus, von der sich die spanische Gesellschaft erst nach Francos Tod allmählich erholte. Zu den bedeutendsten Rechten und Einflußmöglichkeiten der Kirche gehörte zweifellos die Kontrolle

---

62 J. González-Anleo, *Catolicismo,* S. 105.

fast des gesamten Bildungswesens – nicht nur in der Schule, sondern auch auf der Universität.[63]

Das Franco-Regime wandte sich entschieden von der Bildungspolitik der Republik ab, die Kirche wurde in ihre alten Rechte auf dem Erziehungssektor wieder voll eingesetzt. Als erstes wurden Laizismus, Ko-Edukation und der Unterricht in nicht-kastilischen Sprachen (das heißt auf baskisch oder katalanisch) abgeschafft. Alle Schulbücher wurden einer strengen (religiösen und politischen) Zensur unterworfen. Religion, Staatsbürgerkunde (die bezeichnenderweise *Falange* genannt wurde) und Leibeserziehung erhielten als Fächer neue Bedeutung. Katholische Konfessionalität, politischer Dogmatismus und repetitive Lernmethoden kennzeichneten auf allen Ebenen die erste Schulphase nach 1939. Während Jesús Ibáñez Martín Erziehungsminister war (1939–1951), traten neben die staatliche Volksschulerziehung, deren Niveau wegen der rigorosen »Lehrersäuberungen« nach dem Bürgerkrieg noch weiter sank, für die begüterten Mittel- und Oberschichten erneut verstärkt die religiösen Privatschulen. Die Phase, in der Joaquín Ruiz Giménez Erziehungsminister war (1951–1956), zeichnete sich auf dem Bildungssektor zwar durch einen ersten Öffnungs- und Liberalisierungsversuch gegenüber dem vorhergehenden Jahrzehnt aus, änderte aber nichts an der Vorrangstellung der Kirche im Bildungsbereich. Bis heute besucht über ein Drittel aller Schüler schulgeldpflichtige private oder kirchliche Lehranstalten.

Neben den staatlichen Veranstaltungen, an denen die Kirche ständig partizipierte, machte sich ihre Omnipräsenz vor allem auf dem gesellschaftlichen Sektor bemerkbar, mit dem der einzelne täglich in Berührung kam. Das konfessionell fixierte System und die ständige Kirchenpräsenz führten zu einer religiösen Ausnahmesituation, deren Charakteristika in den ersten Nachkriegsjahren der intolerante »Nationalkatholizismus«, ein religiöses Ausufern im öffentlichen, häufig auch im privaten Leben, Doktrinarismus und Autoritarismus waren. Daß Franco die liturgisch-kanonischen Ehrenrechte, die früher dem König eingeräumt waren, genoß, und stets unter dem von Priestern getragenen Baldachin in die mit großem Pomp veranstalteten Hochämter einzog, wurde als selbstverständlich akzeptiert; auch gegen die

---

63 J. J. Ruiz Rico, *Papel Político;* González-Anleo, *Catolicismo.*

Münzaufschrift: »Francisco Franco, Caudillo Spaniens von Gottes Gnaden« erhob sich kirchlicherseits kein Widerstand. Alltäglich wurden im Rundfunk vor dem Abspielen der Nationalhymne die »glorreich für Gott und Vaterland Gefallenen« angerufen; die Muttergottes erhielt den Rang eines Ehrengenerals der spanischen Armee zugesprochen. Die Volksabstimmungen, durch die Franco sein Regime plebiszitär institutionalisierte, erfuhren die rückhaltlose Unterstützung der Amtskirche.

Zweifellos hat sich die Kirche nach 1939 als eine Märtyrerorganisation im Bürgerkrieg verstanden und für die Leiden und Verluste an Kirchengut und Priestern vom Staat erhebliche Konzessionen im Bereich von Gesellschaft und Erziehung einräumen lassen. Nicht von ungefähr ist der Franquismus eine »klerikalfaschistische« Herrschaftsform genannt worden – eine Bezeichnung, die auf die enge Verflechtung staatlicher und kirchlicher Institutionen hinweist, die durch das Konkordat mit dem Vatikan 1953 abermals verstärkt wurde.[64]

Die enge Verflechtung von Staat und Kirche stieß kirchlicherseits nicht immer auf uneingeschränkte Zustimmung. Kardinal Francesc Vidal i Barraquer, Erzbischof von Tarragona, der sich im Bürgerkrieg geweigert hatte, den »Rundbrief« der Bischöfe zugunsten des Militäraufstandes mitzuunterzeichnen und deshalb aus seinem italienischen Exil nicht nach Spanien zurückkehren durfte, schrieb 1939 an Papst Pius XII.:[65]

> Die Handlungsweise der Bischöfe und des Klerus insgesamt ist zu politisch gewesen; dies geht zu Lasten der Autorität und Unabhängigkeit, die die Hierarchie stets bewahren muß. Dies erschwert auch die Annäherung der Kirche an die indifferenten Personen und an jene, die von der Religion entfernt sind, denn über die Bischöfe und den Klerus identifiziert man sie mit der regierenden Partei, für die viele keine Sympathien empfinden, und mit der Klasse der Reichen [...] Es ist traurig mitansehen zu müssen, wie die Bischöfe sich dazu hergeben, eine patriotische Religion aufgrund von Feldmessen, Te Deum etc. zu praktizieren [...] Gott sei Dank beteiligen sich nicht

64 G. Hermet, *Catholiques;* R. Gómez Pérez, *Política.*
65 R. Garriga, *Cardenal,* S. 268 f.

alle am offiziellen Katholizismus, der gewalttätig, kriegerisch, regalistisch und spektakulär ist. Man muß vor der Verantwortung erschrecken, eine derart furchtbare Katastrophe entfesselt zu haben, um zu einem so katholischen Staat wie dem gegenwärtigen zu gelangen. Und es ist schmerzhaft, daß die kirchliche Hierarchie ernstlich kompromitiert wird, wo sie doch vollständig am Rande bleiben sollte und könnte.

Solche Stellungnahmen blieben aber die Ausnahme. Der kirchliche Normalfall war die uneingeschränkte Parteinahme für das Lager der Nationalen. Seit August 1936 hatte die Kirche die Bürgerkriegsfronten klar definiert; entsprechend lauteten auch ihre Aufrufe. Die »christlichen Kämpfer« sollten gegen die »kriminellen Horden« der Gegenseite vorgehen und sie auslöschen; der Kampf gehe um Gott und Vaterland gegen die »Kinder von Kain«. Der größte Teil des Klerus schwieg nicht nur, als von seiten der Franquisten eine Welle des Terrors über das republikanische Spanien hereinbrach, sondern hieß sie gut und beteiligte sich nachdrücklich an der Repression. Diese war ja »die Gerechtigkeit Gottes«, die das Blut der Gottlosen vergoß, um das Überleben der Kirche zu ermöglichen. Pater Gumersindo de Estella, der von 1937 bis 1942 die zum Tod verurteilten Republikaner in Zaragoza auf ihrem letzten Weg begleitete und ihnen kurz vor ihrem Tod, soweit sie dies wollten, die Absolution erteilte, schreibt in seinem Tagebuch von der Freude und Begeisterung, die Kirchenangehörige angesichts der Massaker an Republikanern äußerten.[66] Ein Pfarrer aus Córdoba antwortete auf den Hinweis, in einer einzigen Nacht seien in der Provinzhauptstadt 66 »Rote« hingerichtet worden: »Es hätten 700 sein sollen.« Und im andalusischen Rota ereiferte sich ein anderer Pfarrer: »Wir werden alle Schuldigen und Gottlosen entdecken, sie alle werden ihr Verdientes bekommen; niemand wird entkommen; hört gut zu: niemand! Man muß bis zum Grund und bitteren Ende die ganze Fäulnis entfernen, die Rußland in unser Dorf eingeschleust hat.« Ein Kaplan aus Zafra brüstete sich, eigenhändig »mehr als 100 Marxisten« mit seiner Pistole erledigt zu haben. Ein Priester der Kathedrale

---

66 Diese und viele andere Äußerungen von Kirchenangehörigen sowie die folgenden Zitate bei J. Casanova, *Iglesia*.

von Segovia betonte immer wieder, »das ganze Unkraut« müsse »ausgerottet werden«. Der Augenblick sei für »Skrupel« ungeeignet. Nach dem Massaker in der Stierkampfarena von Badajoz im August 1936 mußten die Leichen verbrannt werden, da an eine Beerdigung angesichts derartiger Körpermassen nicht zu denken war. Ein Pfarrer erklärte einem portugiesischen Journalisten: »Sie [die Marxisten] haben das verdient. Außerdem ist es eine unerläßliche Hygienemaßnahme.«

Die für die Massenerschießungen Verantwortlichen – Militärs, Falangisten, karlistische *requetés* – wurden zumeist in Anwesenheit von Kirchenvertretern, mitunter sogar vor Altären ausgezeichnet. Pfarrer und Bischöfe erhoben willig den Arm zum Faschistengruß, sie segneten pausenlos die Waffen der Rebellen, rechtfertigten die brutale Gewaltausübung und forderten sogar zu noch radikalerem Vorgehen auf. In einem Rundbrief vom 9. November 1936 wies Santos Moro Briz, Bischof von Ávila, Pfarrer seiner Diözese darauf hin, wie sie sich zu verhalten hatten, wenn sie auf einen durch die Franquisten Hingerichteten stießen: »Wenn es sich nur um den ebenso häufigen wie bedauerlichen Fall handelt, daß auf dem Feld plötzlich die Leiche eines Menschen auftaucht, der offensichtlich Anhänger der Revolution war, ohne daß irgendwie registriert wäre, daß er von den Behörden zum Tode verurteilt worden war, müssen Sie lediglich vermerken ›sein Leichnam wurde auf dem Feld gefunden und kirchlich bestattet‹. Die Herren Pfarrer mögen sich aber tunlichst davor hüten, irgendeine Andeutung zu machen, die auf den Verursacher oder den Grund jenes tragischen Todes hinweisen könnte.« Diese klare Aufforderung zur Manipulation der Umstände der zahlreichen Ermordungen ist nur eines von vielen Beispielen zur Haltung der Kirche. Im übrigen handelte es sich bei den Toten immer um »Anführer der wilden kommunistischen Bewegung« und »Kriminelle«.

Häufig wurden die Ortspfarrer um Leumundszeugnisse für Angeklagte gebeten. Dies war zumeist eine hervorragende Gelegenheit, um den unchristlichen, unpatriotischen Lebenswandel des Beschuldigten schon lange vor 1936 hervorzuheben. In den meisten Fällen führte so ein Gutachten mit großer Wahrscheinlichkeit zur Hinrichtung. In dem Dorf Rociana (Provinz Huesca), das zu Kriegsbeginn knapp 6000 Einwohner hatte und stark laizistisch geprägt war, wurden zwischen August und Oktober 1936 ungefähr 60 Personen der Linken ermordet. Der Pfarrer, die Falangisten und die Großgrundbesitzer stachelten zu den Morden auf. Im Januar 1937 forderte der Pfarrer die Militärjustiz zu abermaligem Einschreiten auf; schließlich konnte er erreichen, daß im November 15 weitere Republikaner von Schnellgerichten zum Tode verurteilt wurden.

Die wichtigste religiöse Tätigkeit der vielen Pfarrer war die Erteilung der letzten Sakramente. Es ging nicht um die Rettung der Körper, sondern der Seelen jener Opfer, die unglücklicherweise sich auf seiten der Republik engagiert hatten und in die Hände der Aufständischen gefallen waren. In vielen Fällen veranlaßten die Beichtväter die Verurteilten, kurz vor ihrem Tod »Es lebe Christkönig!« zu rufen.

Die Aufforderung zur Liquidierung der gottlosen Gegner hörte mit dem Ende des Bürgerkrieges noch lange nicht auf. In Burgos forderte, nachdem die Waffen längst schwiegen, der Prediger der Merced-Kirche: »Ihr müßt, wir alle müssen mit diesen Personen so umgehen wie Feuer und Wasser; es kann keinerlei Pakte mit ihnen geben; es darf kein Vergeben für die Kriminellen geben, welche die Kirchen zerstören und die heiligen Priester und Kirchenangehörigen umbringen. Ihr Samen sei vertilgt, der Samen des Bösen, der Samen des Teufels. Denn die Kinder Beelzebubs sind wahrlich die Feinde Gottes.«

Diese triumphalistische und gewalttätige Haltung charakterisierte einen Großteil der Kirche viele Jahre lang. Erst allmählich bahnte sich eine Entwicklung an, die ihren Anfang als innerkirchlicher Konflikt in den Arbeiterzentren der Industriegebiete nahm. Dort, wo die soziale Situation der unteren Volksschichten am deprimierendsten war, griff an der Basis kirchlicher Organisationen ein neues, kritisches Bewußtsein bezüglich der Rolle von Kirche und Religion in Staat und Gesellschaft um sich; die sozialkritische Haltung vieler junger Priester, die die berechtigten Forderungen der Arbeiter unterstützten, richtete sich nicht nur gegen die herrschenden Klassen und den Staat, sondern (vorerst nur indirekt und vorsichtig) auch gegen die kirchliche Hierarchie, die das System wesentlich mittrug und legitimierte. Vor allem nach dem Zweiten Vatikanischen Konzil distanzierte sich die Katholische Kirche immer deutlicher vom Franco-Regime, protestierte gegen die Folterung politischer Häftlinge und andere Gewaltmaßnahmen staatlicher Stellen, setzte sich für die Wahrung der Menschenrechte und die kulturelle Eigenständigkeit Kataloniens bzw. des Baskenlandes ein.

Im September 1971 fand die erste »Gemeinsame Versammlung von Bischöfen und Priestern« statt, die einen umfangreichen Forderungskatalog an die Regierung verabschiedete; dieser enthielt Meinungs-, Versammlungs-, Gewerkschaftsfreiheit, Rechte für ethnische Minderheiten, Abschaffung der Folter usw. Die Schlußpassage der Resolution erhielt nicht die erforderliche Zweidrittelmehrheit von 165 Ja-Stimmen, sondern nur 137, wurde somit nicht offiziell verabschiedet. Es ist aber die deutlichste kirchliche Distanzierung vom Franco-Regime und das beeindruckendste Schuldbekenntnis der spanischen Kirche wegen ihrer seit 1936 eingeschlagenen Politik: »Wir erkennen demütig an und bitten um Verzeihung, daß wir es nicht rechtzeitig verstanden haben, echte Diener der Wiederversöhnung im Schoß unseres durch einen Krieg zwischen Brüdern gespaltenen Volkes zu sein.«[67] In den letzten Jahren des Franco-Regimes ging der Streit zwischen Kirche und Staat weiter und spitzte sich kurz vor dem Tod des Diktators abermals zu. Im Grunde ging es um die Frage der »Einmischung« der Kirche in die Politik. Während kirchliche Repräsentanten wiederholt erklärten, sie hätten ein Recht und die Pflicht, die bestehenden Zustände im Lande aus der Perspektive der kirchlichen Moral- und Soziallehre zu beurteilen, interpretierte der franquistische Staat – nachdem er nun nicht mehr auf die vorbehaltlose Unterstützung durch die Kirche rechnen konnte – derartige Äußerungen als unerlaubte Einmischung. Gegen Ende der Diktatur war das Verhältnis zwischen Staat und Kirche ausgesprochen angespannt.

6. Zur ideologischen Rechtfertigung der Repression

Für die Sieger war der Bürgerkrieg am 1. April 1939 noch lange nicht beendet. Lediglich die Waffen auf dem Schlachtfeld schwiegen; nun aber setzten die Revanche- und die Rachemaßnahmen mit aller Wucht ein. Franco selbst wiederholte immer wieder: »Der Krieg ist nicht zu Ende!« Und der vom Regime kontrollierte nationale Rundfunk schüchterte die Besiegten weiterhin ein und forderte zu erhöhter Wachsamkeit auf: »Spanier, seid wachsam! Das Blut derer, die für das Vaterland gefallen sind, erlaubt weder ein Vergessen noch den Verrat. Spanier, seid wachsam!« Schon am 27. August 1938 hatte Franco,

---

67 Zit. nach J. Casanova, *Iglesia,* S. 291.

noch während des Bürgerkrieges, erklärt: »Der Spanienkrieg ist keine künstliche Angelegenheit; er ist die Krönung eines historischen Prozesses, er ist der Kampf des Vaterlandes gegen das Anti-Vaterland, der Einheit gegen die Abtrennung, der Moral gegen das Verbrechen, des Geistes gegen den Materialismus, und er hat keine andere Lösung als den Sieg der reinen und ewigen Prinzipien über die Bastarde und Anti-Spanier.«[68]

Das franquistische Regime war stets bemüht, seine Existenz zu legitimieren. Im vorhergehenden Abschnitt war bereits ausführlich von der religiösen Legitimation die Rede, die seit Beginn des Bürgerkrieges von außerordentlicher Bedeutung für Franco sein sollte. Eine indirekte Form der Legitimation des Sieger-Regimes bestand auch in der Politik des Vatikans: Sofort nach Beendigung des Bürgerkrieges begannen nämlich Selig- und Heiligsprechungen von Kirchenangehörigen, die nach 1936 Opfer antiklerikaler Ausschreitungen geworden waren. Im Jahr 1953 waren schon für 353 Spanier Selig- bzw. Heiligsprechungsprozesse eingeleitet, von denen 174 auf den Bürgerkrieg zurückzuführen waren. Nach dem Tode Pius' XII. setzte sein Nachfolger Johannes XXIII. diese Verfahren fort; erst Paul VI. stoppte diese Prozesse, die nach 1978 von Johannes Paul II. allerdings wieder aufgenommen und intensiviert wurden. In 25 Regierungsjahren sprach Johannes Paul II. nicht weniger als 443 Spanier heilig und 1227 selig, 471 davon (d.h. 38 Prozent) waren gefallene Kleriker im Bürgerkrieg. Der spanischen Kirche aber reicht das noch nicht: Sie fordert, daß alle im Bürgerkrieg gefallenen Kleriker als »Märtyrer des Kreuzzugs« selig gesprochen werden, außerdem rund 3000 Laien beiderlei Geschlechts, die in der »Katholischen Aktion« organisiert waren und ebenfalls Gewalteinwirkungen zum Opfer fielen.

Als in den sechziger Jahren Juan José Linz den Franquismus als »autoritären« Regime-Typus bezeichnete, kam diese Charakterisierung den franquistischen Ideologen bei ihren Legitimierungsbemühungen gerade recht, weil damit der Franquismus nicht als eine faschistische Revolution gegen die zuvor bestehende Verfassungsordnung, sondern als ein moderner Staat gedeutet wurde, dessen Entwicklung autoritärer Strukturen bedurfte, um den Fortschritt zu ermöglichen.

---

68 Zit. nach A. Reig Tapia, *Ideología*, S. 26.

Die materiellen Errungenschaften des Staates aber rechtfertigten die angewandten Mittel.

Die ideologische Rechtfertigung des Franquismus beruhte stets auf der Behauptung, im Juli 1936 sei es nötig gewesen, das Vaterland zu retten, das sich kurz vor einer kommunistischen Machtübernahme und damit vor seinem Untergang befand. Der Militäraufstand sei voll gerechtfertigt, ja notwendig gewesen, um der unmittelbar drohenden Gewalt begegnen zu können. Zugleich betonten die Sieger immer wieder, Gott sei mit ihnen (gewesen). Der Finger der Vorsehung habe den Retter des Vaterlandes auserkoren, und im Bund mit übernatürlichen Kräften sei der endgültige Sieg errungen worden. Der Kulturpolitiker José María Pemán definierte den Krieg als Auseinandersetzung zwischen dem Guten und dem Bösen, als Kampf derer »mit Gott« gegen die »ohne Gott«, als Streit zwischen Geist und Materie. Die blutrünstige Nachkriegsrepression wurde dergestalt vor Gott und der Geschichte gerechtfertigt. Aus der Sicht der Kirche war die Repression als Sühne-Akt erforderlich.

Die Rebellen vom 18. Juli 1936 versuchten somit ihren Aufstand als präventiven Schlag gegen die angebliche Gefahr einer unmittelbar bevorstehenden, blutigen kommunistischen Revolution zu rechtfertigen. Ihrer Argumentation zufolge hatte die spanische Linke als ausführendes Organ obskurer internationaler Kräfte – des Kommunismus und der Freimaurerei – schon einen Termin für einen allgemeinen Aufstand im ganzen Land festgelegt, dem eine blutige Abrechnung mit allen Vertretern der »Ordnung« folgen würde: mit Kirchenangehörigen, Unternehmern und Großgrundbesitzern. Das Land würde in Chaos und Barbarei versinken; letztendliches Ziel der republikanischen Revolutionäre sei – in Fortsetzung der bolschewistischen Revolution – die Vernichtung der christlich-abendländischen Zivilisation gewesen.

Die unbeschränkte Machtausübung der Sieger wurde gerechtfertigt, indem der Besiegte delegitimiert wurde. Dieser Überlegung zufolge hat es nie einen »Militäraufstand« gegeben, sondern den eigentlichen Aufstand betrieben die Republikaner, und gegen diesen (geplanten) Aufstand setzte sich das Militär zur Wehr. Der Aufstand vom 18. Juli 1936 gegen die Republik war demnach legitim, da es um die Wiederherstellung der tatsächlichen Werte des wahren Spanien ging, die durch den revolutionär-marxistischen Feind ernsthaft gefährdet worden waren. Auf dieser Grundlage beruhte das gesamte Repressionssystem des Franquismus.

Dieses Phantasiegespinst taucht in zahlreichen franquistischen Bürgerkriegsdarstellungen auf, etwa in der klassischen »Geschichte des spanischen Kreuzzugs« unter der Leitung von Joaquín Arrarás. Der Mythos eines kommunistischen Komplotts lag auch der Begründung des Generalverfahrens (*Causa General*) zugrunde, das am 26. April 1940 eröffnet wurde. In diesem Verfahren sollte alles untersucht werden, was mit den Verbrechen der Linken zu tun hatte, mit den von ihnen angerichteten materiellen und moralischen Schäden, mit ihren Vergehen gegen die Religion, die Kultur, die Kunst und das Staatseigentum. Die Verbrechen und materiellen Schäden müßten systematisch auf dem gesamten Staatsterritorium untersucht werden, da sie »wegen ihrer Ähnlichkeiten und Übereinstimmungen einen vorgefaßten Plan erkennen lassen«. Der Staatsanwalt des Obersten Gerichtshofes eröffnete daher ein Generalverfahren, bei dem eingangs die Bürgermeister aller spanischen Ortschaften eine Namensliste der Opfer der »Roten« in ihrem jeweiligen Bereich unter Angabe der Todesumstände übermitteln mußten. Darüber hinaus mußten alle materiellen Schäden mitgeteilt werden.

Auf der Grundlage dieser Angaben wollte das Justizministerium ein umfassendes Dokument veröffentlichen, das die »marxistische Delinquenz« in ihrem ganzen Ausmaß auflistete. (Übrigens scheint die *Causa General* nicht die erhofften Resultate erbracht zu haben. Ein Endbericht wurde nie veröffentlicht; die Dokumente wurden Forschern erst Mitte der achtziger Jahre zur Verfügung gestellt. Offensichtlich erbrachten selbst die detailliertesten Recherchen einen Saldo, der weit entfernt von jenen 400 000 von Republikanern zu verantwortenden Todesopfern lag, von denen Innenminister Ramón Serrano Suñer schon 1938 gesprochen hatte.) Im gleichen Jahr, am 23. September 1940, verkündete ein Gesetz eine Amnestie für all jene, die nach dem 14. April 1931 Vergehen »gegen die Verfassung und gegen die öffentliche Ordnung begangen haben, die gegen das Waffengesetz verstoßen haben, die sich des Mordes, der Körperverletzung, der Beschädigungen, der Drohung und Erpressung schuldig gemacht haben, wenn sichergestellt ist, daß die Weltanschauung dieser Personen mit der Nationalen Bewegung übereinstimmt.« Die beiden Gesetze des

Inneres Titelblatt der offiziösen Geschichte des Bürgerkriegs von Joaquín Arrarás (Artikel II des Gesetzes zur Einrichtung des Heeres)

Quelle: Joaquín Arrarás Iribarren, Historia de la Cruzada Española, Madrid 1940, S. 9

Jahres 1940 lassen in seltener Klarheit den plumpen Manichäismus der Siegerseite erkennen, die Spaltung in jene »zwei Spanien«, zwischen denen ein unüberbrückbarer Graben verlief.

Um die Regierung der Republik delegitimieren und den sogenannten »nationalen« Aufstand legitimieren zu können, wurde durch eine Verordnung des Innenministeriums vom 21. Dezember 1938 eine Kommission eingesetzt, deren Aufgabe darin bestand, die »Illegitimität der Machthabenden, die am 18. Juli 1936 im Amt waren«, zu beweisen. Die Kommission stand unter Leitung des Richters am Obersten Gerichtshof Ildefonso Bellón Gómez; ihr gehörten 22 bekannte Professoren, Akademiker, Richter, Juristen und herausragende Politiker an. Der Kommission ging es darum, »in unzweifelhafter Form« und »mit den strengsten Beweismitteln, die selbst die Anspruchsvollsten zufriedenstellen können«, zu beweisen, daß »die Organe und Personen, die am 18. Juli 1936 die Macht innehatten, derart viele Defizite an Legitimität – in ihrem Anspruch ebenso wie in ihrer Ausführung – aufwiesen, daß das Heer und das Volk, als sie sich gegen sie erhoben, keinen Akt der Rebellion gegen die Behörden oder das Gesetz begingen«. Als Beweis für diese Aussage verwiesen sie auf den angeblichen Wahlbetrug der Volksfront im Februar 1936, auf das »Staatsverbrechen«, dem der Chef der Opposition wenige Tage vor dem Aufstand zum Opfer gefallen war, sowie auf die »brutalen Qualen«, die in den Kerkern Rot-Spaniens »über 400000 Brüder« erlitten.[69]

Andererseits bedurften die brutale Repression durch die Rebellen und der Regierungsterrorismus, den der entstehende »Neue Staat« an den Tag legte, eines gewichtigeren legitimierenden Elements, das den Vernichtungsfeldzug der Franquisten zu rechtfertigen in der Lage war. Das Argument, auf das zurückgegriffen wurde, war der angebliche »Genozid« in der »roten Zone«. Im Juli 1937, somit ein Jahr nach Kriegsbeginn, behauptete Franco, die Opfer des roten Terrors beliefen sich auf 400000, Ende 1937 sprach er schon von 500000, während in dem von ihm kontrollierten Territorium angeblich bis dahin 6000 Todesurteile gefällt, davon 1500 aber erlassen worden waren. Auf 100 Morde in der »roten Zone« kam somit ein Verurteilter in der »nationalen Zone«, dem außerdem alle juristischen Garantien zur

69 A. Reig Tapia, *Ideología,* S. 26.

Verfügung standen. Im »roten« Spanien war es demnach zu einem regelrechten Holocaust gekommen, während im katholischen Spanien eine christliche Justiz in moderater Form Recht sprach.

Der Streit um Zahlen hält zwar an, aber schon während des Franquismus war klar, daß jene von den Regime-Vertretern angegebenen 400000–500000 Toten durch angebliche republikanische Greueltaten eine grob verzerrte Größenordnung darstellten. Selbst das Staatsgerichtsverfahren der *Causa General* kam, bei aller Manipulation der Zahlen, auf nicht mehr als 86000 Tote, die die republikanische Seite angeblich zu verantworten hatte; inzwischen haben detaillierte Studien erwiesen, daß auch diese Zahl deutlich überhöht ist. Die makabre Leichenzählerei und die maßlose Übertreibung hatten während des Franquismus aber ihren politischen Sinn: Anhand dieser Zahlen konnte das Regime »beweisen«, daß die »Roten« eine wahre Tötungsorgie durchgeführt hatten, womit die Franquisten einerseits ihre eigene repressive Politik rechtfertigten und andererseits die politische Legitimation des »Friedensregimes« verstärkten.

Die Rechtfertigung der massiven Verbrechen des franquistischen Lagers im angeblichen Namen Gottes, des Vaterlandes oder der Gerechtigkeit bedurfte aber noch einer weitergehenden Begründung. Und diese wurde in der Charakterisierung des Gegners, des auszumerzenden Feindes gefunden. Die »Roten« waren nicht nur andere Spanier, die abweichenden politischen Idealen anhingen oder eine andere Sicht der Welt hatten, sondern sie wurden nicht einmal als fehlgeleitete Landsleute akzeptiert. Jene »Anti-Spanier« waren keine menschlichen Wesen, sie waren ein Aussatz, eine Plage, ein göttlicher Fluch, der über Spanien gekommen war, den das »wahre« und »ewige« Spanien vertilgen mußte. Die schlimmsten Pathologien – Marxismus, Kommunismus, Sozialismus, Anarchismus, Republikanismus etc. – hatten das Vaterland überfallen und mußten nun, wie ein Krebs, aus dem Volksganzen herausgeschnitten bzw. amputiert werden. Schuld an der Ausbreitung all dieser Übel waren der Liberalismus, das parlamentarische System, die Demokratie – politische Erscheinungsformen, die mit Stumpf und Stiel ausgerottet werden mußten.

III. DAS ERZWUNGENE GEDÄCHTNIS IM FRANQUISMUS

1. Franco-Regime und Erinnerungspolitik

ERINNERUNGSPOLITIK BETRIEBEN DIE Franquisten vom ersten Tag des Bürgerkrieges an. Sie bemächtigten sich sofort des öffentlichen Raums, eliminierten demokratische Symbole, änderten Straßen- und Ortsnamen, richteten Feierlichkeiten und Kundgebungen aus. Sie unternahmen vielfältige Anstrengungen, um durch symbolische Politik ihre Herrschaft zu legitimieren und das entstehende Regime zu stabilisieren. Von Anfang an und dann während der gesamten Franco-Ära versuchte das Regime durch *damnatio historiae*, jegliche historische Erinnerung, die sich nicht in die Tradition des Aufstandes vom 17./18. Juli 1936 einreihen ließ, auszuschalten: physisch durch Ermordung aller exponierten Kräfte der republikanischen Seite, politisch durch kompromißlose Machtaufteilung unter den Siegern, intellektuell durch Zensur und Verbote, propagandistisch durch einseitige Indoktrinierungen, kulturell durch Eliminierung der Symbole jenes angeblichen »Anti-Spanien«, das in zermürbender Langsamkeit drei Jahre lang bis zur bedingungslosen Kapitulation bekämpft worden war. Zur Zerstörung der Erinnerung an jenes unterlegene Spanien »des Hammers und des Meißels« (Antonio Machado) kam bald die Notwendigkeit, die Spur der eigenen Verbrechen aus dem Gedächtnis der Menschen tilgen zu müssen. Die Auswahl des aus dem kollektiven Gedächtnis zu Streichenden war ein Prozeß negativer Selektion, der vom Zentrum der Macht aus gesteuert wurde. (Ganz im Gegensatz zu dieser Haltung des Sieger-Regimes haben nach 1975, wie weiter unten ausgeführt wird, die Regierungen der *transición* keinen übermäßigen Eifer an den Tag gelegt, die Symbole des Franquismus aus der Öffentlichkeit zu entfernen. Einige sind bis heute anzutreffen.)

Im Grunde genommen lassen sich alle Maßnahmen, die in den folgenden Kapiteln im einzelnen erörtert werden, als spezifische Aspekte der Erinnerungspolitik bezeichnen: die ikonographischen Bemühungen des neuen Regimes, die architektonische Ausgestaltung der Dörfer und Städte, das sorgfältig manipulierte Geschichtsbild, die Propaganda in Texten und Filmen, die Pflege der neuen Gedächtnisorte, der Legitimationsdiskurs, der neue Festkalender der Sieger. Am Tag der Gründung der faschistischen Einheitspartei *Falange,* am 19. April 1937, führte Franco mit konkreten Beispielen aus, wie er sich Erinnerungspolitik vorstellte: »An den Kampfesstätten, wo das Feuer der Waffen glänzte und das Blut der Helden floß, werden wir Stelen und Denkmäler errichten, in die wir die Namen derer einmeißeln werden, die Tag für Tag mit ihrem Tod den Tempel des Neuen Spanien errichten, damit eines Tages die Wanderer und Reisenden vor den glorreichen Steinen innehalten und der heldenhaften Erbauer dieses großen spanischen Vaterlandes gedenken.«

Zahlreiche Orte wurden im Verlauf des Bürgerkrieges und danach umbenannt oder erhielten Suffixe; Alcocero etwa wurde nach dem Oberbefehlshaber des franquistischen Nordheeres, General Emilio Mola, Alcocero *de Mola* getauft, der Ort San Leonardo hieß nach dem General Juan Yagüe fortan San Leonardo *de Yagüe* und Francos galicischer Geburtsort Ferrol erhielt die Bezeichnung Ferrol *del Caudillo.* Viele Dutzende von Orten mußten, nach dem Willen der Sieger, eine neue Namensidentität annehmen.

Die folgenden Abschnitte werden diese und andere Themen im Detail behandeln. Bei aller Unterschiedlichkeit im einzelnen haben all diese Aspekte eines gemein: Es ging den Siegern immer darum – mal direkt und brutal, mal vermittelt und subtil –, ihre Herrschaft in die Tradition einer weit zurückreichenden, glorreichen Vergangenheit einzuordnen und sich selbst in der historischen Kontinuität imperialer Großmachtpolitik zu präsentieren.

Die Erinnerungspolitik umfaßte Zeit und Raum gleichermaßen. Was die Zeit betrifft, begann das »nationale« Lager sogar eine neue Zeitrechnung: 1936 hieß »Erstes Triumphjahr« (*Primer Año Triunfal*), 1939 »Siegesjahr« (*Año de la Victoria*). Im übrigen wurde ausführlich aus der Geschichte geschöpft, vor allem aus den Epochen, die als die Glanzzeit Spaniens gedeutet wurden: das ausgehende 15. Jahrhundert unter der Herrschaft der Katholischen Könige, sodann das imperiale 16. Jahrhundert mit Karl V. und Philipp II. als dominierenden Monarchen. Die folgenden Jahrhunderte der Dekadenz, vor allem auch das 19. Jahrhundert als Zeitalter des negativ gedeuteten Liberalismus, wurden weitgehend ausgeblendet.

Was den Raum betrifft, so ergriffen die neuen Machthaber von der Topographie symbolisch Besitz, indem die Namen von Orten, Straßen, Gebäuden, Institutionen geändert und mit neuen historisch-politischen Assoziationen versehen wurden. Der traditionelle Dom der Schutzheiligen Spaniens, der Virgen del Pilar in Zaragoza, wurde zum »Heiligtum der Rasse«; die meisten Hauptstraßen erhielten die Namen *Avenida del Generalísimo* oder *Avenida de José Antonio Primo de Rivera.* Umstrittene Kampfstätten des Bürgerkriegs – wie Belchite oder der *Alcázar* von Toledo – wurden zu neuen Erinnerungsorten des Regimes; das *Valle de los Caídos* sollte für immer an den Sieg im Bürgerkrieg erinnern.[1] Bei der Ritualisierung der politischen Erinnerung spielte die Kirche viele Jahre hindurch eine wichtige Rolle.

Der entstehende franquistische Staat war nach dem 18. Juli 1936 bemüht, die im Kampf auf seiner Seite Gefallenen – zumindest Personen eines gewissen Ranges – an ihre Herkunftsorte zu bringen, damit sie dort mit allen Ehren bestattet werden konnten. Spektakulär war die Exhumierung des Leichnams von José Antonio Primo de Rivera in Alicante; sein Sarg wurde – auf Schultern von Falangisten – in einem zehntägigen Trauermarsch in den Escorial gebracht und dort feierlich bestattet. In allen Ortschaften, durch welche der Leichenzug kam, hatten die Totenglocken zu läuten, und die Einwohner mußten mit faschistischem Gruß dem Vorbeizug beiwohnen. Zeremonielle Exhumierungen erfuhren auch José Sanjurjo, dessen Überreste vom portugiesischen Estoril nach Pamplona gebracht wurden, Manuel Goded (von Barcelona nach Madrid), Emilio Mola (von Burgos nach Pamplona) und viele andere. Nach dem Krieg wurden die Lokalverwaltungen angehalten, die Gebühren für Exhumierungen und Leichen-

1 Zu diesen Beispielen vgl. ausführlich Kap. IV *Gedächtnisorte des Franquismus* in diesem Buch.

überführungen von Personen, »die Opfer der roten Barbarei geworden sind«, zu reduzieren oder ganz zu erlassen, damit eine nachträgliche ehrenhafte Bestattung stattfinden könne.

Während somit die Gefallenen der franquistischen Seite mit allen Ehren ihre letzte Ruhe fanden, hatten die Angehörigen der gefallenen Republikaner mit erheblichen bürokratischen Hindernissen zu kämpfen. In vielen Fällen war es nicht einmal möglich, eine Todesurkunde ausstellen zu lassen; in anderen wurde es den Familienangehörigen untersagt, Trauerkleidung zu tragen und so öffentlich ihr Totengedenken zum Ausdruck zu bringen. Häufig konnten die offiziellen Totenscheine erst nach einem Gesetz von 1979 (!) ausgestellt werden.

Der Totenkult war ein wichtiger symbolischer Bestandteil der Erinnerungspolitik und bei der Grundlegung des Neuen Staates. Das Innenministerium unter dem Franco-Schwager Ramón Serrano Suñer setzte eine gewaltige Propagandamaschinerie in Kraft, für die anfangs Dionisio Ridruejo und José Antonio Giménez Arnau verantwortlich zeichneten; zum Mitarbeiterstab zählten so bekannte Namen wie der Essayist Pedro Laín Entralgo, der Schriftsteller und Kulturphilosoph Eugenio D'Ors, der Schauspieler Luis Escobar und viele andere. Sie inszenierten in den ersten Jahren des Regimes einen Gefallenenkult – natürlich immer nur auf die Toten der »nationalen« Seite bezogen –, zu dessen Ritual Exhumierungen und Verlegung von Leichnamen, Selig- und Heiligsprechungen, Straßen- und Ortsbenennungen, Prozessionen und Wandinschriften, schließlich und vor allem das *Causa General* genannte Gerichtsverfahren gegen alle Anhänger der Republik zählten.

Allgegenwärtig war während des Franquismus der Totenkult um José Antonio Primo de Rivera, der am 20. November 1936 im Gefängnis von Alicante von Republikanern erschossen worden war. Zuerst hielt die franquistische Seite die Nachricht von seinem Tod geheim; die Rede war immer nur vom *Ausente,* dem »Abwesenden« – so, als könne er jederzeit wieder auftauchen und zur Führergestalt Spaniens werden. Als schließlich sein Tod bekannt wurde, organisierten die Franquisten ein feierliches Requiem in der Kathedrale von Burgos; an die Außenwand der Kathedrale kam die Inschrift *José Antonio Primo de Rivera, presente* ([in Gedanken und in der Erinnerung] »anwesend«).

Von 1938 an war der 20. November eines jeden Jahres »nationaler

Trauertag«.[2] Außerdem sollten an die Außenwände der Kirchen die Namen aller »im Zuge des gegenwärtigen Kreuzzugs für Gott und Spanien Gefallenen« geschrieben und die Liste mit dem evozierenden *Presentes!* beendet werden. Viele dieser Inschriften sind bis heute zu lesen.

Die franquistische Erinnerungspolitik diente einem einzigen Zweck: das eigene Regime zu legitimieren, es als quasi selbstverständliche Konsequenz der Entwicklung in der Tradition der glorreichen spanischen Geschichte zu verankern, zugleich die Erinnerung an die Gegenseite – die Liberalen und die Demokraten, Sozialisten und Kommunisten, Freimaurer und Juden... – auszulöschen. Die Ikonographie Francos im öffentlichen Raum ist ein erstes, anschauliches Beispiel, wie die Propagandisten des Franquismus ihre Absicht durchsetzten.

2. Ikonographie Francos: Der Diktator im öffentlichen Raum

Diktaturen sowie ganz allgemein nicht-demokratische Regime greifen vielfach auf Standbilder und Denkmäler zurück: zum einen deshalb, weil ihnen demokratische Legitimität fehlt und sie daher nach alternativen Legitimationen charismatischer Art Ausschau halten, was die Notwendigkeit zur Folge hat, die Inhaber der Macht symbolisch – durch Bilder, Statuen etc. – hervorzuheben; zum anderen wegen des Mangels an Pluralismus, was – bei Fehlen interner Kritik – den Personenkult fördert. Der Franquismus liefert ein besonders anschauliches Beispiel für die Bedeutung der Ikonographie des Diktators im öffentlichen Raum.

Ende September 1936 hatte Franco die gesamte Macht im »nationalen« Lager in seiner Person vereinigt; er war Staats- und Regierungschef sowie Generalissimus der Streitkräfte. Zu den ersten Öffentlichkeitsmaßnahmen zur Absicherung und Stärkung seiner Herrschaft und Autorität gehörte die massive Verbreitung seines Porträts. Überall wurden Plakate mit seinem Konterfei aufgehängt, oft waren es auch schnell von Photographien abgemalte Bilder, die in den Amtsstuben zu sehen waren. Sehr bald schon wurde das Gesicht des Diktators

---

2 Zur Mythisierung von José Antonio Primo de Rivera vgl. I. Gibson, *Busca*.

nurmehr in idealisierter Form dargestellt. Das äußere Erscheinungsbild Francos war zu Propagandazwecken allerdings denkbar ungeeignet. Er war kleinwüchsig, dicklich, hatte eine zu hohe Stimme und keinerlei rhetorisches Talent; nichts suggerierte einen Helden, nirgends waren die ästhetischen Qualitäten zu entdecken, die zum Aufbau von Charisma erforderlich gewesen wären. Um ein archetypisches Bild des *Caudillo* in den Köpfen der Bevölkerung zu schaffen, mußte daher auf das Wort und alle verfügbaren graphischen Medien zurückgegriffen werden.[3]

Die Ikonographie Francos wurde in den ersten Jahren seiner Herrschaft festgelegt, während gleichzeitig – vor allem von Francisco Javier Conde – die Theorie des »Führertums« (*caudillaje*) zur Ausgestaltung gelangte. Ikonographisch lag es nahe, lediglich das (mehr oder weniger idealisierte) Gesicht Francos abzubilden. Diese massiv verbreiteten Porträts trugen wesentlich dazu bei, daß die Herrschaft Francos eine charismatische Note erhielt. Außerdem erfolgte die Verbreitung der Franco-Bilder in quasi-monopolistischer Form, da Bilder von José Antonio Primo de Rivera weit seltener anzutreffen waren und keiner der anderen Putschgeneräle auch nur annähernd soviel mediale Aufmerksamkeit erfuhr wie der Generalissimus.

Am häufigsten waren Bilder Francos als Photographien in Periodika anzutreffen; der offizielle Photograph, Jalón Angel, retuschierte die meisten Bilder, bis der Diktator schließlich besonders »positiv« aussah. Die zahlreichen Individualabbildungen verfolgten den Zweck, in seiner Person das Regime zu »individualisieren«. Kampfbilder Francos gibt es nur ganz wenige, so daß das Bild des Generalissimus einen Eindruck vermittelte, der mit der Realität nur wenig gemein hatte: das Bild eines militärischen Befehlshabers, der kein Blut vergießt. In den meisten Fällen wurde er in Uniform abgebildet, mitunter auch als Kreuzritter, so daß ikonographisch die Ideologie und Handlungen der Aufständischen mit der glorreichen Vergangenheit Spaniens im Mittelalter in Verbindung gebracht wurden; der Bürgerkrieg galt als neue *Reconquista.* Das Gesicht Francos wurde zum wichtigsten symbolischen Motiv des entstehenden »Neuen Staates«, daher wurde auf die Abbildungen besondere Sorgfalt verwendet. Francos Porträt war om-

---

3 Vgl. zum folgenden A. Llorente Hernández, *Construcción.*

nipräsent, die propagandistische Überhöhung erfuhr 1939/40 ihren Höhepunkt.

Zwischen 1939 und 1945 wurde das Bild Francos häufig in Verbindung mit Hitler und Mussolini gezeigt. In diesem Zeitraum häuften sich auch die Sympathiebekundungen des franquistischen Regimes für den Nationalsozialismus und den Faschismus. Der nationalsozialistische und der faschistische Einfluß waren bei der Herausbildung der franquistischen Propaganda, insbesondere der Rhetorik, auch von großer Bedeutung. So ging etwa das Motto *Una Patria, un Estado, un Caudillo* auf das nationalsozialistische *Ein Volk, ein Reich, ein Führer* zurück, und der Dreifachruf *Franco, Franco, Franco* war eine direkte Anpassung an das italienische *Duce, Duce, Duce.*

Die Konstruktion des *Caudillo*-Charisma erfolgte wesentlich über das Medium Wort. Slogans wurden zu Ikonen. Am 1. November 1936 legte die »Nationale Führung der Bewegung« die Rufe fest, die bei offiziellen Veranstaltungen zulässig waren; hierzu gehörte vor allem das dreifache *Franco, Franco, Franco,* was in der Folge zu dem am häufigsten gebrauchten rhetorischen und propagandistischen Mittel im Mythisierungsprozeß des *Caudillo* wurde. Andere zugelassene Rufe waren *Arriba España, Viva España* sowie *España Una, Grande, Libre.*

Neben die Bilder traten die Statuen Francos als Teil der Herrschafts-Ikonographie des Regimes. Die Statuen Francos lassen sich in drei Gruppen unterteilen, die sich wiederum auf verschiedene Phasen der Diktatur zurückführen lassen.[4] Die erste Phase umfaßte die Jahre 1936–1959, somit von Bürgerkriegsbeginn bis zur entscheidenden wirtschaftspolitischen Wende im Zuge des Stabilisierungsplans. Die meisten Statuen dieser Phase wurden in den vierziger Jahren errichtet, als das Regime sich institutionalisierte und stabilisierte. Der Zweck der Statuen bestand in der Legitimation der Macht Francos und in der Perpetuierung der Erinnerung an den Sieg im Bürgerkrieg.

Die zweite Phase umfaßte im wesentlichen die sechziger Jahre, d.h. die Periode des wirtschaftlichen Aufschwungs (*desarrollismo*) und des beginnenden »Friedensdiskurses«; der Hauptzweck der Statuen und Monumente jener Zeit stellte eine persönliche Ehrung Francos als

---

4 Vgl. J. Andrés, *Estatuas.*

Schöpfer des »neuen« modernen Spanien dar, womit zugleich seine personalistische Diktatur gestärkt werden sollte.

Die dritte Phase schließlich umfaßte die End- und Krisenjahre der Diktatur, somit die erste Hälfte der siebziger Jahre, und die Jahre des Übergangs in die Demokratie; in dieser Zeit wurden nochmals zahlreiche Büsten und Statuen Francos errichtet, die das historische Gedächtnis an den Schöpfer des autoritären Systems festschreiben wollten und letztlich eine erinnerungskonservierende Funktion hatten.

Die Regimepropagandisten kümmerten sich darum, daß Franco-Bildnisse und Franco-Büsten an allen wichtigen öffentlichen Orten in Erinnerung riefen, wer in Spanien die unumschränkte Herrschaft ausübte. Schon während des Bürgerkrieges kam es zu einer derart massiven Verbreitung von Franco-Abbildungen, daß die »nationale« Regierung im Oktober 1937 durch Verordnung den weiteren Abdruck derartiger Abbildungen einer Zensur unterwarf. Francos Gesicht war allgegenwärtig; die Übertragung der obersten Machtbefugnisse an den siegreichen Feldherrn Franco Ende September 1936 wurde zu einer Art Gründungsmythos stilisiert. Schon vor 1940 wurden an den unterschiedlichsten Orten Franco-Büsten aufgestellt; Autoren waren verschiedene Bildhauer wie Moisés de Huerta, Mariano Benlliure, Georg Kove, Giandomenico De Marchis, Manuel Hugué, Enric Monjó, Juan de Avalos, Pedro de Torre Isunza, Vicente Navarro. Auch das Bildungsministerium war daran interessiert, daß in der franquistischen Vorzeige-Bildungsanstalt »Ramiro de Maeztu« in Madrid eine Franco-Skulptur aufgestellt wurde, damit die heranwachsenden Schüler – die zukünftige Elite des Landes – stets ihr nachzuahmendes Beispiel vor Augen haben konnten. Das Bronzereiterstandbild zeigte Franco in majestätischer Pose, so als sei er der Leiter der Bildungsanstalt. Die Statue war von Fructuoso Orduna 1942 angefertigt worden; es handelte sich um das erste Reiterstandbild Francos, das in einer Stadt aufgestellt wurde.[5]

In den fünfziger Jahren erfolgte der Auftrag der Madrider Universitätsleitung an José Capuz Mamano, ein Reiterstandbild Francos anzufertigen, das vor dem Triumphbogen in der »Universitätsstadt« aufgestellt werden sollte. Die Bauarbeiten am Triumphbogen zogen sich

---

5 A. Cirici, *Estética,* S. 154–156.

jedoch hin,[6] bis er schließlich 1956 – in einem ganz anderen politischen Umfeld, als ursprünglich vorgesehen – eingeweiht wurde. Das Reiterdenkmal Francos wurde aber nicht am ursprünglich vorgesehenen Platz aufgestellt; 1959 fand es schließlich vor dem Wohnungsbauministerium seinen Standort. Im Jahr 1964 erhielten Santander und Valencia Kopien der Reiterstatue von Capuz.[7]

Von besonderem Interesse im ikonographischen Sinne ist das Reiterstandbild Francos in der Militärakademie von Zaragoza, deren Direktor Franco 1928–1931 war. Die Reiterstatue, die ursprünglich im Innenhof der Militärakademie aufgestellt werden sollte, ging auf eine Initiative des Bürgermeisters der Stadt, Francisco Caballero, zurück, der nach dem Bürgerkrieg die Erinnerung an den ersten Direktor der Akademie, der inzwischen zum *Caudillo* Spaniens geworden war, ehren wollte. 1931, zu Beginn der Zweiten Republik, hatte Kriegsminister Manuel Azaña die Schließung der Militärakademie angeordnet, womit Franco automatisch die Leitungsposition verlor. Nach dem Bürgerkrieg hatte Franco die Wiedereröffnung der Akademie angeordnet, was für ihn zugleich eine Art symbolische Wiedergutmachung bedeutete.

Das Modell, das schließlich den Zuschlag erhielt, stammte von Moisés de Huerta und zeigte ursprünglich Franco mit Helm und Umhang. Das Aussehen der Statue war rein kriegerisch, worauf auch die hinzugefügten Symbole verwiesen: Kreuz, Schwert und das neugestaltete Staatswappen. Von Anfang an kam es zu Spannungen zwischen dem Bildhauer Moisés de Huerta und der Stadtverwaltung von Zaragoza wegen verschiedener Änderungen bei der Ausführung des Projektes, vor allem aber wegen der Erhöhung des veranschlagten Budgets. Hinzu kamen Probleme bei der Beschaffung der erforderlichen Materialien, insbesondere der Bronze für den Guß. Franco saß dem Künstler wiederholt Modell. In diesen Sitzungen wurden schließlich – wahrscheinlich auf Francos persönliche Initiative hin – einige Änderungen am ursprünglichen Modell vorgenommen. In der Endfassung wurde auf Helm und Umhang verzichtet.

Die Statue trug die Inschrift: *Por la Cruz y por la Espada* (»Durch

---

6 Vgl. Kapitel III 3. *Siegesästhetik des Franquismus* in diesem Buch.
7 Vgl. P. Leenknegt, *Franco*.

das Kreuz und durch das Schwert«). Die Einweihung fand am 15. Dezember 1948 statt.

Bei der Interpretation der Reiterstatue von Zaragoza ist darauf zu verweisen, daß die Idee zur Errichtung der Statue aus dem Jahr 1942 stammte, die Einweihung aber erst 1948 stattfand. Zwischen diesen beiden Daten lag die Niederlage der Achsenmächte im Zweiten Weltkrieg. Für Franco bedeutete diese Niederlage die Notwendigkeit, eine deutliche ideologische Distanzierung von den faschistischen Mächten vornehmen zu müssen. Diese Distanzierung äußerte sich in der Preisgabe faschistischer Rituale und Symbole und in einer deutlichen Rücknahme des militärischen »Exhibitionismus«. Zwar verzichtete das Regime auch nach 1945 nicht auf seine militärische, durch den Sieg im Bürgerkrieg erworbene Legitimation, aber die neue weltpolitische Situation legte eine gewisse Mäßigung beim Einsatz der Symbole nahe. Daß schließlich auf Helm und kriegerischen Umhang bei der Reiterstatue verzichtet wurde, erklärt sich sicherlich aus dieser politischen Anpassung an die durch den Ausgang des Weltkriegs entstandene Situation.

Als sich ab Anfang 1943 abzeichnete, daß die Achsenmächte den Krieg nicht gewinnen würden, änderte Spanien seine politisch-militärische Haltung. Am 3. Oktober 1943 nahm das Land wieder den Status der »Neutralität« an, während es zuvor »nicht kriegführend« gewesen war. Am 12. November 1943 zog Franco die Blaue Division von der Ostfront zurück, jene »Freiwilligenarmee«, die überwiegend aus Falangisten bestanden hatte, die Franco zum Dank für die deutsche Unterstützung im Bürgerkrieg an die Rußlandfront »zur Bekämpfung des Kommunismus« entsandt hatte. Auch das Bild Spaniens als (informeller) Alliierter Deutschlands und Italiens sollte sich nun schnell ändern. Alle ideologischen Anleihen des Nationalsozialismus oder Faschismus wurden eliminiert, die Plakate mit den gemeinsamen Abbildungen von Franco, Hitler, Mussolini und Salazar aus den spanischen Auslandsvertretungen entfernt. Und nach dem Zweiten Weltkrieg, als das Regime international isoliert war, distanzierte sich Franco verbal immer deutlicher von den »Totalitarismen« und betonte demgegenüber nationalkonservative und katholische Traditionsstränge. 1947 ließ der Diktator erstmalig Münzen im Wert von 150 Millionen Peseten prägen. Auf der einen Seite erschien die Büste Francos mit der Inschrift: *Francisco Franco. Caudillo de España por la*

G. de Dios 1947 (»Francisco Franco. Caudillo Spaniens durch Gottes G [nade] – 1947«).

Auch Briefmarken sind in diktatorischen Regimen ein Schlüsselelement für die Propaganda des Regimes; dabei muß bedacht werden, daß Briefmarken staatlichen Charakter tragen und Ausdruck nationaler Souveränität sind (wie die Nationalflagge oder die Hymne). Francos Bild erschien zuerst auf Briefumschlägen und Postkarten, nach dem Bürgerkrieg sodann auch auf Briefmarken. In den Jahrzehnten des Franquismus wurden die Briefmarken mit dem Abbild Francos millionenfach verwendet – eine propagandistische Aktion erster Ordnung. Waren während des Bürgerkrieges vor allem Isabella von Kastilien »die Katholische«, ihr Ehemann Ferdinand »der Katholische«, die Schlacht von Lepanto oder der Nationalheld El Cid auf den Marken abgebildet, so wurde nach dem Bürgerkrieg nur El Cid neben dem auf fast allen Marken zu sehenden Franco abgebildet.

Häufig trugen auch die Stempel zur Entwertung der Marken den Namen Franco. Mitte 1944 wurde ein »ikonographischer Briefmarkenplan« verabschiedet, der im einzelnen die Ausgabe von Marken regelte und festlegte, daß die verwendeten Motive »positive und andauernde Werte der Realität und Geschichte des Vaterlandes« darstellen müßten. Unter der Kategorie »Symbolisierung des Staates und der Souveränität« war nur ein Motiv zugelassen, »der Staatschef« – ein deutlicher Hinweis darauf, daß auch die Briefmarken der Legitimierung der Machtkonzentration in Händen Francos dienten. Der Staat sollte mit ihm identifiziert werden, die nationale Souveränität lag ausschließlich bei ihm.

In der zweiten Phase des Regimes, in den sechziger Jahren, in der es vor allem um eine Ehrung des »Retters des Vaterlandes« und »Vaters des Wirtschaftswunders« ging, wurden Reiterstatuen in Barcelona (1963), in Valencia und Santander (1964) sowie in El Ferrol (1967) errichtet. In kleineren Ortschaften, die eine Statue nicht bezahlen konnten, wurden Franco-Büsten aufgestellt, etwa in Marbella oder Lupión. In praktisch allen Fällen gingen derartige Initiativen von den Stadtverwaltungen, insbesondere von den Bürgermeistern, aus, die sich Franco gegenüber besonders dankbar oder gefällig erweisen wollten.

In der letzten Phase des Franquismus schließlich, als die Krisenerscheinungen im System unübersehbar waren, versuchten die reaktionärsten Fraktionen des Regimes, das institutionelle Gerüst und damit ihr eigenes Überleben über die Zeit zu retten, die Strukturen festzuzurren, von denen ihre Pfründen und Einnahmen abhingen. Die zahlreichen neuen Monumente, die in jenen Jahren noch Franco gewidmet wurden, sollten die Diktatur symbolisch verankern und ihre Zukunft sicherstellen. Da die Verwaltungen in einer Zeit allgemeiner Wirtschaftskrise über nur sehr beschränkte Finanzmittel verfügten, war die Ausführung der Denkmäler zumeist bescheiden. Die Aufstellung zog sich einige Jahre hin, bis über Francos Tod hinaus.

Von Interesse ist in diesem Zusammenhang die Franco-Statue, die im Februar 1976 – drei Monate nach dem Tod des Diktators – in Guadalajara in Auftrag gegeben wurde. Der ausgewählte Bildhauer war Antonio Navarro Santafé, der zu den Nostalgikern des Franquismus gehörte; finanziert wurde das Denkmal durch private Spenden. Eigentlich sollte das Denkmal am 20. November 1976 – am ersten Todestag Francos – eingeweiht werden; eine Verzögerung bewirkte, daß die Einweihung schließlich erst am 4. Dezember 1976 auf der Plaza de José Antonio (heute: Plaza Mayor) in Anwesenheit von Francos Witwe und zahlreicher Vertreter des franquistischen »Bunker« stattfand. Wenige Tage später sprach sich die spanische Bevölkerung mit überwältigender Mehrheit in einem Referendum für das »Gesetz zur Politischen Reform« und damit für die Demokratisierung des Landes aus. Der zeitliche Zusammenfall der beiden Ereignisse brachte in drastischer Form den Anachronismus der Einweihung des franquistischen Denkmals in Guadalajara zum Ausdruck.

Bei den Reiterstatuen handelt es sich um »politische Kunst« schlechthin. Eine stilistisch-ikonographische Betrachtung läßt deutlich werden, daß die »franquistische Kunst« im öffentlichen Raum eine klare Abneigung gegenüber der Avantgarde in all ihren Formen hatte. Der Künstler verfügte über keine Autonomie; ein Kunstwerk mußte die Werte evozieren, die mit der traditionellen, aristokratisch-militärischen Ikonographie des Ritters übereinstimmten. Der rein künstlerische Anspruch wurde immer der politischen Funktion untergeordnet. Beherrschend war die Monumentalität der Statuen. Mit der Reiter-Ikonographie wollte das Regime bestimmte semantische Inhalte vermitteln; es ging um den imperialen Traum nach dem Vorbild des Imperium Romanum oder des Reiches der Katholischen Könige. In der franquistischen Ästhetik spielten die Begriffe »Tradition« und »traditionalistisch« eine entscheidende Rolle; sie standen für jegliche Ablehnung von Abstraktion.

3. Siegesästhetik des Franquismus

Ästhetische Überlegungen waren zweifellos von wesentlicher Bedeutung im frühen Franquismus. Die visuelle Verführung sollte die Vorstellungskraft des Betrachters »besetzen«, Ideologie und Werte sollten durch Gebäude und Bilder ausgedrückt werden. Auch wenn diese Absicht der Sieger aus den Bau- und Kunstwerken jener Jahre abgeleitet werden kann, fehlt es andererseits doch an einer »Theorie« der franquistischen Kunst und Architektur, an einem einigermaßen konsistenten Baukonzept. Gab es überhaupt so etwas wie »franquistische« Architektur oder gar Kunst? Haben Politologen bereits Probleme, eine klare »Ideologie des Franquismus« herauszuarbeiten, so fällt es im Bereich der Architektur und Kunst mindestens genauso schwer, eine »Ästhetik des Franquismus« zu definieren. Eines der Probleme besteht in der langen Dauer des Franquismus, die zu Periodisierungen und zur Betonung wichtiger Wandlungsprozesse im Verlauf des Regimes zwingt:[8]

Während des Bürgerkriegs und in den ersten Jahren des Weltkriegs wurden die ästhetischen Vorstellungen im Lager der Nationalen wesentlich von den zwei Grundströmungen bestimmt, auf denen das neue System aufbaute: einer national-katholischen Basis und dem falangistischen Faschismus. Öffentliche Gebäude wurden in dieser Phase von Monumentalismus geprägt, eine enge Anlehnung an die Architektur des »Dritten Reiches« war unübersehbar.

In der zweiten Hälfte des Weltkriegs, als ein Ende der faschistischen Herrschaft in und über Europa absehbar war, und in den auf 1945 folgenden Jahren betonte das Regime viel stärker als zuvor die traditionellen, konservativen Aspekte seines Nationalkatholizismus. Dies spiegelte sich deutlich in der Bauweise, vor allem von Privatgebäuden, wider: Diese imitierten zuerst den angelsächsischen Stil und

8 Die beste Studie zur Ästhetik des Franquismus ist A. Cirici, *Estética*.

konzentrierten sich sehr bald auf die Betonung des »typisch Spanischen«, eines traditionell-altertümelnden und historisierenden Baustils.

Als sich in der zweiten Hälfte der fünfziger und in den sechziger Jahren Spanien der internationalen Wirtschaft öffnete, das Land in die UNO und andere supranationale Gremien aufgenommen wurde, änderte sich auch die staatliche Einstellung zu Kunst und Architektur. Die »Generaldirektion für Architektur« (*Dirección General de Arquitectura*) öffnete sich der Avantgarde-Architektur, die Kunst wurde »internationaler«, die öffentlichen Gebäude – etwa die Rechtsfakultät der Universität Barcelona – übernahmen den Rationalismus als Stilelement, allmählich verschwand die »franquistische Kunst«, die sich in eine Vielzahl von Stilelementen und Einflüssen verschiedenster Art auflöste.

In der ersten Phase des Regimes waren die dominierenden Grundbegriffe des neuen Systems Einheit, Ordnung und Hierarchie. Die starke Betonung des Ordnungsgedankens hatte einen Kult der Hierarchie zur Folge; die Visualisierung dieser Grundvorstellungen in Bauwerken führte zu einer Architektur mit pyramidalen Formen und einem krönenden Abschluß, einer dominanten Achse und monumentalen Formen. Besonders einflußreich war in dieser Phase der faschistische Kunsttheoretiker Ernesto Giménez Caballero, für den der Escorial, die frühere Königsresidenz und zugleich Grabstätte der spanischen Könige, das perfekte Werk schlechthin war, die Materialisierung des Staates, die Summe von Hierarchie, Ordnung und Einheit Spaniens, das Kunstmodell *par excellence,* ein Instrument, mit dessen Hilfe man den ewigen höchsten Zustand des Friedens und der Kontemplation Gottes erreichen konnte.

Zu den Grundvorstellungen der Zeit gehörte auch die Idee des Imperiums. Das Imperiale war zwar allgegenwärtig, so auch im Motto des Regimes *Por el Imperio hacia Dios* (»Über das Reich zu Gott«), wurde aber nirgends einigermaßen klar definiert. Aus vielen Anspielungen und Andeutungen wurde jedoch deutlich, daß das Imperiale sich auf das Reich der Katholischen Könige und das koloniale Ausgreifen Spaniens nach Übersee bezog, was mit dem ideologischen Begriff der »Hispanität« umschrieben wurde. Diese Vorstellung bedingte die künstlerischen Formen des Franquismus, die einen Bezug zu jener glorreichen Epoche herstellen sollten, in der im spanischen Imperium »die Sonne nicht unterging«.[9]

Zeremonielle Aspekte spielten in der Ästhetik der Sieger eine entscheidende Rolle. Ritualisierte Inszenierungen waren bei Militäraufmärschen ebenso anzutreffen wie bei Arbeiterdarbietungen. Hunderte und Tausende von Menschenkörpern bildeten Siegessymbole – etwa das »Victor«-Zeichen – oder Namen. Monumentalismus, wo möglich und finanziell machbar, war der herausragende Grundzug der zeremoniellen Kunst, häufig in enger synkretistischer Symbiose mit religiösen Elementen. Als zum Beispiel 1943 die »Universitätsstadt« von Madrid in Anwesenheit Francos und zahlreicher Ehrengäste eingeweiht wurde, spielte sich die Zeremonie um einen Hauptaltar ab, der die Form einer Stufenpyramide aufwies; der eigentliche Altar war hoch über dem Publikum. Die zahlreichen Fahnen, das staatliche Symbol der Feier, waren demgegenüber vom Zentrum des Hauptgeschehens relativ weit entfernt.[10] Auch beim Internationalen Eucharistischen Kongreß von Barcelona zeigte sich 1952 der Nationalkatholizismus mit allen Registern seines Zeremoniells.

Im September 1939 wurde in Burgos die »Generaldirektion für Architektur« eingerichtet, die das starke Interesse des Regimes an der Architektur erkennen ließ. Im Gesetzestext wurde die Absicht dieser Einrichtung beschrieben: »Der nationale Wiederaufbau, der eine Grundaufgabe des Friedens ist, bedarf der gemeinsamen und geordneten Arbeit aller Bereiche der Technik. Die Zerstörungen an den Gebäuden, in den Städten und an den künstlerischen Denkmälern, die Notwendigkeit, das materielle Leben des Landes in Übereinstimmung mit neuen Prinzipien zu ordnen, die repräsentative Bedeutung der architektonischen Werke als Ausdruck der Kraft und der Vision des Staates in einer bestimmten Epoche legen es nahe, alle verschiedenen professionellen Äußerungen der Architektur in einer Direktion mit dem Ziel, der Gesellschaft zu dienen, zusammenzufassen. Somit werden die Fachleute, wenn sie in den offiziellen Organismen intervenieren,

---

9 Zur Idee des Imperiums in der Ideologie Francos vgl. Kap. III 4. *Das Selbstbildnis Francos: Rasse und Imperium* in diesem Buch.

10 Vgl. A. Cirici, *Estética,* S. 105 f.

Vertreter eines syndikal-nationalen Architekturkriteriums sein.«[11] Die neue Direktion wurde im Innenministerium angesiedelt. Die gesamte offizielle Architektur sollte somit einen »syndikal-nationalen Charakter« erhalten.

Von Interesse sind in diesem Zusammenhang die kunsttheoretischen Texte von Pedro Muguruza, einem Chefarchitekten des frühen Franquismus. Er verurteilte sowohl den spanisch-simplifizierenden Stil als auch den »funktionalen Kubismus«, in seiner Sicht somit sowohl das Reaktionäre der Kapitalisten als auch das Rationale der Revolutionäre. Demgegenüber machte er sich für einen dritten interklassistischen Weg stark, der die Realität des Klassenkampfes leugnete.[12] Der Wille des Diktators und die schöpferische Kraft eines Höheren Wesens müßten in den Bauwerken zum Ausdruck kommen; diese hätten sich an Ordnungen und Normen zu halten; staatliche Intervention betrachtete er als erforderlich; eine Behörde habe technische Dispositionen zu erlassen; außerdem habe die Architektur eine Funktion gesellschaftlicher Erziehung.

Francos Willen und den Vorstellungen der bisher zitierten »Kunsttheoretiker« zufolge sollte Madrid nach dem Krieg zu einer würdigen Hauptstadt ausgebaut werden, die den Charakter des neuen Staates repräsentierte. In vielerlei Hinsicht wurde dabei auf die Modellvorschläge Albert Speers für Berlin zurückgegriffen, die in Spanien nicht zuletzt durch die Architekturausstellung von 1942 bekannt geworden waren. Schon der Bau der Neuen Reichskanzlei hatte in Madrid viel Lob erfahren; diesem Vorbild wollten die Franquisten folgen.

Eines der auffälligsten Bauwerke Madrids aus der franquistischen Ära ist das Luftwaffenministerium (*Ministerio del Aire*) im Stadtteil Moncloa; es wurde von Luis Gutiérrez Soto geplant und zwischen 1943 und 1957 erbaut. Mit seinen vier Türmen, der Ziegelsteinfassade und dem mächtigen Eingangsportal erinnert es stark an den Escorial. Diese Erscheinungsform war ursprünglich nicht vorgesehen; es sollte vielmehr dem Münchner »Haus der Deutschen Kunst« ähneln, mit neodorischer Kolonnade und einfachen Säulen. Über dem Säulengang sollte das Abzeichen der Luftwaffe angebracht werden, das dem

---

11 A Cirici, *Estética*, S. 120.
12 Vgl. A Cirici, *Estética*, S. 122.

Hoheitsadler der Nationalsozialisten ähnelte. Nach dem Ende des Dritten Reiches wurden die Pläne allerdings geändert, nunmehr war der Rückgriff auf katholisierende spanische Traditionen stilbildend.[13] So erklärt sich die schließliche Anlehnung an den Escorial. (Im bissigen Volksmund der Madrider Bevölkerung wurde das Gebäude nicht *Ministerio del Aire,* sondern *Monasterio del Aire* [Luftwaffenkloster] genannt.)

Auch der Platz vor dem Luftwaffenministerium wurde umgestaltet. Dort errichtete man einen großen, Franco gewidmeten Triumphbogen, der stark an die klassischen Bögen Roms und den Pariser Arc de Triomphe erinnert. Der Triumphbogen war als Symbol des Sieges konzipiert; zugleich sollte er ein eindrucksvoller Blickfang auf einer der Hauptverkehrsachsen zur Hauptstadt sein. Dem Bauwerk liegt ein Konzept militärischer Strenge zugrunde: Die Seitenpfosten weisen keine Verzierungen auf, was die Monumentalität und Wuchtigkeit des Bogens noch unterstreicht. In den Folgejahren wurde direkt gegenüber dem Triumphbogen ein Denkmal für die Gefallenen des Bürgerkrieges in Form einer runden Ehrenhalle errichtet, womit ein unmittelbarer Zusammenhang zwischen Sieg im Bürgerkrieg und Verehrung der Helden hergestellt wurde. Die Planungs- und Baugeschichte des Platzes vor dem Luftwaffenministerium mit dem dort vorgesehenen Triumphbogen läßt das (sich wandelnde) Selbstverständnis des Regimes erkennen:

Die militärische Front war bereits in den ersten Bürgerkriegsmonaten bis an den Stadtrand von Madrid vorgeschoben worden. Wochenlang wurde damals um die sich im Bau befindende »Universitätsstadt« (*Ciudad Universitaria*) gekämpft; die Franquisten konnten die Abwehrreihen zwar nicht durchbrechen, die Gebäude und die ganze Gegend wurden aber vollständig zerstört. Nach dem Krieg investierte die »Generaldirektion für zerstörte Regionen« (*Dirección General de Regiones Devastadas*) einen Teil ihres Budgets in den Wiederaufbau dieser Zone. Es sollten Denkmäler zur Erinnerung an den Sieg und für die »Märtyrer« der nationalen Seite erbaut werden – genau an der Stelle, wo besonders unerbittlich lange Zeit gekämpft worden war.

Die Idee, einen Triumphbogen am Rande der *Ciudad Universitaria*

---

13 Vgl. A. Cirici, *Estética,* S. 129.

zu errichten, stammt wohl aus dem Jahr 1942. Die ersten Bauskizzen von 1943 sahen einen kolossalen Bogen vor, der gewissermaßen den Zugang zur Stadt bilden sollte, und eine Reiterstatue Francos. Das Projekt wurde aber aus finanziellen Gründen eingefroren und erst 1946 wieder aufgegriffen, als Spanien nach dem Zweiten Weltkrieg international isoliert war und den Regime-Propagandisten eine »nationale Selbstbestätigung« erforderlich erschien. Allerdings dauerte es noch einmal vier Jahre, bis 1950 schließlich der Bau begonnen wurde. Eingeweiht werden sollte er eigentlich am 18. Juli 1956, dem 20. Jahrestag des Bürgerkriegsbeginns. Dazu ist es allerdings nie gekommen, eine offizielle Einweihung fand nicht statt. Wahrscheinlich ist das Ausbleiben einer Einweihung darauf zurückzuführen, daß zum Zeitpunkt der Fertigstellung des Triumphbogens dieser mit seiner deutlichen Anspielung an den Sieg im Bürgerkrieg in einem Land anachronistisch wirkte, das alles daran setzte, die wirtschaftliche Entwicklung voranzutreiben und die Gespenster der Vergangenheit aus seinem Alltag zu verbannen.

Der Triumphbogen – schon der Name sagt es – sollte nicht an den Frieden, sondern an den Sieg erinnern. Dafür sprechen auch die Inschriften zu beiden Seiten des Bogens. Die eine lautet: »Die Intelligenz, die immer siegreich ist, widmete dieses Denkmal den hier siegreichen Heeren.« Auf der anderen Seite steht zu lesen: »Gegründet dank der Großzügigkeit des Königs, wiederhergestellt durch den Caudillo der Spanier, erblüht der Sitz der Madrider Studien im Angesicht Gottes«.[14]

Neben dem Luftwaffenministerium war die »Universitätsstadt« in der unmittelbaren Nachkriegszeit eines der großen öffentlichen Bauprojekte des frühen Franquismus. Die Universitätsanlagen waren schon am Ende der Monarchie Alfons' XIII. unter der architektonischen Leitung von Modesto López Otero geplant worden (somit in den zwanziger Jahren); mit der Ausführung war in den Jahren der Zweiten Republik begonnen worden. Vorgesehen war ein strenger, »moderner« Stil; die Rede war von »diskreter, akademischer und rationalisierender Monumentalität«. Bei der Neukonzeption der Universitätsstadt ab 1943, die durch die vollständige Zerstörung des gesamten Areals im Bürger-

14 Zit. nach P. Aguilar, *Memoria,* S. 133.

krieg erforderlich wurde, dominierte ein ungezügelter Monumentalismus. Neben dem Triumphbogen, der gewissermaßen den Zugang zum universitären Bereich darstellte, war das geplante Auditorium Maximum in Form eines gewaltigen römischen Tempels das Hauptgebäude. Dieses und viele andere Bauten – etwa einzelne Fakultätsgebäude – lehnten sich architektonisch eng an die Nazi-Architektur der Zeit an. Als die universitären Bauten in den Jahrzehnten nach dem Zweiten Weltkrieg erstellt wurden, ließen die Architekten allerdings den größten Teil der Monumentalkonzeption wieder fallen. Ähnlich wie im Falle des Luftwaffenministeriums und des Triumphbogens hatte die politische Großwetterlage sich in Europa zwischenzeitlich derart radikal verändert, daß ein Festhalten an den ursprünglichen faschistischen Bauplänen politisch nicht mehr opportun erschien.

Die Ideologie des faschistischen Franquismus kommt möglicherweise am deutlichsten in der 1946 entworfenen »Arbeitsuniversität« (*Universidad Laboral*) im asturischen Gijón zum Ausdruck.[15] Der Grundgedanke für diese Einrichtung stammt vom falangistischen Arbeitsminister José Antonio Girón de Velasco, der mit dem Bau der Arbeitsuniversität verschiedene Absichten verfolgte: Zum einen wollte er mit dem prächtigen Bau ein für allemal die Erinnerung an die radikal-revolutionäre Tradition der asturischen Arbeitergeschichte eliminieren; zum anderen sollte der Komplex den Charakter eines Symbols haben: Es ging nicht um einen Funktionalbau, sondern um ein Monument für die Arbeit, hinter dem die Vorstellung der Überwindung des Klassenkampfes steckte. Durch Bildung sollten die Arbeiter am Wirtschaftsleben beteiligt werden; damit würde zugleich die gesellschaftliche Spaltung in Kapitalisten und Proletarier überwunden. In gewisser Weise sollte die Arbeitsuniversität ein Modell für das ganze Land sein. Deswegen wurde sie als ein komplexer Ort, als Stadt des Faschismus und der Neuen Ordnung konzipiert.

Unter der Bauleitung von Luis Moya Blanco wurde an der *Universidad Laboral* bis 1956 gebaut. Obwohl auch in diesem Fall die entscheidende Bauphase in eine politisch radikal veränderte Zeit fiel, wurde am ursprünglichen Konzept festgehalten, da die Falangisten um Girón de Velasco eine mental besonders »geschlossene« Gruppe

---

15 Vgl. A. Cirici, *Estética,* S. 137–147.

darstellten, die eine absolutistische Sicht der Geschichte und Gegenwart Spaniens hatte und sich durch ausgeprägten Immobilismus auszeichnete. Nach 1956 wurden die Bauten allerdings nicht fortgesetzt: Im politischen Zentrum Madrid schickten sich die Vertreter des Opus Dei an, entscheidende Machtpositionen im franquistischen System einzunehmen und allmählich eine wirtschaftliche Neuorientierung vorzunehmen. Die Arbeitsuniversität blieb unvollendet.

4. Das Selbstbildnis Francos: Rasse und Imperium

VERSUCHT MAN, DER Gedankenwelt und dem Wertekosmos Francos näher zu kommen, kann man als Historiker auf nur wenige Quellen zurückgreifen. Franco hat keine Memoiren oder eine Autobiographie veröffentlicht, er hat offensichtlich kein Tagebuch geführt, sein Nachlaß ist bis heute den meisten Historikern nicht zugänglich – allerdings erwartet man im Falle seiner Öffnung auch keine sensationellen neuen Erkenntnisse. Einer der Texte, die Zugang zu Francos Mentalität geben können, ist das Drehbuch zum Film *Raza*.[16] Der Autor Jaime de Andrade war Franco selbst. Der Text und der Film stellen die ideologischen und ikonographischen Elemente des Franquismus sowie die Werte und Glaubensinhalte Francos dar.

Der Inhalt von *Raza* spiegelt die familiären und existentiellen Bestrebungen Francos wider; letztlich läuft alles auf eine Rechtfertigung des »Nationalen Aufstandes« und des »Befreiungskreuzzugs« hinaus, und diese werden als Ausgangspunkt für die angestrebte nationale Wiedergeburt und die Grundlegung eines neuen Imperiums betrachtet. Kritiker sind sich darin einig, daß der große Erfolg von *Raza* nicht auf den Text aus der Feder Francos zurückzuführen, sondern der soliden Arbeit des Filmregisseurs José Luis Sáenz de Heredia geschuldet ist. Während die zugrundeliegende Ideologie ohne Abstriche auf Franco selbst verweist, sind die ikonographischen Aspekte weitestgehend der Beitrag des Regisseurs.

---

16 Zum Film *Raza* vgl. Kap. III 5. *Die Kriegsromane der Sieger und Propagandafilme im Franquismus* in diesem Buch. Zu *Raza* vgl. die Standardstudie von R. Gubern, *Raza.*

Von den zugrundeliegenden ideologischen Elementen läßt sich in erster Linie der Antikommunismus hervorheben, gepaart mit einer gegen Liberalismus und Freimaurerei gerichteten Obsession; zweifellos lassen sich auch Rassismus und imperialistische Attitüden ausmachen.

Neuere psychologische Studien zu Franco haben herausgearbeitet, daß der Diktator ein seit seiner Kindheit wegen seines kleinen, gedrungenen Körperbaus und seiner Fistelstimme komplexbeladener Mensch war.[17] Sein beruflicher Ehrgeiz war sehr ausgeprägt, politisch war er äußerst konservativ mit stark autokratischen Neigungen. Intellektuell eher unbedarft, hätte er unter »normalen« Umständen nie die Position des militärischen und politischen Oberbefehlshaber erreicht, wenn nicht mögliche politische (José Calvo Sotelo, José Antonio Primo de Rivera ...) und militärische (die Generäle Sanjurjo, Mola ...) Konkurrenten mehr oder minder zufällig rechtzeitig umgekommen wären. Mit tatkräftiger Unterstützung durch die Kirche glaubte er schließlich (wohl) selbst daran, der gottgewollte Retter Spaniens und würdige Nachfolger der Katholischen Könige und Kaiser Karls V. zu sein.

Kaum hatte Franco die oberste Befehlsgewalt übertragen bekommen, sprach er von einem »Wiederauferstehen«, wie es Spanien seit dem Goldenen Zeitalter nicht erlebt hatte. Ausdrücklich bezog er sich auf das »zukünftige Imperium, dessen moralische Grundfesten auf einem Alcázar errichtet sind, der in den Tagen unserer größten Pracht erbaut worden ist.« Auf internationaler Ebene sollte Spanien eine herausragende Position einnehmen und bei allen wichtigen Fragen – gemeint war die Konstituierung einer neuen Weltordnung unter faschistischer Prämisse – mitreden.[18] Letztlich ging es ihm um eine Wiederaufrichtung des alten spanischen Imperiums unter modifizierten Bedingungen. Am 12. Oktober 1936 – dem Nationalfeiertag – führte er in einem Zeitungsinterview aus: »Man muß bedenken, daß Hispanoamerika die Verlängerung des traditionellen, rassischen und katholischen Spanien ist. Ich glaube leidenschaftlich an das Erfordernis, daß die Länder unserer Rasse in der ganzen Welt die Ideale der Hispanität verbreiten; nur diese sind in der Lage, die Menschheit vor der Krise zu retten, die sie zur Zeit durchläuft. Heute [...] scheint die Stunde ge-

17 Vgl. G. Ashford Hodges, *Franco.*
18 Zit. nach A. Reig Tapia, *Autoimagen*, S. 102 f.

kommen zu sein, in der wir Nachfahren jener herausragenden Männer, die jenes Werk [die bemerkenswerteste Kolonisierung, die es je gegeben hat] vollbracht haben, uns zusammenschließen, damit jene unvergleichlichen Ideale zum Tragen kommen.« Und zu Beginn des Zweiten Weltkriegs, als er noch fest von der Errichtung einer Neuen Weltordnung überzeugt war, führte er selbstbewußt aus: »Unsere Rechte und unsere Bestrebungen sind nicht verfallen. Das Spanien, das einen Kontinent geschaffen und mit Leben erfüllt hat, zeigt heute Kraft und Männlichkeit. Es verfügt über zwei Millionen Krieger, die bereit sind, zur Verteidigung ihrer Rechte zu kämpfen.«[19] Derartige imperiale Träume zerronnen spätestens mit der Niederlage der Achsenmächte 1945.

Die Wiedererstehung des alten Imperiums sollte auf der »hispanischen Rasse« aufbauen. Das ist letztlich die historisch-politische und ideologische Aussage von Francos Drehbuch *Raza,* das in der Euphorie des Sieges über die Republik und im Glauben an die Umsetzbarkeit seiner Grundüberzeugungen niedergeschrieben wurde. Alle seine Feinde – Kommunisten, Freimaurer, Juden, kurz »die Roten« – waren vom unbezähmbaren »Geist einer Rasse« besiegt worden, der ein neues, reines Reich errichten würde. Daß das frühere Reich verlorengegangen war, wurde auf die negativen Auswirkungen einer Verschwörung der Feinde Spaniens (Freimaurer, Juden, Liberale ...) zurückgeführt. Text und Film wurden in den Dienst einer imperialen Bestrebung gestellt; sie waren zugleich der Appell an eine »Rasse«, die Spanien neu aufrichten würde. Franco stellte seinem Text eine Widmung voran: »Der Jugend Spaniens, die mit ihrem Blut den Weg für unser Wiedererstehen öffnete.« Danach richtete er sich an alle Spanier: »Ihr werdet Szenen einer Generation erleben, noch nicht erzählte Episoden des spanischen Kreuzzugs, beherrscht vom Adel und der Geistigkeit, die unsere Rasse auszeichnen. Eine edelmütige Familie ist der Mittelpunkt dieses Werkes, die ein getreues Abbild der spanischen Familien darstellt, die den härtesten Angriffen des Materialismus standgehalten haben [...] So ist Spanien und so ist die Rasse.«[20]

Von Interesse an dieser Vorbemerkung ist Francos Überlegung,

---

19 Zit. nach A. Reig Tapia, *Autoimagen,* S. 108.

20 Zit. nach A. Reig Tapia, *Autoimagen,* S. 108.

daß die von ihm erzählte fiktive Geschichte einer Familie verallgemeinerbar und auf die gesamtspanische Situation übertragbar ist. Die antikommunistische Grundeinstellung wurde im Film noch deutlicher. Dieser beginnt mit den hinführenden Worten eines Sprechers: »Die Geschichte, die Ihr sehen werdet, ist nicht Ergebnis der Phantasie. Sie ist echte Geschichte, wahrheitsgetreu und fast universell, die jedes Volk erleben kann, das sich nicht damit abfindet, in den Katastrophen unterzugehen, die der Kommunismus hervorruft.« Am Ende des Films betrachtet ein Kind gebannt die Siegesparade vom 19. Mai 1939 und fragt seine Mutter, was das sei; diese antwortet: »Das nennt man Geist einer Rasse.«

Raza läßt somit nicht nur Grundstrukturen des politisch-ideologischen Denkens von Franco erkennen. Die »hispanische Rasse« befand sich demnach zwar in einem Zustand der Degeneration, aber die positiven Werte wurden durch den Hauptdarsteller José – somit von Franco selbst – repräsentiert, der durch sein politisches Handeln eine Regeneration und geistliche Rückeroberung des alten Imperiums herbeiführt. Von Interesse ist darüber hinaus die Vorstellung historischer Kontinuität des spanischen Volkes im Hinblick auf Grundwerte wie Ehre oder Opfertum, Glaube und Ritterlichkeit. Träger dieser Werte sind die Militärs. In Francos Text spielt die Familie eine zentrale Rolle. Diese wird durch die »Politik« gespalten; die Politik zerstört die natürliche Harmonie. Gelöst werden kann der Konflikt nur durch die schließliche Konversion des irregeleiteten Bruders und dessen verdienten Tod vor dem Erschießungspeloton.[21]

---

21 Alberto Reig Tapia interpretiert, auf der Grundlage der psychoanalytischen Deutung von Román Gubern, die Auseinandersetzung zwischen den beiden verfeindeten Brüdern in *Raza* vor dem Hintergrund der problematischen Beziehungen zwischen dem (ursprünglich republikanisch-revolutionär eingestellten) Ramón Franco und seinem (konservativen) Bruder Francisco. Demnach handelte es sich bei *Raza* um die Überwindung und Sublimierung einer historischen und persönlichen Frustration des Autors. Der historische Ramón wechselte noch während des Bürgerkrieges die politischen Seiten, begab sich in die von seinem Bruder beherrschte »nationale« Zone, kam schließlich aber bei einem Flugzeugunfall um. Vgl. A. Reig Tapia, *Autoimagen*.

5. Die Kriegsromane der Sieger und Propagandafilme im Franquismus

Zur Popularisierung der franquistisch-faschistischen Ideologie sollten – neben den bisher aufgezeigten Medien – auch Romane und Propagandafilme beitragen. Vor allem das Kino war – bei einer Gesellschaft mit hohen Analphabetenquoten – ein besonders einflußreiches Medium der visuellen Geschichte des Bürgerkrieges. Es wurde als Propaganda- und Dokumentarkino erstmals in größerem Umfang in Zusammenhang mit dem Spanischen Bürgerkrieg eingesetzt. Die Bilder wurden zu Instrumenten eines ideologischen und propagandistischen Krieges. Sowohl zu den Kriegsromanen der Sieger als auch zu deren Filmproduktion im Bürgerkrieg und unmittelbar danach liegt inzwischen viel Literatur vor; im folgenden werden exemplarisch nur wenige Beispiele herausgegriffen.

Einer der bekanntesten Romane war *Madrid, de corte a cheka* des Aristokraten Agustín de Foxá. Veröffentlicht wurde er erstmalig 1938 in der Falangezeitschrift *Jerarquía.* Eigentlich hätte er – in Anlehnung an die berühmten Romane von Benito Pérez Galdós aus dem 19. Jahrhundert – der erste Band einer Serie mit dem Namen *Episodios Nacionales* werden sollen; allerdings wurde die Serie nicht fortgesetzt.[22]

Der Roman spielt in Madrid; drei große Abschnitte zeigen die Hauptstadt unter drei verschiedenen Regierungsformen: der Monarchie von König Alfons XIII., der Zweiten Republik und der Ausnahmesituation des Bürgerkriegs. Die fiktiven Ereignisse drehen sich um den Protagonisten José Félix und seine Bekehrung zum Falangismus. Hintergrund des Handlungsstrangs sind die Bedingungen, die zur politisch-ideologischen Spaltung in die sprichwörtlichen »zwei Spanien« führten: in der Zeit der Monarchie der Kontrast zwischen der Dekadenz der elitären »Parasiten« und den immer stärker werdenden Republikanern; in der Zweiten Republik der Kampf der sozialistisch-anarchistischen Jungarbeiterschaft mit der faschistischen Jugendbewegung; im Bürgerkrieg der offene Kampf der Aufständischen gegen die Verteidiger der Republik. Das falangistische Wertesystem (»Vater-

---

22 Vgl. R. Schmolling, *Kreuzzug,* S. 266–269.

land«, »Militär«, »Erhabenheit«, »Wahrheit«) ist durchweg positiv besetzt und dient der Kontrastierung sowohl mit der Demokratie als auch mit dem Kommunismus, die beide als zu bekämpfende Feindbilder dargestellt werden, während die normative Alternative die falangistische Herrschaftsvorstellung (Autoritarismus, Katholizismus, Vitalität) ist.

Im »nationalen« Lager orientierte sich die offizielle Kulturpolitik sofort an rückwärtsgewandten Wertemustern. Rationalität und eine aufklärerisch-aufgeklärte Form bürgerlicher Öffentlichkeit wurden von Kirche und *Falange* gleichermaßen abgelehnt, die zwar im einzelnen keineswegs übereinstimmende Wertevorstellungen hatten, aber beide für die moralisch-politische Zensur zuständig waren. Für die unmittelbare Nachkriegszeit spricht man in der spanischen Literaturgeschichtsschreibung von den »Jahren des Schweigens«. Der größte Teil der Künstler und Intellektuellen war ins (zumeist äußere, mitunter auch innere) Exil gegangen, das Klima der vierziger Jahre war das literarischer Stagnation. Die in Spanien verbliebenen und publizierenden Autoren arrangierten sich irgendwie mit dem politischen System oder unterstützten es offen und trugen damit bewußt oder unbewußt zur Mythenbildung und literarischen Rechtfertigung des franquistischen Herrschaftsanspruchs bei. »Diese Mythisierung, das heißt die Schaffung rational nicht hinterfragbarer symbolischer Heldenepisoden aus dem Bürgerkrieg, bewirkte, daß die Kriegsereignisse in alltagsferne, religiös-werthaltige Bereiche gehoben wurden.«[23]

Unmittelbar nach Kriegsende veröffentlichte der Falangist José Morales López eine fingierte Romanbiographie: *Méndez, cronista de guerra*. Der Protagonist, ein falangistischer Spion in der »roten« Zone, rettet eine Frau ins »richtige« Lager hinüber und setzt dabei mutig sein Leben aufs Spiel. Der tapfere Held wird mythisiert, die republikanische Milizionärin wechselt schließlich, Méndez' Beispiel folgend, die Seiten. Nach dem Ende der Kampfhandlungen war die Botschaft des Romans eindeutig: Wenn die Unterlegenen ihre Fehler einsehen und sich der Sache der »Nationalen« anschließen, wird ihnen verziehen.[24]

Was die literarische Verarbeitung des Kriegs betraf, war der meistverbreitete Romantypus der affirmative Frontroman, der eine mehr

23 R. Schmolling, *Kreuzzug*, S. 269.
24 Vgl. R. Schmolling, *Kreuzzug*, S. 270.

oder minder autobiographische Perspektive einnahm, in dem der Kriegseinsatz als sinnvoll beschrieben wurde. Charakteristisch hierfür ist etwa *Se ha ocupado el kilómetro seis,* ein ebenfalls 1939 publiziertes fingiertes Tagebuch von Cecilio Benítez de Castro, in dem es um eine individuelle Sicht der Ebro-Schlacht geht. Der Erzähler spielt die Rolle eines vorbildlichen Helden, er ordnet private Interessen der kollektiven Pflicht gegenüber dem Vaterland unter. Wieder wird die »nationale« Seite als die einzig gute dargestellt; Überläufer werden – so die explizite Aussage – großzügig behandelt, sie haben nichts zu befürchten, während es im republikanischen Lager zu Greueln und Missetaten kommt. Der Übertritt von der republikanischen auf die franquistische Seite führt zur Lösung der Probleme, die die Romanfiguren mit der gesellschaftlichen Realität haben.[25]

Die gleichen Heldenepisoden wie Agustín de Foxá wertet auch der reaktionäre Ángel Cruz Rueda in seinem Roman *Cara al sol* aus, der eine plumpe antikommunistische Hymne auf Franco und das spanische Vaterland ist. Alle republikanisch Gesinnten im Umfeld der Protagonistin Pilar werden als »Opportunisten« verfemt, während die Nationalisten in diesem historischen Roman freudig ihr Leben für die Sache Spaniens zu opfern bereit sind.

Checas de Madrid von Tomás Borrás, einer der erfolgreichsten Heimatfrontromane der unmittelbaren Nachkriegszeit, orientierte sich in vielerlei Hinsicht an Agustín de Foxás *Madrid, de corte a cheka.* Borrás verstand sich im wesentlichen als Chronist, der als »Nationalist« aus dem republikanischen Madrid berichtete. Letztlich ist das vermittelte Geschichtsbild ein Zerrbild der Realität; seitenweise werden die grausamen Aktivitäten der Sozialisten und Kommunisten gegen Frauen und Kinder geschildert, von der beanspruchten dokumentarischen Authentizität bleibt kaum etwas übrig. Der Roman stellt eine sadistische Verherrlichung und Ästhetisierung von Gewalt und Terror (die nur auf der republikanischen Seite erfolgen) dar, während faschistische Tugenden apologetisch herausgestellt werden. Die Wertemuster der verschiedenen politisch-ideologischen Gruppierungen auf der republikanischen Seite dienen der negativen Charakterisierung des zu bekämpfenden Anti-Spanien; zur Gefühls- und Gedankenwelt der

---

25 Vgl. R. Schmolling, *Kreuzzug,* S. 272 f.

positiven Helden, die ausschließlich auf der »nationalen« Seite anzutreffen sind, gehören demgegenüber Disziplin, Moral und Ehrenhaftigkeit – alles nachahmenswerte Tugenden.[26]

Ein interessanter Fall im Hinblick auf die Zensurmaßnahmen des Regimes ist der falangistische Frontroman *La fiel infantería* von Rafael García Serrano. Der Roman, in dem es um den freudigen kollektiven Opfertod der Infanteristen für das Vaterland geht, wurde 1943 von der Zensurbehörde mit nur wenigen Streichungsauflagen genehmigt. Wenige Monate nach Erscheinen des Buches folgten allerdings heftige Attacken von katholischer Seite; diese Angriffe wandten sich gegen den Personenkult, der gewissermaßen als Religionsersatz angeboten wurde, sowie gegen einige anstößige Szenen (etwa im Bordell) und die ordinäre Ausdrucksweise der Soldaten. Der prämierte Roman mußte von den Falangisten zurückgenommen werden, was darauf hinweist, daß zu diesem Zeitpunkt – der Wendepunkt im Weltkrieg war bereits zu Ungunsten der Achsenmächte erfolgt – die faschistische *Falange* den Höhepunkt ihrer Macht überschritten hatte und die katholischen Kräfte sich anschickten, die entscheidende Instanz im Regime (und damit auch im Zensurwesen) zu werden.[27]

Der faschistische Bürgerkriegsroman sah sich von Anfang an in der Verpflichtung, nicht nur zu erzählen, sondern stets auch zu erinnern. Dies gilt insbesondere für die pseudo-dokumentarische *novela testimonial,* den fingierten Tatsachenbericht.[28] Charakteristisch für die historischen Bürgerkriegsromane ist die Mischung aus Faktum und Fiktion, Erinnerung und Imagination. Den Bürgerkriegsliteraten ging es vor allem darum, das historische Erlebnis mit einer entsprechenden ideologischen Botschaft zu vermitteln. Am Beispiel des Romans *Una isla en el mar rojo* von Wenceslao Fernández Flórez aus dem Jahr 1939 hat Mechthild Albert den Typus Heimatfrontroman beschrieben, der im republikanisch gehaltenen Madrid spielt und die Perspektive von »Nationalen« einnimmt, die sich entweder in ausländische Botschaften flüchten oder ihre »patriotischen« Gefühle und Empfindungen verleugnen müssen, um ihr Leben nicht aufs Spiel zu

---

26 Vgl. R. Schmolling, *Kreuzzug,* S. 276–278.
27 Vgl. R. Schmolling, *Kreuzzug,* S. 281–283.
28 Vgl. R. Schmolling, *Literatur.*

setzen.[29] Viele Madrid-Romane rechtskonservativer Autoren weisen deswegen eine deutliche Komponente an Selbstlegitimation auf, unabhängig von ihrer ideologischen Ausrichtung. Dominiert in den Frontromanen die Kreuzzugsmetapher des Bürgerkriegs, so in den Madrid-Romanen die analoge religiöse Bildlichkeit der *via dolorosa,* eines Kreuz- und Leidensweges. Der von den »Roten« verfolgte Held wird zum Nachfolger Christi, zumindest zu einem religiösen Märtyrer erhoben. Die Verliese der »Roten«, die *checas,* sind für die »nationalen« Autoren ebenso ein zentraler Erinnerungsort wie die Botschaften ausländischer Mächte, in denen die Franco-Anhänger Zuflucht finden. Der Schilderung des »roten« Madrid als Versinnbildlichung des perversen Anti-Spanien stellt Fernández Flórez am Ende seines Romans Salamanca als Gegenmodell, als Geburtsort des »Neuen Spanien«, als Keimzelle einer neuen Wertegemeinschaft gegenüber. »Im Bürgerkriegsroman scheint dergestalt, emotional vermittelt, die ideologische Grundlegung der franquistischen Nachkriegsordnung auf.«[30]

Eine besondere Rolle unter den Bürgerkriegsromanen nimmt *Raza* ein, und zwar aus zwei Gründen: Zum einen ist der Autorenname Jaime de Andrade, wie weiter oben schon kurz ausgeführt,[31] ein Pseudonym für Franco selbst; zum anderen ist der Text im Hinblick auf seine Verfilmung drehbuchartig verfaßt. Der Roman weist zwar viele autobiographische Parallelen zu Francos Leben auf, letztlich handelt es sich aber um einen rein fiktionalen Text. Da die publizierte Fassung von *Raza* im Januar 1942 gleichzeitig mit der Verfilmung des Romans erschien, wurde der Text vor allem über den Film wahrgenommen; dieser sollte für das nationalistische spanische Kino richtungsweisend sein.[32]

Roman und Film *Raza* beschreiben das Schicksal einer »typisch spanischen« Familie im ersten Drittel des 20. Jahrhunderts. Die drei Söhne des 1898 vor Kuba gefallenen Vaters Pedro Churruca entwickeln sich politisch ganz unterschiedlich: Pedro ist republikanisch gesinnt, José – die Personifizierung von Franco selbst – ist ein nationa-

---

29 M. Albert, *Kampf.*

30 M. Albert, *Kampf,* S. 235.

31 Vgl. Kap. III 4. *Das Selbstbildnis Francos: Rasse und Imperium* in diesem Buch.

32 Vgl. R. Sandner, *Franco.* Das Standardwerk zu *Raza* ist R. Gubern, *Raza.*

listischer Kadett der Militärakademie von Toledo, Jaime verkörpert das traditionell-katholische Spanien und geht ins Kloster. Zu Francos Leben gibt es verschiedene autobiographische Anspielungen: zum einen in der Figur des heldenhaften Protagonisten José, zum anderen mythisch überhöht in der Figur des *Generalísimo,* der am Ende des Films dokumentarisch in der großen Siegesparade nach Abschluß des Bürgerkriegs erscheint.

Im Zentrum des Films, bei dem José Luis Sáenz de Heredia Regie führte, steht das Konzept der Rasse, das dem Streifen (ebenso wie dem Roman) auch den Titel gegeben hat. Allerdings muß der Zuschauer aus Spielsequenzen und Andeutungen erkennen, was unter Rasse verstanden wird, da das Konzept nirgends definiert wird. Zum Prototyp der »spanischen Rasse« wird im Verlauf des Films der idealisierte José stilisiert; das Rassekonzept dient als Stütze nationalistischen Gedankenguts. Strukturierendes Element der Erzählung ist ein Archetyp: der Held, der seinem Vaterland bis in den Tod unerschrocken dient. José, der »Gute«, folgt dem väterlichen Beispiel; Pedro, der »böse« Antagonist, verkörpert die Rolle des republikanischen »Vaterlandsverräters«. Damit verweist die Gegenüberstellung der beiden Brüder auf die symbolische Dimension des Bürgerkriegs als Bruderkampf.

José wird von republikanischen Milizionären vor ein Exekutionskommando gestellt, überlebt aber wie durch ein Wunder und kann sich retten. Damit erhält das Geschehen eine zusätzliche religiöse Dimension; José erscheint als Christusfigur, die gewissermaßen den Tod überwindet, was auf das Auserwähltsein durch Gott verweist. Hier scheint die religiöse Legitimation des franquistischen Regimes durch; Franco behauptete stets – ohne Widerspruch seitens der Kirche – »Caudillo Spaniens durch die Gnade Gottes« zu sein.

Pedro, die negative Kontrastfigur, verändert sich im Laufe des Films, er gibt seine republikanischen Überzeugungen auf, kehrt schließlich zur Tradition seiner Familie zurück und konvertiert zu den »Nationalisten«. Damit vermittelt das Ende der Geschichte die Botschaft einer wieder versöhnten und vereinigten Familie als Sinnbild des im Sieg schließlich vereinten Spanien, das auch die reuigen Unterlegenen integriert. Deshalb sollte der Streifen auch nicht so sehr als Film verstanden werden, der den Sieg des franquistischen Lagers glorifiziert, sondern als »nationaler Film« oder Film der gesamten »spanischen Nation«. In diesem Sinne trug er zur Legitimierung der Herrschaft

Francos bei. Seine Bedeutung liegt darin, ein »Film patriotischer Überhöhung« und »von monumentaler mythischer Bedeutung« zu sein.[33]

Der Film *Raza* hatte noch eine ideologisch interessante Fortentwicklung. 1949 wurde er nämlich in seiner ursprünglichen Fassung zurückgezogen und gründlich überarbeitet; 1950 konnte er sodann mit dem Titel *Espíritu de una raza* (Geist einer Rasse) erneut »uraufgeführt« werden. Die Handlung des Films wurde zwar im wesentlichen unverändert beibehalten; allerdings wurde der Streifen seiner faschistischen Inhalte entkleidet und der – gegenüber der ursprünglichen Entstehungszeit 1941 – gründlich veränderten weltpolitischen Situation angepaßt. Der Hauptgegner war nunmehr der »internationale Kommunismus« (der in der Erstfassung nur knapp erwähnt worden war), während Demokratie, Liberalismus oder Freimaurerei als Feinde vollständig verschwanden. Auch die Anspielungen auf die USA als den Gegner von 1898 wurden gestrichen. Der Faschismus und seine Bedeutung im Militär waren fortan inexistent, Szenen mit dem Faschistengruß entfielen. Damit strich der Film die nationalkonservativen Werte heraus, die im Kontext des Kalten Kriegs letztlich zum politischen Überleben Francos beitragen sollten.[34]

Zu Beginn des Krieges konnten in der »nationalen« Zone nur Filme gezeigt werden, die vor 1936 gedreht worden waren. Ab 1938 begann dann der Import italienischer und deutscher Filme. Danach begann allmählich die Produktion eigener spanischer Filme, die jedoch zuerst in den UFA-Studios in Berlin oder in den Cinecittà-Studios bei Rom gedreht wurden. Die ersten Spielfilme dieser Art waren dem Genre der folkloristisch-pittoresken Heimatfilme (*españolada*) verschrieben, etwa *Carmen la de Triana* oder *Suspiros de España;* genauso häufig wurden heroisierende (Pseudo-) Dokumentarfilme über den Bürgerkrieg gedreht, zum Beispiel *España heroica* oder *La gran victoria de Teruel.* Unter der Regie von Edgar Neville, Graf von Berlanga de Duero, wurden in Italien die radikal antikommunistischen Streifen *Frente de Madrid* und *La muchacha de Moscú* hergestellt.[35]

In den ersten Jahren nach dem Bürgerkrieg häuften sich bis 1942

33 R. Sandner, *Franco,* S. 350.

34 Vgl. A. del Amo García (Hg.), *Catálogo,* S. 782–784.

35 Vgl. A. Cirici, *Estética,* S. 96.

die Filme, die in militaristischer Weise auf den »Kreuzzug« Bezug nahmen und die »nationalen« Werte propagierten: *El crucero Baleares* unter der Leitung von Enrique de Campo; *Legión de héroes* von Armand Saville; *Alas de Paz* von Juan Parellada. Der falangistische Film *Rojo y Negro* von Carlos Arévalo bekam schließlich Probleme mit der Zensur, da seine Werte angeblich nicht mit denen des Regimes übereinstimmten.[36]

1942 wies der Propagandabeauftragte der Regierung, Manuel López Torres, darauf hin, daß »das Kino sich in den Dienst des Staates stellen muß, um im Rahmen der Normen und Anweisungen der Bewegung den Zweck zu erfüllen, der ihm eigen ist.« Das Kino müsse einen »katholischen, traditionellerweise spanischen Sinn« und einen »politischen Sinn der Bewegung« zum Ausdruck bringen.[37]

Das, was man das Kino der Sieger nennen könnte, hat künstlerisch zumeist nicht überlebt. Die Propagandafilme waren rein manichäistisch strukturiert und konzentrierten sich auf eine Überhöhung der Werte und der Ideologie des franquistischen Lagers. Von Interesse sind sie vor allem für eine Ideologiegeschichte der Propaganda. Hier zu gehören des weiteren – neben *Raza* – der Film *Sin novedad en el Alcázar,* von Augusto Genina aus dem Jahr 1940, der die treuherzige Geschichte des Oberst Moscardó bei der Belagerung des *Alcázar* erzählt; des weiteren *Escuadrilla* von 1941 und *Boda en el infierno* von 1942, beide unter der Regie von Antonio Román zur Verherrlichung der nationalen Luftwaffe bzw. Seeflotte; *A mí la Legión* aus dem Jahr 1942, von Juan de Orduña, ein vulgär-antisemitischer Streifen primitivster Art; *El santuario no se rinde* von 1949, ein Film, der unter der Regie von Arturo Ruiz-Castillo in der national-heroischen Tradition von Numancia die Belagerung von Nuestra Señora de la Cabeza zum Gegenstand hat. Selbst Mitte der sechziger Jahre wurde mit *Morir en España* von Mariano Ozores nochmals ein Propagandapamphlet auf die Leinwand gebracht, das als franquistische Replik auf den berühmten Streifen *Mourir à Madrid* von Frédéric Rossif aus dem Jahr 1963 gedacht war.[38]

---

36 Vgl. A. Cirici, *Estética,* S. 174.
37 Zit. nach A. Cirici, *Estética,* S. 173.
38 Vgl. A. Reig Tapia, *Memoria,* S. 57.

Sieht man vom eben skizzierten Typ des Propagandakinos ab, das mehr ein ideologisches Programm als eine Erzählung bot, orientierte sich die spanische Kinoproduktion der Nachkriegszeit primär an scheinbar apolitischen Filmen mit unverfänglichen trivialen oder sentimentalen Stoffen. Die spanische Bevölkerung sehnte sich am Ende eines knapp dreijährigen Krieges nach leichter Unterhaltung, die das harte Leben der Nachkriegszeit vorübergehend illusionär aufhob und für die kurze Dauer eines Spielfilms die Realität von Armut, Kargheit und politischer Repression vergessen half.

1955 fanden die »Gespräche von Salamanca« statt, die eine gewisse Änderung in der offiziellen Filmpolitik des Franquismus bedeuteten. In der »Generaldirektion für Kino und Theater« zeichnete damals José María García Escudero politisch verantwortlich. An den Gesprächen beteiligten sich nahezu alle Kinoschaffenden: Ducay, García Berlanga, Muñoz Suay, Sáenz de Heredia, Fernando Fernán Gómez etc. In der Schlußerklärung wurde massive Kritik am Kino nach 1939 geübt: Es sei irreführend und wertlos, politisch ineffizient, gesellschaftlich verlogen, intellektuell von niedrigem Wert, ästhetisch nichtssagend. Gefordert wurde eine radikale Reform im Filmschaffen; García Escudero setzte in den Folgejahren tatsächlich eine etwas liberalere Filmpolitik durch, während parallel im Architekturwesen eine »rationalistische« Bauweise genehmigt wurde.

6. Die Wochenschau NO-DO: Ideologie und Propaganda

VON DEN MEDIEN, über die die franquistische Ideologie der breiten Masse der Bevölkerung kommuniziert wurde, war die staatliche Wochenschau NO-DO (*Noticiarios y Documentales*) wahrscheinlich das bedeutendste. Die Einrichtung der Wochenschau war zweifellos eine kalkulierte politische Operation. 1942 per Dekret geschaffen, erhielt NO-DO das Nachrichten- und Dokumentationsmonopol für die Lichtspielhäuser zugesprochen. In allen kommerziellen Kinos mußte die Wochenschau vor dem Spielfilm gezeigt werden. In einer Zeit, in der die meisten Haushalte noch keine Fernseher hatten, konnte die Regierung über das NO-DO eine vollständige Nachrichtenkontrolle ausüben. Die Wochenschauen waren ein hervorragendes Propagandamedium und zugleich ein exzellentes Mittel zur politischen Sozialisierung;

sie wurden bis über das Ende der Franco-Ära hinaus gezeigt; erst 1981 wurden sie eingestellt. Mit Francos Tod änderten sich allerdings Tonfall und Intention der Wochenschauen: Die einseitige Propaganda verschwand, immer deutlicher wurde zugunsten der Demokratie argumentiert und, wenn Bezüge zum Bürgerkrieg hergestellt wurden – was immer seltener der Fall war –, waren nach 1977 die Stellungnahmen weitgehend ausgewogen.

In der Nachkriegszeit, in der es nicht viele Angebote der Freizeitgestaltung gab, gehörte das Kino zu den attraktivsten und am intensivsten genutzten Möglichkeiten des Zeitvertreibs. Wer vor der tristen politischen und sozialen Realität vorübergehend fliehen wollte, ging – vor allem am Wochenende – ins Kino, das billiger als der Besuch eines Stierkampfs oder eines Fußballspiels war. Und dort hatte der Besucher notgedrungen die Wochenschau zur Kenntnis zu nehmen. Ein Propagandist des Regimes beschrieb 1949 die Funktion von NO-DO: Es solle »alle edlen Aspekte des Lebens unserer Nation widerspiegeln [...] Es soll somit informieren, belehren und ergötzen, [außerdem soll es] die Kretins, die uns diffamieren, lächerlich machen.«[39]

Bis 1960 gab es wöchentlich zwei verschiedene NO-DOs, 1960–1967 waren es wöchentlich drei, danach wieder zwei. Insgesamt wurden über 4000 NO-DOs produziert und gezeigt. In den ersten Jahren des Regimes standen die Zuschauer bei NO-DO-Beginn auf und grüßten mit erhobenem Arm, mitunter wurde auch die Falange-Hymne *Cara al Sol* gesungen. Wegen seines Staats- und Exklusivitätscharakters stellt die Wochenschau eine hervorragende Quelle dar, um den offiziellen Diskurs des Franco-Regimes zu praktisch allen Fragen von Vergangenheit und Gegenwart Spaniens zu untersuchen. Der Franquismus präsentierte sich selbst durch seine Bilder und Kommentare zur alljährlichen Siegesparade, zur Einweihung von Denkmälern, zum Gedenken an bestimmte Kriegsereignisse, zur Feier der neuen Festtage etc. Die gesamte Institution wurde in den Dienst der Legitimation des »Neuen Staates« gestellt.

In den ersten Jahren (bis 1945) zeichnete Joaquín Soriano für NO-DO verantwortlich; es waren die Jahre, in denen die angeblichen Ruhmestaten des deutschen Heeres, vor allem an der Ostfront, im Mittel-

---

39 Zit. nach P. Aguilar, *Memoria*, S. 88.

punkt der internationalen Berichterstattung standen. Nach dem Zweiten Weltkrieg übernahm Manuel Augusto García Viñolas die Verantwortung für NO-DO; fortan wurden vor allem die wirtschaftlichen und technischen Fortschritte des Franquismus hervorgehoben.

Gleich zu Beginn der Wochenschauen wurde der aus dem Bürgerkrieg hervorgegangene »Neue Staat« regelmäßig als legitimer Nachfolger der imperialen Epoche dargestellt. Das neue Staatswappen, das immer gezeigt wurde, legte deutlich Rechenschaft davon ab: Wiederaufnahme des Adlers als Symbol imperialer Größe; Pfeilebündel und Joch der Katholischen Könige als Zeichen von Einheit und Disziplin; die Devise »Einig, Groß, Frei« (*Una, Grande, Libre*). Das nachzuahmende Staatsparadigma war somit das Reich der Katholischen Könige, das charakterisiert wurde durch den glorreichen Abschluß der *Reconquista,* die Gründung eines starken und imperialen Staates, die Vorherrschaft der spanischen Waffen in Europa, die religiöse Einheit, die Entdeckung der Neuen Welt, den Beginn der Missionierung. Dem Bürgerkrieg – bezeichnenderweise als »Kreuzzug« gedeutet – wurde dabei die gleiche Bedeutung für die politische und religiöse Einheit wie zu Beginn der Neuzeit der Herrschaft der Katholischen Könige zugesprochen.

Am 20. Mai 1939 »übergab« Franco in der Basilika der Salesianerinnen weihevoll sein Schwert Gott. Das Protokoll folgte einer mittelalterlichen Symbolik, die den intendierten Zusammenhang zwischen der kriegerischen Leistung Francos und dem »Kreuzzug« gegen die Araber während der *Reconquista* herausstellte. Zugleich war es eine Art Institutionalisierung des Führertums (*caudillaje*) von Franco. Durch solche Rituale war der Diktator bemüht, seinem Regime durch Bezug auf die Vergangenheit den Anschein von Legalität und Legitimität zu geben. Franco erzwang gewissermaßen seinen Eintritt in die Geschichte, indem er sich mit den herausragenden Symbolen des spanischen Imperiums umgab. Anachronistisch war dabei nicht nur das Ritual, bis hin zur dargebotenen Waffe (einem mittelalterlichen Schwert!); die Zeremonie stellte zugleich den symbolischen Versuch dar, den Bruderkampf in eine andere Zeit zu verlegen, die Wunden der Gegenwart zu tilgen. Indem die Wochenschau diese Zeremonie zeigte und so gut wie nicht kommentierte, nahm der Eindruck der Unmittelbarkeit nochmals zu. Die Geschichte sollte unmittelbar auf den Betrachter wirken.

Ein Großteil der offiziellen Aktivitäten des Regimes erfolgte als Zeremonie und Repräsentation. Dabei stellte sich der Franquismus als Schöpfer einer neuen historischen Epoche und Erbe einer glorreichen Vergangenheit dar. Das Bewußtsein, eine entscheidende Rolle vor und in der Geschichte zu spielen, führte zu einer Verschmelzung des zeremoniellen Charakters vieler offizieller Akte mit einer ausgesprochenen Gedenkhaltung. Indem an die Ursprünge erinnert wurde, zelebrierte das Regime die Gültigkeit und Legitimität seines Systems. Jahrestage wurden zu einem Mechanismus der Selbstbestätigung, der Verlebendigung von Werten. Außerdem wurde die Feier der Jahrestage auf die verschiedenen institutionellen Akteure (Partei, Militär, Kirche...) aufgeteilt, so daß jede gesellschaftliche Großgruppe des Regimes ihre spezifische Funktion zugesprochen erhielt bzw. beibehielt.

Bei der Konstruktion des Bildes, das die Öffentlichkeit sich von Franco als militärischem, politischem und zivilem Führer machen konnte, spielte das NO-DO eine entscheidende Rolle. Von Anfang an konzentrierte sich die Wochenschau darauf, ein Bild Francos als *Caudillo*, als Heerführer, zu vermitteln. Franco wurde in den Wochenschauen zum Protagonisten einer quasi-epischen Erzählung, deren Inhalt die großen Taten und Siege eines bedeutenden Krieges waren, in dem seine militärischen Fähigkeiten Spanien (im Kampf gegen einen »äußeren« Feind, den Kommunismus) zur Befreiung führten. Die Wochenschau-Produzenten sahen sich allerdings einem Problem gegenüber: Franco hatte nichts von dem Charisma, das – nach Max Weber – vonnöten ist, um zum Führer zu werden: weder rhetorische Fähigkeiten noch Persönlichkeit, herrschaftliche Gesten, eine beherrschende Stimme oder einen durchdringenden Blick. Die Herausstellung als Führer mußte daher über den Text, die Kommentierung der Bilder und durch die ständige visuelle Präsenz Francos erfolgen. Die Wochenschau-Produzenten erhielten daher den Auftrag, die Franco-Bilder stets an das Ende der Vorführung zu setzen, damit die Abfolge der Nachrichten wie eine Progression gedeutet werden konnte, deren Höhepunkt der triumphale Auftritt Francos war.

Dreh- und Angelpunkt der Sendungen war somit Franco; er wurde als »Idealspanier« dargestellt, dem jeder nachzueifern hatte, der sich von seiner Dienstpflicht leiten ließ. Einer der Kommentare lautete: »Bilder der nationalen Existenz, die Franco leitet und regiert, der Caudillo Spaniens und Staatschef, ständig bei der Arbeit und in pausenlosem Einsatz für die Einheit, die Größe und die Freiheit des Vaterlandes.«[40] Im »Neuen Spanien« hatte jeder seinen ihm zustehenden Platz in einer strikten hierarchischen Ordnung einzunehmen. NO-DO verstand sich als Chronist des Regimes und der Rolle Francos.

Die Wochenschau war primär ein ideologisches Vehikel des Regimes, nicht sosehr eine Nachrichtensendung. Das hieß, daß NO-DO sich nicht auf die informativen Seiten der gezeigten Ereignisse beschränkte. Bei der alljährlich stattfindenden Siegesparade (*Desfile de la Victoria*) etwa verwies die Wochenschau ausführlich auf die zeremonielle Komponente der Parade und analysierte die »Mechanik« des Aktes in allen Details. Der Kommentar ging auf den Ursprung und die politische Bedeutung der Veranstaltung – stets im Sinne des Regimes – ein. 1962 zum Beispiel wurde der Akt als »23. Jahrestag des Triumphes Spaniens über den internationalen Kommunismus« bezeichnet und damit abermals – im Kontext des Kalten Krieges – suggeriert, daß der Sieg von 1939 nicht das Ergebnis eines Bürgerkrieges war, sondern Spanien vor der »sowjetischen Besatzung« rettete.

Über die Zeit variierten Ausmaß und Intensität der Propaganda. In den Jahren des Zweiten Weltkriegs wurden aggressivere und eher kriegerische Mittel eingesetzt: Der Bürgerkrieg wurde beschworen, eine Militärparade gezeigt oder eine falangistische Aktion dokumentiert. Ab den fünfziger Jahren ließ sich eine allmähliche Schwerpunktverlagerung feststellen. Immer häufiger war die Rede von der wirtschaftlichen Entwicklung, der industriellen Dynamik, dem Ausbau von Infrastrukturen. Rituale und Gedenktage wurden in der Wochenschau zwar weiterhin zelebriert – übrigens bis Ende des Franquismus –, sie waren aber zumeist ihres doktrinären Charakters entkleidet und zu leeren Gesten erstarrt: mehr Rhetorik als Ideologie.[41] Diese Entwicklung war auch deshalb möglich, weil es offensichtlich keine klaren ideologischen Anweisungen für die NO-DO-Produzenten gab, sondern nur allgemeine Orientierungsmarken. Im Standardwerk über das NO-DO behaupten die Autoren, »es wäre ungenau, eine volle Übereinstimmung zwischen dem visuellen Universum von NO-DO [...] und dem Spanien Francos anzunehmen.«[42]

---

40 Zit nach R. R. Tranche/V. Sánchez-Biosca, *NO-DO*, S. 199.
41 Vgl. R. R. Tranche/V. Sánchez-Biosca, *NO-DO*, S. 195.
42 R. R. Tranche/V. Sánchez-Biosca, *NO-DO*, S. 196.

Die Wochenschauen stellten eine enge Verbindung zwischen der militärischen Organisation des diktatorialen Staates und dem wirtschaftlichen Wiederaufbau nach dem Krieg her. Die Zerstörungen der Fabriken zwischen 1936 und 1939 wurden nicht so sehr als Ergebnis von Kriegshandlungen, sondern vielmehr als Folge von Plünderungen und der Zerstörungswut der »roten Horden« präsentiert; demgegenüber erlaubte die Kasernendisziplin der neuen Nachkriegsgesellschaft ein Wiedererstehen der Industrien. Im Kontext des Kalten Krieges änderte sich sodann die Beziehung zwischen der Arbeit und dem militärischen Geist der Autarkie; die Allegorie der Arbeit erhielt neue Formen, die sich nach der allmählichen Abwendung von der Autarkiepolitik der fünfziger Jahre »moderner« präsentierte: Neue Techniken wurden hervorgehoben und Fabriken eingeweiht. Die Entwicklungsideologie des *desarrollismo,* die ihren Höhepunkt in den sechziger Jahren erreichen sollte, zeichnete sich bereits ab: Brachland wurde urbar gemacht, Trockenland zu Bewässerungsland, ständig neue Stauseen lösten (vorübergehend) das chronische Wasserproblem, entvölkerte Zonen wurden wieder besiedelt, Freizeitkomplexe errichtet. Allmählich berichtete NO-DO über die aufstrebende Dynamik der spanischen Wirtschaft, der Fortschritt wurde stets mit der segensreichen Herrschaft Francos in ursächliche Verbindung gebracht. Die Vorstellung vom politischen Führertum Francos wurde mit dem Gigantismus seiner Repräsentation in Form großer Energiekomplexe und Industrieanlagen assoziiert; Franco war der Fluchtpunkt der Bilder, auf den das Interesse der Zuschauer fokussiert wurde, der eigentliche »Generator« der dynamischen Entwicklung.[43] Eine gewisse militärische Rhetorik wurde zwar beibehalten, das Bild des Kriegs-Generalissimus wurde jedoch allmählich durch das des zivilen Denkers und Leiters eines prosperierenden Staatswesens ersetzt. Dementsprechend war die Wochenschau im Laufe der Jahre auch bemüht, Franco nicht sosehr als Kriegsherrn – mitunter nicht einmal als Staatslenker –, sondern vielmehr als gutmütigen Großvater im Kreise seiner Familie zu zeigen, der verdientermaßen ausgedehnte Sommerurlaube und Arbeitspausen einlegte. Die »Privatisierung« des Bildes Francos im NO-DO sollte

43 Vgl. J. Benet, *Franco,* S. 44.

zugleich den friedlichen, zivilen Charakter des Regimes hervorheben und seine kriegerische Entstehungsgeschichte in den Hintergrund treten lassen.

IV. GEDÄCHTNISORTE DES FRANQUISMUS

Vor einigen Jahren vollzog ein Teil der Historiographie eine Wende: von der Datengeschichtsschreibung zur Gedenkkultur. Diese Wende wurde in Pierre Noras mehrbändigem Werk *Les lieux de mémoire* gespiegelt und zugleich mitgetragen. Seither ist der Ausdruck »Gedächtnis- oder Erinnerungsort« zum festen Bestandteil einer Geschichtsbetrachtung geworden, der es um symbolische Verdichtung politischer, gesellschaftlicher oder geistiger Erscheinungsformen geht, die das Vergangene nicht als faktisch gegebene »Objektivität« betrachtet, sondern immer neu konstruiert.

Historische Deutungen und Wahrnehmungsmuster ergeben sich aus einem Zusammenspiel des persönlichen Gedächtnisses und der gemeinsamen, kollektiven Erinnerung. »Insbesondere Nationen produzieren derart kollektive Erinnerungen, aber dasselbe gilt für Gruppenbildungen aller Art. Keine Gemeinschaft ohne Gedenkfeiern und Denkmäler, Mythen und Rituale, ohne die Identifizierung mit denkwürdigen Persönlichkeiten, Gegenständen und Ereignissen der eigenen Geschichte.«[1] Außerdem ist zu berücksichtigen, daß sich jede Generation die Erinnerungen schafft, die sie zur Bildung ihrer Identität braucht. Jedes Vergangenheitsbild weist einen Gegenwartsbezug auf.

Diese Aussage gilt auch (und ganz besonders) für das franquisti-

---

1 E. François/H. Schulze (Hg.), *Deutsche Erinnerungsorte*, S. 7.

sche Spanien. Die Vergangenheitsentwürfe der Sieger im Bürgerkrieg, die jahrzehntelang das Geschichtsbild prägen sollten, sind schon deshalb von Interesse, weil sie Zeugnis der Sichtweise auf die damalige Gegenwart ablegen. Jedes Bruchstück des nach 1936/1939 hergestellten nationalen Gedächtnisses kann ein »Erinnerungsort« im Sinne Noras sein: einfache Gedenkstätten wie Statuen, Kriegerdenkmäler oder Gräber, Symbole und Embleme, Gebäude und Grenzen, Sprache und Namen, alles, was ein Kristallisationskern des kollektiven Gedächtnisses der Spanier sein kann und das nationale Bewußtsein – wie auch immer – zusammenhält.

Die folgenden Beispiele spanischer Gedächtnisorte beschränken sich auf solche der siegreichen Franquisten. Diese bestimmten jahrzehntelang unangefochten die Gedenkpraxis und Erinnerungskultur im Lande. Erinnerungsorte der Unterlegenen – etwa Picassos »Guernica« – werden in den Kapiteln behandelt, die sich mit der Entwicklung der Gedenkkultur in der Demokratie befassen.

1. Belchite: Ruinen der Erinnerung

Neben dem ›Valle de los Caídos‹ und dem *Alcázar* von Toledo ist das aragonesische Belchite der wichtigste Erinnerungsort der franquistischen Diktatur. Das Dorf war im Bürgerkrieg Schauplatz verlustreicher Schlachten zwischen »nationalen« Verteidigern und republikanischen Belagerern. In zwölf Tagen erbitterter Kämpfe wurde der Ort völlig zerstört, zwischen dem 24. August und dem 6. September 1937. Die republikanischen Truppen – zwischen 80 000 und 90 000 – waren unter dem Kommando von General Pozas im Vormarsch auf Zaragoza, das sich in Händen der »Nationalen« befand; die Hauptstadt Aragoniens sollte für die Republik zurückerobert werden. Belchite lag auf dem Weg. Der Ort hatte damals ca. 3800 Einwohner; er beherbergte eine Garnison mit 2273 Mann und zehn Kanonen. Belchite wurde von den Republikanern umzingelt und beschossen; am 28. August bildeten schon 24 000 Mann den Belagerungsring.

Allmählich drangen die republikanischen Truppen in den Ort ein. Gekämpft wurde um jeden Straßenzug, um jedes Haus. Eingesetzt wurden Dynamit, Granaten, Bajonette, die Dorfbewohner verteidigten sich mit Handfeuerwaffen, Spaten und Hacken. Die Zivilbevölke-

Ruinen von Belchite Foto: Sören Brinkmann

Ruinen von Belchite Foto: Sören Brinkmann

rung beteiligte sich am Kampf ebenso wie die Soldaten, wie karlistische (*requetés*) und falangistische Milizionäre oder republikanische Sturmtruppen.

Die Schlacht um Belchite gehört zu den grausamsten des Krieges; beide Seiten wollten keine Gefangenen machen, beide überboten sich an Greueltaten. In der Nacht vom 5. auf den 6. September konnten die wenigen Überlebenden, die bis zuletzt in den Gewölben der Kathedrale ausgeharrt hatten, im Schutz der Dunkelheit fliehen. Die Republikaner nahmen den Ort ein und hielten ihn ein halbes Jahr lang. Doch am 10. März 1938 konnten die nach Osten vorrückenden franquistischen Truppen das Dorf zurückerobern.

Belchite ist ein emblematischer Schauplatz des Bürgerkriegs. Franco persönlich bestimmte, daß der Ort insgesamt zu einem »nationalen Denkmal« (*monumento nacional*) erklärt wurde und nach dem Bürgerkrieg nicht wieder aufgebaut werden sollte. Das Ruinendorf sollte in zerstörtem Zustand dauerhaft an seinen Sieg erinnern. Er ordnete den Bau eines neuen Dorfes an, das unmittelbar neben dem alten entstand. Die Häuser wurden gleichmäßig, einfach, fast im Kasernenstil errichtet. Als dieser neue Ort 1954 von Franco eingeweiht wurde, führte der Diktator aus: »Belchite war eine Bastion, die der rot-kommunistischen Furie standhalten mußte. An den Kampfesfronten und in den Kriegen ist es Aufgabe der einen, Amboß zu sein, und die anderen sind der Hammer. Belchite war Amboß, es war die Festung, die aushalten mußte, während die Operationen im Norden voranschritten. Belchite mußte die Brust seiner Kinder darbieten, damit der Sieg ermöglicht wurde. Und aus jenem vergossenen Blut, aus jener heroischen Anstrengung von Männern, Frauen und Kindern ging unser Sieg hervor.« Der Diktator zeichnete den zerstörten Ort mit einer der höchsten Auszeichnungen Nationalspaniens aus (*Cruz Laureada de San Fernando*).

Was während des Franquismus verschwiegen und erst vor wenigen Jahren bekannt wurde, sind die näheren Umstände des Baus des neuen Dorfes. Isaías Lafuente hat in seinem Buch über die Zwangsarbeit im Franquismus[2] nachgewiesen, daß die »Generaldirektion für Zerstörte Regionen« (*Dirección General de Regiones Devastadas*) zwi-

2 I. Lafuente, *Esclavos*.

Ruinen von Belchite Foto: Sören Brinkmann

schen 1940 und 1945 ein Strafbataillon nach Belchite schickte und dort in einem Konzentrationslager unterbrachte. In jenen Jahren mußten unter unsäglichen Bedingungen im Durchschnitt 1000 republikanische Zwangsarbeiter den neuen Ort erbauen – ebenso wie Brunete oder Teruel, alles heiß umkämpfte Orte während des Bürgerkriegs, gewissermaßen Symbolorte der Republikaner. An diese Stätten schickte Franco zuerst Kriegsgefangene zur Ableistung von Zwangsarbeiten.

Daß Rachegelüste der Hintergrund dieser Entscheidung waren, geht aus dem ersten Bericht des »Patronats zur Erlösung von Strafen« hervor, der 1939 Franco überreicht wurde: »Erfreulicherweise hat die Generaldirektion für Zerstörte Regionen damit begonnen, viele Hunderte von Gefangenen zur Arbeit einzusetzen; dieser äußerst wichtigen Aufgabe hat sie damit einen tiefen Sinn moralischer Wiedergutmachung und historischer Gerechtigkeit gegeben, denn sie läßt eben jene Kräfte an der materiellen Wiederaufrichtung Spaniens mitwirken, die direkt an seiner Zerstörung beteiligt waren.«

Belchite hinterläßt heute einen makabren Eindruck. Das Ruinendorf ist während des Franquismus praktisch nicht gepflegt worden, es zerfiel zusehends, Witterung und Plünderungen haben die Überreste weiter verkommen lassen. Es ist zwar ein »Erinnerungsort« des franquistischen Lagers, wurde aber in den auf den Bürgerkrieg folgenden Jahrzehnten vom Regime vernachlässigt. Unter den Ruinen ragt ein Denkmal für die »Gefallenen für Gott und Spanien« heraus, mitunter finden dort (bis heute) falangistische Aufmärsche statt. Im neuen Dorf erinnern Straßenbezeichnungen allenthalben noch an die Sieger des Bürgerkrieges: Platz des Generalísimo, Straße des Sieges, Straße des 18. Juli, Avenida José Antonio Primo de Rivera... Bis vor wenigen Jahren stand gegenüber dem Rathaus ein Monolith mit der Inschrift: »Ich schwöre Euch, daß über diesen Ruinen von Belchite eine herrliche und großzügig angelegte Stadt als Ehrbezeugung für sein unvergleichliches Heldentum errichtet werden wird. Franco« Da der Stein mit der Inschrift immer wieder zerstört wurde, hat die Ortsverwaltung schließlich davon abgesehen, ihn erneut aufzustellen.

Die Erinnerung an die im Kampf um Belchite gefallenen Republikaner und an die danach dort eingesetzten Zwangsarbeiter wird nirgends gepflegt. Nur einige wenige Überlebende, heute um die 90 Jahre alt, erzählen davon. Bürgermeister Domingo Serrano, über 20 Jahre lang Ortsvorsteher, erklärte 2002: »Es mußten 25 Jahre seit den ersten demokratischen Wahlen vergehen, bis die Verwaltung sich endlich für Belchite interessiert. In der Transition war das Thema tabu. Niemand wagte es, hier etwas zu tun, wegen der Bedeutung des Ortes. Inzwischen haben wir etwas Unterstützung erhalten [...] Der Krieg kann nicht die Geschichte eines Dorfes beenden. Es war ein riesiger Fehler, das alte Dorf nicht wieder aufzubauen, nicht nur wegen der wertvollen Denkmäler im Mudéjar-Stil, von denen inzwischen so gut wie nichts mehr übrig geblieben ist, sondern wegen der gesamten architektonischen Anlage, die schöner als die des neuen Dorfes war.«[3]

Woran man sich bis heute in Belchite erinnert, und wovon noch immer gesprochen wird, ist der Film »Die Abenteuer des Barons Münchhausen«. Er wurde 1987 in dem Ruinendorf gedreht.

3 Zit. nach *Belchite, las huellas de la memoria*, in: *La Vanguardia* vom 9. Oktober 2002.

2. Der Alcázar von Toledo: Mythos des Kreuzzugs

DIE VERTEIDIGUNG DES *Alcázar* von Toledo war während des Franquismus Dreh- und Angelpunkt der militärischen Identität und das emblematischste Symbol des Bürgerkriegs. Immerhin hatten Franco und viele andere Offiziere in der dort untergebrachten Militärakademie ihre Ausbildung erhalten; der Ort verkörperte gewissermaßen die militärischen Tugenden schlechthin. Es ist daher bis zu einem gewissen Grad verständlich, daß sich im Laufe der Zeit immer mehr Legenden um die Verteidigung des *Alcázar* rankten; ewiggestrige Franquisten halten bis heute an ihrer Fassung der Geschehnisse fest. Dabei ist es im einzelnen gar nicht leicht, die Belagerung bzw. Verteidigung des *Alcázar* genau zu rekonstruieren, da die einzigen zur Verfügung stehenden Quellen mündliche Überlieferungen der auf beiden Seiten Beteiligten sind.[4]

Der franquistische Mythos spricht davon, daß die heldenhaften Verteidiger der Festung über zwei Monate lang einem haushoch überlegenen, grausamen Feind Widerstand leisteten, bis es schließlich Ende September 1936 den Franco-Truppen gelang, die Belagerer zum Rückzug zu zwingen. Zu den zentralen Elementen des Mythos gehört das angebliche Telefongespräch, das Oberst José Moscardó, der heldenhafte Verteidiger des *Alcázar,* in den ersten Tagen der Belagerung mit seinem Sohn Luis geführt haben soll, der von den republikanischen Belagerern in der Stadt Toledo gefangengehalten wurde und, nachdem der Vater die Übergabe des *Alcázar* abgelehnt hatte, von den Republikanern erschossen worden war.

In den Jahren der franquistischen Diktatur wiederholten die Sieger unentwegt die Geschichte der Verteidigung des *Alcázar;* sie diente ihnen als Beweis für die Grausamkeit der »Roten«. Der republikanischen Gegenseite ist es demgegenüber bis vor kurzem nie gelungen, eine überzeugende Gegendarstellung ebenso wirksam wie die franquistische Propagandaversion zu verbreiten. Den Mythos des *Alcázar* zu propagieren, bedeutete eine klare Parteinahme für Franco; ihn zu be-

4 Zu folgendem vgl. J. C. Losada, *Mitos.*

Der Alcázar von Toledo vor seiner Zerstörung 1936 Quelle: http://www.uclm.es

kämpfen, war eine ebenso eindeutige Kritik an der Siegerseite. Diese politischen Intentionen waren jahrzehntelang wichtiger, als die Wahrheit herauszufinden.[5]

Der Versuch der Rekonstruktion der Geschehnisse zwischen Mitte Juli und Ende September 1936 in Toledo läßt zumindest einige Eckdaten als gesichert erscheinen: Oberst José Moscardó, der Militärkommandant von Toledo, war am Tag des Militäraufstandes in Madrid. Er kehrte sofort nach Toledo zurück, wo ihn der Oberstleutnant der Zivilgarde Pedro Romero Basart nachdrücklich aufforderte, sich dem Militärputsch gegen die Republik anzuschließen und das Kommando über die aufständischen Truppen in der Provinzhauptstadt zu übernehmen. Die 600 Zivilgardisten würden, so argumentierte er, Toledo problemlos für die Aufständischen einnehmen. In den ersten Tagen nach dem 18. Juli entwickelten sich die Kräfteverhältnisse allerdings zu Ungunsten der Rebellen, die sich ab dem 21. Juli in den Alcázar zu-

---

5 Zum Bild des *Alcázar* in der franquistischen Mythologie vgl. V. Sánchez-Biosca (Hg.), *Imagen.*

Der Alcázar von Toledo nach seiner Zerstörung im Herbst 1936 Quelle: http://www.uclm.es

rückzogen und dort Verstärkung abwarten wollten. Es gelang ihnen auch, größere Mengen Munition in die Festung zu bringen. Im *Alcázar* verschanzten sich rund 1200 Kämpfer, von denen 690 disziplinierte Zivilgardisten waren, etwa 100 Rechtsextremisten aus der Stadt Toledo, die sich dort nicht mehr sicher fühlten, und weniger als zehn Kadetten, die gerade ihre Ausbildung erhielten; zu diesen militärischen Kräften kamen noch ungefähr 500 Zivilisten hinzu, meist Frauen und Kinder der Verteidiger, und an die 20 Geiseln.

Diese rund 1700 Personen wurden von den republikanischen Belagerern sofort aufgefordert, sich zu ergeben. Die Übergabeforderungen wurden jedoch alle ignoriert, wenn auch angesichts der dramatischen Situation für die Eingeschlossenen mit einigen Bedenken. Auch die Zivilisten blieben im *Alcázar*. Im Laufe der folgenden zwei Monate desertierten allerdings 87 Männer, die zur Gegenseite überliefen.

Im Gegensatz zum franquistischen Verteidigungsmythos, der von einer radikalen Abschnürung durch einen unendlich überlegenen republikanischen Belagerungsring spricht, besteht schon seit längerem kein Zweifel daran, daß den 1200 disziplinierten und gut ausgebildeten Verteidigern höchstens 2500 republikanische Milizionäre gegenüberstanden, die großenteils unerfahren und undiszipliniert waren. Von einer systematischen Belagerung der Festung konnte keine Rede sein, die Bewaffnung war völlig unzureichend. Bis Mitte August kam es sogar zwischen Belagerern und Belagerten zu Fraternisierungen, Gegenstände wurden ausgetauscht, »Revolutionstouristen« aus Madrid kamen zur interessierten Beobachtung der Belagerung. Bis Ende August waren die Belagerer, denen es an Personal ebenso wie an Material fehlte, nicht einmal in der Lage, die Nord- und die Ostfassade des *Alcázar* zu bewachen. Den Verteidigern fiel es deshalb nicht allzu schwer, sich immer wieder in der Stadt mit Lebensmitteln und anderen erforderlichen Materialien zu versorgen.

Eine Verschärfung der Belagerung erfolgte ab Mitte August; die republikanischen Milizionäre gingen von nun an zu der mittelalterlich anmutenden Methode über, Stollen unter den *Alcázar* zu graben und die Fundamente zu sprengen; zugleich stieg die Zahl der Belagerer auf 4000, die Artilleriegeschosse wurden nun zahlreicher und intensiver. Bei den Gefechten kamen 90 der eingeschlossenen Verteidiger um. Für einen erfolgreichen Sturm auf den *Alcázar* war es aber inzwischen zu spät. Da die Truppen Francos auf Toledo vorrückten, mußten republikanische Truppen aus der Provinzhauptstadt abgezogen und gegen den franquistischen Vormarsch in Position gebracht werden. Trotzdem gelang es den Belagerern am 17. September, nachdem Sprengstoffexplosionen riesige Löcher in die Festungsmauern gesprengt hatten, ins Innere des *Alcázar* vorzudringen; das Durcheinander auf republikanischer Seite war jedoch so groß, daß die Milizionäre den *Alcázar* nicht hielten, sondern sich schnell wieder zurückzogen. Am 27. September gelangten schließlich maurische Truppen und Fremdenlegionäre in die Festung, die Belagerung war beendet.

Die Franquisten führten die erfolgreiche Verteidigung auf den heldenhaften Mut und unerschütterlichen Einsatz der Belagerten sowie auf die göttliche Vorsehung zurück, die wieder einmal zugunsten der »nationalen« Sache eingegriffen hatte. Die *Virgen de la Concepción*, Patronin der Infanterie, wurde zur Schutzheiligen der Belagerten erkoren, die durch ihre wundertätige Wirkung den Verteidigungswillen der Belagerten stärkte. Göttliche Fügung und mustergültiger Heldenmut hatten bei der Verteidigung zusammengewirkt und bildeten fortan die Grundlage für den Mythos vom *Alcázar*.

Sicherlich verteidigten die Belagerten mutig die Festung; letztlich war das Scheitern der Belagerung aber auf die militärische Inkompetenz der republikanischen Kräfte zurückzuführen, auf das Fehlen einer systematischen Planung, auf den Mangel an Material und schweren Waffen. Der Militärhistoriker José Martínez Bande beschreibt die Unordnung und Disziplinlosigkeit auf republikanischer Seite, wo ein einheitliches Kommando und eine klare Strategie fehlten.[6] Außerdem bestand das republikanische Hauptinteresse in jenen Wochen in der Verteidigung Madrids, während Toledo ein Nebenkriegsschauplatz war, dem keine allzu große Bedeutung beigemessen wurde.

Dreh- und Angelpunkt des *Alcázar*-Mythos ist jenes angebliche Telefongespräch zwischen Oberst Moscardó und seinem in Toledo von Republikanern gefangengehaltenen Sohn Luis am 23. Juli. Die Milizionäre drohten Moscardó, seinen Sohn zu erschießen, sollte sich der *Alcázar* nicht ergeben. Vater und Sohn konnten kurz am Telefon miteinander sprechen. Dieses Gespräch wurde zum eigentlichen Kernstück des *Alcázar*-Mythos; es liegt in zahlreichen Fassungen vor, die erheblich voneinander abweichen. Während die offizielle Fassung, die jahrzehntelang im *Alcázar* selbst über Tonband zu hören und auf Postkarten zu lesen war, davon spricht, daß der Vater seinem Sohn Luis die Aufforderung erteilte, wie ein Held für Spanien zu sterben, da er den *Alcázar* unmöglich übergeben könne, verweisen kritische Versionen darauf, daß Luis seinen Vater angeblich angefleht habe, sich zu ergeben, um sein Leben zu retten, Oberst Moscardó seinen Sohn aber einen Feigling schimpfte und erbost das Telefonat beendete.[7] Tatsache ist, daß – in Abweichung von der glorifizierenden Darstellung des Verhaltens von Moscardó – Luis nicht sofort, sondern erst einen Monat später, am 23. August, zusammen mit anderen Häftlingen als Repressalie für eine franquistische Bombardierung Toledos erschossen wurde.

Der Symbolgehalt der von franquistischen Truppen befreiten Aufständischen im *Alcázar* war für Propagandazwecke von unschätzbarer Bedeutung. In der nationalen wie internationalen Presse war die Belagerung auf großes Interesse gestoßen, und sofort nach Einnahme der Festung – die gegen Ende der Belagerung nur noch ein großer Schutthaufen war – begann die propagandistische Ausschlachtung,

6 J. Martínez Bande, *Asedios*.

7 Vgl. diese Fassung bei I. Herreros, *Mitología*, S. 34.

die den Franquisten schon deshalb leicht fiel, weil die Belagerung des *Alcázar* viele Elemente bot, die sich in die national-konservative Mythentradition einreihen ließen.[8] Zum einen konnte das Bild der rechtgläubigen, in der Festung eingeschlossenen Verteidiger mit christlichen Katakomben und der heldenhaften Verteidigung von Numancia gegen die Römer assoziiert werden. Zum anderen ließ sich die Figur von Oberst Moscardó, der General Varela bei der Übergabe des Alcázar am 28. September mit den Worten Bericht erstattete: *Sin novedad en el Alcázar* (»Nichts Neues im *Alcázar*«), hervorragend für die nationale Sache instrumentalisieren. Schließlich eignete sich vor allem das Telefongespräch zwischen Vater und Sohn bestens zur Legendenbildung; das Opfermotiv, das zu einem Gründungsmythos des Franco-Regimes wurde, ordnete sich in die patriotische Tradition eines Guzmán »el Bueno« ein, der 1294 bei der Belagerung von Tarifa durch die Mauren zur Übergabe der Stadt gezwungen werden sollte, indem die Belagerer mit der Hinrichtung seines von ihnen gefangengehaltenen Sohnes drohten. Als Antwort auf diesen Erpressungsversuch schleuderte Guzmán »el Bueno« den Mauren seinen Dolch entgegen, damit sie damit seinen Sohn umbringen könnten. Der Dienst am Vaterland – so die allseits verstandene Botschaft – geht vor, selbst wenn das eigene Kind geopfert werden muß.

Die Befreiung des *Alcázar* wurde nicht nur propagandistisch-ideologisch ausgeschlachtet. Sie hatte (wahrscheinlich) unmittelbare, entscheidende Auswirkungen auf den Machtkampf im nationalen Lager. Da die von Südwesten anrückenden franquistischen Truppen ihren Vormarsch auf Madrid unterbrachen, um gegen die Belagerer des *Alcázar* zu kämpfen, bedeutete dies, daß die spanische Hauptstadt im September 1936 nicht eingenommen werden konnte. Zwischenzeitlich wurde die Verteidigung Madrids – auch mit Hilfe der Internationalen Brigaden – vorbereitet. Die Einnahme von Madrid hätte General Emilio Mola vorgenommen, der damit eine herausragende Rolle unter den aufständischen Militärs errungen und seinen Anspruch auf Übernahme des obersten Kommandos bekräftigt hätte. Statt dessen verbreiteten am 28. September nationale und internationale Zeitungen das Bild eines erfolgreichen Franco neben dem von den Strapazen der letz-

8 Vgl. G. Pichler, *Alcázar;* dort auch Hinweise auf weiterführende Literatur.

Religiös-imperiale Verherrlichung des Alcázar von Toledo

Quelle: Laureados de España. Dirección Artística: Fermina de Bonilla / Domingo Viladomat. Madrid o. J. (1940)

ten Wochen gezeichneten Moscardó – der Retter und der Gerettete. Es war sicher kein Zufall, daß an eben jenem 28. September auf Initiative Francos die Generalsjunta eilig in Salamanca zusammentrat und – nach einigen Manipulationen und Personalintrigen – Franco zum Regierungschef des nationalen Spanien und Generalissimus der Streitkräfte bestimmte. Damit hatte die von Mola kontrollierte »Verteidigungsjunta« mit Sitz in Burgos ihre Führungsfunktion für den entstehenden Neuen Staat verloren. Ohne den prestigeträchtigen Sieg über die Belagerer des *Alcázar* hätte Franco sich im Machtkampf der Generäle wohl nicht durchsetzen können.

Unmittelbar nach der Eroberung Toledos durch die Franquisten begann eine beispiellose Repression. Allein im September und Oktober 1936 wurden 835 Republikaner erschossen, unter denen sich auch 20 Frauen kurz vor oder nach der Entbindung sowie an die Hundert Kranke und Verletzte befanden. Isabelo Herreros beziffert die Gesamtzahl der Repressionsopfer auf 3937, von denen rund 20 Prozent unmittelbar nach der Befreiung des *Alcázar* und über 60 Prozent in der Nachkriegszeit hingerichtet wurden. Moscardó wurde zum General befördert und an die Guadalajara-Front geschickt, Romero Basart wurde Generalinspektor der Polizei und war in dieser Funktion unmittelbar für die Repression in der Nachkriegszeit verantwortlich.

Der *Alcázar* blieb während des Franquismus einer der zentralen Erinnerungsorte. Innerhalb kürzester Zeit wurde er zum Mythos verklärt und als Symbol für das franquistische Spanien eingesetzt. Zahllose Straßen und Plätze wurden nach ihm benannt, Schulen und Kinos, Militäreinheiten und eine rechtsextreme Zeitung, die bis über Francos Tod hinaus ihren Kampf gegen Liberalismus und Demokratie fortsetzte. Nach der historischen »Wahrheit« des *Alcázar* fragte kaum jemand; für Mythen sind ja Fragen der historischen Wahrheit irrelevant.

3. Das »Tal der Gefallenen«: Mausoleum der Sieger

DER BIS HEUTE bedeutendste Gedächtnisort des Franquismus ist das *Valle de los Caídos,* das »Tal der Gefallenen«, rund 60 Kilometer nordwestlich von Madrid und nur wenige Minuten vom Escorial entfernt in der Sierra de Guadarrama gelegen. Das Bauwerk, dessen offizielle Bezeichnung *Monumento Nacional de Santa Cruz del Valle de los Caídos* lautet, stellt in seiner Monumentalität die Ursprungsideologie des franquistischen Systems dar. Obwohl als Kriegerdenkmal und Staatsmausoleum konzipiert, ist es primär ein Siegesmal und zugleich das Herrschaftssymbol des im Bürgerkrieg triumphierenden Systems.

Die Idee zu einem Sieges- und Gefallenendenkmal, das von der Größe Nationalspaniens künden sollte, entstand bei Franco schon während des Bürgerkrieges. Für ihn war von Anfang an klar, daß das geplante Monument außergewöhnliche Ausmaße haben sollte; er sprach von einer »universalen Dimension«. Anfang 1940 nahm sich der Diktator viel Zeit, um in langen ausgedehnten Ritten die Sierra um Madrid auf der Suche nach einem geeigneten Bauplatz zu erforschen. Schließlich fand er in der Sierra de Guadarrama einen Hügel, der *Altar Mayor* oder auch *Risco de la Nava* genannt wurde. Die Landschaft entsprach genau Francos Vorstellungen von der spanischen Natur: karg, derb, rauh, abgelegen.

Der Platz für das Gefallenen- und Siegesdenkmal wurde vom Diktator sorgfältig ausgewählt: Das Gelände befindet sich ziemlich genau im Zentrum Spaniens, stellt somit den Mittelpunkt des Landes dar. Das Bauwerk, das von allen Seiten gesehen werden sollte, wurde als Symbol der neuen Einheit Nationalspaniens konzipiert, es sollte Gefallenen aus allen Landesteilen eine letzte Ruhestätte bieten. Der gesamte Komplex sollte sich zudem eng an die Natur der Sierra de Guadarrama anschmiegen, Bauwerk und Natur sollten gewissermaßen ineinander aufgehen.

Der Ort befindet sich außerdem in unmittelbarer Nähe historischer Stätten, insbesondere nahe am Escorial, der als Symbol schlechthin der »großen« Geschichte Spaniens in Zeiten Philipps II. und als Inbegriff der engen Verbindung von Staat und katholischer Kirche gilt. In dieser Tradition imperialer und gegenreformatorischer Größe sah sich auch Franco. Der Escorial ist Palast, Kloster und Mausoleum der spanischen Könige in einem; ähnlich konzipierte Franco auch das *Valle de los Caídos,* das als Grabstätte für den Falangegründer José Antonio Primo de Rivera und für ihn selbst vorgesehen war. Die gesamte Anlage wurde in die Obhut des Benediktinerordens gegeben.

Die Integration in den Felsen der Sierra, die Verwendung grauer Steine, die nahezu schmucklose Fassade und das wuchtige, nur aus einer einzigen Tür bestehende Eingangsportal unterstreichen das Gefühl, daß es sich bei diesem Gebäude um eine uneinnehmbare, abgeschlossene Festung handelt, die die Gefallenen des Bürgerkrieges zu schützen habe.[9] Das erste Fassadenprojekt von Pedro Muguruza ähnelte der neoklassizistisch-faschistischen Architektur des »Dritten Reiches« mehr als der schließlich ausgeführte Entwurf des zweiten Architekten Diego Méndez aus dem Jahr 1950. Der Stilwechsel, der in den fünfziger Jahren vorgenommen wurde, entsprach sicherlich dem Bestreben des franquistischen Regimes, sich von seiner faschistischen Vergangenheit zu distanzieren, um im Nachkriegseuropa politisch überleben zu können. Trotzdem sind die neoklassizistischen Stilelemente unübersehbar.

Am 1. April 1940 – dem ersten Jahrestag des siegreichen Kriegsendes – verkündete Franco feierlich in Anwesenheit zahlreicher Minister und hoher Würdenträger den Beginn der Bauarbeiten. Das *Valle de los Caídos* sollte 1945 fertiggestellt sein. Bald stellte sich jedoch heraus, daß dieser Zeitraum für das geplante Großprojekt allzu knapp kalkuliert war, nachdem das durch den Bürgerkrieg ausgeblutete Land mit dieser Vorgabe sowohl technisch als auch materiell überfordert war. Die Großbaustelle konnte nur durch eine gigantische Logistikleistung ausreichend mit Arbeitskräften und Material versorgt werden; Franco wies immer wieder darauf hin, daß dieser Bau äußerste Priorität vor allen anderen Projekten hatte. Trotzdem dauerte es Jahre, bis die elementarsten Infrastrukturprobleme gelöst waren. Erst allmählich wurden Wohnbaracken für die Arbeiter errichtet, eine Zugangsstraße angelegt, eine medizinische Grundversorgung gewährleistet.

Der Bau des Denkmals wurde bis in die kleinsten Details von Franco persönlich überwacht. Von Anfang an setzte der Diktator

9 Zum folgenden vgl. M. Schuster, *Macht.*

Kunst und Architektur als Herrschaftsinstrumente ein. Die Kunstpolitik der Nachkriegszeit wurde zumeist von neu eingerichteten staatlichen Stellen reglementiert und gelenkt.[10] Erster Innenminister war Ramón Serrano Suñer, dem auch die Generaldirektionen für Presse, Propaganda und Architektur unterstanden. Leiter der *Dirección General de Arquitectura* wurde Pedro Muguruza Otaño, dem die Oberaufsicht über jenen Baukomplex übertragen wurde, der zum propagandistischen Glanzstück Spaniens werden sollte: das *Monumento Nacional a los Caídos,* das »Nationale Denkmal für die Gefallenen« – so die ursprüngliche Bezeichnung. Alle wichtigen Entscheidungen in bezug auf dieses Denkmal durften nur nach Rücksprache mit der Madrider Regierungszentrale, der *Presidencia de Gobierno,* entschieden werden, so daß der direkte Einfluß Francos jederzeit sichergestellt war.

Aufgrund der massiven Repression – auch und gerade gegenüber Intellektuellen und Künstlern – der ersten Nachkriegsjahre war vielen Kunstschaffenden (und Architekten), die durch ihren neuen und avantgardistischen Stil das kulturelle Leben der Republik mitgestaltet hatten, nur der Weg ins Exil geblieben. So waren etwa 42 der wichtigsten spanischen Architekten nach Lateinamerika emigriert, andere waren in den Kämpfen während des Bürgerkrieges ums Leben gekommen.[11] Nach dem Bürgerkrieg herrschte daher in Spanien ein kulturelles Vakuum, innovative Stilrichtungen waren verpönt, Mittelmäßigkeit dominierte. In der Literatur ist die Rede von einer »Krise der Architektur«.[12] In vielerlei Hinsicht wurde im Nachkriegsspanien die »rationale« Architektur der Vorbürgerkriegszeit durch eine andere Architekturkonzeption ersetzt, die Monumentalismus und Historismus (in Anlehnung an Deutschland und Italien) zu verherrlichen suchte.

Eines der Hauptprobleme bei den Bauarbeiten stellte der Mangel an Arbeitskräften dar. Um diesem Mangel abzuhelfen, wurde auf Kriegsgefangene zurückgegriffen, was für das Regime den weiteren Vorteil bedeutete, daß die überbelegten Gefängnisse durch den Arbeits-

---

10 A. Alted Vigil, *Política;* A. Llorente Hernández, *Arte.*
11 Equipo Reseña, *Cultura,* S. 255.
12 A. Fernández Alba, *Crisis.*

einsatz entlastet wurden.[13] Dem Konzept des Jesuiten José A. Pérez del Pulgar folgend, sollten ausgewählte Kriegsgefangene mit ihrer Arbeit zur »Wiedergutmachung« beitragen. Der Arbeitseinsatz sollte eine »geistliche und politische Besserung« der Gefangenen bewirken, da er ja »den Respekt vor dem Gesetz Gottes und die Liebe zum Vaterland« fördere. Für die erbrachte Arbeitsleistung wurde ein Teil der Strafe erlassen. »Erlösung von der Strafe durch Arbeit ist der beste Ausdruck des Geistes, auf dem der spanische Kreuzzug beruhte« – so lautete der Grundsatz.[14] Die Häftlingsarbeit sollte zur Läuterung der politischen Gefangenen beitragen. Der geringe Lohn, den sie erhielten, floß in die materielle Unterstützung ihrer Familien, damit ihre Kinder im Sinn der katholischen Religion und in der Liebe zum Vaterland erzogen werden konnten. Pater Pérez del Pulgar rechtfertigte die Maßnahmen mit dem Hinweis, daß nur auf diese Weise die »schädlichen, pervertierten, politisch und moralisch vergifteten Elemente« in die Gesellschaft wieder integriert werden könnten; andernfalls stellten sie »eine Korruptions- und Ansteckungsgefahr für alle dar, und das wäre die historische Niederlage des mit so vielen Opfern errungenen Sieges.«[15]

Die Zahlenangaben zu den im *Valle de los Caídos* beschäftigten Häftlingen schwanken stark, je nach Autor. Daniel Sueiro spricht in seinem Standardwerk – auf der Grundlage zeitgenössischer Pressemeldungen – von ca. 600 Häftlingen, die Ende 1943 in Cuelgamuros arbeiteten, bei Paul Preston ist die Rede von 20000 Kriegsgefangenen, die im Laufe der 20 Jahre Bauzeit eingesetzt wurden.[16] Ob die vom Regime propagierte »Läuterung« durch Arbeitsverrichtung eingetreten ist, darf in den meisten Fällen bezweifelt werden. Allerdings war die Großbaustelle für eine »Umerziehung« bestens geeignet: Ehemalige Feinde halfen beim Bau des zentralen Bauwerks des »Neuen Staates«, womit sie symbolisch und tatsächlich am Aufbau eines Spanien mitwirkten, dessen grundlegende Werte und Überzeugungen sie im Bürgerkrieg bekämpft hatten.

Ebenso umstritten wie die Anzahl der bei den Bauarbeiten einge-

---

13 Zum folgenden vgl. D. Sueiro, *Valle.*

14 Zit. nach D. Sueiro, *Valle,* S. 51.

15 Zit. nach D. Sueiro, *Valle,* S. 51 f.

16 D. Sueiro, *Valle,* S. 67; P. Preston, *Franco,* S. 390.

setzten Zwangsarbeiter ist die Frage der Finanzierung des Bauvorhabens. Offensichtlich wurde auf verschiedene Quellen zurückgegriffen: Anfangs wurden Anleihen ausgegeben, danach wurde in der Nationallotterie eine Sonderziehung eingeführt, ab 1957 kümmerte sich die Stiftung *Fundación de la Santa Cruz* um die Finanzierung. Erhebliche Summen wurden auch durch Privatspenden aufgebracht. Die Gesamtkosten beliefen sich, folgt man den Angaben des Architekten Diego Méndez,[17] auf über 1,1 Milliarden Peseten (Wert von 1961).

Das *Valle de los Caídos* ist ein überdimensional großes Siegerdenkmal, das allen Gegnern Nationalspaniens dessen Größe vor Augen führen und an den Sieg über die Republik erinnern sollte. Die Grabstätte von José Antonio Primo de Rivera und das von Anfang an eingeplante Grab Francos erhöhen die Bedeutung des Bauwerks noch mehr; Franco setzte sich selbst damit ein immerwährendes Denkmal. Die gewaltigen Ausmaße der Gesamtanlage und der übersteigerte Monumentalismus vieler Einzelteile dienten zur Verkörperung der unbezwingbar erscheinenden Stärke des Staates und repräsentierten zugleich den alles umfassenden Willen des *Caudillo*. Das weithin sichtbare, riesige Kreuz wiederum zeugt von der Macht der Kirche im franquistischen System; es verkörpert gewissermaßen den Anspruch der katholischen Kirche, ganz Spanien beherrschen zu wollen. Verstärkt wird dieser Eindruck katholischer Allmacht, wenn man bedenkt, wer in dieser Gruft seine letzte Ruhestätte finden durfte: Es waren die im Namen Gottes und des »nationalen« Vaterlandes Gefallenen, die in den Folgejahren immer wieder evozierten *Caídos por Dios y por España*. Die kolossalen Statuen der vier Evangelisten, die sich um den Sockel des Kreuzes winden, geben ein ebenso bedrohliches wie mahnendes Bild ab und scheinen, zusammen mit dem Kreuz, die Botschaft an das unterlegene Spanien verkünden zu wollen, daß jeglicher Widerstand sinnlos sei.

Die gesamte Anlage besteht aus einer 1942 bis 1956 in den Felsen gesprengten ausgedehnten Krypta (»Basilika«), mit einem monumentalen Eingang bei der an ihrer Südseite gelegenen Esplanade, aus umfangreichen Klostergebäuden, die einen großen Hof umgeben, mit Studienseminar und Wirtschaftsräumen, sowie aus einem darüber

17 D. Méndez, *Valle*, S. 286.

Monumentalkreuz im »Tal der Gefallenen« Foto: Marit Teerling

aufragenden riesigen Kreuz. Das Kreuz weist außergewöhnliche Ausmaße auf. Die Höhe beträgt über 142 Meter, die Spannweite 58 Meter. Die Konstruktionsvorgaben stellten die Ingenieure vor enorme Anforderungen. Um den starken Winden der Sierra trotzen zu können, mußte vor allem auf die Stabilität des Kreuzes geachtet werden. Die Decke der Krypta hatte das Gewicht des Kreuzes – über 200 000 Tonnen – auszuhalten. Die in den Ausmaßen einer Kathedrale angelegte eindrucksvolle Krypta ist einschließlich der Vorhalle 262 Meter lang, 20 Meter (Querarm 110 Meter) breit und 35 Meter hoch. Den Hochaltar krönt ein Holzkreuz mit einer lebensgroßen Christusfigur. Zu beiden Seiten der Krypta befinden sich die Kapellen für die Gebeine der im Bürgerkrieg Gefallenen.

Das geplante *Monumento a la Victoria* sollte zum einen ein Denkmal zu Ehren der Gefallenen für das Vaterland und deren letzte Grabstätte sein; zum anderen war eine Basilika vorgesehen, an die sich ein Kloster anschloß, das die enge Verbundenheit des franquistischen Systems mit der katholischen Kirche zum Ausdruck brachte. Der zusätzliche Gedanke, an eben jener Stelle zugleich eine Kaserne zum Schutz des Klosters zu bauen, versinnbildlicht in geradezu paradigmatischer Weise den aggressiven Nationalkatholizismus als Ideologie des frühen Franquismus. Auch im Inneren der Basilika manifestiert sich der politisch-religiöse Anspruch: Das Mosaik in der Kuppel des Hauptaltars zeigt, wie im Gefolge spanischer Heiliger die gefallenen Helden des Bürgerkrieges hinter den flatternden Fahnen von Staat und »Bewegung« gen Himmel fahren. Und unter den Madonnen der Seitenaltäre befinden sich die Schutzheiligen von Heer, Marine und Luftwaffe.

Der sepulkrale Charakter des *Valle de los Caídos* ist auf den ersten Blick erkennbar: eine Basilika, die als Krypta in einen Berg geschlagen wurde, düstere Stimmung und gedämpftes Licht, dazu die kalten Mauern der Außenfassade. In der Krypta ruhen inzwischen die Gebeine von ca. 40000 im Bürgerkrieg »für Gott und Vaterland Gefallenen«. Auch einige Katholiken der republikanischen Seite haben dort ihre letzte Ruhe gefunden. Konzipiert war das *Valle de los Caídos* als ewiger Ort des Totengedenkens; das Gedenken wurde allerdings mythisch überhöht, indem die »Helden der Bewegung« zu Vorbildern für einen Zweck gemacht wurden: Es ging darum, die Erinnerung an die Größe Francos wach zu halten und zukünftige Generationen durch ihr erbrachtes Opfer in der richtigen Gesinnung zu bestärken. Durch Gedenkfeiern und Heldenmythisierung sollten die Spanier auf den Tod eingeschworen werden; die Sinnhaftigkeit des Todes der Gefallenen als Opfertod um des spanischen Volkes willen sollte deutlich gemacht werden. Höchste Tugend des einzelnen Helden war die Opferbereitschaft für Volk und Vaterland. Franco selbst schlug eine Brücke zwischen Toten und Lebenden, zwischen Vergangenheit und Zukunft. In Zusammenhang mit der Einweihung des *Valle de los Caídos* sagte er 1959 in einem Interview, der ganz in der Nähe liegende Escorial sei die Grabstätte der spanischen Könige, und das *Valle de los Caídos* die Ruhestätte der Helden und Märtyrer des spanischen Volkes.

Am 1. April 1959, dem 20. Jahrestag des Bürgerkriegsendes, wurde das *Valle de los Caídos* feierlich eingeweiht. Die konservative Tageszeitung *ABC* schrieb aus diesem Anlaß: »Nun können wir die Fortdauer des Sinnes und des Geistes des Kreuzzuges feststellen, die in einem Betonfelsen zu Stein geworden sind, auf dem ein Denkmal und ein Tempel errichtet wurden, um die Erinnerung an unsere Toten zu ehren und ihre Ruhe zu verewigen.«[18] Franco selbst erhob in seiner Einweihungsrede für das Bauwerk eine Art Ewigkeitsanspruch:

»Das Ausmaß unseres Kreuzzugs, die heldenhaften Opfertaten, die zum Sieg führten, und die Bedeutung, die diese Epopöe für die Zukunft Spaniens hatte, können nicht in Form einfacher Denkmäler verewigt werden [...] Die Bauwerke, die errichtet werden, müssen vielmehr die Größe antiker Monumente haben, sie müssen der Zeit und dem Vergessen trotzen, und sie sollen ein Ort der Meditation und der Ruhe sein, an dem zukünftige Generationen ihrer Bewunderung für jene Menschen Ausdruck verleihen können, die ihnen ein besseres Spanien hinterlassen haben. Diesem Zweck dient die Wahl eines abgelegenen Platzes, wo der großartige Tempel unserer Toten errichtet werden soll, wo über die Jahrhunderte hinweg für die gebetet wird, die auf dem Weg zu Gott und für das Vaterland gefallen sind. Es soll ein ewiger Pilgerort werden, an dem die Großartigkeit der Natur einen würdigen Rahmen für den Boden bildet, in dem die Helden und Märtyrer des Kreuzzugs ruhen.«[19]

Sicherlich war das *Valle de los Caídos* auch für Massenveranstaltungen vorgesehen, worauf schon allein die Ausmaße der gewaltigen Esplanade hinweisen, die sich über 30 000 m^2 vor dem Eingang der Basilika erstreckt. Allerdings kam es nach der Einweihung des *Valle* nur äußerst selten zu solchen Massenveranstaltungen, was sicherlich auf den inzwischen gewandelten internationalen Kontext zurückzuführen war, der es nicht mehr angebracht erscheinen ließ, faschistische Massenaufmärsche zu inszenieren. Eine letzte Inszenierung erlebte das *Valle* im November 1975, als der Diktator dort zu Grabe getragen wurde. In Anwesenheit von 10.000 Getreuen wurde Francos Sarg nach einem feierlichen Trauergottesdienst in das für ihn hinter dem Hauptaltar vorgesehene Grab gesenkt und mit einer schweren Platte

---

18 *ABC* (Madrid), 1. April 1959, S. 3.
19 *ABC* (Madrid), 2. April 1959, S. 3.

verschlossen. Bis heute marschieren alljährlich an seinem Todestag, dem 20. November, einige Altfranquisten dort auf, um ihren verstorbenen *Caudillo* zu ehren.

Viele Jahre lang wurde es nach Francos Tod ruhig um das *Valle de los Caídos*. Von den jährlichen Aufmärschen der Franco-Nostalgiker am 20. November abgesehen, besuchten vor allem Touristen und Wochenendausflügler den Ort. Seit jedoch in den letzten Jahren die Debatte um die Vergangenheitsaufarbeitung in Spanien erneute Aktualität gewonnen hat und die Frage diskutiert wird, was mit den sichtbaren Überresten der Diktatur wie Reiterstatuen oder Denkmälern geschehen soll, ist auch das *Valle de los Caídos* zum Gegenstand verstärkten Interesses von Wissenschaftlern und Öffentlichkeit geworden.

Die Regierung sah sich mit allen möglichen Vorschlägen konfrontiert, die von der Zerstörung des Denkmals bis zu seiner unveränderten Beibehaltung reichten. Da es sich um Staatseigentum handelt, ist der Staat zum Unterhalt der Anlagen verpflichtet. Dies wird sich wohl auch in Zukunft kaum ändern lassen. Die Kritiker fordern aber, daß die Pflege der Gräber von Franco und Primo de Rivera nicht mehr aus Mitteln eines demokratischen Staatswesens erfolgt, daß darüber hinaus der extremen Rechten nicht länger das Recht eingeräumt wird, dort Haßtiraden gegen die Demokratie zu lancieren. Möglicherweise einigt man sich darauf, aus den weitläufigen Anlagen ein Museum über den Bürgerkrieg, den Franquismus und den demokratischen Widerstand gegen die Diktatur zu machen. In dieser Frage ist aber noch längst nicht das letzte Wort gesprochen.

4. Zur Topographie des kollektiven Gedächtnisses

DIE AUFSTÄNDISCHEN ENTBEHRTEN zu Beginn des Bürgerkriegs einer formalen Legalität und Legitimität; dieses Defizit mußte so schnell wie möglich beseitigt werden. Der Aufbau des »Neuen Staates« kann auch unter der Perspektive des Abbaus von Legalitäts- und Legitimitätsdefiziten betrachtet werden. Zu den Charakteristika dieses »Neuen Staates« gehörte die Konzentration der Macht in einer einzigen Person: Franco. Die Herausbildung des neuen Machtzentrums bedurfte jedoch der ideologischen Absicherung und Untermauerung; von Anfang an läßt sich daher feststellen, daß der entstehende franquistische Staatsapparat Legitimationsgrundlagen benötigte. Eine Quelle der Legitimität wurde in der Geschichte gesucht. Deswegen war die »richtige« Deutung der Geschichte Spaniens von größter Bedeutung für das franquistische Lager. Es galt, den Aufstand der Militärs in die Tradition des Landes einzufügen und die »Nationale Bewegung« als Erbe der spanischen Geschichte darzustellen. Hierzu bedurfte es der Schaffung von Erinnerungsorten, die im kollektiven Gedächtnis zur Legitimierung des neuen Regimes beitragen würden.

Zu den am weitesten verbreiteten Methoden, ein bestimmtes historisches Gedächtnis zu schaffen, gehört die Namensgebung von Straßen, Plätzen und öffentlichen Gebäuden. Während des Bürgerkrieges und unmittelbar danach wurden viele traditionelle Bezeichnungen geändert und durch Namen ersetzt, die einen direkten Bezug zum Militäraufstand aufwiesen. Einige Beispiele aus der Stadt Burgos von Namensänderungen nach Bürgerkriegsbeginn:

Name vor dem 18.7.1936	Name nach dem 18.7.1936
Paseo de la Isla	*Avenida del Generalísimo*
Plaza de la República	*Paseo de José Antonio*
Plaza de la Libertad	*Paseo de Calvo Sotelo*
Plaza del Instituto	*Plaza del Dr. Albiñana*
Calle del Progreso	*Calle General Mola*
Travesía del Mercado	*Calle General Queipo de Llano*

Vergleichbare Namensänderungen nahmen die Franquisten in allen Orten vor, die sie einnahmen. Salamanca, während des Krieges vorübergehend Hauptstadt des entstehenden »Neuen Staates« – Madrid wurde ja bis März 1939 von den Republikanern gehalten –, eignet sich als neues Machtzentrum besonders gut zur Untersuchung der Symbole und Bezeichnungen, die den Willen zur dauerhaften Machtausübung zum Ausdruck brachten. Ins Zentrum der Betrachtung rückt die Änderung von Straßennamen; diese sind besonders gut als Erinnerungsorte geeignet, da die Umbenennungen ziemlich genau das ideologische Amalgam und die Veränderungen unter den Machthabenden widerspiegeln.[20] Salamanca schloß sich schon in den ersten Tagen dem Militäraufstand an. Der neue Stadtrat erklärte sofort seine ideologische Übereinstimmung mit den Putschisten. Kaum hatten die Stadträte ihre Ämter übernommen, begannen sie mit der systematischen Zerstörung all dessen, was an das republikanische System erinnerte. Eine Stadtratskommission erhielt den Auftrag, neue Bezeichnungen für Straßen und Plätze vorzuschlagen, die bis dahin »linke und revolutionäre« Bezeichnungen aufwiesen. Am 7. September wurden bereits zahlreiche Namensänderungen beschlossen; eine Auswahl:

	Alter Name	Neuer Name
STRASSEN	*José Giral*	*General Sanjurjo*
	F (nueva)	*Calvo Sotelo*
	Pablo Iglesias	*Dimas Madariaga*
	14 de abril	*17 de julio*
	10 de Mayo	*Milicias Nacionales*
	Marcelino Domingo	*Onésimo Redondo*
PLÄTZE	*Plaza de la República*	*Plaza de España*
	Puerta de Zamora	*Puerta del Ejército*
	Puerta de San Pablo	*Puerta de Mártires de España*

Die Beweggründe für die Namensänderungen wurden explizit genannt; es ging darum, die zu ehren, die entscheidend an der »Bewegung zur Rettung Spaniens« mitgewirkt hatten. Ausdrücklich ging es um die Grundlegung einer neuen Erinnerungstradition. Zukünftige Generationen sollten öffentlich »den Namen der Mutter Spanien und ihres ständigen Verteidigers, des tapferen spanischen Heeres, preisen, ebenso wie die Erinnerung an all jene, die im Kampf ein schmerzhaf-

20 Die folgenden Beispiele entstammen dem Beitrag von J. I. Madalena Calvo (u. a.), *Lugares de Memoria.*

tes, aber glorreiches Martyrium erlitten haben.« Im November 1936 wurden weitere Namensänderungen vorgenommen:

Alter Name	Neuer Name
Azafranal	*José Antonio Primo de Rivera*
Parque de la Alamedilla	*Parque del General Primo de Rivera*
General Riego	*General Goded*
Jaime Vera	*Defensores de Toledo*

Durch die Umbenennung des Parks Alamedilla wurde die Erinnerung an den Diktator der zwanziger Jahre, General Primo de Rivera, wiedererweckt, der vielen als Vorläufer Francos galt; die »Verteidiger von Toledo«, die als Helden des »Neuen Spanien« verehrt wurden, sollten eine eigene, nationale Heroentradition schaffen. Im Fall der Straße des Faschistenführers José Antonio Primo de Rivera konnte der Stadtrat nur noch eine bereits von der *Falange* vorgenommene Namensänderung sanktionieren, was auf die relative Autonomie der *Falange* in dieser frühen Phase des Bürgerkriegs verweist. Nach dem tödlichen Flugzeugunfall von General Emilio Mola am 3. Juni 1937 wurde sofort ein Platz nach ihm benannt. Ein Jahr nach Bürgerkriegsbeginn wurden im Juli 1937 überall in der Zone der Aufständischen Feierlichkeiten anläßlich des »Ersten Siegesjahres« (*Primer Año Triunfal*) begangen. Die wichtigste Straße Salamancas erhielt den Namen Francisco Franco (später umbenannt in *Generalísimo*); zur Begründung führte der Stadtrat aus: »Die Stadtverwaltung hat beschlossen, daß aus Respekt und Ehrerbietung gegenüber seiner Exzellenz dem Staatschef sein erhabener Name der einzige sei, der bei den Erinnerungsfeierlichkeiten zum Glorreichen Nationalen Aufstand erwähnt wird, da er, der einzigartige *Caudillo,* in seiner Person alle herausragenden und traditionellen Tugenden der spanischen Rasse verkörpert, die Spanien gerettet haben.« Damit wurde zugleich eine Hierarchie in der Namensgebung geschaffen: Je höher die betreffende Person in der Machtstruktur des neuen Regimes stand, desto prachtvoller mußte die nach ihr benannte Örtlichkeit sein.

Nach dem 18. November 1936 – damals erkannten Deutschland

und Italien die franquistische Regierung offiziell an – wurden aus Begeisterung und Dankbarkeit über diesen diplomatischen Schritt zwei weitere wichtige Straßen umbenannt; sie erhielten die Namen Avenida de Alemania bzw. Avenida de Italia. Im Verlauf des Krieges wurden in Salamanca rund 30 Straßen und Plätze umbenannt, die meisten erhielten Namen aus dem neuen Sieger-»Pantheon«. Individuelle und kollektive Helden und Märtyrer der »Bewegung« verkörperten die neuen Werte. Außerdem sollten Statuen und Denkmäler errichtet werden. Es läßt sich somit von einem Projekt zur Neuordnung des öffentlichen Raums sprechen. Zugleich spiegeln die Neubezeichnungen den unterschiedlichen Einfluß der ideologischen Gruppierungen und Richtungen wider, die schließlich alle in der »Nationalen Bewegung« aufgingen.

Auch wenn keine expliziten Umbenennungen stattfanden, wurden die bedeutendsten architektonischen Stätten der Stadt in den Dienst des neuen Regimes genommen. Dies galt vor allem für die Plaza Mayor, die den gesellschaftlichen Mittelpunkt Salamancas darstellte. Alle wichtigen Akte fanden auf diesem Platz statt: die Ausrufung des Kriegszustandes, die ersten Demonstrationen zur Unterstützung der Aufständischen, die Aufmärsche der Falangisten, der Empfang ausländischer Delegationen und Botschafter etc. In der Kathedrale wiederum fanden die religiösen Feierlichkeiten statt, die einen unmittelbaren Bezug zu politischen oder militärischen Geschehnissen aufwiesen, etwa die Sühnemesse aus Anlaß der Bombardierung der Basilika der Virgen del Pilar in Zaragoza oder die (angebliche) Profanierung der Herz-Jesu-Statue auf dem »Cerro de los Angeles« etwas südlich von Madrid. Eine dritte architektonische Stätte war schließlich die Universität. Im November 1936 beschloß die »Baukommission« der Stadt Salamanca, der derartige Entscheidungen allerdings gar nicht zustanden, Franco einen *Vítor* zu widmen. Ein *Vítor* war eine ausschließlich akademische Auszeichnung, sie bezog sich auf den Erwerb des Doktorgrades und wurde nur von akademischen Gremien verliehen. In diesem Fall wurde die Auszeichnung jedoch nicht von einer akademischen, sondern von einer politischen Instanz verliehen; außerdem wurde die Inschrift nicht, wie sonst üblich, an einer Mauer der Universität angebracht, sondern an der Außenwand der Kathedrale. Der *Vítor* lautet: *Francisco Franco, Miles Gloriosus Hispaniae. Vitor* (»Francisco Franco, glorreicher Soldat Spaniens. Vitor«). Proteste der Universitätsleitung wegen dieser Usurpation einer akademischen Auszeichnung sind nicht bekannt geworden.[21]

Die Erfordernisse der Kriegführung führten im nationalen Lager zur Konzentration der politischen und militärischen Macht in einer einzigen Person. Seit der Ernennung Francos zum Regierungschef und Generalissimus setzten die Ehrungen und Huldigungen ein, die im weiteren Verlauf des Krieges ausgeprägte Züge von Personenkult annahmen. Schon im November 1936 schlugen Stadträte von Salamanca vor, »daß Francos Büste in eines der Medaillons unserer Plaza Mayor gemeißelt werde, neben die Helden und Eroberer, die unsere Geschichte geschrieben haben und sie mit Ruhm erfüllten. Sie soll Beispiel und ewige Erinnerung für die Zukunft der Verehrung und des Respekts sein, mit dem wir die von unseren Vorfahren überlieferte Tradition fortsetzen, die großen Männer Spaniens zu rühmen und in dem schönen, goldfarbenen Stein unserer Stadt Salamanca zu verewigen.«[22] Am 1. Oktober 1937, dem ersten *Día del Caudillo,* wurde das Medaillon neben den Medaillons der spanischen Könige angebracht. Ausdrücklich wurde darauf hingewiesen, daß »die Figur von Generalissimus Franco gleichberechtigt neben den Katholischen Königen sein kann, die ebenfalls die Reconquista und die Einigung Spaniens vollbrachten«. Religiöse und politische Einheit als Grundlage eines imperialen Systems wurden damit in direkter Kontinuität von den Katholischen Königen bis Franco gesehen.

5. Der neue Festkalender der Sieger

NEBEN STRASSEN UND Plätzen, Monumenten und Denkmälern gehören auch Jahrestage zu den herausragenden Erinnerungsorten des Franquismus. Feiertage, die einen klaren Bezug zum vorhergehenden republikanischen System aufwiesen (etwa der 14. April), wurden sofort abgeschafft; andere wurden beibehalten und neu interpretiert, wiederum andere wurden ganz neu geschaffen. Zu letzterer Gruppe gehörten die politisch herausragenden Feiertage des Franquismus: der 1. April, der 18. Juli, der 1. Oktober.

21 Vgl. J. I. Madalena Calvo (u. a.), *Lugares de Memoria,* S. 498.
22 Zit. J. I. Madalena Calvo (u. a.), *Lugares de Memoria,* S. 498.

Die neuen Feiertage 18. Juli und 1. April standen unmißverständlich für den Sieg im Bürgerkrieg. Sie sollten im kollektiven Gedächtnis nicht nur die für die Geschichte des Landes zentralen Daten festhalten, sondern dieser außerdem einen spezifischen Inhalt geben. Die Einrichtung dieser Festtage verdient insofern festgehalten zu werden, als Gesellschaften zumeist dazu neigen, jene Ereignisse der Nationalgeschichte zu feiern, die gesellschaftlichen Konsens und Harmonie evozieren, während Daten, die mit Bruchlinien oder Gewaltmaßnahmen assoziiert werden, eher dem Vergessen anheim gegeben werden. Nicht so das Franco-Regime: Der 18. Juli erinnerte an den Beginn des grausamsten Bürgerkriegs in der Geschichte des Landes, der 1. April an den vollständigen Sieg der einen und die bedingungslose Kapitulation der anderen Seite.[23] Durch die Aufnahme dieser Daten in den offiziellen Festtagskalender des Regimes wollte Franco stets daran erinnern, daß er die Macht mit Hilfe der Waffen errungen hatte und der Sieg die Legitimation für die Ausübung dieser Macht lieferte. Die Ursprungslegitimität des Regimes war der militärische Sieg. Die große Parade, die wenige Wochen nach Kriegsende, am 19. Mai 1939, in Madrid stattfand, war bezeichnenderweise eine »Siegesparade« (*Desfile de la Victoria*), nicht eine Friedensparade.

Der *Día de la Victoria,* der 1. April, wurde als eine rein militärische Feier begangen; gefeiert wurde nicht nur der Sieg im Bürgerkrieg, sondern zugleich die »Inthronisierung« Francos als »unbesiegter Caudillo« (*Caudillo invicto*). Die ständige Erinnerung an den Sieg machte die Möglichkeit der Wiederversöhnung mit den Besiegten unmöglich. Zugleich ließ der militärische Grundzug der Veranstaltungen den gesellschaftlichen Ursprung des Krieges in den Hintergrund treten; andererseits wurde dadurch die Kontrollfunktion des Heeres betont. In einer militärischen Selbstdarstellung der Nachkriegszeit hieß es: »Wir haben einen Krieg gewonnen, und wir müssen ohne Grausamkeit, aber auch ohne Furcht, uns wie Sieger verhalten. Es geht darum, die Ideologie des Sieges, die die Ideologie der Wahrheit ist, durchzusetzen.«[24] Der wichtigste Akt des Tages war eine Parade der verschiedenen Teilstreitkräfte auf der Avenida del Generalísimo (zuvor und heute

23 Vgl. P. Aguilar, *Memoria,* S. 113.
24 Zit. nach R. R. Tranche/V. Sánchez-Biosca, *NO-DO,* S. 202 f.

wieder: Paseo de la Castellana); Franco nahm den Vorbeimarsch von der Haupttribüne aus ab. Zum letzten Mal fand das Spektakel 1976 statt; damals verfolgte schon König Juan Carlos den Vorbeimarsch von der Ehrentribüne aus. Die ganze Veranstaltung entsprach militärischem Ritual: Es ging im Grunde genommen um eine Truppenabnahme und um eine Erneuerung der Treuebekundung des seinem Befehlshaber gegenüber loyalen Heeres.

Der zentrale Akt des 18. Juli wiederum war ein offizieller Empfang Francos für die Mitglieder seiner Regierung, hohe Würdenträger des Regimes und das Diplomatische Korps. Dem Charakter nach handelte es sich um eine höfische Feier, die nachmittags in den Gärten des Palacio de La Granja stattfand. Mit diesem Zeremoniell sprach sich Franco königliche Attribute zu; auch der gewählte Ort für den Empfang unterstrich den königlichen Anspruch: La Granja war als »kleines Versailles« von Philipp V. erbaut worden. Schon früh erhielt der 18. Juli eine zusätzliche Bedeutung: Begangen wurde er als »Fest zur Verherrlichung der Arbeit« (*Fiesta de Exaltación del Trabajo*), bei dem der Fleiß der »Produzenten« – ein Euphemismus für das Wort »Arbeiter«, das der Franquismus nicht verwenden wollte, da es zu »marxistisch« klang – im Rahmen des staatlichen Syndikalismus herausgestellt und belobigt wurde. Die Zusammenlegung des Jahrestages des Putsches gegen die Republik mit der »Verherrlichung der Arbeit« verknüpfte somit ein äußerst umstrittenes historisches Datum mit der Vorstellung von Arbeiterfleiß und Fortschritt.

Der 1. Oktober, *Día del Caudillo*, erinnerte an die Proklamation Francos zum »Chef der Regierung des Spanischen Staates« (so der offizielle Titel). Vom ersten Jahrestag an (1937) wurde während der Feierlichkeiten ein faschistisch inspirierter Personenkult um Franco betrieben. Die dreifachen *Franco, Franco, Franco*-Rufe erschallten überall, die hagiographischen Äußerungen erreichten frenetische Auswüchse. Der Gedenktag erhielt den Charakter eines politischen Rituals; er diente der Verherrlichung des gottgesandten Führers, der Integration der Massen und der Einigung aller Spanier unter einer Leitung. Er sollte den gesellschaftlichen und politischen Konsens bezüglich der Führerschaft Francos zum Ausdruck bringen. Zugleich legitimierte das Ritual immer wieder die im Generalissimus konzentrierte Macht. Der *Día del Caudillo* bedeutete gewissermaßen die Anerkennung der absoluten und lebenslänglichen Macht in der Person Francos. Im Laufe der Zeit wurde der Tag zu einer Art »Namenstag« Francos; die zentrale Veranstaltung fand daher auch in El Pardo, dem offiziellen Wohnsitz des Diktators, statt und bestand aus einer Mischung von religiösem und militärischem Ritual.

Ab und zu wurde die zentrale Feier verlegt: Etwa 1956, als am 20. Jahrestag der »Erhebung des Caudillo in das Amt des Staatschefs« die Veranstaltung in Salamanca stattfand, wo 1936 die Ernennung Francos in das höchste Regierungs- und Staatsamt stattgefunden hatte; oder 1975, als das international (wegen der kurz zuvor ausgesprochenen Todesurteile) abermals isolierte Regime wenige Wochen vor Francos Tod auf Mobilisierungs- und Integrationsmittel früherer Zeiten zurückgriff und vor dem Madrider Königsschloß auf der Plaza de Oriente eine »patriotische Demonstration« Hunderttausender abhielt, auf der der Generalissimus bei seinem letzten öffentlichen Auftritt mit schwacher Stimme erneut eine »linke freimaurerische Verschwörung in Gemeinschaft mit terroristischer kommunistischer Subversion« für die Feindschaft des Auslandes verantwortlich machte. Der 1. Oktober wurde während der gesamten Dauer des Franquismus als Nationalfeiertag beibehalten.

Der neue Festkalender der Sieger übernahm auch eine ganze Reihe bereits bestehender Feiertage, denen allerdings eine zusätzliche und fortan dominierende Bedeutung gegeben wurde. Dies gilt beispielsweise für den 12. Oktober, der zuvor als Tag der Schutzpatronin Spaniens, der Virgen del Pilar, begangen wurde, von 1936 an aber *Día de la Raza* (»Tag der Rasse«) hieß. Der Tag sollte »zur Erhöhung der geistlichen Werte der hispanischen Rasse« begangen werden. Die Begründung lautete: »Dieses Fest wurde eingerichtet, um in den spanischen Generationen die Vaterlandsliebe, die Erinnerung an unsere Geschichte und an den Einfluß unserer Sprache auf die Universalkultur zu beleben und einzupflanzen; gerade dieses Jahr erfordert wegen seiner besonderen Umstände, daß dieses Fest seine ganze Bedeutung erhält, denn der tapfere Kampf, den wir gegen die Feinde Spaniens führen – auch wenn diese von Geburt ebenfalls Spanier sind –, zielt auf ein Wiederaufleben des Vaterlandes mit all seinen traditionellen Institutionen wie Einheit des Territoriums, der Religion und der Sprache ab.«[25]

---

25 Zit. nach J. I. Madalena Calvo, *Lugares de Memoria,* S. 504.

Die *Falange* schlug von Anfang an eine andere Bezeichnung für den 12. Oktober vor: *Día de la Hispanidad,* »Tag der Hispanität«. Für die spanischen Faschisten stand der Ausdruck Hispanität über dem der Rasse, sie subsumierten darunter ein »geistiges Imperium«, das auf den Schlachtfeldern im Entstehen war. Die Bezeichnungen variierten während des Franquismus; weitgehend durchgesetzt hat sich schließlich die falangistische Bezeichnung *Día de la Hispanidad,* wenn auch ohne die primär imperialistische Bedeutung.

Auch der 1. Mai wurde gefeiert, und zwar als »Fest der Arbeit« (*Fiesta del Trabajo*); von 1958 an beging das Regime den Tag mit einer eigenen Zeremonie, die »Syndikale Schau« (*Demostración Sindical*) genannt wurde und im Chamartín-Stadion stattfand. Tausende von Arbeitern nahmen (notgedrungen) daran teil, führten Volkstänze auf, zeigten gymnastische Übungen. Höhepunkt und Abschluß der Veranstaltung war der synchronisierte Massenauftritt mehrerer Tausend Arbeiter, die symbolisch die »Einheit, Totalität und Hierarchie« des national-syndikalistischen Systems zum Ausdruck bringen sollten. Das autoritäre syndikalistisch-paternalistische Arbeitssystem des Franquismus konnte keine Feier tolerieren, in deren Rahmen Arbeiterforderungen laut wurden. Die Veranstaltungen des 1. Mai nahmen vielmehr den Charakter von Lobpreisungen und Dankbarkeit dem Regime gegenüber an.

Zum Festtagskalender des neuen Regimes zählte auch der 2. Mai, der Tag, an dem im Jahr 1808 der Volksaufstand gegen die französische Besatzung begonnen hatte. Allerdings gaben die neuen Machthaber diesem Gedenktag eine Neu-Interpretation: Es wurde ein inhaltlicher Zusammenhang zwischen dem 2. Mai als Tag des Volksaufstandes und dem 18. Juli [1936] hergestellt, dem Beginn des Bürgerkrieges, und damit suggeriert, daß es sich auch beim Aufstand des 18. Juli um eine Rebellion des Volkes gegen seine Unterdrücker gehandelt habe. Erzbischof Castro stellte noch während des Bürgerkrieges in Burgos die Analogie zwischen beiden Daten explizit her: »Heute gedenken wir des Jahrestages jenes Unabhängigkeitskrieges, und wir erinnern uns in dem Augenblick daran, in dem das spanische Volk in einen genauso gearteten Krieg zur Verteidigung der Unabhängigkeit und der Religion verstrickt ist. Gestern wurden wir von Napoleon bedroht, heute werden wir von den Marxisten und Freimaurern bedroht.«

Hinzuweisen ist noch auf den 20. November, den Todestag von José Antonio Primo de Rivera, der zum *Día de Luto Nacional* (»Nationaler Trauertag«) erklärt wurde. Die Figur von José Antonio entwickelte sich zu einem der durchschlagendsten und dauerhaftesten Mythen des Regimes. Seine politische Bedeutung als Falangegründer, seine Gefangenschaft während des Krieges und seine »passende« Erschießung am 20. November 1936 waren Bestandteile, aus denen die Märtyreraureole geflochten wurde. Franco schlug aus dieser fruchtbaren Mythologie politisches Kapital und erklärte sich zum »natürlichen« Erben José Antonios.

Bereits bestehende religiöse Feiertage wurden beibehalten, neue hinzugefügt. Religiöse Bezüge und Anspielungen erhielten im Verlauf des Krieges eine immer größere Bedeutung, schließlich konnte kaum noch zwischen dem militärischen, dem traditionalistischen und dem kirchlichen Diskurs unterschieden werden. Die franquistische Seite stellte auch sehr schnell alte vor-republikanische Traditionen wieder her: Kruzifixe, Herz-Jesu-Statuen, Fahnen, Mariendevotionalien gab es allenthalben. Volksreligiöse Gewohnheiten wurden wieder aufgenommen, religiöse Feiertage wieder eingeführt. Viele Feiern galten den »Märtyrern des Kreuzzugs«, somit den auf nationaler Seite im Kampf Gefallenen oder von Republikanern Hingerichteten. Das für den »Kreuzzug« vergossene Blut wurde zum ständigen Bezugspunkt. Bald schon wurde Spanien mit Katholizismus gleichgesetzt; alle Spanier hatten Katholiken zu sein; wer nicht katholisch war, gehörte dem Anti-Spanien an. Das Religiöse wurde zum Ausdruck von »Spaniertum«, dieses wiederum war ein zentraler Wert im Lager der Nationalen. Religiöse Zeremonien nahmen die Formen politischer Rituale an; ihnen beizuwohnen war Ausdruck der Übereinstimmung mit dem franquistischen Lager.

Die Vermengung von Religiösem und Politischem war an der Tagesordnung. In Salamanca etwa wurden die umbenannten Straßen (z.B. General Sanjurjo, Mártires de España, Milicias Nacionales…) am 25. Juli eingeweiht, dem Feiertag des Apostels Jakobus (Santiago), des Patrons Spaniens. Damit wurde die Erinnerung an den »Maurentöter« Jakobus (*Santiago Matamoros*) mit der Sache der Nationalen assoziiert, während die Republikaner automatisch zu Ungläubigen abgestempelt wurden.

6. »25 Jahre Frieden«: Modernisierungsdiskurs im Spätfranquismus

DER JAHRZEHNTELANG PRAKTIZIERTE Sieges- und Legitimationsdiskurs erfuhr im Spätfranquismus eine deutliche Reorientierung. Die Neuausrichtung läßt sich vor allem an den Feierlichkeiten feststellen, die 1964 aus Anlaß der »25 Jahre Frieden« ausgerichtet wurden. Dieses Jubiläum wurde mit einem propagandistischen Aufwand betrieben, der in der gesamten Geschichte des Franquismus einzigartig war. Der Akzent aller Reden und Selbstdarstellungen des Regimes lag seit damals auf »Frieden«. Der Auftrag der Vorbereitungskommission lautete, »einen Jahrestag höchst angenehmer Erinnerung zu begehen, da er den Beginn einer Ära des Friedens und der Arbeit darstellt, die zu einem Wohlergehen geführt haben, wie es unser Vaterland bis dahin nicht gekannt hatte.«[26] Der politische und vor allem der ökonomische Kontext, in dem die Feierlichkeiten stattfinden sollten, sind für die Interpretation entscheidend:

Ende der fünfziger Jahre hatte die spanische Wirtschaftspolitik eine entscheidende Kehrtwende vorgenommen. Sie wandte sich von dem bisherigen wirtschaftsnationalistischen, protektionistischen und interventionistischen Kurs ab und einer liberaleren Wirtschaftspolitik zu, deren deutlichster Ausdruck das 1959 verabschiedete Wirtschaftsstrukturgesetz war, das unter der Bezeichnung »Stabilisierungsplan« bekannt wurde. Die Devise lautete: Wachstum und Stabilität. Mit dieser wirtschaftlichen Öffnung verband sich eine grundlegende, am Vorbild der Ökonomien der westlichen Industriestaaten ausgerichtete Neuorientierung der Wirtschaftspolitik. Auf den Stabilisierungsplan folgte nach 1962 als Phase des »take off« eine Periode des Aufschwungs. Die Maßnahmen im außenwirtschaftlichen Bereich beseitigten die Autarkie und führten zur Eingliederung Spaniens in das internationale Wirtschaftssystem. Für Spanien hatte das Jahrzehnt des »Wirtschaftswunders« begonnen, und 1964 waren die ersten positiven Auswirkungen längst zu spüren. Diese günstige Konjunktur wollte das

26 Zit. nach P. Aguilar, *Memoria*, S. 166.

Regime nutzen, um seine Legitimität, die bis dahin ausschließlich auf dem militärischen Sieg im Bürgerkrieg beruht hatte, auf eine neue, »modernere« Grundlage zu stellen: Nunmehr sollte sich die Legitimität aus den erzielten Leistungen ableiten. Aus einer militärischen Ursprungslegitimität sollte eine funktionale Erfolgslegitimität werden.

Unter dieser Prämisse erscheint es verständlich, daß 1964 mehr von Frieden und Entwicklung als von Krieg und Sieg die Rede sein sollte. Ansatzweise machte sich ein Versöhnungsdiskurs breit, den die Gesellschaft schon seit längerem forderte, der in den Aufrufen der (illegalen) Opposition aus dem Ausland und von vielen Künstlern bereits früher eingefordert worden war. Der Friedensdiskurs hatte sich zögerlich schon einige Jahre vorher angekündigt. 1959 wurde ein offizieller Dokumentarfilm über den Bürgerkrieg zusammengestellt, der den vielsagenden Titel *El Camino de la Paz* (»Der Weg zum Frieden«) erhielt. In ihm wurde der Krieg als das einzige Mittel präsentiert, um zu einem dauerhaften Frieden zu gelangen. Zwar ist die Gesamtanlage des Streifens stark manichäistisch, das Bild des Krieges läßt sich aber eher als tragisch denn als heroisch bezeichnen. Das episch präsentierte Klima der Gewalt – zu dieser Schlußfolgerung mußte der Zuschauer gelangen – zwang geradezu zur Überzeugung, der Krieg sei unausweichlich und notwendig gewesen, sowohl um den Frieden zu erringen als auch, um ein für allemal den Geist der Zwietracht aus Spanien zu vertreiben.[27]

Von den vielen Aktivitäten, die 1964 sodann zur Feier der »25 Jahre Frieden« stattfanden, sei auf eine damals herausgegebene Briefmarkenserie verwiesen, die im Vergleich zu einer drei Jahre zuvor in Umlauf gebrachten Serie die Entwicklungsdistanz zwischen beiden Daten deutlich erkennen läßt. Die Serie von 1961 trug den Titel »25. Jahrestag des Nationalen Aufstands« (*XXV Aniversario del Alzamiento Nacional*). Gezeigt wurden Motive, die überwiegend mit Krieg und Sieg zusammenhingen: ein Engel mit einem Schwert in der einen und einer Lorbeerkrone, dem Symbol des Sieges, in der anderen Hand; die Überfahrt über die Meerenge von Gibraltar, Beginn des Bürgerkrieges; der Alcázar von Toledo, der Erinnerungsort schlechthin der franquistischen

---

27 Nach P. Aguilar, *Memoria*, S. 96.

Briefmarkenserie von 1961 anläßlich der »25 Jahre Bürgerkriegsbeginn« (offiziell »25 Jahre Nationale Erhebung«)

Kriegsführung; der Madrider Triumphbogen, der an den Sieg über die Republikaner erinnert; die Schlacht am Ebro, der letzte entscheidende Kampf vor der Kapitulation der Republikaner; die Siegesparade nach Abschluß des Krieges etc. Nur einige wenige Marken wiesen Motive auf, die auf Errungenschaften des Regimes hinwiesen: Schiffahrtsindustrie, Eisen- und Stahlindustrie, Stauseen, Bergwerke.

Die Briefmarkenserie von 1964 trug demgegenüber den Titel »25 Jahre Frieden« (*XXV Años de Paz*). Die Motive dieser Serie waren ausschließlich der Aufbauarbeit nach 1939 und den inzwischen erzielten Fortschritten auf vielen Gebieten gewidmet: Sport, Telekommunikation, Bauwesen, Landwirtschaft, Wiederaufforstung, Wirtschaftsentwicklung, Transport, Elektrizität, wissenschaftliche Forschung, Tourismus und vor allem Frieden. Die 10 Peseten-Marke, der höchste

Briefmarkenserie von 1964 anläßlich der »25 Jahre Frieden«

Markenwert, mit dem Bild Francos trug die Unterschrift: *Franco, creador de la paz* (»Franco, Schöpfer des Friedens«). Der Kontrast zur vorhergehenden Serie springt geradezu ins Auge: Das franquistische Regime wollte sich von seiner Verankerung in kriegerischer Vergangenheit lösen und einen Modernisierungsdiskurs praktizieren, der auf die ökonomische Entwicklung und den zwischenzeitlich erreichten materiellen Wohlstand abhob.

In vielen Ausstellungen und offiziellen Texten jenes Gedenkjahres wurde dichotomisch argumentiert: Einer Vergangenheit der Entzweiung und der Gegensätze wurde die versöhnte Gegenwart in Frieden und Wohlstand gegenübergestellt. Charakteristisch ist der Begleittext zu einer Wanderausstellung mit dem Titel »Spanien in Frieden« (*España en Paz*). Auf dem letzten Plakat, sozusagen als Fazit der spanischen Entwicklung, wurde auf die Früchte des Sieges und die Zukunft der spanischen Kinder eingegangen, »die nicht erfahren mußten, wie Blut läuft, die Armut und Haß nicht kennenlernten, die uns für unsere vergangenen Leiden und Bitterkeiten vollauf entschädigen. Möge jenes Spanien auf immer der Vergangenheit angehören. Wir haben ein besseres Spanien erbaut für diese Kinder, die – mit Gottes Hilfe – nur Arbeit und Erholung, Ordnung und Frieden kennenlernen werden.«[28] Außerdem wurden erste Texte publiziert, die von »Bürgerkrieg« sprachen und nicht mehr ausschließlich die offizielle Terminologie »Kreuzzug« verwendeten.

Selbst die Siegesparade, die auch 1964 wie jedes Jahr stattfand, wurde (ausnahmsweise) in »Friedensparade« (*Desfile de la Paz*) umbenannt. In den Folgejahren hieß sie allerdings wieder Siegesparade, was deutlich macht, daß an eine grundsätzliche Neu-Interpretation der Vergangenheit nicht gedacht war, die einmalige Umbenennung wohl vielmehr dem Augenblick geschuldet war. Die »Friedensparade« nahm übrigens, neben Franco, zum ersten Mal Prinz Juan Carlos mit ab. Was damals den Beobachtern nicht klar sein konnte: Erstmalig wurde der zukünftige König an der Seite des *Caudillo* während eines offiziellen Anlasses präsentiert, der sowohl Assoziationen zum Krieg – der Vergangenheit – wie zum Frieden – der Gegenwart und Zukunft des Landes – zuließ.

Während die vom Informations- und Tourismusministerium organisierten Feierlichkeiten auf gesamtspanischer Ebene somit erste Anklänge an einen Versöhnungsdiskurs erkennen ließen, wiesen die Programme vieler lokaler Veranstaltungen noch den seit 25 Jahren angewandten, dichotomischen Diskurs auf: Der Krieg wurde häufig noch »Befreiungskrieg« oder »Kreuzzug« genannt, die »Roten« wurden nach wie vor als Ursprung allen Übels dargestellt, von Versöhnung oder Ausgleichsmentalität war häufig nichts zu spüren. Insofern hinterläßt der spätfranquistische Diskurs einen ambivalenten Eindruck: einerseits vorsichtige Öffnung und allmähliches Einschwenken vom Kriegs- auf den Friedensdiskurs, andererseits (vor allem auf lokaler Ebene) Beibehaltung des manichäistischen Weltbildes. Es sollte noch etliche Jahre dauern, bis sich schließlich in der Transition nach Francos Tod (vorübergehend) ein Bild des Bürgerkrieges durchsetzte, das die Verantwortung für den Krieg gleichmäßig auf beide Seiten verteilte.

---

28 Zit. nach P. Aguilar, *Memoria*, S. 170.

V. GESCHICHTSPOLITIK IM ÜBERGANG ZUR DEMOKRATIE, 1975–1980

1. Verzeihen und Vergeben: die Vorgeschichte der Transition

DER TOD FRANCISCO FRANCOS, der nach langer Krankheit schließlich am 20. November 1975 eintrat, rief bei vielen Erleichterung hervor, auf die sehr bald Ungewißheit hinsichtlich der politischen Zukunft des Landes folgte. Die Vorkehrungen für die Zeit nach dem Tod des Diktators beschränkten sich auf die Nachfolgeregelung an der Staatsspitze: In staatsrechtlicher Hinsicht bereits seit 1947 Monarchie, erhielt Spanien mit der Inthronisierung des bourbonischen Prinzen Juan Carlos zwei Tage nach Francos Ableben nun tatsächlich einen König. Völlig offen war dagegen, ob mit dem Ende des Diktators auch der Franquismus als politisches System enden würde. Der sogenannte *búnker*, der kompromißlose Teil des franquistischen Establishments, jedenfalls plädierte für die Fortführung des Autoritarismus, und der zunächst weiter amtierende Regierungschef Carlos Arias Navarro sollte dieser Haltung in den folgenden Monaten weitgehend entsprechen. Dagegen hatte König Juan Carlos bereits in seiner Thronrede vom 22. November 1975 den ausdrücklichen Wunsch geäußert, »König aller Spanier« zu sein, und in diesem Sinne politische Reformen in Aussicht gestellt. Zugleich bestand kaum ein Zweifel daran, daß die Zeit reif war für grundlegende Veränderungen. Denn auf der anderen Seite des politischen Spektrums begann sich sehr rasch eine mächtige oppositionelle Front zu formieren, die ihrerseits sofortige demokratische Reformen und mithin den radikalen Bruch (*ruptura*) mit dem Franquismus forderte.

Zwar bekräftigte König Juan Carlos im Dezember 1975 in einer Erklärung abermals seinen Reformwillen. Rund ein halbes Jahr lang blieb unter der Führung von Arias Navarro jedoch alles beim Alten, während der Reformdruck von zivilgesellschaftlicher Seite rapide zunahm. Die Wende kam mit der Absetzung des altfranquistischen Regierungschefs, an dessen Stelle der König im Juli 1976 den jungen Adolfo Suárez berief. Erst kurz zuvor zum Generalsekretär der franquistischen Staatspartei aufgerückt, sollte es nun Suárez sein, der der anstehenden politischen Transformation ihre eigentliche Prägung verlieh. Seine Strategie bestand darin, die als unausweichlich geltende Demokratisierung im Rahmen des bestehenden Systems zu erwirken und so den riskanten, von der Opposition unermüdlich geforderten Bruch zu verhindern. Ziel war es, so zumindest Teile des franquistischen Establishments zur Mitarbeit zu gewinnen, zugleich aber auch der ungeduldigen Opposition echte Reformbereitschaft zu signalisieren. Die Quadratur des Kreises gelang schließlich mit dem »Gesetz über die politische Reform«, das die franquistischen *Cortes* im November 1976, zwei Tage vor dem ersten Todestag des Diktators, annahmen. Das Gesetz sah die Ersetzung der *Cortes* durch ein frei gewähltes Zweikammernparlament mit verfassunggebenden Vollmachten vor und öffnete so den Weg für eine vollständige Demokratisierung des spanischen Staates. In einem Referendum bestätigte die große Mehrheit der Bevölkerung entgegen den Empfehlungen der Oppositionsführer die mutige Entscheidung und sanktionierte so den wichtigsten Schritt in Richtung Demokratie.

Kaum weniger heikel gestaltete sich für die Regierung Suárez die Ausführung des Gesetzes, ging es doch nun darum, die Oppositionsparteien als zusätzliche Akteure in den Prozeß mit einzubinden. Der Fahrplan der Transition sah als nächstes die Vorbereitung allgemeiner und freier Wahlen vor, die vor allem die Legalisierung der noch im Untergrund agierenden politischen Parteien zur Voraussetzung hatte. Besonders schwer fiel dies im Falle der Kommunisten, die jahrzehntelang als Erzfeind Spaniens diffamiert worden waren. Zur »Eintrittskarte« wurde hier wie bei allen anderen Oppositionskräften das klare Bekenntnis zur Monarchie, das nicht nur für den PCE, sondern auch für die Sozialistische Partei unter Felipe González ein gewaltiges Zugeständnis bedeutete. Deutlich wird hieran aber auch, daß in den entscheidenden Momenten auf allen Seiten ein beträchtliches Maß an

Pragmatismus zu finden war. Nicht ideologische Maximalforderungen, sondern Konsensfindung (*consenso*) wurde zur Richtschnur der Politik und begründete die zentralen Weichenstellungen des demokratischen Übergangs.

An erster Stelle stand hierbei der Verfassungsprozeß. Zwar hatten die Wahlen vom Juni 1977 der von Adolfo Suárez als liberal-konservatives Sammelbecken gegründeten UCD zu einer klaren Mehrheit verholfen. Die Zusammensetzung der Verfassungskommission ebenso wie die Art der Verhandlungen zeigten aber, daß es jenseits der Mehrheitsverhältnisse in erster Linie um die Herstellung eines allseits tragfähigen Verfassungskonsenses ging. Ähnliche Kompromißbereitschaft bewiesen die Parteien auch im Hinblick auf die sozialökonomische Krisensituation. Unter Einbeziehung aller Oppositionsparteien waren im Oktober 1977 die *Pactos de la Moncloa* zustande gekommen, ein Sozialabkommen, das die dringendsten Wirtschaftsprobleme, darunter die hohe Inflation und ein bedrohliches Budgetdefizit, lindern half. Eine derartige Konsensorientierung sollte in einigen anderen Politikfeldern wie etwa der Regionalisierung auch in den folgenden Jahren zu beobachten sein. Als wichtigstes Ergebnis der historischen Verständigungspolitik darf das neue Grundgesetz gelten, dessen Inkraftsetzung im Dezember 1978 zugleich auch den Abschluß des demokratischen Übergangs im engeren Sinne markierte.[1]

Der Erfolg der Transition, die von Sozialwissenschaftlern lange Zeit als Modell für einen friedlichen Regimewechsel gepriesen worden ist, beruhte letztlich auf einer Anzahl von günstigen Umständen, die in dieser Konstellation vermutlich einzigartig waren. Abgesehen von dem äußeren Umfeld eines demokratischen Westeuropas, der »strukturellen Modernität« der spanischen Gesellschaft[2] und dem glücklichen Zusammenspiel der führenden Persönlichkeiten ist immer wieder auf die lange »mentale« Vorbereitung des demokratischen Übergangs hin-

---

1 Die wissenschaftliche Literatur zur Transition ist mittlerweile kaum noch überschaubar. Einen konzisen Überblick bietet W. L. Bernecker, *Geschichte*, S. 213–239. Grundlegend ist darüber hinaus der Sammelband von W. L. Bernecker/C. Collado Seidel, *Spanien*.

2 Seit Beginn der sechziger Jahre hatte in Spanien ein tiefgreifender sozialökonomischer Strukturwandel stattgefunden, der das einstige Agrarland in eine weitgehend moderne Industrie- und Dienstleistungsgesellschaft verwandelte. Vgl. hierzu W. L. Bernecker, *Geschichte*, S. 127–142.

gewiesen worden. Zwar hatte die offizielle Regimepropaganda alles getan, um die Spanier von ihrem vermeintlichen Mangel an Demokratiefähigkeit zu überzeugen. Und auf dieselbe Weise war versucht worden, die gesellschaftspolitische Spaltung des Landes seit dem Bürgerkrieg aufrecht zu erhalten.[3] Doch die anhaltende Stigmatisierung des einstigen Gegners als »Anti-Spanien«, die im offiziellen Diskurs praktisch über 40 Jahre Gültigkeit behielt, konnte kaum über die Vielfalt der Gegenstimmen hinwegtäuschen, die sich nicht nur aus dem Exil, sondern bald auch aus der inneren Opposition zu Wort meldeten.

Nachsicht und Verhandlungsbereitschaft sowie ein Abrücken von den radikalen Positionen der dreißiger Jahre fanden sich auf seiten der republikanischen Exilgemeinde schon bald nach dem Ende des Krieges. Und die Distanzierung von der militanten Vergangenheit verstärkte sich angesichts der Hoffnung auf eine baldige Überwindung des Franco-Regimes, die insbesondere gegen Ende des Zweiten Weltkrieges keimte. Denn den Sieg der Alliierten über die einst mit Franco verbündeten faschistischen Staaten Deutschland und Italien konnte, so die Überzeugung, auch die spanische Diktatur unmöglich überstehen. Von der internationalen Isolierung des Regimes nach 1945 ermuntert, entstanden so die ersten Pläne für einen demokratischen Übergang in Spanien. Bemerkenswert war daran, daß sich an den Debatten auch Vertreter der den Franquismus stützenden Monarchisten beteiligten, und so über die Gräben des Bürgerkrieges hinweg ein erster ernsthafter Dialog zwischen Teilen der einst verfeindeten Lager zustande kam. Und 1948, auf dem Höhepunkt der außenpolitischen Isolation des Diktators, folgte sogar ein formales Abkommen zwischen Exil-Sozialisten und Monarchisten, das den Fahrplan für einen demokratischen Übergang festlegte.[4] Doch schon wenig später sollte der ausbrechende Ost-West-Konflikt alle Hoffnungen auf eine rasche Rückkehr zur De-

3 Zwar finden sich seit Mitte der vierziger Jahre immer wieder partielle Begnadigungen für die von der Siegerjustiz verurteilten Anhänger der Republik, und 1969, zum 30. Jahrestag des Kriegsendes, beschloß der Staat sogar, alle vor dem 1. April 1939 begangenen Delikte als verjährt zu betrachten. Eine generelle Aufhebung der Dichotomie zwischen »Siegern« und »Besiegten« hätte jedoch letztlich die Legitimität der Diktatur an sich in Frage gestellt und unterblieb daher bis zum Tod des Diktators. Vgl. P. Aguilar, *Memoria,* S. 198–208.

4 Zur politischen Vorgeschichte der Transition vgl. S. Juliá, *Proyectos.*

mokratie enttäuschen. Denn in der Sicht der Westmächte avancierte der spanische Diktator nun vom Komplizen des Faschismus zum neuen Bündnispartner im Kampf des Westens gegen den Weltkommunismus.

An eine Beseitigung des Regimes war unter diesen Umständen nicht mehr zu denken, und mit dessen fortschreitender Konsolidierung verschlechterte sich die Lage der Opposition, die nicht nur unter politischer Zersplitterung, sondern auch unter ihrer schwierigen Doppelexistenz im spanischen Untergrund und im Exil litt. Nach Jahren geringer Aktivitäten sollte den Regimegegnern allerdings 1962 eine eindrucksvolle Demonstration der Geschlossenheit gelingen: Auf Einladung der »Europäischen Bewegung« trafen sich in München insgesamt 118 spanische Oppositionspolitiker, davon 38 aus dem Exil und 80 aus Spanien. Das politische Spektrum reichte auch hier von der Sozialistischen Partei bis zu den rechtsstehenden Monarchisten, wobei den symbolischen Höhepunkt der Handschlag zwischen den ehemaligen Bürgerkriegsgegnern, dem Exilführer der Sozialisten, Rodolfo Llopis, und dem Christdemokraten José María Gil Robles, bildete. Welche Bedeutung dieser Begegnung zukam, zeigte allein das gewaltige Ausmaß der in Spanien angelaufenen Diffamierungskampagne. Und dennoch reichte das Gewicht der Opposition in den sechziger Jahren bei weitem nicht aus, um den Fortbestand des Regimes ernsthaft zu gefährden.[5]

Mit Blick auf die Öffnung einer demokratischen Alternative, die von einem breiten, bis in das pro-franquistische Lager hineinreichenden politischen Konsens getragen wurde, ist dieser Moment allerdings kaum zu überschätzen. Zugleich war die Versammlung von München ein klarer Beleg dafür, daß die gesellschaftliche Versöhnung, die das Regime seinen ehemaligen Gegnern so hartnäckig verweigerte, auf vielen anderen Ebenen *de facto* längst in Gang gekommen war. Die Einsicht, daß der Bürgerkrieg jenseits der ideologischen Bruchlinien zuallererst eine nationale Tragödie bedeutete, war zu diesem Zeitpunkt lange zur allgemeinen Gewißheit geworden. Noch während des Krieges hatte Manuel Azaña, Präsident der untergehenden Zweiten Republik, als einer der ersten das Geschehen in dieser Weise beschrieben und die auf beiden Seiten herrschende Vernichtungsrhetorik gegen-

---

5 Vgl. S. Juliá, *Proyectos,* S. 23 ff.

über dem jeweiligen Gegner entschieden zurückgewiesen.[6] Namhafte Politiker, wie der Sozialistenführer Indalecio Prieto, bekannten sich wenige Jahre später im Exil zu gleichlautenden Urteilen und räumten zudem selbstkritisch eine Mitverantwortung für das nationale Unglück ein. Und in Spanien war es 1956 sogar der Erzfeind des Franco-Regimes, die clandestine Kommunistische Partei, die anläßlich des 20. Jahrestages des Kriegsausbruchs als eine der ersten inneren Oppositionsgruppen offiziell von »nationaler Versöhnung« sprach und ihre Bereitschaft erklärte, »die durch den Bürgerkrieg entstandenen Spaltungen zu überwinden«.[7]

Die Deutung des Bürgerkriegs als kollektive Katastrophe und als tragischer »Bruderkrieg« (*guerra fratricida*) gewann innerhalb der spanischen Gesellschaft vor allem durch das Heranreifen neuer Generationen an Gewicht. Schon ab Mitte der fünfziger Jahre gelangte zu politischem Bewußtsein, wer den Bürgerkrieg höchstens noch als Kind erlebt hatte. Damit aber rückten auch der Haß und die ideologischen Kämpfe der Elterngeneration aus dem individuellen Erfahrungshorizont. Vor diesem Hintergrund weigerten sich die Wortführer dieser Nachkriegsgeneration überraschend deutlich, ihre Identität aus dem Bürgerkrieg abzuleiten, und ebenso lehnten sie es ab, die politischen und gesellschaftlichen Konsequenzen der jüngsten Vergangenheit mitzutragen. Obgleich im wesentlichen auf das studentische Milieu begrenzt, definierte sich die Jugend der fünfziger Jahre als »bürgerkriegsfremde Generation«, innerhalb derer es keine Rolle spielte, ob man zu den »Kindern der Sieger« oder zu denen der »Verlierer« zählte – so jedenfalls der Tenor eines Manifests, das anläßlich der Studentenrevolte gegen die falangistische Bevormundung Anfang April 1956 an der Madrider Zentraluniversität zirkulierte.[8] Besonders irritierend für das franquistische Establishment mußte dabei die Tatsache erscheinen, daß sich der studentische Protest gegen die Bürgerkriegsgeneration zu einem Großteil aus den eigenen Reihen rekrutierte. Darüber hinaus mußten die politischen Eliten zusehen, wie die Versöhnungsrhetorik immer weitere Kreise des ursprünglich regimetreuen Lagers erfaßte.

---

6 Vgl. S. Juliá, *Guerra*, S. 29 f.
7 Zitiert nach S. Juliá, *Olvido*, S. 19.
8 Vgl. S. Juliá, *Olvido*, S. 19.

Abgesehen von der Dissidenz vereinzelter Monarchisten sollte es vor allem die katholische Kirche sein, die sich in Teilen von der offiziellen Propaganda distanzierte und zur Fürsprecherin einer vorurteilslosen Vergebung avancierte. Anläßlich des 20. Jahrestages des Kriegsendes war 1959 in der Kirchenzeitschrift *Ecclesia* zu lesen, daß das Werk der nationalen Aussöhnung noch lange nicht vollendet sei.[9] Die schrittweise Abkehr der Kirche von der Diktatur war wohl vielfach von der einfachen Priesterschaft angestoßen worden, die den unmittelbaren Kontakt zur oftmals prekären Lebensrealität der städtischen Arbeiterschaft hatte. Zusätzlichen Antrieb erhielt diese Neuorientierung durch die Beschlüsse des Zweiten Vatikanischen Konzils (1962–1965), in denen u.a. die soziale Verpflichtung der Kirche und ihre Solidarität im Kampf um Demokratie und Menschenrechte betont wurden.

In Spanien gipfelte die Distanzierung vom Regime in dem öffentlichen Schuldeingeständnis der Kirche in bezug auf ihre Parteinahme im Bürgerkrieg, das die Bischofskonferenz im Herbst 1971 veröffentlichte. Zudem erfüllte die Kirche schon lange zuvor wichtige gesellschaftliche Scharnierfunktionen. Nach »unten« hin wuchsen bereits seit den fünfziger Jahren vielfältige Kontakte zur clandestinen, oftmals kommunistisch geprägten Arbeiterbewegung. Zugleich entfaltete sich im Schoß der Kirche ein regimekritisches christdemokratisches Milieu, das in erster Linie bürgerliche Schichten ansprach. Zum Forum dieser Tendenzen wurde eine seit Oktober 1963 von dem Christdemokraten Joaquín Ruiz-Giménez herausgegebene Monatszeitschrift, die den programmatischen Titel *Cuadernos para el Diálogo* (»Hefte für den Dialog«) führte. Als Bedingung dieses gesellschaftlichen Dialogs betonten die Herausgeber in den ersten Ausgaben die Notwendigkeit des christlichen Verzeihens und der Versöhnung. Hinzu trat in den folgenden Jahren eine immer mutigere Kritik an der franquistischen Diktatur und die wenn auch stets moderat vorgetragene Diskussion demokratischer Alternativen.[10]

Zweifellos hatte der Bürgerkrieg auch auf der Siegerseite große Opfer gefordert, weshalb die anhaltende Diskriminierung des einstigen Gegners und die Aufrechterhaltung der gesellschaftlichen Spal-

9 Vgl. J. Macher, *Verdrängung,* S. 22.

10 J. Macher, *Verdrängung,* S. 22f.; F. J. Davara Torrego, *Aventura,* S. 201–220.

tung für manche durchaus legitim erscheinen mochten. Allerdings zeigt eine Umfrage von 1969, daß dreißig Jahre nach Kriegsende selbst die Bürgerkriegsgeneration mehrheitlich zu Vergebung und Versöhnung im nationalen Maßstab bereit war. Anläßlich des Jubiläums hatte sich das Regime zu seiner weitestgehenden Versöhnungsgeste herabgelassen und alle während des Bürgerkrieges begangenen »Delikte« für verjährt erklärt. Bezeichnend für die Verunsicherung der Verantwortlichen war vor allem aber, daß das staatliche Meinungsforschungsinstitut kurz darauf die Bevölkerung zu dieser Entscheidung befragte. Dabei sprach sich die überwältigende Mehrheit von über 77 Prozent für den Gnadenerlaß aus, während lediglich 1,9 Prozent ausdrücklich dagegen votierten. Gewisse Differenzen zeigt die Zerlegung der Ergebnisse nach der Altersstruktur, wonach in der Bürgerkriegsgeneration erwartungsgemäß größere Zurückhaltung und Skepsis herrschte, während die jüngeren Generationen sich als besonders versöhnungsbereit erwiesen.[11] Insgesamt aber kann kein Zweifel daran bestehen, daß in dem durch ein beachtliches Wirtschaftswunder auch strukturell veränderten Spanien der beginnenden siebziger Jahre der Wunsch nach Überwindung der historischen Spaltungen eine deutliche Mehrheit fand.

2. Symbolik und Praxis der Versöhnung: Amnestie und Konsens

Wie der Historiker Santos Juliá hervorhebt, war allen, die seit den vierziger Jahren jenseits des Regimes den Dialog über Spaniens Zukunft geführt hatten, von der ersten Stunde an klar, daß der Versöhnungsrhetorik im Ernstfall auch rechtliche Garantien folgen mußten. Die Vergebungsbereitschaft beider Seiten beruhte in der Regel auf der Anerkennung einer Mitschuld des jeweils eigenen Lagers und zielte im Kern auf den Verzicht einer gegenseitigen Aufrechnung historischer Verantwortlichkeiten. Eine umfassende Amnestie für beide Seiten galt daher immer schon als geradezu selbstverständliche Bedingung für die

11 Vgl. hierzu die Analyse der Umfrageergebnisse bei P. Aguilar, *Memoria,* S. 147–149.

friedliche Überwindung des Franco-Regimes und als wichtigster Garant gegen einen Rückfall in die blutigen Konflikte der Vergangenheit.[12] So war bereits 1948 Straffreiheit für alle politischen Delikte der Bürgerkriegszeit Teil des Abkommens zwischen Sozialisten und Monarchisten, und von da an bildete die Amnestieforderung einen impliziten Bestandteil der »Bruderkriegs«- und Versöhnungsrhetorik. Im unmittelbaren Vorfeld der tatsächlichen Transition sollte es dann der Christdemokrat Ruiz-Giménez sein, der mit Hilfe der *Cuadernos para el diálogo* diese Forderung erneut auf die Tagesordnung setzte und rund ein Jahr vor dem Tod Francos zu diesem Zweck eine vom Regime argwöhnisch beäugte Unterschriftenaktion startete.[13]

Nach dem Ableben des Diktators avancierte die Amnestiefrage rasch zu einem Hauptanliegen der aufblühenden Opposition und deren Lösung zugleich zur politischen Bewährungsprobe für das Regierungslager. In der Unbestimmtheit der ersten Monate nach dem 20. November wurde die Forderung nach einer umfassenden Amnestie gleichsam zum Kristallisationspunkt für alle politischen Veränderungswünsche. Das Land erlebte eine bis dahin ungekannte zivilgesellschaftliche Mobilisierung, die sich in zahllosen, bisweilen auch gewaltsamen Demonstrationen unterschiedlichster Gruppierungen niederschlug. Dabei ist insgesamt anzumerken, daß entgegen dem verbreiteten Eindruck eines weitgehend friedlich vollzogenen demokratischen Wandels allein in den Jahren 1975 bis 1980 insgesamt 460 Personen durch politisch motivierte Gewaltakte verschiedener Art zu Tode kamen. Rund 60 Personen starben dabei im Zusammenhang mit eskalierenden Gewalttätigkeiten bei politischen Demonstrationen.[14]

Besonders rasch stieg der Druck von der Straße in den Monaten der Regierung Arias Navarro, die mit ihrer Zögerlichkeit alle Reformhoffnungen enttäuschte. Zugleich finden sich Indizien dafür, daß der Anstieg gesellschaftlicher Spannungen insgesamt eher oberflächlicher Natur war und sogar im Widerspruch zur tatsächlichen gesellschaftlichen Befindlichkeit stand. Meinungsumfragen aus den Jahren 1975 und 1978 jedenfalls belegen eine geringe Konfliktbereitschaft der Bevölkerung, deren klare politische Priorität – vor Werten wie Demo-

12 Vgl. S. Juliá, *Olvido*, S. 19f.
13 Vgl. P. Aguilar, *Amnesia*, S. 332ff.
14 Vgl. hierzu P. Aguilar, *Justicia*, S. 10f.

kratie und sozialer Gerechtigkeit – »die Aufrechterhaltung von Ordnung und Frieden« darstellte.[15] Diese weit verbreitete Neigung hatte offenbar auch Auswirkungen auf die Akteure der Transition. Sieht man von den politischen Rändern ab, so förderte das latente Risiko einer offenen Konfrontation auch bei den Eliten die Bereitschaft zur Mäßigung. Eine geradezu katalysatorische Funktion kam hierbei der Erinnerung an den Bürgerkrieg zu, der nicht nur einen gemeinsamen Erfahrungshintergrund, sondern für alle Seiten auch das Negativbeispiel politischer Konfliktlösung *par excellence* darstellte. Die politische Rhetorik der Transitionsphase bietet zahllose Belege für das Wachrufen der Bürgerkriegserinnerung im Sinne eines warnenden Schreckbildes. Der Wunsch, eine Neuauflage der sozialen Konflikte der dreißiger Jahre zu verhindern, wurde beinahe zur Obsession.[16]

Was die Amnestieforderung betrifft, so ist anzumerken, daß aufgrund der verschiedenen Gnadenerlasse des Regimes zu diesem Zeitpunkt keine Inhaftierten der Bürgerkriegszeit mehr verblieben waren. Die Liste derer, die aus politischen Gründen straf- und arbeitsrechtlich verfolgt und diskriminiert wurden, war jedoch lang. Die Opposition forderte daher nicht nur die Befreiung aller politischen Gefangenen, sondern auch deren Rehabilitierung sowie die Aufhebung jeder anderen Form rechtlicher Diskriminierung aus politischen Gründen. Der Begnadigungserlaß, den König Juan Carlos zum Beweis seines guten Willens drei Tage nach der Inthronisierung aussprach, griff vor diesem Hintergrund allerdings deutlich zu kurz. Und unter dem Druck des ultrarechten Lagers sollte sich in den darauffolgenden Monaten auch die Regierung Arias Navarro nicht zu weiterreichenden Maßnahmen bereit finden.

Ganz anders agierte dagegen die seit Juli 1976 amtierende Regierung von Adolfo Suárez, die im Wissen um dessen symbolische Bedeutung bereits nach wenigen Wochen mit einem Amnestiedekret aufwartete. Das Dekret bezog sich auf alle Straftaten mit politischem Hintergrund, ausgenommen diejenigen gegen Leib und Leben von Per-

---

15 Für Paloma Aguilar manifestiert sich hierin ein mentales Erbe der Franco-Diktatur, die den Mythos der Unregierbarkeit der Spanier streute und der es offenbar erfolgreich gelungen war, alle demokratischen Alternativen jenseits des Regimes mit »Chaos« und »Unordnung« zu assoziieren. Vgl. dies., *Memoria,* S. 348–354.

16 Vgl. P. Aguilar, *Justicia,* S. 11.

sonen. Die Regelung schloß auch die Soldaten der einstigen republikanischen Armee mit ein, wenngleich eine vollständige Rehabilitierung ausblieb, da sich namhafte Militärs im Vorfeld ihrer Wiederaufnahme in die spanischen Streitkräfte widersetzt hatten. Die Glaubwürdigkeit der Regierung hatte sich durch das Amnestiedekret aber dennoch schlagartig erhöht und schuf so das erforderliche Klima, um gleich darauf mit den Führern der Oppositionsparteien deren Rückkehr in die Legalität auszuhandeln. Im Vorfeld der für Juni 1977 angesetzten Parlamentswahlen griff die Regierung dann noch einmal zum politischen Instrument Amnestie und lockerte einige Bestimmungen des bestehenden Gesetzes, um die Zahl der Nutznießer zu erweitern – dies offenbar mit dem taktischen Ziel, die allgemeine Akzeptanz des bevorstehenden Urnengangs zu erhöhen.[17]

Vor einer »Totalamnestie«, die – wie von der Opposition gefordert – auch politisch motivierte Gewalttaten mit einschloß, war die Regierung unter dem Druck des *búnkers* allerdings zurückgewichen. Doch obgleich die Wahlen von 1977 Suárez im Amt bestätigt hatten, stand diese Forderung gleich darauf erneut auf der politischen Tagesordnung. Die Initiative rührte von den beiden Linksparteien sowie den baskischen und katalanischen Nationalisten, die nicht zuletzt auf Straffreiheit für all jene spekulierten, die in der jüngsten Vergangenheit gewaltsam gegen das Regime gekämpft hatten.[18] Eine deutlich restriktivere Vorlage der Regierung bildete dann die Grundlage für Verhandlungen, die im Oktober schließlich zum Ergebnis führten. Das vom Parlament mit großer Mehrheit verabschiedete Gesetz amnestierte nun ausnahmslos alle politischen Straftaten, unabhängig von deren Folgen. Davon abgesehen schloß es auch die Zeit bis zum Wahltermin mit ein und legitimierte so ausdrücklich alle zur Überwindung der Diktatur geschehenen Gewalttaten.[19]

---

17 Vgl. P. Aguilar, *Amnesia*, S. 335–339.

18 Die Endphase der Diktatur und der Übergang in die Demokratie wurden begleitet von terroristischen Anschlägen, die insbesondere von der baskischen Separatistenorganisation ETA, aber auch vom linksextremen GRAPO ausgingen. Der Anteil der Basken unter den politischen Gefangenen war zu dieser Zeit überproportional hoch.

19 Wie Paloma Aguilar bemerkt, wurden hierdurch »Sieger« und »Besiegte« symbolisch gleichgestellt, denn das Franco-Regime hatte 1939 in ähnlicher Weise alle gegen die Zweite Republik gerichteten Straftaten amnestiert. Vgl. P. Aguilar, *Amnesia*, S. 341. Zum Wortlaut des Gesetzes vgl. A. Sánchez Navarro, *Transición*, S. 612–615.

Trotz dieser weitreichenden Regelungen hatte sich die Opposition auch jetzt nicht in allen Punkten durchsetzen können. Denn im Unterschied zu den durch politische Säuberungen aus dem Amt entfernten Staatsdienern der Republik sollten die Angehörigen der republikanischen Armee auch weiterhin nicht vollständig rehabilitiert werden. Darüber hinaus offenbarte das Gesetz in der praktischen Anwendung viele Lücken, und auch die Frage finanzieller Entschädigungen für die Opfer blieb ausgeklammert.[20] Im Sinne des politischen Konsenses und des gegenseitigen Verzeihens war indes von weitaus größerer Bedeutung, daß die Amnestie nicht nur die Opfer des Franquismus, sondern auch die Täter mit berücksichtigte. Das Gesetz schloß demnach zum ersten Mal auch die Ordnungskräfte des Regimes mit ein und garantierte ihnen für die Zukunft Schutz vor strafrechtlicher Verfolgung der während der Diktatur begangenen Menschenrechtsverletzungen. Dabei schien dieses Zugeständnis, das in den lateinamerikanischen Transitionsprozessen der achtziger und neunziger Jahre einen zentralen Streitpunkt darstellte, der spanischen Opposition überraschend leicht gefallen zu sein. In den zwei Jahren seit dem Tod des Diktators jedenfalls sollte die Forderung nach einer juristischen Abrechnung mit den Verantwortlichen des Regimes praktisch nicht erhoben werden.[21]

Für die junge Demokratie ergab sich aus dieser »Täteramnestie« eine politisch durchaus brisante Erbschaft. Denn letztlich sollte auf diesem Wege das gesamte franquistische Verwaltungspersonal unbehelligt in seinen Ämtern verbleiben. Als besonders problematisch erwies sich dies im Hinblick auf die Streitkräfte – mithin die stabilste Säule franquistischer Herrschaft – sowie all jene Bereiche der öffentlichen Verwaltung, die seit dem Ende des Bürgerkrieges die politische Repression organisiert und vollstreckt hatten. An erster Stelle stand hier der Polizeiapparat, dessen berüchtigte politische Abteilung, die *Brigada Político-Social,* allerdings noch in den Anfängen der Transition von der Regierung aufgelöst wurde. Deren Mitarbeiter aber blieben dem Staatsdienst in der Regel in anderen Funktionen erhalten.

---

20 Im Zuge der Verhandlungen über die neue Verfassung sollte die Regierung jedoch schon bald manche Unzulänglichkeiten des Gesetzes beheben. In diesem Sinne erfolgte etwa auch die Rehabilitierung der Angehörigen der republikanischen Streitkräfte. Vgl. P. Aguilar, *Memoria,* S. 271 f.

21 Vgl. P. Aguilar, *Justicia,* S. 16–20.

Auf ähnliche Weise verfuhr man auch mit den für die Aburteilung von zahllosen Regimegegnern zuständigen Gerichten, den *Juzgados de Orden Público* und dem gleichnamigen *Tribunal:* 1977 von der Regierung per Dekret aufgelöst, wurde deren Personal fast ausnahmslos vom übrigen Justizapparat übernommen. Und die Streitkräfte blieben zunächst sogar von allen strukturellen Veränderungen verschont, während man sich statt dessen mit symbolischen Maßnahmen zur Entpolitisierung sowie einer Reform der Militärgerichtsbarkeit begnügte.[22]

Jenseits der ethischen Bewertung ergaben sich aus derartigen institutionellen und personellen Kontinuitäten Irritationen für den Demokratisierungsprozeß, die an manchen neuralgischen Punkten augenfällig wurden. Hierzu zählte etwa das routiniert harte Vorgehen der Sicherheitskräfte gegen Demonstranten, das auch in der zweiten Hälfte der siebziger Jahre noch ganz im Geiste der Subversionsabwehr stand. Zugleich aber entsprach die Zurückhaltung im Umgang mit dem institutionellen Erbe des Franquismus einem Kernprinzip der Transition, das sich letztlich als deren Erfolgsgarant erweisen sollte: die Strategie des Konsenses. Zahlreiche Studien zur Transition haben gezeigt, wie die verschiedenen politischen Akteure den Versöhnungsgedanken gleichsam als Lehrstück des Bürgerkriegs in die Praxis einer integrativen, konsensorientierten Politik überführt haben. Konfliktvermeidung wurde für Opposition und Regierung gleichermaßen zur Maxime des Handelns, und der Preis hierfür bestand regelmäßig aus politischen Zugeständnissen und Kompromissen.[23] So wie die fast zeitgleich auf dem Wege der Konzertierung ausgehandelten Moncloa-Pakte den zentralen wirtschaftspolitischen Kompromiß der Transition darstellten, bedeutete das Amnestiegesetz den Höhepunkt des vergangenheitspolitischen Konsenses. Kritik kam fast ausschließlich von der ultrarechten *Alianza Popular,* der politischen Erbin des Regimes, die weitergehende Amnestieforderungen fürchtete. Auch sie aber erkannte (nicht zuletzt im eigenen Interesse) die wichtige Funktion der Amnestie und zog es daher vor, sich – anstelle eines negativen Votums – im Parlament der Stimme zu enthalten. Alle anderen Fraktionen stimmten geschlossen für den Gesetzentwurf.

---

22 Vgl. P. Aguilar, *Justicia,* S. 29–38.

23 Einen detaillierten Einblick in das politische Klima anhand der Presse, der politischen Parteien und der öffentlichen Meinung gibt P. Aguilar, *Memoria,* S. 286–354.

Aufschlußreich ist dabei nicht zuletzt auch die rhetorische Disziplin der Abgeordneten des linken Lagers sowie der baskischen und katalanischen Nationalistenparteien, die die zahlreichen Opfer der Diktatur in den eigenen Reihen zwar keineswegs verschwiegen. Da sich die Amnestie aber auf die Taten beider Seiten erstreckte und deren symbolische Bedeutung als Hauptakt der nationalen Versöhnung nicht gefährdet werden durfte, verbat sich zugleich jeder einseitige Hinweis auf mutmaßliche Täter und historische Verantwortlichkeiten. Von den Linksparteien über die Nationalisten bis hin zur Regierungspartei UCD bekannte man sich zu einer »Amnestie aller für alle« (Xavier Arzallus), die ein besonders leidvolles Kapitel der spanischen Geschichte besiegeln und die Grundlage für einen Neuanfang legen sollte. In diesem Sinne sprach etwa der Sprecher der UCD-Fraktion von einem »Grundstein der neuen Demokratie«, und auch die beiden großen Tageszeitungen, die linksliberale *El País* und die rechtskonservative *ABC*, hoben die Bedeutung der Amnestie als Schlußpunkt und Neubeginn, als *borrón y cuenta nueva*, hervor.[24]

3. Zwischen Erinnern und Vergessen: das Spanien der Republik

BILANZIERT MAN DIESEN vergangenheitspolitischen Schlußstrich im Lichte der Bürgerkriegskategorien, so kann die Versöhnungsrhetorik – bei allen Vorbehalten gegenüber individuellen Schicksalen und Lebenswegen – nicht darüber hinwegtäuschen, daß das Lager der »Verlierer« insgesamt einen deutlich höheren Preis für die Wiedergewinnung der Demokratie zu zahlen hatte. Denn zur Niederlage im Krieg und deren unmittelbaren Folgen kam in der Regel die politische und sozialökonomische Diskriminierung von knapp 40 Jahren Diktatur hinzu. Auf Druck verschiedener Interessengruppen sah sich die Regierung daher bald zu weiteren Anstrengungen gezwungen, um wenigstens die gröbsten Ungerechtigkeiten zu beseitigen. Ende 1978 etwa wurde ein Gesetz in Kraft gesetzt, das die Kriegsversehrten der republikanischen Armee mit ihren Kontrahenten gleichstellte und ihnen je nach Art und

---

24 Vgl. hierzu J. Macher, *Verdrängung*, S. 49–51.

Umstand der Verletzung Pensionen zusprach. Und rund ein Jahr später folgte ein weiteres Gesetz, das die Situation der Hinterbliebenen von Kriegsopfern verbessern sollte. Vorläufig ausgeklammert blieb dagegen die ebenso heikle Frage finanzieller Entschädigungen für Haft und Zwangsarbeit aus politischen Gründen. Und auch die gesetzlich berücksichtigten Ansprüche blieben oftmals unbefriedigt, da entweder die Normen zu kurz griffen oder der Nachweis der Anspruchsberechtigung aus Mangel an Dokumenten für viele Betroffene schwer zu führen war. Die gesetzliche Regelung von Pensions- und Entschädigungsansprüchen auf seiten der Verlierer sollte sich daher praktisch bis in die Gegenwart hinziehen.[25]

Die offizielle Anerkennung der einstigen Verlierer als einen gleichberechtigten Teil der Gesellschaft war jedoch nicht allein mit juristischen Mitteln zu bewerkstelligen. Vielmehr galt es nun auch, das einst unterlegene Spanien in seiner Identität ernst zu nehmen und dessen besondere Geschichte als einen integralen Bestandteil der, wenn man so will, »nationalgeschichtlichen« Erfahrung zu begreifen. Es ist jedoch eine alte Erkenntnis, daß sich gerade die scheinbar einfachsten Gesten oftmals als die schwierigsten erweisen. Und im spanischen Fall sollte man sich angesichts der politischen Zitterpartie, die der demokratische Übergang in manchen Augenblicken darstellte, mit der offiziellen Würdigung des Schicksals der Verlierer besonders schwer tun. Zudem entsprach es der Logik der Versöhnungspolitik, nicht nur auf die Anklage der Untaten aus knapp 40 Jahren Diktatur, sondern darüber hinaus auch auf öffentliche Trauerarbeit zu verzichten. So zumindest formulierten es die Wortführer praktisch aller politischen Lager. Der legendäre Gewerkschafter und Kommunist Marcelino Camacho etwa, der beinahe sein ganzes Leben hindurch die franquistische Repression am eigenen Leibe erfahren hatte, äußerte anläßlich der parlamentarischen Abstimmung über das Amnestiegesetz: »Heute wollen wir uns dieser Vergangenheit nicht erinnern, denn wir haben unsere Toten begraben und ebenso unseren Groll«.[26] Und auch der baskische Nationalistenführer Xavier Arzallus meinte bei dieser Gelegenheit,

---

25 Zur Behandlung der republikanischen Kriegsversehrten vgl. P. Vega, *Historia*, S. 151 ff. Zur Entschädigungsfrage vgl. außerdem P. Aguilar, *Memoria*, S. 271 f.
26 Vgl. S. Juliá, *Olvido*, S. 22.

daß die Amnestieregelung einem allgemeinen Vergessen der gesellschaftlichen Zerwürfnisse der Vergangenheit dienen müsse.[27]

Die Untersuchung der politischen Rhetorik der Zeit belegt, daß es Ausnahmen zu dieser Haltung allenfalls an den extremen Rändern des politischen Spektrums gab. Die Forscherin Paloma Aguilar erklärt die allgemeine Bereitschaft zum Beschweigen der Vergangenheit u.a. mit dem Hinweis auf die Altersstruktur der politischen Eliten des Augenblicks. Demnach waren 73 Prozent der Abgeordneten des ersten frei gewählten Parlaments jünger als 49 Jahre. Die große Mehrheit der Parlamentarier zählte somit zu jenen Generationen, deren politische Identität nicht mehr durch die ideologisierte Erfahrungswelt der dreißiger Jahre, sondern durch die Nachkriegszeit, d.h. vor allem durch die negativen Folgen eines nicht selbstverschuldeten Krieges, geprägt worden war. Wo aber der Krieg selbst nicht den Erfahrungshorizont bestimmte, ist zu vermuten, daß auch dessen Erinnerung einen geringeren Stellenwert hatte.[28] Zurückhaltung in Sachen Vergangenheit fand sich aber auch unter den noch lebenden politischen Veteranen des republikanischen Lagers, deren Rückkehr aus dem Exil zu den anrührendsten, aber auch politisch brisantesten Augenblicken der Transition zählte. Denn sie kehrten keineswegs nur als Veteranen, sondern bisweilen gar als führende Köpfe ihrer jeweiligen Parteien zurück. Die meisten von ihnen hatten jedoch längst öffentlich Versöhnungsbereitschaft zu erkennen gegeben und durften daher den triumphalen Empfang, den ihnen ihre jeweilige Anhängerschaft bereitete, in vollen Zügen genießen. Dies galt etwa für den auch international hoch geschätzten kommunistischen Dichter Rafael Alberti, den Führer der spanischen Kommunisten, Santiago Carrillo, oder den Exilpräsidenten der katalanischen Regionalregierung, Josep Tarradellas. Öffentliche Auftritte in Spanien absolvierte auch Federica Montseny von der anarchosyndikalistischen Gewerkschaft CNT. Die Anarchosyndikalisten, die einstmals die größte Gewerkschaft des Landes bildeten, sollten als potentiell revolutionäre Größe in der Transition jedoch bald an Gewicht einbüßen. Denn ihre konsequente Weigerung, in den Institutionen der neu entstehenden Demokratie mitzuwirken, rückte sie bereits mit den ersten freien Wahlen ins politische Abseits.

---

27 Vgl. J. Macher, *Verdrängung*, S. 50.

28 Vgl. P. Aguilar, *Memoria*, S. 149.

Ganz anders dagegen die politisch ambitionierten Kommunisten, denen ihr gewerkschaftlicher Erfolg im Spätfranquismus vorauseilte und deren Wohlverhalten daher auch unter besonderer öffentlicher Beobachtung stand. Besonders deutlich ins Gewicht fiel daher auch die andauernd unversöhnliche Haltung von Dolores Ibárruri, jener während des Bürgerkrieges als leidenschaftliche Aktivistin, als *La Pasionaria,* berühmt gewordenen Kommunistin.

Auch sie kehrte im Vorfeld der ersten Parlamentswahlen aus ihrem Moskauer Exil zurück und errang im Namen der wiederzugelassenen Kommunistischen Partei bald darauf einen Abgeordnetensitz. Anders als Alberti und der mit dem Eurokommunismus[29] identifizierte Generalsekretär des PCE, Carrillo, ließ Ibárruri jedoch keine Versöhnungsbereitschaft erkennen. Statt dessen beschwor sie in zahlreichen öffentlichen Auftritten unbeirrt den kommunistischen Kampf während des Bürgerkrieges, was ihr von konservativer Seite scharfe Anfeindungen eintrug.[30] Die Wiederaufnahme der Republikaner in den Schoß der postfranquistischen Gesellschaft stand somit offenkundig unter der Bedingung, die Kämpfe von gestern und selbst die Erinnerung daran im Exil zu lassen. Und wer hierzu nicht bereit war, blieb letztlich außerhalb des politischen Konsenses.

Über diesen Verzicht auf Erinnerung wird freilich bis heute spekuliert, und manche Kritiker sehen hier anstelle von kluger Zurückhaltung im Interesse von Freiheit und Demokratie eher die verbreitete Furcht der Opposition vor dem alten Establishment am Werke. Nicht zufällig ist daher in der Rückschau oftmals von einem »Pakt des Schweigens« der Eliten, gar von »kollektiver Amnesie« die Rede gewesen. Dagegen hat der Historiker Santos Juliá jedoch klargestellt, daß die Vergessensrhetorik der Transition keineswegs mit einem praktizierten Beschweigen der Vergangenheit gleichgesetzt werden kann. Denn die politische Öffentlichkeit redete und erinnerte sich tatsäch-

---

29 In den siebziger Jahren setzte sich in den wichtigsten kommunistischen Parteien Westeuropas, darunter auch dem PCE, eine ideologische Abkehr vom Sowjetkommunismus und die Anerkennung des Parteienpluralismus durch. Im März 1977 trafen sich die Generalsekretäre der französischen, italienischen und spanischen Kommunistischen Parteien in Madrid und bekräftigten öffentlich die Grundlinien des neuen Kurses.

30 Vgl. J. Macher, *Verdrängung*, S. 82 f.

lich unermüdlich, wenn auch die Art dieser Erinnerungsrhetorik vor allem darauf abzielte, den Bürgerkrieg und seine Folgen von der politischen Debatte fernzuhalten.[31] Was heute wie ein Verzicht auf Erinnerung erscheinen mag, war der letztlich erfolgreiche Versuch, die explosive Wirkungsmacht der Vergangenheit rhetorisch zu neutralisieren.

Charakteristisch hierfür waren Distanzierungsstrategien, mit denen die traumatische Erfahrung der dreißiger Jahre in möglichst weite Ferne zur Gegenwart geschoben wurde. Der erste Schritt mentaler Distanzierung war bereits mit der Anerkennung des Krieges als »Bruderkrieg« und »nationale Tragödie« erfolgt. Während der Transition aber konnte man auch beobachten, daß mit Begriffen wie »Krieg der Verrückten« und »kollektiver Wahnsinn« das Geschehen semantisch in die Nähe des Pathologischen gerückt wurde. Hatte die schamhafte Rede vom Krieg unter Brüdern bereits dafür gesorgt, Motive und Hintergründe zu verwischen, so behauptete die psychopathologische Diagnose sogar die Unmöglichkeit jedes rationalen Zugangs zur Geschichte des Bürgerkriegs. Und insofern selbst schwerste Delikte, die aufgrund krankhaften Verhaltens geschehen, strafrechtlich kaum zu ahnden sind, rückte freilich auch die Amnestierung von Verantwortlichen und Beteiligten auf beiden Seiten der ehemaligen Fronten in ein neues Licht.[32]

Diese bisweilen eigenwillig erscheinende Erinnerungsrhetorik schuf zwangsläufig gewisse Sperrzonen des Erinnerns. An erster Stelle stand hierbei die Schuldfrage, die, wie bereits angedeutet, regelmäßig mit der These von einer gleichmäßig auf beide Seiten verteilten Kollektivschuld beantwortet wurde. So politisch vernünftig dieses öffentliche Schuldeingeständnis aber auch erscheinen mochte, für die Verliererseite erwies es sich als ein zweischneidiges Schwert. Denn die Kollektivschuldthese verhinderte nicht nur die späte Aufrechnung politischer Verbrechen, sondern auch die öffentliche Anerkennung der Tatsache, daß die politische Repression auf franquistischer Seite bedeutend mehr Opfer gefordert hatte. Politischer Mord, Repression, Exil und Zwangsarbeit, kurzum, die Leidensgeschichte des republikanischen Lagers verwandelte sich so in einen hochsensiblen Sperrbereich des öffentlichen

31 Vgl. S. Juliá, *Olvido*, S. 21 f.

32 Vgl. J. Macher, *Meistererzählungen* sowie P. Aguilar, *Memoria*, S. 284 ff.

Diskurses, der nur selten betreten wurde. Denn tatsächlich findet sich während der gesamten Transition nur ein einziger Kriegstatbestand, der als mutmaßliches Kriegsverbrechen der »nationalen« Seite eine öffentlich und offiziell getragene Untersuchung nach sich gezogen hat. Die Rede ist von der Bombardierung der baskischen Kleinstadt Guernica (bask. Gernika), die durch das von Pablo Picasso für den spanischen Pavillon der Pariser Weltausstellung 1937 angefertigte Monumentalgemälde weltberühmt geworden ist. Über den historischen Hintergrund – den von der deutschen Fliegerstaffel »Legion Condor« durchgeführten Luftangriff vom 26. April 1937 – hatte die Diktatur entweder Verleumdungen in Umlauf gebracht oder Stillschweigen bewahrt.[33] Der Fall Guernica bündelte somit gleichsam das dreifache Elend der Verlierer, die nicht nur getötet und militärisch besiegt, sondern über Jahre hinaus auch verfolgt und diffamiert worden waren.[34] Im Vorfeld des 40. Jahrestages der Bombardierung im April 1977 rückte das Thema dann aber ins Blickfeld der Öffentlichkeit, und die linksliberale Tageszeitung *El País* forderte wahrheitsgemäße Aufklärung über das Geschehen und die Frage der Verantwortlichkeiten. Eine Gruppe von Historikern und Überlebenden erreichte wenig später eine gemeinsame Verpflichtung der deutschen und der spanischen Regierung über die Freigabe der entsprechenden Archivalien. Und eine Expertenkommission kam dann im Frühjahr 1978 zu dem Schluß, daß trotz weitreichender Entscheidungshoheit des deutschen Kommandeurs den spanischen Diktator wenigstens eine Mitverantwortung an der Zerstörung der baskischen Stadt treffe – eine zweifellos neue Lesart der Ereignisse.[35]

Dessenungeachtet fällt es schwer, diesen punktuellen Akt offizieller Vergangenheitsbewältigung von dem Wunsch auf Rückgabe des spek-

---

33 Als Reaktion auf die Empörung der Weltöffentlichkeit hatte die franquistische Propaganda zunächst sogar behauptet, die Republikaner selbst hätten ihre Stadt angezündet.

34 Eine »vierte« Dimension erhielt das Drama von Guernica dadurch, daß die Stadt im baskischen Selbstverständnis die mittelalterliche Selbstverwaltung des Baskenlandes symbolisierte. Denn unter der berühmten Eiche im Stadtzentrum hatten die kastilischen Könige traditionell den Eid auf die Sonderrechte (*fueros*) geschworen. Vgl. hierzu L. Mees, *Erinnerungsorte*.

35 Vgl. hierzu Á. Viñas, *Guernica*.

takulären Kunstwerkes zu trennen. Im Oktober 1977, noch bevor die Expertenkommission ihre Ergebnisse präsentierte, forderten Senat und Kongreß mit einem einstimmig beschlossenen Antrag die Regierung auf, entsprechende Verhandlungen mit der Erbengemeinschaft einzuleiten. Der Künstler selbst hatte einst verfügt, das Gemälde erst nach der Wiederherstellung der Demokratie an Spanien zurückzugeben, weshalb es zu diesem Zeitpunkt im *Museum of Modern Art* in New York aufbewahrt wurde. Die Rückgabeverhandlungen erwiesen sich jedoch als äußerst zäh, so daß das Werk erst im September 1981 endgültig nach Madrid überführt werden konnte.[36]

Für die erinnerungspolitische Bilanz bleibt indes festzuhalten, daß die Aufklärung der Bombardierung Guernicas in der öffentlichen Erinnerung an die republikanische Seite einen einsamen Akt darstellte, dem das »offizielle« Spanien während der gesamten Transition nicht mehr als ein paar halbherzige symbolische Gesten folgen lassen sollte.[37] Hierzu zählt die letztlich nicht realisierte Absicht der Regierung Suárez, die sterblichen Überreste des letzten Präsidenten der Zweiten Republik, Manuel Azaña, als Symbol der Versöhnung nach Spanien zu

---

36 Vgl. *El País* vom 10. September 1981. Streit war zuvor um den endgültigen Ausstellungsort in Spanien entstanden. So hatte ein baskischer Senator das Gemälde für die gleichnamige Stadt beansprucht, da diese angeblich aufgrund ihrer symbolischen Bedeutung für die »baskischen Freiheiten« zerstört worden sei. Offenkundig aber überragte *Guernica* als republikanisches Symbol schlechthin den lokalen Anlaß seiner Entstehung, weshalb der baskische Anspruch abgewiesen wurde. Heute ist das Werk Picassos samt der Vorstudien im Madrider *Museo Nacional Centro de Arte Reina Sofía* zu besichtigen. Zur Symbolgeschichte des Gemäldes vgl. auch G. Hensbergen, *Guernica*.

37 Eine glückliche Geste stellt indes die Kranzniederlegung zu Ehren der spanischen Häftlinge des Konzentrationslagers Mauthausen dar, zu der sich König Juan Carlos Anfang Februar 1978 anläßlich eines Österreich-Besuchs veranlaßt gesehen hatte. Wie im Falle Guernicas ist jedoch auffällig, daß auch an diesem Erinnerungsort vor allem Deutsche die Täter waren. Die spanische Schuld bestand indes darin, die Deportationen billigend in Kauf genommen und nach innen hin zugleich jeden Informationsfluß an die Angehörigen oder die Öffentlichkeit unterbunden zu haben. – Was das Schicksal der dort Inhaftierten betrifft, so war dies in doppelter Hinsicht grausam. Denn hierbei handelte es sich um Republikaner, die mit der Niederlage der Republik zunächst nach Südfrankreich geflohen waren. Dort aber fielen sie nur wenige Monate später den Häschern des deutschen Diktators in die Hände. Insgesamt wurden zwischen 10 000 und 12 000 »Rotspanier« in deutsche Konzentrationslager deportiert, davon der größte Teil – 7200 – in das KZ Mauthausen bei Linz. Dort überlebten mehr als 5000 Spanier die Lagerhaft nicht.

Präsentation des Gemäldes »Guernica« in Madrid, 1981 Quelle: Mangan/Cover/laif

überführen.[38] Und erst lange nach Abschluß der Transition war das demokratische Spanien bereit, den schicksalhaften Kampf der Republik mit in den nationalen Erinnerungskanon aufzunehmen: 1985, zum zehnjährigen Jubiläum seiner Thronbesteigung, ließ König Juan Carlos in Gegenwart von Veteranen beider Bürgerkriegsarmeen im Zentrum Madrids eine Gedenktafel enthüllen, die an all jene erinnert, »die ihr Leben für Spanien gaben«.[39]

Von eher fachhistorischem Interesse ist indes die Tatsache, daß mit dem Schicksal der Republikaner letztlich auch die Zweite Republik selbst zu einer Sperrzone öffentlicher Erinnerung wurde. Spaniens erste Demokratie, eine der wichtigsten Wegmarken liberaler Tradition seit der Aufklärung, blieb diskreditiert als Vorgeschichte des Bürgerkrieges und direkter Weg in die Katastrophe. Dabei war sich die Fachwissenschaft schon zu Zeiten der Transition längst darüber einig, die

---

38 Wahrscheinlich ist, daß die Familie eine Exhumierung ablehnte. Vgl. J. Macher, *Verdrängung*, S. 90.

39 Als Ort der Zeremonie hatte man die Plaza de la Lealtad (dt. »Platz der Loyalität«) gewählt, jenen Ort, der von den Napoleonischen Besatzungstruppen einst als Hinrichtungsstätte der Madrider Patrioten von 1808 gewählt worden war und an dem der spanische Patriotismus 1840 schließlich einen großen Obelisk errichten ließ. Vgl. P. Aguilar, *Memoria*, S. 283 f.

Republik als ein mutiges und zeitgerechtes Experiment politischer und sozialökonomischer Modernisierung zu begreifen, dessen dramatisches Scheitern vor allem auf die Größe der zu bewältigenden Aufgaben zurückzuführen war. Diese durchaus denkwürdige Republik also war der Transition jedoch nicht einmal zu ihrem Gründungsdatum, dem 14. April (1931), eine Würdigung, geschweige denn eine Revision ihrer franquistischen Diffamierung wert. Und so überrascht es nicht, daß das 40 Jahre lang beschworene Schreckbild sozialer Anarchie gerade in bürgerlich-konservativen Kreisen einen langen Nachhall haben konnte.[40]

Zur Zurückhaltung riet aber auch ein anderer Grund: Denn aus staatsrechtlicher Sicht hatte die Zweite Republik eine historische Kontinuität unterbrochen, deren Wiederaufnahme sich 1975 als konstitutiv für Spaniens »zweite Demokratie« erweisen sollte: die Monarchie. Die Proklamation von Juan Carlos de Borbón zum König Spaniens knüpfte dort an, wo die Ausrufung der Republik die monarchische Tradition im April 1931 unterbrochen hatte. Da nun aber gerade der König zum Garanten der Demokratisierung avanciert war, erwies sich das Vorbild der Republik geradezu als kontraproduktiv.[41] Bemerkenswert ist darüber hinaus, daß die Republik etwa in den Beratungen der Verfassungskommission sogar ganz praktisch als negatives Lehrstück herangezogen wurde. Hinweise darauf finden sich etwa bei der Diskussion des künftigen Wahlrechts. So entschied man sich nicht zuletzt aufgrund der angeblich polarisierenden Wirkung des republikanischen Mehrheitswahlrechts für einen proportionalen Wahlmodus. Und auch das Prinzip des Zweikammernparlaments wurde u.a. mit dem Hinweis auf die vermeintliche Radikalität des Unikameralismus am Beispiel der dreißiger Jahre begründet.[42] Mit der Inkraftsetzung der neuen Verfassung im Dezember 1978 aber hatte das historische Vorbild auch in dieser Hinsicht endgültig ausgedient.

---

40 Nicht einmal die großen Tageszeitungen fühlten sich an dem jeweiligen Gründungsdatum der Zweiten Republik zu einem entsprechenden Hinweis bemüßigt. Vgl. J. Macher, *Verdrängung*, S. 100.

41 In seiner Thronrede berief sich König Juan Carlos auf die historische Tradition der Monarchie. Ihre gesellschaftliche Legitimation erhielt die spanische Monarchie wohl aber durch den überzeugenden Einsatz des Königs zugunsten des demokratischen Wandels. Vgl. hierzu P. Aguilar, *Memoria*, S. 232–239.

42 Vgl. P. Aguilar, *Memoria*, S. 239–252.

4. Franquistische Symbolik nach Franco

Nirgendwo sonst ist der Kompromißcharakter der Transitionspolitik so offenkundig wie auf der Ebene der politischen Symbolik. Denn der zögerlichen Wiederaufnahme des einstigen »Anti-Spanien« in den Schoß der Nation stand die Fortdauer eines allgegenwärtigen symbolischen Franquismus gegenüber. Obzwar mit dem Tod des Diktators seines eigentlichen Herzstücks beraubt, lebte das Regime zunächst nicht nur institutionell, sondern auch in den vielfältigen Formen seiner öffentlichen Visualisierungen fort. Als besonders brisant erwiesen sich dabei für die Lenker des demokratischen Übergangs die offiziellen Gedenkrituale des franquistischen Festkalenders, da sie unmittelbar den Geltungsanspruch der tragenden Kräfte des Regimes, insbesondere des Militärs, berührten. Zu den wichtigsten zählten hier der schicksalhafte 18. Juli, der »Tag des Aufstands«, der gemeinsam mit dem 1. April, dem »Tag des Sieges«, in fast vier Dekaden alljährlich die historische Spaltung der Nation in Erinnerung gerufen hatte. Und mit dem Todestag des Diktators am 20. November kam sogar noch ein weiteres Datum hinzu, das zum öffentlichen Gedenken verpflichtete. Im Zeichen von Versöhnung und demokratischer Reform aber war den Verantwortlichen schon 1976 klar, daß unmöglich an der tradierten Symbolik festgehalten werden konnte.

Am Beispiel der Siegesparade des 1. April zeigte sich die schwierige Gratwanderung der Reformer im Umgang mit dem franquistischen Erbe. Der Kapitulationstag der Republik war zwar auch zu Francos Zeiten kein Feiertag, doch bot er den Anlaß für die seit 1939 regelmäßig gegen Ende Mai abgehaltene Siegesparade der Streitkräfte, den *Desfile de la Victoria*. Um die Generäle nicht zu brüskieren, entschied sich die Regierung Arias Navarro auch im Jahr 1976 für die Parade, änderte zugleich aber deren Namen. Die neutrale Bezeichnung als »Tag der Streitkräfte« (*Día de las Fuerzas Armadas*) stieß in der Madrider Militärgarnison jedoch auf zähen Widerstand, so daß die Regierung einlenkte und die Feierlichkeiten des 30. Mai noch einmal im Zeichen des Sieges stehen durften.

Der 18. Juli hingegen fiel zusammen mit der Ablösung des zaudernden Arias Navarro durch Adolfo Suárez, der unmittelbar darauf umfassende Reformen in Aussicht stellte. Klar erkennbar war daher auch der Versuch, die Bedeutung dieses höchst unwillkommenen Datums gering zu halten und die Feierlichkeiten auf den traditionellen Treueschwur der königlichen Garde zu beschränken. Im Folgejahr endete die Tradition des 18. Juli dann vollständig,[43] während die Erinnerung an den 1. April in Gestalt des »Tages der Streitkräfte« bis heute erhalten bleiben sollte.[44]

Eine etwas andere Qualität sollte dagegen der Todestag des Diktators erhalten, der 1976 ausgerechnet mit der Verabschiedung des Gesetzes über die politische Reform zusammenfiel.[45] Dementsprechend bemüht zeigte sich die Regierung Suárez, den offiziellen Gedenkakt so klein wie möglich zu halten. Nicht zu verhindern war in der Unwägbarkeit des politischen Übergangs jedoch, daß der durch die jüngsten Entwicklungen in Alarmstimmung versetzte *búnker* den Tag nutzte, um lauthals gegen den politischen Wandel zu protestieren. So gelang es einer Koalition aus Kriegsveteranen, Altfranquisten und neu formierten Rechtsextremen auf der zentralen Plaza de Oriente vor dem Madrider Königspalast ganz im Stile des Regimes eine politische Großkundgebung zu inszenieren. Und ebenso wenig zu verhindern war, daß sich das Lager der Franco-Nostalgiker in den folgenden Jahren zu entsprechenden kalendarischen Gelegenheiten auch jener monumentalen Mausoleumsanlage im *Valle de los Caídos* bemächtigte. Denn diese hatte mit der feierlichen Beisetzung des Diktators drei Tage nach seinem Ableben ihre letzte Weihe erhalten. Und der martialische Eindruck im Verein mit den unter einer tonnenschweren Granitplatte liegenden sterblichen Überresten des *Caudillo* verwandelte die Anlage weit über dessen Tod hinaus in eine geradezu natürliche Bühne für das alljährliche Gedenken am 20. November.[46]

Wie das Mausoleum im *Valle de los Caídos* vor Augen führt, be-

---

43 Aus Rücksichtnahme auf die bevorstehende Eröffnungssitzung der neu gewählten *Cortes* untersagte die Regierung alle öffentlichen Gedenkveranstaltungen. Im Dezember 1977 beschloß dann der Ministerrat, den Tag vollständig aus dem offiziellen Festkalender zu streichen. Vgl. J. Macher, *Verdrängung*, S. 67–71.

44 Vgl. hierzu P. Aguilar, *Memoria*, S. 278–283.

45 Nur zwei Tage zuvor hatten die franquistischen *Cortes* jene *Ley para la Reforma Política* verabschiedet, die in den folgenden Monaten zur vollständigen Liquidation des franquistischen Regimes führen sollte.

46 Die nachträglich konstruierte Nähe Francos zu José Antonio wurde zusätzlich unterstrichen durch die zufällige Übereinstimmung ihrer Todestage. Der 20. November umrahmte so gleichsam 39 Jahre spanischer Geschichte.

stand das symbolische Erbe des Franquismus neben Gedenktagen vor allem aus materiellen Hinterlassenschaften, die in Form von zahllosen Monumenten und Gedenktafeln sowie einer einschlägigen Straßennomenklatur den Kriegs- und Siegeskult des Regimes bis in die hintersten Winkel des Landes ausgebreitet hatten. Anstelle einer raschen Demontage derartiger Relikte aber sollte die nachfranquistische Zeitrechnung mancherorts paradoxerweise mit der Errichtung neuer Franco-Denkmäler beginnen. Dahinter stand einmal mehr der harte Kern des franquistischen Establishments, der gemeinsam mit den lokalen Funktionseliten die Provinz gegen den drohenden politischen Wandel zu mobilisieren versuchte. In diese Kategorie fällt etwa der Bau einer überlebensgroßen Franco-Statue im kastilischen Guadalajara. Hier hatte der Provinzgouverneur mit Unterstützung einiger Veteranenverbände im Frühjahr 1976 eine öffentliche Spendensammlung initiiert, deren Ergebnisse bereits im Sommer desselben Jahres den erfolgreichen Abschluß des Projektes in Aussicht stellten. Zum Standort hatte man nichts Geringeres als den Rathausplatz auserkoren, und der Entwurf zeigte nicht wie die Reiterdenkmäler der sechziger Jahre den großen Staatslenker, sondern – mit provokativer Beharrlichkeit – den General »in Felduniform während unseres Kreuzzuges der Befreiung«. Die Einweihung des Denkmals zum Geburtstag Francos am 4. Dezember 1976 gab dann noch einmal Gelegenheit, dem Protest gegen die politische Reform Ausdruck zu verleihen. Und tatsächlich versammelte sich in Guadalajara wieder einmal die engste Gefolgschaft des Diktators, darunter auch dessen Witwe, Carmen Polo, die zum Abschluß der Zeremonie die Enthüllung des Denkmals vornehmen durfte.[47]

In den ersten beiden Jahren nach dem Tod des Diktators waren quer durch das Land noch einige ähnliche Initiativen zu beobachten.[48] Bekanntlich spiegelte all dies jedoch nicht annähernd die politische Stimmungslage in der Bevölkerung. Denn schon die Volksabstimmung über das wegweisende Reformgesetz, die übrigens nur wenige

47 Vgl. J. de Andrés Sanz, *Simbología,* S. 356–365. Vgl. hierzu auch Kap. III 2. *Ikonographie Francos* in diesem Buch.

48 Jesús de Andrés Sanz nennt u.a. Alabal (Provinz Valencia), Ponteareas (Provinz Pontevedra), Mérida (Provinz Badajoz) oder Orihuela (Provinz Alicante). Vgl. ders., *Estatuas.*

Tage nach der Einweihung des Denkmals stattfand, erhielt in Guadalajara wie überall im Land eine überwältigende Zustimmung.[49] Und kurz darauf sollten die ersten freien Parlamentswahlen die regimetreuen Kräfte endgültig ins politische Abseits befördern.[50] Vor diesem Hintergrund aber verloren auch der 20. November sowie alle übrige Regimesymbolik an Brisanz: So unterblieb bereits am zweiten Todestag des Diktators 1977 eine offizielle Stellungnahme, während die Kundgebungen der extremen Rechten von der liberalen Presse als Abgesang einer Gruppe »lächerlicher Übriggebliebener« verspottet wurden.[51]

Typisch für den offiziellen Umgang mit politischen Symbolen blieb jedoch selbst nach der Inkraftsetzung der neuen Verfassung 1978 ein behutsames Vortasten. So mußte die Demokratie bis zum Herbst 1981 auf ihre neue Staatssymbolik warten. Und auch hier waren die Veränderungen keineswegs dramatisch, denn die Farben der Nationalflagge blieben dieselben, und auch die *Marcha Real,* der »Königsmarsch«, durfte als Element der monarchischen Tradition den Franquismus als offizielle Hymne der Nation überdauern.[52] Ausgetauscht wurde dagegen lediglich das Staatswappen, dessen neue Gestalt an die Wappen der bourbonischen Monarchie in Spanien anknüpfte. Doch auch in dieser Angelegenheit trieb niemand zur Eile. Denn das im Oktober 1981 verabschiedete Dekret gewährte für den Austausch des Wappens eine Übergangsfrist von drei Jahren. Und ein weiterer Passus definierte zahlreiche Ausnahmen: Erhalten bleiben durfte das franquistische Staatswappen demnach an Gebäuden, die als kunsthistorische Denkmäler ausgewiesen waren, sowie an allen übrigen Gebäuden, Bauten und Monumenten, an denen es einen »substantiellen Teil« darstellte oder die bei einer Demontage Schaden nehmen könnten – eine »weiche« Regelung, die offenkundig großen Spielraum ließ.[53]

---

49 In Guadalajara stimmte eine Mehrheit von 93 Prozent für das Gesetz, und landesweit waren es sogar 95 Prozent. Vgl. J. de Andrés Sanz, *Informe.*

50 Die *Alianza Popular* als Vertreterin des rechtskonservativen Lagers erhielt lediglich acht Prozent der Stimmen, die extremistischen Gruppen unter der Führung von Blas Piñar scheiterten vollständig.

51 So etwa *El País,* vgl. J. Macher, *Verdrängung,* S. 63 f.

52 1942 war der zuvor als *Marcha Granadera* bekannte Marsch zur Nationalhymne erklärt worden. Erst 1997 wurde die *Marcha Real* dann von der Demokratie als offizielle Hymne bestätigt, da erst jetzt die Rechte erworben werden konnten. Bis heute besitzt die Hymne keinen Text.

53 Vgl. das Gesetz 33/1981 vom 5. Oktober 1981.

Weitaus mehr Mut fand sich dagegen oft auf lokaler Ebene. Denn nachdem die Kommunalwahlen vom April 1979 schließlich auch in Städten und Dörfern zur Ablösung der franquistischen Eliten geführt hatten, konnte man überall im Land Bestrebungen zur Säuberung des öffentlichen Raumes von den Relikten des Regimes beobachten. In Guadalajara, wo 1979 ein Sozialist das Bürgermeisteramt übernahm, wurde die Beseitigung der Franco-Statue jedoch entgegen allen Erwartungen zunächst zurückgestellt.[54] Dagegen hatte der Stadtrat der Mittelmeermetropole Valencia schon im März 1979 einstimmig die Demontage des großen Reiterstandbildes auf der Plaza del Ayuntamiento beschlossen. Drei Anläufe zu einer Umsetzung dieses Beschlusses mußten jedoch auf direkte Anweisung der Zentralregierung nacheinander gestoppt werden. Daß der Abbau franquistischer Symbole vielerorts nicht recht vorankam, mag auch auf das ungünstige *timing* zurückzuführen sein. Denn die späten Kommunalwahlen fielen zusammen mit der ersten Krise der jungen Demokratie, weshalb es manchem Verantwortlichen klug erscheinen mochte, auf zusätzliche politische Provokationen zu verzichten. Welches Konfliktpotential jedenfalls den alten Herrschaftszeichen selbst in den achtziger Jahren noch innewohnte, zeigt der Fall Valencia: Dort verschwand die Reiterstatue aufgrund von Umbauarbeiten des Rathausplatzes, um jedoch nach deren Abschluß an gleicher Stelle erneut aufgestellt zu werden. Endgültig zum Politikum geriet die Denkmal-Affäre dort aber anläßlich dessen, was eigentlich ihr stiller Schlußakt hätte werden sollen: Um möglichst wenig Aufsehen zu erregen, hatte der Stadtrat im Herbst 1983 die endgültige Demontage des bronzenen *Caudillo* in die frühen Morgenstunden gelegt. Die von vermummten Arbeitern durchgeführte Nacht- und Nebelaktion bewirkte jedoch das genaue Gegenteil und rief nicht nur rechtsextreme Demonstranten auf den Plan, sondern versetzte die städtische Öffentlichkeit mehr als eine Woche lang in hellen Aufruhr.[55]

---

54 Jesús de Andrés Sanz erklärt die zögerliche Haltung im Rathaus mit den wachsenden politischen Spannungen im Land, die letztlich in dem Putschversuch vom Februar 1981 gipfelten. Erst nach dem gescheiterten Putsch ging die Stadtverwaltung daran, einige franquistische Straßennamen zu ändern. Die Franco-Statue wurde dagegen erst drei Jahre später im Rahmen einer architektonischen Umgestaltung des Rathausplatzes entfernt, dies jedoch nur, um sie kurz darauf an einem weniger repräsentativen Ort wieder aufzustellen. Vgl. J. de Andrés Sanz, *Simbología*, S. 367f.

55 Vgl. P. Leenknegt, *Franco*, S. 27–29.

VI. ERINNERUNGSANSPRÜCHE DER GESELLSCHAFT, 1980–1996

1. Das Schweigen der Politik und die Sternstunde der Fachhistorie

AM 23. FEBRUAR 1981 rund zwei Jahre nach Inkraftsetzung der neuen Verfassung, stürmten zwei Hundertschaften der *Guardia Civil*, der kasernierten Polizei, unter Führung von Oberstleutnant Antonio Tejero das Parlamentsgebäude in Madrid und nahmen Abgeordnete und Regierungsmitglieder vor Ort in Geiselhaft. Die Putschisten, die offenbar in Übereinstimmung mit mehreren Francotreuen Armeegenerälen handelten, sollten durch das entschlossene Einschreiten des Königs schon am nächsten Morgen zur Aufgabe gezwungen werden. Tatsächlich aber hatte das Schicksal der jungen Demokratie in den 18 Stunden, die bis dahin vergangen waren, an einem seidenen Faden gehangen. Der Putschversuch offenbarte nicht nur die anhaltende Feindseligkeit in den Reihen der Sicherheitskräfte und des Militärs; er verwies auch auf die Schwäche des demokratischen Systems, das zu diesem Zeitpunkt unter Terroranschlägen, wachsenden politischen Spannungen um die Autonomiefrage und unter einer handfesten Regierungskrise litt.[1] Die Putschisten hatten für ihre Pläne somit zweifellos einen gün-

---

1 Trotz der 1979 gewährten politischen Autonomie für das Baskenland eskalierte in den folgenden Jahren der Terror der baskischen Separatisten, zu deren Opfern insbesondere die Polizeikräfte der *Guardia Civil* zählten. Daneben beschäftigte die spanische Öffentlichkeit die Autonomiefrage, die aufgrund der Verfassungsbestimmungen im ganzen Land eine ungeahnte Eigendynamik entfaltete. Nicht zuletzt die bremsende Haltung der UCD-Führung - insbesondere im Falle des andalusischen Autonomieprozesses – sollte zu massiven parteiinternen Konflikten führen, die schließlich den

stigen Augenblick gewählt. Im Endergebnis aber beschleunigte der 23. Februar eher die Konsolidierung der Demokratie. Denn im Angesicht der Bedrohung fanden Regierung und Opposition erneut den Schulterschluß und setzten bei zentralen innenpolitischen Problemen noch einmal auf paktierte Lösungen. Und obgleich die krisengeschüttelte Regierungspartei UCD in den folgenden Monaten unaufhaltsam ihrer Auflösung entgegen schritt, entschied sich die Wählerschaft bald darauf wiederum für politische Stabilität: In den im Oktober 1982 abgehaltenen Parlamentswahlen erreichte die Sozialistische Partei unter der Führung von Felipe González eine absolute Mehrheit und sollte von nun an die spanische Politik über vier Legislaturperioden dominieren.

Mit dem Regierungsantritt von Felipe González begann in vielerlei Hinsicht ein neuer Zeitabschnitt. Die Sozialisten brachten ein umfangreiches Reformwerk auf den Weg, mit dem man sowohl wirtschaftlich als auch gesellschaftlich den Anschluß an das entwickelte Westeuropa zu gewinnen suchte. Die wichtigsten Maßnahmen zielten dabei auf die Modernisierung der Volkswirtschaft (Deregulierung, Privatisierung), auf die Reform der sozialen Sicherungssysteme und eine Strukturreform des Schul- und Hochschulwesens. Zugleich vollendete die Regierung González durch den Eintritt in die Europäische Gemeinschaft 1986 die mit der NATO-Mitgliedschaft begonnene Westintegration. Dabei war neben dem zu erwartenden ökonomischen Nutzen durch vertiefte Handelsbeziehungen und Brüsseler Strukturhilfen auch die symbolische Dimension von großer Bedeutung. Denn zu Recht war nach mehr als 40 Jahren außenpolitischer Isolation nun von einer »Rückkehr« Spaniens nach Europa die Rede, einer Rückkehr, die einem alten kulturpessimistischen Topos zufolge mehr als zwei Jahrhunderte an der mangelnden »Europäisierung« des Landes gescheitert war.

Bemerkenswert ist, daß der gesellschaftspolitische Aufbruch der sozialistischen Ära kaum Auswirkungen auf den offiziellen Umgang mit der jüngsten Vergangenheit haben sollte. Obgleich die Kabinette unter González einer Partei entstammten, die einstmals zu den Haupt-

---

Rücktritt von Adolfo Suárez provozierten. Der Putschversuch unterbrach den zweiten Wahlgang, der den designierten Nachfolger, Leopoldo Calvo Sotelo, ins Amt bringen sollte.

verlierern des Bürgerkrieges gezählt hatte, ließen sie in Sachen Vergangenheitspolitik weiterhin auffällige Zurückhaltung walten. Zwar ist richtig, daß unter sozialistischer Ägide 1984 eine gesetzliche Regelung zur Entschädigung der Opfer politischer Repression während der Diktatur verabschiedet wurde. Und im selben Jahr gestand die Regierung den einstigen Angehörigen der republikanischen Streit- und Sicherheitskräfte außerdem Pensionsansprüche zu.[2] Mit dieser durchaus angemessenen sozialpolitischen Erweiterung der Amnestiegesetze aber endete das vergangenheitspolitische Engagement der Sozialisten, die selbst offenkundig darum bemüht waren, jedes öffentliche Aufsehen in dieser Frage zu vermeiden. Besonders deutlich wurde dies, als sich im Juli 1986 der Ausbruch des Bürgerkrieges zum 50. Male jährte. Im staatlich kontrollierten Fernsehen fanden sich nur wenige Hinweise auf den Jahrestag,[3] und in Barcelona versuchte der sozialistische Bürgermeister, die zentrale Gedenkveranstaltung der damals bereits weitgehend unbedeutenden anarchosyndikalistischen Gewerkschaft CNT zu verbieten.[4] Ähnlich empfindlich reagierten der sozialistische Stadtrat und die Regionalregierung von Valencia, die ein von dem Dichter Rafael Alberti entworfenes Plakat zum Gedenken an die Zeit, als Valencia republikanischer Regierungssitz war, nicht akzeptieren wollten.

---

2 Vgl. hierzu die Gesetze 18/1984 vom 8. Juni und 37/1984 vom 22. Oktober. Wer Pensionsansprüche geltend machen wollte, mußte nachweisen, Angehöriger des Militärs oder der Polizeikräfte gewesen zu sein. In der Praxis fiel diese Beweisführung in der Regel äußerst schwer, da viele ehemalige Militär- und Polizeiangehörige der Republik aus Furcht vor Repressionen nach 1939 entsprechende Dokumente vernichtet hatten. Vgl. hierzu *El País* vom 11. September 1989.

3 Zwar begann im spanischen Fernsehen gerade in den achtziger Jahren unter sozialistischer Ägide die Auseinandersetzung mit den Themen Republik und Bürgerkrieg. Wie David Rey anhand mehrerer historischer Serienproduktionen jedoch nachweist, bemühte man sich hier stets um eine ausgewogene Darstellung, die keinem der beiden Lager den Vorzug geben sollte. Vgl. D. Rey, *Franco-Ära*, S. 140–148.

4 Nach einer kurzen Renaissance im Gefolge der Legalisierung der Parteien und Verbände 1977 brach in der anarchosyndikalistischen *Confederación Nacional del Trabajo* (CNT) der alte Streit um die Frage einer Mitarbeit in den Institutionen der kapitalistischen Gesellschaft, hier den Gewerkschaftswahlen, aus. Der Richtungsstreit drängte die CNT rasch ins politische Abseits, und 1986 waren es nur einige Dutzend Altmitglieder, die gemeinsam mit aus dem Ausland angereisten Sympathisanten des Jahrestages gedachten. Vgl. *Taz* vom 18. Juli 1986. Vgl. hierzu auch W. L. Bernecker, *Aufschwung*.

Stein des Anstoßes war die dort abgebildete republikanische Trikolore, die – so fürchtete man – den Monarchen verärgern würde.[5] Die einzige offiziell zugelassene Erinnerung zum 50. Jahrestag des Kriegsausbruchs beschränkte sich statt dessen auf eine knappe Verlautbarung des Regierungschefs, der erklärte, daß der Bürgerkrieg »kein Ereignis [ist], dessen man gedenken sollte, auch wenn er für die, die ihn erlebten und erlitten, eine entscheidende Episode in ihrem Leben darstellte.« Der Krieg, so González weiter, sei »endgültig Geschichte«, sei »nicht mehr lebendig und präsent in der Realität eines Landes, dessen moralisches Gewissen letztlich auf den Prinzipien der Freiheit und der Toleranz basiert«. Und der Verneigung vor den einstigen Verteidigern dieser Prinzipien stellte der Regierungschef in demonstrativer Ausgewogenheit auch das »respektvolle« Gedenken an all jene gegenüber, »die – von anderen Positionen als denen des demokratischen Spanien aus – für eine andere Gesellschaft kämpften ...«.[6]

Ganz ausdrücklich knüpfte González somit an den vergangenheitspolitischen Konsens der Transitionsphase an. Und damit befand er sich offenkundig im Einklang mit allen übrigen Kräften des offiziellen Spanien, denn auf der Linken wie auf der Rechten verzichtete man ebenfalls auf jede Art der öffentlichen Erinnerung. Maßgeblich für diese Haltung war nicht zuletzt die Tatsache, daß sich das Land zu diesem Zeitpunkt im Wahlkampf befand und der Regierungschef mit Blick auf die zum Mehrheitserhalt unverzichtbaren Wähler der politischen Mitte jede spaltende Erinnerung vermeiden wollte. Aber auch nach dem Wahltermin sollten die Sozialisten der Maxime einer ostentativen Abkehr von der jüngsten Vergangenheit treu bleiben. Kaum überraschend ist indes, daß nach rund acht Jahren Meinungspluralismus und demokratischer Erfahrung der 50. Jahrestag mit all seiner Symbolkraft nicht allein der Regierung überlassen bleiben sollte. Das offizielle Stillschweigen wurde nicht zuletzt von den Informationsbeilagen und Kommentaren der unabhängigen Tageszeitungen durchbrochen. Vor allem aber sollte es den Gruppierungen an den politischen Rändern gelingen, in der allgemeinen Stille Aufsehen zu erregen. In der Stierkampfarena von San Lorenzo de El Escorial, unweit des *Valle de*

---

5 Vgl. *FAZ* vom 4. August 1986.
6 Zitiert nach W. L. Bernecker, *Vergangenheitsbewältigung*, S. 18f.

los Caídos, versammelte etwa der parlamentarisch längst gescheiterte Führer der Franco-Nostalgiker, Blas Piñar, seine Anhänger zum feierlichen Gedenken an den Beginn des Militäraufstandes vom 18. Juli. Und für das offizielle Spanien ebensowenig »politisch korrekt« mußte auch das am darauffolgenden Tag in Barcelona abgehaltene Treffen der anarchosyndikalistischen Gewerkschaft CNT erscheinen, das den Auftritt der 81-jährigen Grande Dame der Bewegung, Federica Montseny, erlebte.[7]

Von diesen eindeutig politisch motivierten Stellungnahmen abgesehen, ist festzuhalten, daß die Mehrzahl der Aktivitäten einen klaren Protagonismus der Fachhistorie erkennen ließ. Obgleich es zu diesem Zeitpunkt nicht an Zeitzeugen mangelte, war die öffentlich dominierende Erinnerung im Jahr 1986 nicht die der persönlichen Erlebnisse und individuellen Schicksale, sondern die der nüchternen Faktenerkenntnis und Ursachenforschung. Ganz bewußt setzte man auf eine wissenschaftlich eingehegte, den politischen Leidenschaften der Vergangenheit entkleidete Art der Erinnerung. Dabei ging diese politisch erwünschte »Historisierung«[8] des Bürgerkrieges Hand in Hand mit dem Geltungsbedürfnis einer bislang wenig beachteten Zunft von Fachhistorikern, die zu diesem Zeitpunkt tatsächlich mit vielen neuen Erkenntnissen aufwarten konnte. Schon lange vor dem Tod des Diktators waren weite Teile der universitären Geschichtsschreibung in die geduldeten Freiräume intellektueller Dissidenz abgewandert und hatten die im benachbarten Ausland populären Methoden einer kritischen Gesellschaftsgeschichte aufgegriffen. Die Erkenntnisse dieser »neuen« Historiographie, die nach 1975 weitere beachtliche Fortschritte hatte machen können, fanden nun erstmals breitere Resonanz in der politischen Öffentlichkeit und fungierten hier nicht zuletzt auch als willkommener Ersatz für die brisante Frage nach individueller Schuld und politischen Verantwortlichkeiten.

Das Jahr 1986 sah dementsprechend in Form von Monographien und Sammelbänden eine ganze Reihe von historiographischen Neuer-

---

7 Vgl. *El País* vom 19. Juli 1986 sowie ausführlicher H.-D. Köhler, *Bürgerkrieg,* S. 28.

8 In bezug auf die nationalsozialistische Vergangenheit in Deutschland hat der Historiker Martin Broszat 1985 für eine vertiefte »Historisierung« plädiert, die an die Stelle pauschaler Verurteilungsrituale ein kritisch reflektiertes Verstehen setzen sollte. Vgl. ders., *Historisierung.*

scheinungen, die das Bild des Bürgerkrieges bis heute prägen.[9] Und die Tageszeitung *El País* publizierte von März bis Juli eine Beilagenserie, die unter der Ägide des nordamerikanischen Historikers Edward Malefakis Beiträge zahlreicher namhafter Spezialisten vereinte.[10] Ihre größten Auftritte erhielt die historische Wissenschaft indes in Gestalt von Seminaren und Fachtagungen, von denen die wichtigsten vier in Valencia, Salamanca, Granada und Barcelona stattfanden.[11] Auf einer dieser Veranstaltungen wurde – wenn auch nur am Rande – von dem galicischen Politiker und Gelehrten Domingo García Sabell die Frage nach dem sozialen Gedächtnis, nach der *memoria popular* des Bürgerkrieges im gegenwärtigen Spanien aufgeworfen. Als eine mentale Spätfolge des Krieges diagnostizierte der ehemalige Mediziner sodann einen Überschuß an Vergnügungssucht und Eigennutz sowie einen Mangel an sozialer Ethik im Zusammenleben der Spanier. Ansonsten aber glaubte García Sabell, der selbst Zeitzeuge des Geschehens in seiner Heimatregion war, daß die Erinnerung an den Bürgerkrieg in der Bevölkerung weitgehend ausgelöscht sei.[12] Und auch Manuel Tuñón de Lara, Doyen der »neuen« Sozialgeschichtsschreibung und einer der scharfsinnigsten Analytiker der spanischen Zeitgeschichte, schien sich 1986 diesem Urteil anzuschließen, als er die Notwendigkeit betonte, die Vergangenheit des Bürgerkrieges für die jungen Generationen lebendig zu halten.[13]

2. Individuelle und kollektive Erinnerungen: das Gedächtnis der Verlierer

Vor dem Hintergrund der gegenwärtigen Welle der Erinnerungsarbeit fällt es rund 20 Jahre später leicht, derartige Einschätzungen als Irrtum abzutun. Tatsächlich aber fanden sich lange Zeit kaum Indizien dafür, daß die durch die Versöhnungspolitik der Transition letzt-

9 Dem deutschsprachigen Publikum zugänglich ist der Sammelband von M. Tuñón de Lara u. a., *Bürgerkrieg.*

10 Vgl. hierzu W. L. Bernecker, *Vergangenheitsbewältigung,* S. 19 f.

11 Einen Überblick zu den akademischen Veranstaltungen anläßlich des Jahrestages in Spanien und im Ausland gibt J. Martínez Martín, *Crónica.*

12 Vgl. hierzu D. García Sabell, *Guerra,* S. 425 f.

13 Vgl. M. Tuñón de Lara, *Versuch,* S. 649 f.

lich nur leicht gemilderte Ungleichbehandlung der beiden Bürgerkriegslager Ressentiments und unbefriedigte Erinnerungsansprüche hinterlassen hat. Weder die Opfer von einst, noch ihre Angehörigen und Nachfahren oder das sie umgebende gesellschaftspolitische Milieu traten während und nach der Transition mit ihren Erinnerungen an die Öffentlichkeit. Gerade aus deutscher Perspektive vermißt man in den ersten beiden Jahrzehnten nach 1975 öffentliche Spuren einer kollektiven Erinnerung, deren historischer Bezugspunkt der Bedeutung des Zweiten Weltkrieges in nichts nachsteht. Daher stellt sich die Frage, ob die von den politischen Eliten praktizierte Abkehr von der jüngeren Vergangenheit auch von jenen, die sich als Verlierer der Geschichte betrachten mußten, bewußt mitgetragen wurde.

Die Bevölkerungsstatistik verrät, daß der Anteil der Kriegsgeneration an der Gesamtbevölkerung 1975 bei kaum mehr als 30 Prozent lag. An anderer Stelle ist außerdem gezeigt worden, daß sich rund 40 Jahre nach dem Krieg keinerlei Anzeichen für einen verbreiteten Wunsch nach Rache und Vergeltung finden lassen. Mehr noch: Die Ergebnisse einer Umfrage, die 1983 von der Zeitschrift *Cambio 16* durchgeführt worden ist, deuten darauf hin, daß sogar ein gesellschaftliches Bewußtsein für die durch Krieg und Diktatur entstandenen sozialen Ungerechtigkeiten existierte. So bewertete eine Mehrheit von 67 Prozent den Umgang der »Sieger« mit den »Besiegten« nach Ende des Krieges als »unerbittlich«.[14] Die Zeit für eine öffentliche Artikulation der Erinnerungen des Verliererlagers schien also durchaus reif, zumal der Versöhnungsgedanke der Transition keineswegs gleichbedeutend mit einem Verzicht auf Erinnerung sein konnte. Denn die knapp 40 Jahre währende Unterdrückung der Lebens- und Leidensgeschichten der Besiegten war offenkundig Teil der kulturellen Repression des Regimes, die unter demokratischen Bedingungen unmöglich fortgeführt werden durfte. Um so mehr stellt sich daher die Frage, weshalb die vielfältigen Erinnerungswelten der republikanischen Opfer von Krieg und Diktatur auch nach dem Tod des Diktators im Verborgenen blieben.

Für die siebziger und frühen achtziger Jahre ist hierzu anzumerken, daß die rhetorische Verwendung der Bürgerkriegserinnerung als Schreckbild der Gegenwart auch in weiten Teilen der Zivilgesellschaft auf fruchtbaren Boden fallen mußte. Noch zu Beginn der achtziger

---

14 Vgl. J. M. Arija, *Vencedores*.

Jahre war, wie die oben zitierte Umfrage belegt, die durch Krieg und Diktatur hervorgerufene Spaltung der Nation sehr präsent. Zwar lehnte es fast die Hälfte der Befragten selbst hypothetisch ab, sich mit einem der beiden ehemaligen Bürgerkriegslager zu identifizieren – ein Umstand, der durch die Mäßigung des politischen Klimas und das moderate Wahlverhalten der Bevölkerungsmehrheit längst bestätigt worden war. Allerdings glaubten 56 Prozent der Befragten, daß persönliche Feindschaften aufgrund des Krieges bis in die Gegenwart hinein fortlebten. Und auch aus der bekannten Neigung der Bevölkerungsmehrheit zu Werten wie Stabilität und Ordnung sprach in erster Linie die Furcht vor einem neuen gewaltsamen Konflikt, der durch jegliches Aufrühren der Vergangenheit in gefährliche Nähe zu rücken schien.[15] In derselben Umfrage gab dementsprechend rund die Hälfte der Befragten an, den Ausbruch eines neuen Bürgerkrieges in den vorangegangenen Jahren als reale Möglichkeit gefürchtet zu haben. Dabei waren es unter allen politisch brisanten Augenblicken seit dem Tod des Diktators in erster Linie die Ereignisse des 23. Februar 1981, die derartige Assoziationen geweckt hatten.[16]

Von solcherlei Ängsten abgesehen ist zudem immer wieder auf den spezifischen Charakter des Bürgerkrieges hingewiesen worden. Dieser hatte nämlich nicht nur im metaphorischen Sinne, sondern in vielen Fällen ganz buchstäblich die Qualität eines Bruderkrieges angenommen. So sind zahlreiche Beispiele dafür zu finden, wie die Fronten des Krieges aufgrund geographischer Gegebenheiten oder ideologischer Überzeugungen Familienbande durchtrennten und selbst engste Familienangehörige zu Todfeinden werden ließen. Durchaus plausibel erscheint daher die Annahme, daß es die Kriegsgeneration um des familiären Friedens willen von sich aus vermied, ihren Kindern und Enkeln freimütig von dem Geschehen zu berichten. Wurde das Schweigen über die Vergangenheit also von weiten Teilen der spanischen Gesell-

---

15 Eine auf Befragungen gegründete Untersuchung, die 2002 in der Kleinstadt Lerma (Kastilien-León) durchgeführt wurde, bestätigt diese Befunde: Diejenigen, die die Transition im Alter von 20 bis 25 Jahren erlebten, gaben an, in den kritischen Momenten des demokratischen Übergangs Gefühle wie Angst und Unsicherheit angesichts der vermeintlichen Gefahr eines neuen Bürgerkriegs verspürt zu haben. Vgl. hierzu V. F. Sampedro Blanco/R. Saiz Tomé, *Consumo.*

16 Vgl. J. M. Arija, *Vencedores.*

schaft ohnehin freiwillig praktiziert?[17] Dem widersprechen andere Befunde der oben zitierten Umfrage, nach denen das Familiengedächtnis von den Befragten als die mit Abstand wichtigste Informationsquelle hinsichtlich des Krieges genannt wird. Zudem ist davon auszugehen, daß nur eine eher kleine Minderheit der spanischen Familien den Bürgerkrieg tatsächlich als Familienkrieg erlebt hat, während die große Mehrheit sich jeweils geschlossen in einem der beiden Lager wiederfand.[18]

Deutlich stärker als die Wirkung familiärer Traumata muß bei der Frage nach dem kollektiven Gedächtnis der einstigen Verlierer also weiterhin der Faktor Angst gewichtet werden. Julio Aróstegui hat in diesem Zusammenhang auf den Unterschied zwischen einer politisch motivierten Angstrhetorik in Gestalt der Bürgerkriegserinnerung einerseits und den individuellen Ängsten aufgrund tatsächlich erlebter Kriegsereignisse andererseits hingewiesen.[19] Zweifellos diente das während der Transition immer wieder evozierte Schreckbild des Krieges in erster Linie dazu, den eingeschlagenen Weg der politischen Reform als alternativlos zu präsentieren und die oppositionellen Kräfte zur Kooperation zu zwingen. Untermauert wurde diese Rhetorik durch die berechtigten Sorgen der Öffentlichkeit angesichts eines reformunwilligen Militärs, das im Falle einer politischen Polarisierung erneut gewaltsam die Initiative hätte ergreifen können. Eine völlig andere Frage ist, Aróstegui zufolge, wie sich zu dieser »instrumentellen« Art der Bürgerkriegserinnerung das individuelle, auf persönlichen Erlebnissen basierende Erinnern der Zeitzeugengeneration verhalten hat. Klar scheint lediglich, daß dieses von den politischen Eliten als unerwünscht betrachtet wurde, weshalb sich die paradoxe Situation ergab, daß der öffentliche Erinnerungsdiskurs letztlich auch darauf abzielte, die tatsächlichen Erinnerungsträger des spanischen Traumas zu disziplinieren. Konnte die Schreckbildrhetorik der politischen Eliten im Verein mit der Drohkulisse eines unberechenbaren Militärs aber

17 So etwa H.-D. Köhler, *Bürgerkrieg*, S. 27.

18 Nur 16 Prozent der Befragten antworteten in diesem Sinne. Insgesamt hatte man hierzu 1000 Personen ab 18 Jahren in 106 Orten im ganzen Land befragt. Vgl. J. M. Arija, *Testigos*.

19 Vgl. J. Aróstegui, *Memoria*.

wirklich die öffentliche Aussprache der Zeitzeugengeneration verhindern?

Festzuhalten ist, daß die politische Demoskopie der Transitionszeit Fragen nach der Befindlichkeit der einstigen Kriegsverlierer – vermutlich ebenfalls aufgrund politischer Zurückhaltung – ausklammerte.[20] Und auch später wurden hierzu keine systematischen Untersuchungen angestellt.[21] Für eine weitere Annäherung an die Frage nach der Präsenz konkreter Kriegs- und Diktaturerinnerungen während der Transition erscheint es unerläßlich, die Veränderung lebensweltlicher Bezüge in knapp 40 Jahren Diktatur mit zu berücksichtigen. Demnach ist davon auszugehen, daß dort, wo der sozialökonomische Strukturwandel der sechziger und siebziger Jahre die gesellschaftlichen Verhältnisse und Einstellungen besonders nachhaltig umgestaltet hat, auch die Feindschaften aus der Zeit des Bürgerkrieges an Aktualität verloren haben. Dies gilt vor allem für das großstädtische Milieu, das durch massive Zuwanderung und die Entstehung neuer Mittelschichten seinen Charakter seit den dreißiger Jahren grundlegend verändert hat. Ein völlig neues soziales Umfeld im Verein mit den Chancen des urbanen Lebens, die sich seit Beginn der sechziger Jahre allmählich auch für traditionell benachteiligte Schichten eröffneten, ließen vermutlich die individuelle Erinnerung an Leid und Verlust der Kriegs- und Nachkriegszeit allmählich verblassen.

Was dagegen den kleinstädtischen und ländlichen Raum betrifft, so hatten sich bis 1975 auch hier die sozialökonomischen Konflikte der dreißiger Jahre längst durch massive Abwanderung sowie die schließlich auch auf dem Lande einsetzenden Modernisierungsprozesse deutlich entschärft. Zugleich darf allerdings nicht übersehen werden, daß die Diktatur u.a. mit dem Ziel angetreten war, eine grundsätzliche Veränderung der Besitzverhältnisse auf dem Lande etwa im Sinne der republikanischen Agrarreform zu verhindern. Und mit der Aufrechterhaltung der materiellen Ungleichheiten wurden vielerorts nicht nur die

---

20 Einen Überblick zur demoskopischen Forschung und deren Ergebnissen seit der Transition gibt R. López Pintor, *Opinión*.

21 Pionierarbeiten der *oral history* sind die von der Forscherin Tomasa Cuevas in den achtziger Jahren zusammengetragenen Zeitzeugenberichte aus den Frauengefängnissen des Franquismus. Aufschluß über das Erinnern während der Transition geben diese aber ebenfalls nicht. Vgl. dies., *Cárcel* und dies., *Mujeres*.

traditionellen Herrschaftsbeziehungen, sondern auch die durch die Gewalt des Krieges zugespitzten sozialen Feindschaften konserviert.[22] Darauf verweist jedenfalls die immer wieder beobachtete Tatsache, daß im ländlichen Spanien das Wissen um die Stätten konkreter Gewalttaten sowie um die individuellen Verantwortlichkeiten und familiären Verstrickungen bis zum heutigen Tage mit bisweilen verblüffender Präzision erhalten geblieben ist. Wo aber Täter und Opfer lokaler Kriegsgewalt konkrete Namen trugen und vielleicht sogar über Jahrzehnte in nachbarschaftlicher Nähe miteinander lebten, mußte das Erinnern für alle Beteiligten automatisch eine dauerhaft brisante Aktualität besitzen. Während die Verliererinnerung im urbanen Milieu aufgrund der sukzessiven Entfremdung ihrer Träger vom ursprünglichen Erlebnisumfeld an sozialer Bedeutung verlor, blieb sie auf dem Lande grundsätzlich eher präsent, dies allerdings stets unter dem doppelten Druck staatlicher und sozialer Repression.[23]

Die Forscherin Ángela Cenarro hat unlängst aus psychohistorischer Sicht auf die unterschiedlichen Aus- und Umwege des Verlierergedächtnisses unter den Bedingungen der franquistischen Diktatur hingewiesen. Aufgrund von Befragungen, die im Rahmen eines Forschungsprojektes zur franquistischen Repression Anfang der neunziger Jahre in Dörfern und Kleinstädten der Region Aragonien durchgeführt wurden,[24] stellt Cenarro schwere Deformationen des individuellen Gedächtnisses fest, die sie auf den Mangel an Kommunikationsräumen und auf die langfristige Wirkung der Regimepropaganda zurückführt. Während auf seiten der Sieger die Trauer über Leid- und Verlusterfahrungen nach dem Krieg als Teil der Legitimationsstiftung des neuen Staates öffentlich aufgefangen wurde, blieben die Besiegten bei der Überwindung ihrer Kriegstraumata vollständig auf sich allein gestellt. Als Folge dieser Ausgrenzung aus den Räumen des »kommunikativen Gedächtnisses« diagnostiziert Cenarro im schlimmsten Fall die Distanzierung von der eigenen Lebensgeschichte. So hätten im Bewußtsein

22 Zum ländlichen Strukturwandel vgl. die Studie von F. López-Casero, *Umschichtungsprozeß*.

23 Viele Einzelfälle, wie der von Christian Schüle im Zeit-Dossier geschilderte Fall des Bauern Senén García im kastilischen Aranda de Duero, belegen diese These. Vgl. C. Schüle, *Toten*.

24 Vgl. hierzu das umfangreiche Werk von J. Casanova u. a., *Pasado*.

mancher Betroffener das Trauma der Niederlage und die negativen Erfahrungen danach zu einer ebenso negativen Einschätzung des eigenen Handelns zur Zeit der Republik geführt. Aus Mangel an kontrastierenden Erinnerungen, die das Regime bzw. das soziale Umfeld durch die Kontrolle des öffentlichen Raumes unterbinden konnten,[25] näherte sich die Deutung der eigenen Lebensgeschichte bisweilen der Inkulpationspropaganda des Franquismus an. Und nicht selten waren auf seiten der Repressionsopfer oder ihrer Angehörigen sogar Schuld- und Schamgefühle die paradoxe Folge.[26]

Angesichts dieser vielfach gebrochenen Erinnerungswelten auf seiten der Verlierer überrascht es kaum, daß nach 40 Jahren Diktatur in vielen Fällen kein unmittelbarer Drang zu öffentlicher Aussprache bestand, zumal die Vergangenheitspolitik der Transition als öffentlicher Bezugsrahmen eine freie Artikulation individueller Erinnerungen nicht eben motiviert hat. Statt dessen zeigen die Erfahrungen der Forschergruppe um Ángela Cenarro, daß die Bergung der republikanischen Erinnerung – soweit dies aus biologischen Gründen heute überhaupt noch möglich ist – oft ein geduldiges Bemühen um jeden Einzelfall erfordert. Der Zustand der »Verlierergedächtnisse« nach 1975 war häufig gekennzeichnet durch Vereinzelung und Isolation, da in 40 Jahren Ausgrenzung zumeist nur die familiäre Sphäre als Artikulationsraum zur Verfügung gestanden hatte. Davon abgesehen wird immer wieder auch von der Weigerung mancher Zeitzeugen berichtet, Erinnerungen preiszugeben, was auf die Fortdauer tiefsitzender Ängste verweist. Zwar beendete die Demokratisierung der Gemeindeverwaltungen 1979 bekanntlich auch im ländlichen Spanien die Vorherrschaft der franquistischen Eliten. Wahrscheinlich ist aber, daß die Wirkung der Transition

---

25 Die kaum mögliche totale Kontrolle des öffentlichen Lebens durch den Staat wurde vielerorts durch eine weitaus effizientere soziale Kontrolle ersetzt. Denn zweifellos hatten Krieg und Repression das gesellschaftliche Zusammenleben nachhaltig gestört und die überlebenden Anhänger der Republik lebenslang gesellschaftlich stigmatisiert.

26 Gestützt auf die Überlegungen des französischen Soziologen Maurice Halbwachs zur sozialen Bedingtheit des Gedächtnisses interpretiert Ángela Cenarro die in unterschiedlichen »Qualitäten« erhaltenen Erinnerungen der befragten Zeitzeugen als Folge der jeweils zur Verfügung stehenden Kommunikationsmöglichkeiten. Je weniger Möglichkeiten zur Mitteilung und Kontrastierung der individuellen Erinnerungen bestanden, desto eher gingen diese tatsächlich verloren. Vgl. A. Cenarro, *Memory.*

auf Lebenswelten, die überwiegend auf *Face-to-Face*-Beziehungen beruhen, weit weniger durchschlagend war als im anonymen Milieu einer Großstadt. Mochten nun auch andere regieren, blieb das Ergebnis des Bürgerkrieges selbst über den Tod des Diktators hinaus tief in die Sozialstruktur mancher Gemeinden geprägt.[27]

Das fortgesetzte Schweigen aufgrund eines durch Verletzung oder Verängstigung verstummten Gedächtnisses ist vielleicht die am weitesten verbreitete, aber nicht die einzige Reaktion der Zeitzeugengeneration nach 1975. Denn gerade im ruralen Spanien waren vereinzelt auch sehr lebhafte Erinnerungsaktivitäten zu beobachten, was die These von der anhaltenden Aktualität des Bürgerkrieges gerade im ländlichen Milieu unterstreicht. Weitgehend unbemerkt (oder unbeachtet) von der politischen Öffentlichkeit formierten sich bald nach Vollzug der ersten Kommunalwahlen mancherorts lokale Bürgergruppen, die in einigen Fällen sogar vor die Wohnstätten mutmaßlicher Täter von damals zogen, um Gerechtigkeit einzufordern. Entgegen den verbreiteten Befürchtungen ehemaliger Funktionsträger des Regimes stand in der Regel aber nicht die späte Rache, sondern der Wunsch nach einer würdigen Bestattung für noch immer als »verschwunden« geltende Familienmitglieder an erster Stelle. Und so begannen seit 1979 an manchen Orten Exhumierungen der sterblichen Überreste von Repressionsopfern, die von den Häschern des »nationalen« Lagers einst hastig auf Äckern, Feldern oder in Straßengräben verscharrt worden waren.[28]

Einige Stätten, die als besonders berüchtigte Schauplätze der franquistischen Repression zum Kreuzungspunkt vieler individueller und familiärer Schicksale geworden waren und lange Zeit als heimliche Trauer- und Erinnerungsorte der Hinterbliebenen gedient hatten, sollten nun außerdem öffentlichen Status erhalten. Dies galt etwa für das Gräberfeld von La Barranca de Lardero, unweit der Provinzhauptstadt Logroño. Von Kriegshandlungen weitgehend verschont, war die Provinz La Rioja zum Schauplatz einer besonders blutigen Säuberungswelle geworden. La Barranca diente hier als eine Art zentrales Massengrab, das die Überreste von mehr als 400 Personen aufgenom-

---

27 Den Faktor Angst betonen besonders E. Silva/S. Macías, *Fosas*, S. 121 ff.

28 Vgl. E. Silva/S. Macías, *Fosas*, S. 121 ff.

Blumenschmuck zu Ehren der Opfer in La Barranca, 1979

Quelle: J. V. Aguirre, represionrioja.com

Die Erinnerungsstätte von La Barranca im Bau, 1979 Quelle: J. V. Aguirre, represionrioja.com

men hatte. Schon vor dem Tod des Diktators hatten Angehörige diesen Ort regelmäßig an Allerheiligen aufgesucht, um Blumen niederzulegen. Bald nach dem Ende der Diktatur formierte sich dann eine Initiative, die das zu einem privaten Landgut gehörende Gelände erwarb und mittels Spenden sowie eines (umstrittenen) Zuschusses von offizieller Seite zu einem Friedhof umgestaltete. Ein 1979 vor dem Eingang errichtetes Denkmal erinnert mit der plastischen Darstellung vier namenloser Hingerichteter beiderlei Geschlechts an die Schrecken des franquistischen Terrors in der Provinz.[29]

Eine ähnliche, ebenfalls durch die historischen Ereignisse zum Trauer- und Erinnerungsort qualifizierte Stätte, sind die unweit der aragonesischen Provinzhauptstadt Teruel gelegenen Pozos de Caudé. Diese natürlichen Gruben von mehr als 80 Metern Tiefe dienten den Aufständischen über anderthalb Jahre lang als Richtstätte und Massengrab. So sollen hier vom Beginn des Krieges an schätzungsweise bis zu 1000 Anhänger der Republik hingerichtet und in mehreren Lagen unter Kalksand verscharrt worden sein. Bekannt ist, daß auch dieses Massengrab zu Lebzeiten des Diktators regelmäßig von Angehörigen besucht worden ist. Und auch hier ergriff im Oktober 1979 eine kleine Gruppe von Angehörigen die Initiative und sammelte in einer halböffentlichen Spendenkampagne Gelder für die Errichtung eines Mahnmals.[30]

Einen Unterschied markierte in Aragonien indes die parteipolitische Aufladung des neu entstandenen Erinnerungsortes. So war die Initiative von mehreren betagten Anhängern der Sozialistischen Partei ausgegangen, und folgerichtig wurde mit der Einweihung des Denkmals der 1. Mai zum Stichtag der alljährlich wiederkehrenden Totenehrung gewählt. Zu den an dieser Stelle Hingerichteten zählten allerdings auch zahlreiche Anarchosyndikalisten der CNT, deren Erben bei der Frage nach der Gestaltung des Denkmals mit der Inschrift nicht einverstanden waren. Aus den jeweils favorisierten Inschriften selbst ist eine ideologische Diskrepanz allerdings kaum zu erkennen. Denn

---

29 Der Bildhauer, Alejandro Rubio Dalmati, wurde 1936 von den Aufständischen verhaftet, überlebte jedoch.

30 Vgl. E. Silva/S. Macías, *Fosas*, S. 151 ff. sowie die Angaben der *Asociación Pozos de Caudé*, URL (Sept. 2005): http://www.nodo50.org/pozosdecaude/la_asociacion_informa.php.

Die Erinnerungsstätte von La Barranca heute Quelle: Jesús Vicente Aguirre, represionrioja.com

während die sozialistischen Initiatoren den Text »Unseren für die Verteidigung von Freiheit und Demokratie gefallenen Kameraden« (*A nuestros compañeros caídos aquí por defender la libertad y la democracia*) vorgeschlagen hatten, fehlte den Anhängern der CNT vor allem der Hinweis auf Todesart und Täter.

Die Lösung bestand schließlich in der Errichtung eines separaten Denkmals, das die schwarz-rote Fahne der Anarchosyndikalisten trägt.[31] Ganz anders als einstmals im Siegerlager scheiterte die Schicksalseinheit der Bürgerkriegsverlierer offenkundig selbst nach 40 Jahren noch immer an den ideologischen Rivalitäten von einst – ein Ergebnis, das sich nicht zuletzt auch durch den jahrzehntelang erzwungenen Rückzug des Verlierergedächtnisses in die Sphären der Privatheit erklärt.

Insgesamt betrachtet stellten Initiativen wie die in La Rioja und Aragonien zu dieser Zeit jedoch eine Ausnahme dar. Zwar wurden auch in anderen Landesteilen wie Asturien, Kantabrien, Kastilien oder

31 Vgl. P. Aguilar, *Memoria,* S. 136.

Denkmal zu Ehren der Ermordeten von La Barranca Quelle: J. V. Aguirre, represionrioja.com

dem Baskenland vereinzelt Exhumierungen durchgeführt und bescheidene Gedenktafeln zu Ehren der Opfer errichtet. Die öffentliche Trauerarbeit endete jedoch rasch wieder, so daß die große Mehrzahl anonymer Bürgerkriegsgräber im ganzen Land letztlich über zwei weitere Jahrzehnte hinweg unangetastet blieb.[32] Auf der Suche nach den Gründen für das Erlahmen derartiger Initiativen fällt der Blick unwillkürlich auf die Ereignisse des 23. Februar 1981, deren psychologische Wirkung gerade auf die Generation der Zeitzeugen kaum vorstellbar sein dürfte. Für die Zäsurwirkung dieses Datums spricht zudem, daß die Gedenkinitiativen praktisch überall in den kurzen Zeitraum zwischen der Inkraftsetzung der neuen Verfassung im Dezember 1978 und den Beginn des Jahres 1981 fallen. Geht man aber davon aus, daß selbst die mit dem Putschversuch zurückgekehrten Ängste einmal ihre

32 Weitere Hinweise finden sich bei E. Silva/S. Macías, *Fosas*. Eine sicherere und sorgfältiger dokumentierte Quelle sind in der Regel die jeweiligen Regional- und Lokalstudien, deren Anzahl sich gerade in den letzten Jahren vervielfacht hat und die mittlerweile kaum mehr eine Provinz ausgelassen haben. Vgl. hierzu den bibliographischen Anhang.

Denkmal der Pozos de Caudé kurz nach der Einweihung, 1979
Quelle: Asociación Pozos de Caudé

Denkmal der Anarchosyndikalisten an den Pozos de Caudé Quelle: Asociación Pozos de Caudé

lähmende Wirkung verlieren mußten, so bleibt weiter rätselhaft, weshalb es nicht wenigstens in den späten achtziger Jahren zu einer Wiederaufnahme der Trauerarbeit kam.[33]

3. Kultur und Erinnerung: zwischen Einklang und Dissonanz

In einer weiter gefaßten, soziokulturellen Perspektive entspricht die Vernachlässigung von Geschichte und Erinnerung durchaus dem spezifischen Zeitgeist der achtziger Jahre. Wie Kulturwissenschaftler immer wieder feststellen, wurde in der von allen Zwängen befreiten Avantgarde- und Massenkultur die Ablehnung von Geschichte und Tradition bisweilen zu einem Dogma erhoben und durch ein beinahe zwanghaftes Streben nach Modernität kompensiert.[34] Eine solche bewußte Distanzierung von allem Vergangenen muß in erster Linie als Reaktion auf den bis zum Überdruß propagierten Nationalismus des Regimes begriffen werden, der die Verherrlichung einer muffigen, nationalspanischen Heldengeschichte bis zur Karikatur verzerrt hatte.[35] Die Lähmungserscheinungen des historischen Bewußtseins sind vermutlich aber auch auf sozialpsychologische Ursachen zurückzuführen, die unmittelbar aus dem demokratischen Übergang und dessen Umständen rührten. Denn in der Tat hatten die politischen Kompromisse der Transition und die Realität der neuen Demokratie an manchen Stellen der Gesellschaft *desencanto* hervorgerufen, jene kollektive Enttäuschung angesichts der Ohnmacht gegenüber dem letztlich

33 Emilio Silva, Pionier der jüngsten Vergangenheitsarbeit, betont, daß selbst zur Jahrtausendwende in vielen Dörfern die Erwähnung der Verschwundenen des Bürgerkrieges Ängste weckte. Vgl. W. L. Bernecker, *Memoria,* S. 181 f.

34 Die für Spanien neu eröffnete europäische Perspektive drängte den Blick in die Zukunft, und die Kulturpolitik auf nationaler und regionaler Ebene entwickelte bisweilen einen beachtlichen Ehrgeiz, um Nation oder Region mit spektakulären Ausstellungen und kühner Avantgardearchitektur gleichsam zum *trendsetter* postmoderner Massenkultur zu stilisieren.

35 Die sogenannte nationalkatholische Ideologie assoziierte Spanien mit solchen Werten wie Katholizismus, Imperium und Kämpfertum. Die wichtigsten Stationen der Nationalgeschichte fanden sich in der *Reconquista*, der Entdeckung und Christianisierung Amerikas und der imperialen Epoche Spaniens, während sich der »Kreuzzug« Francos gegen den Kommunismus als Phase der Regeneration nach mehreren Jahrhunderten der Dekadenz präsentierte. Vgl. hierzu C. Boyd, *Historia.*

von exklusiven politischen Eliten ausgehandelten Regimewechsel. Trotz Demokratisierung und Dezentralisierung schien das neue System kein Gewinn in Sachen Mitgestaltung darzustellen, weshalb in manchen politisch besonders aktiven Milieus ein Gefühl verpaßter Chancen entstand.[36] Als Reaktion war schon Ende der siebziger Jahre eine deutliche Entpolitisierung der Bevölkerung zu beobachten, die etwa durch geringe Organisationsgrade in Parteien und Verbänden ebenso wie durch ein dramatisches Sinken der Wahlbeteiligung zum Ausdruck kam.[37]

Weitere Enttäuschungen hielten die achtziger Jahre vor allem für die junge Generation bereit. In dieser Dekade nämlich trafen die relativ geburtenstarken Jahrgänge der sechziger Jahre mit einer strukturellen Wirtschaftskrise zusammen, die sich besonders negativ auf die Perspektiven für Berufseinsteiger auswirken sollte. Die Jugendarbeitslosigkeit stieg bis Ende der achtziger Jahre auf einen Rekordwert von bis zu 34 Prozent, und entsprechend pessimistisch war die Stimmung unter vielen Jugendlichen. Andererseits hatte die Demokratie im Öffentlichen wie im Privaten neue Freiräume geschaffen und den Horizont für die Entfaltung nonkonformistischer Lebensstile spürbar erweitert. Die neuen politischen Rahmenbedingungen erleichterten den Kampf gegen eine autoritär verkrustete Sozialmoral, die schon von der Studentenbewegung der späten sechziger Jahre aufs Korn genommen worden war. Mochte das Mischverhältnis all dieser Faktoren auch individuell divergieren, so scheinen in dieser Gemengelage doch letztlich die Triebfedern für jene exzessive, rauschhafte Nachtkultur zu liegen, die sich unter dem Namen *movida* seit Ende der siebziger Jahre von Madrid aus bald auch auf alle größeren Städte des Landes ausbreitete. In einer diffusen Mischung aus künstlerischer Avantgarde und rebellischer Jugendkultur avancierte dieser permanente Partyrausch geradezu zum Inbegriff für eine mutwillige Flucht vor der Wirklichkeit. Neben der Befriedigung eskapistischer und hedonistischer Bedürfnisse wurde die *movida* auch zum Experimentierfeld für

---

36 Mit seinem Buch *Diario de una ocasión perdida* (»Tagebuch einer verpaßten Gelegenheit«) gab der Soziologe und politische Publizist José Vidal-Beneyto zu Beginn der achtziger Jahre diesem Gefühl Ausdruck. Vgl. ders., *Diario*.

37 Vgl. hierzu D. Oeing, *Wahlenthaltung* sowie J.-C. Mainer/S. Juliá, *Aprendizaje*, S. 53–75.

nonkonforme Lebensweisen. Dabei reichten die Ausdrucksformen des Tabubruchs von der Musik – insbesondere *punk* und *rock* – über ausschweifende Sexualität bis hin zu maßlosem Drogen- und Alkoholkonsum, durch den bisweilen auch die Grenzen zur sozialen Anomie überschritten wurden. Als einziger gemeinsamer Nenner war die Ablehnung jeder Art von gesellschaftspolitischem Engagement sowie die radikale Verweigerung gegenüber staatlichen und anderweitigen Autoritäten zu erkennen.[38]

Es liegt auf der Hand, daß derartige gegenkulturelle Strömungen kaum Platz ließen für kritische Reflexionen über die jüngste Vergangenheit. Allerdings ist festzuhalten, daß das kurzlebige Phänomen der *movida* – schon zur Mitte der achtziger Jahre bezeichnete der Begriff kaum mehr als einen hektischen nächtlichen Amüsierbetrieb – die künstlerische Avantgarde des Landes nur zu einem geringen Teil in ihren Bann gezogen hatte. Der ausdrückliche Verzicht auf Vergangenheit, wie ihn etwa der längst auch international erfolgreiche Filmemacher Pedro Almodóvar einmal formuliert hat, ist somit eher die Ausnahme.[39] Und dennoch fiel die politische Einmischung der Kulturschaffenden nach dem Ende der Zensur insgesamt wohl schwächer aus, als manche zunächst erwartet hatten.

Auf politische Provokation zielten einige Spielfilme der späten siebziger Jahre, die, wie *El crimen de Cuenca* (dt. »Das Verbrechen von Cuenca«) von Pilar Miró, nach den versteckten Ursprüngen der Gewalt in der langen Vorgeschichte des Bürgerkrieges fragten.[40] Ablesbar an der Filmproduktion der Transitionsjahre ist vor allem aber das Bedürfnis, nun endlich der zeithistorischen Sicht des »republikanischen«, des besiegten Spanien Gehör zu verschaffen. Beleg dafür ist

---

38 Vgl. hierzu etwa J. L. Velázquez/J. Memba, *Generación,* S. 100ff., W. L. Bernecker *Desorientierung,* S. 124f. sowie P. Ysàs, *Generación,* S. 62–68.

39 Pedro Almodóvar ist wohl mit Abstand das berühmteste »Kind« der Madrider *movida,* die er nicht zuletzt auch zum Thema seiner frühen Filme machte. Vgl. N. Triana Toribio, *Punk.*

40 Der Film basiert auf einem authentischen Fall und thematisiert Justizwillkür und Polizeigewalt, dies allerdings in der Zeit um 1910. Der damaligen UCD-Regierung erschien die drastische Darstellung jedoch derart brisant, daß sie den Film vorübergehend aus dem Verkehr zog, während sich die Regisseurin vor einem Militärtribunal verantworten mußte. Als der Film dann 1981 endlich freigegeben wurde, machte ihn vor allem die politische Affäre rundherum zu einem Publikumserfolg.

die herausragende Rolle des Dokumentarfilms, der mit professioneller Nüchternheit gleichsam die restlichen Propagandaschleier vor der historischen Wirklichkeit niederreißen sollte. *La vieja memoria* (1977, dt. »Die alte Erinnerung«) und *¿Por qué perdimos la guerra?* (1978, dt. »Warum haben wir den Krieg verloren?«) etwa dokumentieren in Interviewsequenzen die Erinnerung der politischen Protagonisten des republikanischen Lagers und knüpfen so unmittelbar an die hochpolitische Erfahrung des Bürgerkrieges an. Die fiktionale Beschäftigung mit dieser Zeit suchte dagegen zumeist die Form des Dramas, das gerade dem Schicksal der Republik offenbar am besten angemessen schien. In Filmen wie *Retrato de familia* (1976, dt. »Familienporträt«) oder *Las largas vacaciones del 36* (1976, dt. »Die langen Ferien des Jahres 36«) gilt die Anteilnahme der Zivilbevölkerung, die sich als das eigentliche Opfer des Krieges herausstellt.

Mit dem Anbruch der von den Sozialisten dominierten achtziger Jahre verebbte allerdings schon die Vielstimmigkeit und provokative Verve des frühen postfranquistischen Films. Und mit Blick auf die Reflektion der Zeitgeschichte diagnostiziert David Rey nun eine Vorliebe für die Schilderung der gesellschaftlichen Verhältnisse im Franquismus, die vor allem die bislang vernachlässigte Nachkriegszeit mit ihren schwierigen Lebensbedingungen in den Blick rückte. Grund dafür waren nicht zuletzt die neuen Prämissen staatlicher Filmförderung, die auf ein qualitativ hochwertiges, kulturell anspruchsvolles Kino abzielte. Deutlichsten Niederschlag fand dies in den für die achtziger Jahre typischen Literaturverfilmungen, die als Vorlagen manche Werke jenes gesellschaftskritischen Realismus der frühen Franco-Ära verwendeten. Eines der bekanntesten Beispiele hierfür ist *La colmena* von Camilo José Cela,[41] dessen Filmversion von 1982 ein großer Publikumserfolg wurde.

Darüber hinaus bedienten sich die Regisseure aber auch in der Gegenwartsliteratur und verhalfen einigen schon populären Titeln zu einem zweiten Erfolg an den Kinokassen. Dies geschah etwa im Falle des Sozialdramas *Los santos inocentes* von Miguel Delibes, auf dessen Erscheinen 1981 drei Jahre später die eindrucksvolle Verfilmung von

41 Camilo José Cela, *La colmena*, Barcelona 1951 (dt. »Der Bienenstock«, München 1968).

Mario Camus folgte.[42] Und ähnlich erging es dem Autor Julio Llamazares, dessen erfolgreicher Roman *Luna de lobos* von 1985 bereits zwei Jahre später auch als Spielfilm in die Kinos gelangte.[43]

All diesen Titeln gemein war eine ebenso realistische wie schonungslos kritische Sicht auf die sozialen Verhältnisse und die strukturelle Gewalt der Nachkriegszeit, die an konkreten Einzelfällen exemplifiziert wurde: der Abhängigkeit einer einfachen Bauernfamilie von einem zynischen Großgrundbesitzer in *Los santos inocentes* oder dem Überlebenskampf republikanischer Deserteure nach Kriegsende in den Bergen Nordspaniens in *Luna de lobos*.[44] Dabei kann der auffällig unverblümte Blick auf Gewalt, Leid, Boshaftigkeit und Demütigung in vielen dieser Werke als ein Kennzeichen des Kinos der achtziger Jahre betrachtet werden. David Rey sieht darin eine moralische Abrechnung mit dem Franquismus, die aus einer klaren zeitlichen Distanz zugleich eine stabilisierende Wirkung auf die offenkundig »bessere« Gegenwart der Demokratie entfaltete.[45] Gestützt wird dieser Eindruck durch die Tatsache, daß mit den fünfziger Jahren eine unstrittig schwierige Zeit am Pranger stand, während das potentiell kontroverse Thema Bürgerkrieg in den achtziger Jahren etwas in den Hintergrund rückte. Die Verfilmung des Dramas *Réquiem por un campesino español* (1985, dt. »Requiem für einen spanischen Landmann«), das längst als literarisches Denkmal für das unterlegene Spanien galt, stellt somit eher eine Ausnahme dar.[46]

Wenn der Bürgerkrieg thematisiert wird, findet sich in den achtziger Jahren statt dessen häufiger eine satirische Annäherung, die die sozialen Hintergründe und politischen Motive des Konfliktes *ad absur-*

42 Miguel Delibes, *Los santos inocentes*, Barcelona 1981 (dt. »Die heiligen Narren«, Berlin 1989).

43 Julio Llamazares, *Luna de lobos*, Barcelona 1985 (dt. »Wolfsmond«, Frankfurt am Main 1993).

44 Bis in die siebziger Jahre hinein berichtete die Tagespresse von solchen »Maulwürfen« (*topos*), die sich an den unterschiedlichsten Orten über Jahre und Jahrzehnte vor dem Zugriff der Staatsgewalt verbargen.

45 D. Rey, *Franco-Ära*, S. 131–133.

46 Die bereits 1953 von Ramón J. Sender im Exil verfaßte Erzählung überträgt Geschichte und Vorgeschichte des Bürgerkrieges auf die Mikroebene eines fiktiven kastilischen Dorfes. Anhand individueller Schicksale - im Mittelpunkt steht ein junger, politisch engagierter Landarbeiter, der bei Kriegsausbruch von dem einst befreun-

dum zu führen versucht. Exemplarisch ist hier *La Vaquilla* (1985) vom Altmeister der filmischen Satire, Luis G. Berlanga: In den Schützengräben der Aragonien-Front wird ein von der »nationalen« Seite geplantes Stierkampffest, genauer: dessen etwas ungeeigneter Protagonist – eine junge Kuh – zum Ersatzstreitobjekt. Zwar gelingt es einer Gruppe republikanischer Soldaten, die Kuh zu entwenden und das Fest zu stören. Doch auch ihnen widerfahren zahllose Mißgeschicke, so daß beide Seiten letztlich als Verlierer dastehen, während die Kuh – als Sinnbild Spaniens – im Niemandsland zwischen den Fronten kläglich verendet. Den Ansatz, die Kriegsmotive ins Lächerliche zu ziehen, verfolgt auch der von Carlos Saura 1990 präsentierte Spielfilm *¡Ay, Carmela!*. Hier gerät eine republikanische Fronttheatergruppe irrtümlich in die Fänge der Gegenseite und wird gezwungen, ihre Arbeit unter entgegengesetzten ideologischen Vorzeichen fortzusetzen.[47] In beiden Fällen garantierten die Mittel der Satire nicht nur den sicheren Abstand zur brutalen Wirklichkeit des historischen Geschehens, sondern – angesichts des hohen Unterhaltungswertes – auch den Erfolg an den Kinokassen. Davon abgesehen signalisierten derartige Filme aber auch, daß vom Kino nun kaum mehr Impulse für eine ernsthafte Beschäftigung mit der Vergangenheit zu erwarten waren.[48]

Trotz der häufigen Verschränkung von Film und Belletristik in den achtziger Jahren hielt der historische Roman einen eigenen Beitrag zur

---

deten Dorfpriester an die Aufständischen verraten wird – entwickelt der Autor eine persönliche, identifikationstaugliche Tragödie, die als Parabel auf das Kriegsgeschehen insgesamt klar Partei für die Sache der Republik ergreift. Zur Verfilmung vgl. U. Vossen, *Schatten*, S. 269–311.

47 Der satirische Blick auf den Bürgerkrieg und die Diktatur fand aber auch in der Literatur deutlichen Niederschlag. Beispiele hierfür sind die *Crónica milagrosa de Óscar Ferreira* von Gabriel Plaza Molinas (1978) oder auch die *Mazurca para dos muertos* (1983) von Camilo José Cela.

48 Offenkundig wurde dies spätestens mit dem 1995 präsentierten Spielfilm *Land and Freedom* des britischen Regisseurs Ken Loach, dessen Erscheinen in Spanien u.a. die Frage aufwarf, weshalb das nationale Kino nicht zu einer vergleichbaren Produktion fähig war. *Land and Freedom* nutzt die autobiographische Vorlage von George Orwells *Homage to Catalonia* und erzählt die Geschichte eines britischen Kommunisten, der als Freiwilliger in den Milizen der katalanischen Linkspartei POUM kämpft. Im Verlauf der Geschichte wird er Zeuge der innerrepublikanischen Konflikte, die, von den Stalintreuen Kommunisten angestachelt, in den Mai-Unruhen von 1937 in Barcelona gipfelten.

zeitgeschichtlichen Erinnerungskultur bereit, der hier freilich nur angerissen werden kann. Erwähnenswert ist in jedem Fall der Autor Juan Benet. Sein monumentaler, jedoch vergleichsweise wenig beachteter Romanzyklus *Herrumbrosas lanzas* (1983–1986, dt. »Rostige Lanzen«) enthält eine weitschweifige Ereignischronik, die den Leser mit Vorgeschichte und Verlauf des Bürgerkrieges in dem allerdings fiktiven Ort Región konfrontiert.[49] Zu den besonderen Neuerungen des historischen Romans in den neunziger Jahren zählte indes die Abkehr vom Realismus, die einem grundsätzlichen, offenbar postmoderner Theorie geschuldeten Zweifel an der historischen Erkenntnisfähigkeit schlechthin Platz machte. Diese ursprünglich von der Geschichtswissenschaft ausgehende Skepsis öffnete allerdings den Weg für sehr unterschiedliche Reaktionen. Bekannt wurde neben den Geschichtssatiren eines Manuel Vázquez Montalbán vor allem Antonio Muñoz Molina, der nicht Geschichte, sondern das individuelle Erinnern von Vergangenheit thematisiert. Sein Roman *El jinete polaco* (dt. »Der polnische Reiter«) von 1991 beschreibt die Erinnerungsarbeit zweier Personen, die aus einem völlig anderen Leben an die Stätten ihrer Kindheit und Jugend in der spanischen Provinz zurückkehren. Die sukzessive Entdeckung und Anerkennung einer einst abgelegten und verdrängten Vergangenheit verwandelt sich bei Muñoz Molina in einen Prozeß der Selbstfindung, der emanzipatorischen Charakter trägt.[50]

Unter anderen inhaltlichen und zeithistorischen Horizonten hat der Autor in späteren Werken die Chancen und Grenzen individueller Vergangenheitsarbeit konsequent weiter ausgelotet, ohne dabei die Skepsis gegenüber der historischen Erkenntnisfähigkeit des Menschen an sich abzulegen. Zwar wird hier ebenso wie in manch anderen Werken der vielen literarischen Nachahmer die franquistische Gewalt der Kriegs- und Nachkriegszeit nie frontal thematisiert, sondern eher

---

49 Charakteristisch für das Werk Benets ist das eigenwillige Spiel mit Realität und Fiktion. In ebenso minutiös wie düster ausgearbeiteten Großgemälden erforscht der Autor in den drei Bänden seines Werkes nicht nur Logik und Schrecken des Krieges, sondern auch den Ort, die Landschaft sowie die uralten gesellschaftlichen Gegensätze, die letztlich zu dem Unfaßbaren führten. – Benet starb, bevor er den vierten Band seines Romanzyklus fertig stellen konnte. Ins Deutsche übertragen wurde nur der erste Band seines Werkes. Vgl. hierzu G. Garrido, *Benet* sowie J. A. Ugalde, *Sentido.*

50 Vgl. H.-J. Neuschäfer, *20. Jahrhundert*, S. 407 f.

dezent gestreift. Die von Muñoz Molina angesprochenen Grundthemen – die Flucht vor Erinnerung und das Erinnern als Weg der Selbstfindung – erhalten angesichts der Gedächtnisschwächen der postfranquistischen Gesellschaft einen geradezu programmatischen Charakter. Dies bestätigte in gewisser Weise auch die seit Anfang der neunziger Jahre wachsende Zahl kritischer Reflexionen zu der einst so viel gelobten spanischen Transition. Als einer der ersten verwies Gregorio Morán in einer bitteren Abrechnung auf den gesellschaftspolitischen »Preis« des demokratischen Übergangs, den er u.a. in einer fast totalen Geschichtsvergessenheit nicht nur gegenüber Krieg und Diktatur, sondern auch gegenüber dem franquistischen Herkommen der spanischen Gesellschaft schlechthin erkannte.[51] Seither haben sich auch andere Autoren zu Wort gemeldet und mit mehr oder minder guten Argumenten Schlagworten wie »Pakt des Schweigens« oder »kollektive Amnesie« zu allgemeiner Bekanntheit verholfen. Den schärfsten Ton schlug hier zuletzt der katalanische Historiker Vicenç Navarro an, der die vermeintliche kollektive Amnesie auf den dominanten Einfluß des ultrarechten Lagers zurückführt und vor diesem Hintergrund gar von einer »unvollständigen Demokratie« spricht. Wie aber gerade das Beispiel Navarros zeigt, ist die Schärfe des Urteils oftmals proportional zur Schwäche der Argumentation, denn eine derartige Einflußnahme läßt sich zumindest in den achtziger Jahren empirisch nicht nachweisen.[52]

---

51 Vgl. G. Morán, *Precio*, S. 75–102.
52 Vgl. V. Navarro, *Bienestar*, S. 209–216.

VII. DIE RÜCKKEHR DER VERGANGENHEIT, 1996–2004

1. Das Ende der Versöhnung: (Re-)Politisierung der Vergangenheit

GEMESSEN AN DER PRÄSENZ in den Massenmedien stand das sechzigjährige Gedenken an den Ausbruch des Spanischen Bürgerkriegs im Jahr 1996 noch immer im Zeichen anhaltender Geschichtsvergessenheit. Sieht man von einer Reihe fachwissenschaftlicher Neuerscheinungen bzw. Neuauflagen ab,[1] so blieb die geschichtliche Erinnerung den Dossiers und Kommentaren der Tageszeitungen vorbehalten. Um so mehr überraschte daher jene zweifellos anrührende Geste, die das offizielle Spanien für einige der Verlierer des Krieges vorbereitet hatte. Gemeint waren hier allerdings weniger die besiegten Landsleute als deren ausländische Mitstreiter, die einst zu Tausenden aus der ganzen Welt herbeigeströmt waren, um in den Reihen der Internationalen Brigaden »gegen Faschismus und Tyrannei« zu kämpfen. So beschloß am 26. Januar 1996 das spanische Parlament einmütig, den überlebenden Brigadisten in Anerkennung ihres Einsatzes die spanische Staatsangehörigkeit zu gewähren. Damit erfüllte sich zugleich ein Versprechen des letzten Regierungschefs der Zweiten Republik, Juan Negrín, das dieser anläßlich ihrer Verabschiedung 1938 gegeben hatte. Auf Einladung eines überparteilichen Gremiums reisten daraufhin im November desselben Jahres knapp 400 Männer und Frauen unterschiedlichster Nationalität nach Spanien, um die offizielle Ehrung entgegenzuneh-

---

1 Selbst der fachhistorische Ertrag des Jahres 1996 fiel weit hinter den des Jahres 1986 zurück. Vgl. hierzu J. Aróstegui, *Guerra* sowie R. Tosstorff, *Literatur.*

men. Die spanische Bevölkerung empfing die ungewöhnliche Reisegruppe mit Jubel und Anteilnahme. Allein in der Hauptstadt versammelten sich rund 8000 Madrilenen, um im Fußballstadion einem zu Ehren der ausländischen Gäste organisierten Konzert verschiedener Liedermacher beizuwohnen. Und auch in Barcelona, dem Endpunkt einer Rundfahrt zu den Schauplätzen der Vergangenheit, die man für die greisen Spanienkämpfer organisiert hatte, sammelten sich abermals Tausende, um wie einst den Frauen und Männern des »antifaschistischen Widerstands« einen würdigen Abschied zu bereiten.[2]

Diese wohlwollende Geste rückte im Verlauf des Jahres jedoch weit hinter die tagespolitischen Ereignisse zurück. Denn wie schon eine Dekade zuvor standen auch 1996 Parlamentswahlen an, die diesmal zum Jahrestag des 18. Juli allerdings längst entschieden waren. Besondere Bedeutung erhielt das Wahljahr 1996 aufgrund der Tatsache, daß es der zur »Volkspartei«, zum *Partido Popular,* gewandelten historischen Rechten[3] diesmal gelang, mit einem wenn auch knappen Sieg die vierzehnjährige Dominanz der Sozialistischen Partei zu beenden. Unter der Führung von José María Aznar, der eine junge Generation konservativer Politiker und Politikerinnen anführte, hatte das bürgerliche Lager offenkundig die politische Mitte erobern und nach den Turbulenzen der Transition endlich seine Mehrheitsfähigkeit zurückgewinnen können. Zugleich signalisierte der Machtwechsel die endgültige Konsolidierung der Demokratie in Gestalt eines von zwei großen Volksparteien dominierten politischen Systems. In programmatischer Hinsicht aber änderte der Regierungswechsel tatsächlich viel weniger als die süffisante Rhetorik glauben machen wollte. Denn die neue Regierung folgte in den zentralen Politikfeldern, dem Wirtschafts- und Sozialbereich, zumeist dem neoliberalen Pragmatismus ihrer Vorgänger. Als besonders günstig erwies sich dabei, daß man die Amtsgeschäfte zu einem Zeitpunkt übernahm, zu dem die spanische Volkswirtschaft von einer längeren Stagnationsphase in einen deutlichen Aufschwung wechselte.

---

2 Vgl. W. Hamdorf/C. López Rubio, *Himmel.*

3 Ende der achtziger Jahre hatte in der von dem einstigen Franco-Minister Manuel Fraga Iribarne gegründeten *Alianza Popular* der Generationenwechsel stattgefunden. Unter der Führung von José María Aznar hatte die Partei den neuen Namen *Partido Popular* angenommen und zugleich eine programmatische Neuorientierung in Richtung auf die politische Mitte in Gang gesetzt. Vgl. hierzu S. Balfour, *Reinvention.*

Der Wahlerfolg des *Partido Popular* kam indes nicht überraschend. Schon in den vorgezogenen Parlamentswahlen von 1993 hatte der PSOE seine absolute Mehrheit verloren, und von da an verstärkten sich die Abnutzungserscheinungen der Regierungspartei. Mit der sukzessiven Aufdeckung mehrerer politischer Skandale, die allesamt in die direkte Verantwortung des innersten Führungszirkels der Partei fielen, verschärfte sich zur Mitte der neunziger Jahre zusehends auch die Art der politischen Auseinandersetzung. Nach mehr als einer Dekade sozialistischer Hegemonie witterte die seit dem turbulenten Ende der Transition geschwächte Rechte buchstäblich Morgenluft. Die polemischen Attacken verschärften sich, und gebetsmühlenartig beschloß Oppositionsführer Aznar seine parlamentarischen Auftritte mit dem selbstbewußten Aufruf, der Regierungschef möge seinen Platz räumen. Flankiert wurde diese Rhetorik von einer äußerst aggressiven Publizistik, die die Verfehlungen des Regierungslagers genüßlich aufs Korn nahm und sich bisweilen zu aberwitzigen Vorwürfen gegen den sogenannten *Felipismo* – die Regierung unter Felipe González – verstieg.[4]

Das neue Selbstbewußtsein der Rechten, das durch den Wahlsieg von 1996 zusätzlichen Aufwind erhielt, sollte nicht ohne Folgen für die Geschichtspolitik insgesamt und den Blick auf die jüngste Vergangenheit im besonderen bleiben. Sichtbar wurde dies allerdings erst langfristig, während das Jahr des Regierungswechsels noch kaum Spuren eines offiziellen Perspektivenwechsels erkennen ließ. Vielmehr waren es hier die Sozialisten, die im Angesicht einer drohenden Niederlage das offizielle Schweigen brachen, um aus der franquistischen Vergangenheit mancher ihrer politischen Gegner Kapital zu schlagen suchten. Ähnlich wie schon im Wahlkampf von 1993 versuchte man auch jetzt wieder, mit dem Bild des Bürgerkrieges Furcht vor einem Sieg der Konservativen zu schüren. Letztere wiederum hatten sich jedoch noch im Herbst 1995 ausdrücklich zu ihrer historischen Verantwortung bekannt und im Parlament dafür gestimmt, den ehemaligen Angehörigen der Internationalen Brigaden die spanische Staatsbürgerschaft anzutragen.[5] Der Wahlsieg änderte dann allerdings das poli-

---

4 An erster Stelle stand hier Federico Jiménez Losantos, der nicht nur durch seine ständige Präsenz in der Meinungsrubrik der Tageszeitung *ABC*, sondern auch durch die Publikation pamphletarischer Monographien auffiel.

5 Ein Vertreter des *Partido Popular* hatte in der parlamentarischen Debatte be-

tische Koordinatensystem und ließ derartige Verneigungen vor dem ideologischen Gegner offenbar überflüssig erscheinen. Als im Herbst desselben Jahres die Besuchsreise der Veteranen anstand, schoben die Spitzen des *Partido Popular* Termine in der Provinz vor, um nicht anwesend sein zu müssen. Im Gegensatz zu dem abgewählten Felipe González und dem Präsidenten der katalanischen Regionalregierung, Jordi Pujol, waren Regierungschef Aznar und andere Amtsträger der Volkspartei nicht zu einem öffentlichen Empfang der Reisegruppe bereit.[6]

Eine ganze Reihe von kritischen bis ablehnenden Kommentaren und Leserbriefen, die anläßlich der Ehrung der Interbrigadisten in konservativen Provinzblättern erschienen, zeigte, daß der Rückzug der Regierenden in dieser Frage vielerorts durchaus auf Verständnis stieß. Zu lesen war dort von der geringen Bedeutung bzw. der zweifelhaften Rolle der Brigaden in einem ausschließlich spanischen Konflikt sowie von deren vermeintlicher Funktion als stalinistische Vorhut zur Errichtung eines sowjetischen Satellitenstaates.[7] Zwar war ein solch später Nachhall auf die Argumente der franquistischen Propaganda an sich nichts Ungewöhnliches. Als durchaus neu erwiesen sich jedoch der Nachdruck und die Lautstärke, mit der eine ultrakonservativ aufgeladene Vergangenheitsdeutung zu dieser Zeit in die politische Öffentlichkeit drängte. Dabei ging es nicht nur um Teilaspekte wie die Internationalen Brigaden, sondern letztlich um die Deutungshoheit über den Bürgerkrieg insgesamt.

Eine zweifelhafte Berühmtheit hatte sich in dieser Hinsicht der Historiker und Publizist Ricardo de la Cierva erarbeitet. Lange vor dem Ende der Diktatur war De la Cierva bereits als regimetreuer Chronist tätig gewesen und in dieser Funktion zum Leiter der historischen Forschungsabteilung im Informations- und Tourismusministerium aufge-

---

kannt, daß es nun Zeit sei, »Wunden zu schließen und die Reife des spanischen Volkes unter Beweis zu stellen«. Vgl. C. Humlebæk, *Usos*, S. 159.

6 Vgl. *El País* vom 7. und 8. November 1996.

7 Zwar fungierte die Komintern zweifellos als Organisator der Internationalen Brigaden. Der Strom der Freiwilligen, die vorwiegend aus Westeuropa stammten, war jedoch weitgehend spontan entstanden. Davon abgesehen waren es nicht nur Kommunisten, sondern Vertreter sehr unterschiedlicher linker Parteien, die in den Reihen der Interbrigaden kämpften. Vgl. hierzu H.-D. Köhler, *Stachel*.

stiegen. Nach einem kurzen politischen Auftritt als Kultusminister während der Transition avancierte er dann seit den achtziger Jahren zum Gralshüter und Propagandisten eines von der franquistischen Ideologie inspirierten Geschichtsbildes.[8]

Getarnt als Kampf gegen die vermeintliche Usurpation der Geschichte des Bürgerkrieges durch die Linke, zielte De la Cierva mit seinen Arbeiten praktisch auf die Gesamtheit jener universitär verankerten, kritischen Gesellschaftsgeschichte. Als Antwort auf das von zahllosen Einzelstudien geformte, fachhistorische Bild des Bürgerkrieges wartete der Autor gleich mit mehreren Titeln auf, deren generelle Tendenz in der Minimierung der Verantwortlichkeiten der Aufständischen liegt, während die Handlungen des gegnerischen Lagers regelmäßig zu einem apokalyptischen Schreckbild gesteigert werden. Zentraler Fluchtpunkt ist hierbei stets die sogenannte Oktoberrevolution von 1934, jener Aufstandsversuch, der wie kein anderes Ereignis der kurzen republikanischen Phase die mangelnde Republiktreue der Linken belegen kann. Und indem man den Ausbruch des Bürgerkrieges gleichsam auf diese Ereignisse vordatiert, avanciert der 18. Juli 1936 zu einer Aktion konterrevolutionärer Selbstverteidigung. Wahr daran ist, daß ein aus Protest gegen den Regierungseintritt der rechtskonservativen Partei CEDA ausgerufener Generalstreik in Katalonien, vor allem aber in der Bergbauregion Asturien zu einem sozialrevolutionären Aufstandsversuch eskalierte und in der Folge die sozialen Spannungen im Land dramatisch verschärfte.

Ein Ärgernis für die Fachhistoriker blieb, daß das propagandistische Engagement am rechten Rand der Historie stets belohnt wurde. Denn De la Cierva operierte lange Jahre fast allein auf weiter Flur und fand mühelos ein dankbares Publikum, das ihm immer wieder beachtliche Verkaufserfolge und 1989 sogar die Verleihung des vom Planeta-Verlag gestifteten *Premio Espejo* einbrachte.[9] Pünktlich zum Gedenkjahr 1996 erschien dann erwartungsgemäß eine neue, nunmehr »essentielle« Geschichte des Bürgerkrieges, die »60 Jahre danach« gar

---

8 Zu Person und Tätigkeit von Ricardo de la Cierva vgl. etwa A. Reig Tapia, *Ideología*, S. 74–89.

9 Das prämierte Werk trägt den Titel *1939. Agonía y victoria* (»1939. Agonie und Sieg«) und behandelt die Konflikte im republikanischen Lager angesichts des unmittelbar bevorstehenden Untergangs. Vgl. M. Longares, *Guerra*.

die »Lösung aller Fragen« versprach, tatsächlich aber wieder nur einen Aufguß der alten Argumente darstellte.[10] Sekundiert wurden die Bestrebungen De la Ciervas diesmal aber auch von anderen, darunter Federico Jiménez Losantos, Kolumnist der konservativen Tageszeitung *ABC* und namhafter Kritikaster der Regierung von Felipe González. Zum Jahrestag des Kriegsausbruchs verteidigte er in einer *ABC*-Glosse eine andere, im konservativen Lager ebenso beliebte Argumentationsfigur: die Gleichsetzung von »roter« und »weißer« Repression während des Krieges. Als Legitimation diente hier das beidseitige Schuldeingeständnis, das nach dem Geschmack des Autors auch in Zukunft jede weitere Frage nach der Gewalt des Bürgerkrieges eliminieren sollte. Tatsache aber bleibt, daß die politische Repression auf »nationaler« Seite – wie in Kapitel II dargestellt – insgesamt eine größere Systematik aufwies und deutlich mehr Opfer forderte.[11]

Hatte der 50. Jahrestag noch ganz im Zeichen fachhistorischer Eintracht gestanden, so kündigte sich also zehn Jahre später das Wiederaufleben ideologisch verzerrter Vergangenheitsdeutungen und damit auch das Ende der in der Transition erlernten, geschichtspolitischen Zurückhaltung an. Die öffentliche Wirkung blieb zunächst aber gering, da die konservative Regierungspartei in ihren ersten Amtsjahren ganz andere kulturpolitische Akzente setzte. Rasch erkennbar wurde die Absicht, die günstige Stimmung für das bürgerliche Lager in patriotische Bekenntnisse umzugießen und so den durch die franquistische Erfahrung diskreditierten spanischen Nationalstolz zu stärken.[12] Im

---

10 Der umständliche Titel lautete *Historia esencial de la guerra civil española. Todos los problemas resueltos sesenta años después* (»Essentielle Geschichte des Spanischen Bürgerkrieges. Alle Fragen gelöst sechzig Jahre danach«). Für einen kritischen Kommentar vgl. J. Aróstegui, *Guerra*.

11 Konkret richtete sich die Attacke gegen den Bürgerkriegsforscher Julio Aróstegui, der die Qualität der Gewalt auf beiden Seiten der Front unterscheidet. Vgl. hierzu F. Jiménez Losantos in *ABC* vom 19. Juli 1996 und die Erwiderung von Alberto Reig Tapia in ders., *Memoria viva*.

12 Die Tradition eines tief empfundenen Kulturpessimismus gegenüber der eigenen Nation läßt sich bis in vormoderne Zeiten, d.h. bis in das 17. Jahrhundert zurückverfolgen. Maßgeblich waren hier militärische Niederlagen, der Verlust der Kolonien und seit dem 19. Jahrhundert der Absturz in die außenpolitische Isolation, der durch die Franco-Diktatur noch einmal verlängert wurde. Zusätzlich diskreditiert wurde die Idee der spanischen Nation vom exzessiven Nationalismus des Franco-Regimes, dessen Kehrseite die Unterdrückung der alternativen Nationalidentitäten

Lichte des politischen Neuanfangs, der von einem deutlichen Wirtschaftsaufschwung flankiert wurde, stellte sich der *Partido Popular* an die Spitze eines neuen nationalen Selbstbewußtseins, das nun auch an den Bürger weitergegeben werden sollte. Als geeignetes Instrument wählte man den Schulgeschichtsunterricht, für den die Erziehungsministerin Esperanza Aguirre noch im Wahljahr eine tiefgreifende Reform ankündigte. Nach dem Willen der Ministerin sollte künftig kritische Methodik hinter die Vermittlung identifikationstauglicher Traditionsbestände zurücktreten, während zugleich eine stärkere Vereinheitlichung des Geschichtsbildes im Sinne der Nationalgeschichte angestrebt wurde. Gerade letzteres zielte offenkundig gegen die Geschichtspolitik der Autonomen Gemeinschaften, die allesamt großen Wert auf die Förderung regionaler Kultur und Geschichte legten. Auf die Vorschläge einer Expertenkommission zur Neugestaltung der Geschichtslehrpläne folgte daher ein Sturm der Entrüstung, der sich in einer wahrhaften Flut kritischer Kommentare niederschlug. Ins Leere lief die Initiative der Erziehungsministerin letztlich aber, weil der Regierung die erforderliche parlamentarische Mehrheit fehlte. Denn wie schon ihre Vorgänger war auch die Minderheitsregierung des *Partido Popular* auf die Stimmen der katalanischen und baskischen Nationalisten angewiesen. Im Falle der Neugestaltung des Geschichtsunterrichts verweigerten diese jedoch erwartungsgemäß die Gefolgschaft.[13]

War dieser Streit offenbar auch um der Provokation willen vom Zaun gebrochen worden, so zeigte sich die Regierung Aznar mit Blick auf Bürgerkrieg und Diktatur äußerst zurückhaltend. 1999 wurde diese Zurückhaltung allerdings auf eine harte Probe gestellt. Denn im Juni legten die Oppositionsparteien – die Sozialisten, die baskischen und katalanischen Nationalisten und das Linksbündnis *Izquierda Unida* – einen gemeinsamen Gesetzentwurf vor, mit dem 60 Jahre nach Kriegsende das Andenken der Bürgerkriegsexilanten geehrt und

---

im Baskenland und in Katalonien darstellte. Der im Jahr 2000 veröffentlichte *World Culture Report* der Unesco bestätigte die geringe nationale Identifikation der Spanier im internationalen Vergleich. Vgl. www.elpais.com vom 22. November 2001.

13 Einen besonderen Stellenwert hat die Pflege regionaler Identität dort, wo wie im Baskenland und in Katalonien nationalistische Parteien dominieren. Vehemente Kritik kam aber auch aus Andalusien und von den Kanarischen Inseln. Vgl. R. Valls, *Funktionalisierung*, S. 134f. sowie W. L. Bernecker/S. Brinkmann, *Identität*, S. 132ff.

Gelder für Entschädigungszahlungen bereitgestellt werden sollten. Hintergrund war ein Besuch des Parlamentsausschusses für Auswärtige Angelegenheiten in Mexiko, dem einst so wichtigen Zielland des republikanischen Exils. Die offizielle Würdigung, die den spanischen Exilanten anläßlich des 60. Jahrestages des Kriegsendes dort zuteil wurde, erschien den Abgeordneten als geeignetes Vorbild für eine ähnliche Geste in Spanien. Neben dieser Würdigung zielte der Gesetzentwurf aber auch auf eine offizielle Neubewertung der Kriegsschuldfrage, insofern diese erstmals auf die Verantwortlichen jenes »faschistischen Militärputsches gegen die republikanische Legalität« zugespitzt wurde. Damit aber verabschiedete sich der Text von der bisher gültigen Sprachregelung des offiziellen Spanien, die eine auf beide Lager gleichmäßig verteilte Kollektivschuld unterstellte.

Im Regierungslager war man keineswegs willens, sich der neuen Sicht der Dinge anzuschließen. Zwar erklärten sich die Konservativen mit einem eigenen Vorschlag bereit, die Ehrung der »Opfer« zu unterstützen. Bürgerkrieg und Diktatur aber seien »überwundene Perioden«, deren Ursachen nicht zur politischen Debatte stehen dürften.[14] Stellt man in Rechnung, daß die Schuldfrage selbst von der Fachhistorie kaum eindeutig zu klären ist, so hatte das Beharren auf der Kollektivschuldthese sicherlich eine gewisse Berechtigung. Den Standpunkt historischer Neutralität aber konterkarierte die Regierung durch ihr eigenes Handeln. Denn schon wenig später ließen die Konservativen durchblicken, daß sie sich trotz ihrer Evolution zur modernen Volkspartei in geschichtlichen Fragen als treue Sachwalter des franquistischen Erbes verstanden. Deutlich wurde dies anläßlich der posthumen Verleihung des Königlichen Verdienstkreuzes an den 1968 von baskischen Terroristen ermordeten Melitón Manzanas, den einstigen Chef der politischen Polizei von San Sebastián. Die Regierung Aznar begründete die Auszeichnung mit einem entsprechenden Gesetz zur Anerkennung sämtlicher Opfer des Terrorismus. Zynisch erschien diese Haltung, weil Manzanas als ein berüchtigter Henker des Regimes galt, dem nachweislich baskische Regimegegner zum Opfer gefallen waren.[15] Politisch anstößig mußten aber auch die großzügigen Sub-

---

14 Vgl. C. Humlebæk, *Usos,* S. 161 sowie www.elpais.com vom 1. Juni 1999.

15 Vgl. Humlebæk, *Usos,* S. 162 f.

ventionen wirken, die die Regierung im Jahr 2001 der »Nationalstiftung Francisco Franco« gewährte.[16] Die 1977 gegründete und von der Tochter des Diktators, Carmen Franco, geleitete Institution tritt offen für die Bewahrung des Andenkens an den »Generalissimus« und an die »Errungenschaften und Ergebnisse seines politischen Regimes« ein und fungiert so als zentrale Plattform für das Milieu der Franco-Nostalgiker.[17]

Offenkundig ist, daß sich derartige Provokationen häuften, seitdem die Volkspartei in den Parlamentswahlen vom März 2000 eine absolute Mehrheit errungen hatte und politische Rücksichtnahmen verzichtbar geworden waren. Dabei könnte man dem Bestreben des *Partido Popular,* das minoritäre Segment alter und jüngerer Franco-Sympathisanten zu binden, eine für die Demokratie durchaus positive Seite abgewinnen.[18] Insgesamt aber überraschen diese expliziten Signale an den rechten Rand der bürgerlichen Wählerschaft, liegen sie doch gleich in doppelter Hinsicht gegen den Trend. Denn einerseits hat die Volkspartei mit dem Wahlsieg von 2000 ihre Wählerschaft vor allem in die politische Mitte hinein ausgeweitet. Andererseits steht die Franco-nostalgische Koketterie gegen den langfristigen Meinungstrend in der spanischen Gesellschaft, demzufolge sich die Anzahl der Franco-Sym-

---

16 Im Besitz der Stiftung befinden sich rund 27 000 historische Dokumente, die vermutlich aus dem Archiv des Pardo-Palastes, der einstigen Residenz des Diktators, stammen. Zur Digitalisierung dieser Bestände gewährte die Regierung der Stiftung im Oktober 2001 Sondermittel in Höhe von rund 83 000 Euro – dies entsprach mehr als zehn Prozent des Gesamtetats für entsprechende Maßnahmen. Kritiker wie der unlängst verstorbene Javier Tusell hielten die Digitalisierung für überflüssig und beklagten, daß unabhängigen Forschern bisher systematisch der Zutritt verwehrt worden sei. Dabei wog dieser Vorwurf um so schwerer, als davon auszugehen ist, daß die große Mehrheit der Archivalien öffentlichen Ursprungs ist und sich somit ohnehin widerrechtlich im Besitz der Stiftung befindet. Vgl. www.elpais.com vom 20. September 2002.

17 Vgl. die Homepage der *Fundación Nacional Francisco Franco* unter http://www.fnff.es.

18 Bekannt ist die Unterstützung des *Partido Popular* durch die Bürgerkriegsveteranen der Franco-Seite, deren Zahl allerdings mittlerweile kaum mehr eine Rolle spielen dürfte. Vgl. F. Jáuregui/M. A. Menéndez, *Franco,* S. 30. Ansonsten führt die extreme Rechte landesweit ein Schattendasein. Nach dem kurzen Auftauchen von *Fuerza Nueva* während der Transition ist es keiner Gruppierung mehr gelungen, sich rechts von der Volkspartei zu etablieren.

pathisanten seit Mitte der achtziger Jahre fast halbiert hat.[19] Und schließlich präsentierten die Konservativen eine Steilvorlage, um die jüngste Vergangenheit nun definitiv in die tagespolitische Debatte zu zerren.

2. Die Mobilisierung einer kollektiven Erinnerung

In demokratischen Gesellschaften, in denen stets eine unbegrenzte Anzahl von Akteuren am öffentlichen Leben teilnehmen kann, ist weder die Dynamik bestimmter gesellschaftspolitischer Prozesse abzusehen, noch sind deren Urimpulse und Triebkräfte immer klar zu identifizieren. Auf den spanischen Fall übertragen muß daher offen bleiben, ob in Sachen Erinnerungsarbeit[20] der erste Anstoß von politischer oder aber von zivilgesellschaftlicher Seite herrührte. Zu beobachten ist lediglich die zeitliche Parallelität eines plötzlich wachsenden gesellschaftlichen Engagements, das im Zusammenspiel mit verschiedenen politischen Akteuren seit Anbruch des neuen Jahrtausends den öffentlichen Umgang mit der Bürgerkriegserinnerung nachhaltig verändert hat. Sucht man indes allein auf zivilgesellschaftlicher Ebene nach einem Ausgangspunkt, so fällt der Blick rasch auf den aus León stammenden Lokalreporter Emilio Silva. Anfang 2000 hatte sich dieser auf die Suche nach den sterblichen Überresten seines im Bürgerkrieg verschollenen Großvaters begeben und damit ganz unverhofft einen Stein ins Rollen gebracht. Ein Artikel zu seinem Vorhaben, publiziert in einer Lokalzeitung, löste unerwartete Hilfsbereitschaft aus. Zeitzeugen meldeten sich zu Wort, und Archäologen und Gerichtsmediziner boten ihre Hilfe an. Rasch formierte sich eine lokale Bürgerinitiative, die

---

19 Nach Umfragen des staatlichen Meinungsforschungsinstituts CIS beurteilten 1985 18 Prozent der Befragten die Periode des Franquismus als positiv. Bis zum Jahr 2000 sank dieser Anteil sukzessive auf zehn Prozent. Anteilsmäßig fand sich unter den Wählern des *Partido Popular* mit 16 Prozent aber immer noch die größte Zustimmung zu dieser Periode. Vgl. F. Moral, *Años*, S. 12 sowie J. Avilés Farré, *Años,* S. 88 f.

20 Technische Unterstützung im Hinblick auf Ausgrabung und DNA-Identifikation kam in diesem Fall außerdem von Spezialisten der Universität Granada. Vgl. E. Silva/ S. Macías, *Fosas,* S. 63–70.

unter dem Namen *Asociación para la Recuperación de la Memoria Histórica* (»Verein zur Rückgewinnung der historischen Erinnerung«) bald darauf zur Tat schritt. Noch im Herbst desselben Jahres kam es so – nach einer Unterbrechung von rund zwanzig Jahren – im leonesischen Priaranza del Bierzo im Nordwesten Spaniens zur Öffnung eines weiteren Bürgerkriegsgrabes, das neben zwölf anderen Toten auch die sterblichen Überreste des Großvaters von Emilio Silva enthielt.[21]

Die Exhumierungen von León hatten für das ganze Land eine überraschende Signalwirkung: 25 Jahre nach dem Tod des Diktators rückte plötzlich die Frage nach den *desaparecidos,* den Verschwundenen des Krieges, ins öffentliche Bewußtsein. Wie selbstverständlich wurde eines der düstersten Kapitel der Zeitgeschichte aufgeschlagen, namentlich jenes der teils spontanen, teils systematischen Gewaltexzesse und Hinrichtungen, die zu Kriegsbeginn und danach auf beiden Seiten der Front durch Städte und Dörfer fegten. Ein jahrelang verborgenes Wissen um die in Straßengräben sowie auf Äckern und Feldern verscharrten Opfer der franquistischen Gewalt brach sich Bahn, und rasch machte die Zahl von 30000 nicht identifizierten Toten die Runde. Von León ausgehend breitete sich die Bewegung mittels zahlreicher lokaler Initiativen über das ganze Land aus. So zählt die *Asociación para la Recuperación de la Memoria Histórica* (ARMH) von Emilio Silva mittlerweile neun regionale Arbeitsgruppen. Wenig später gründeten Aktivisten, die dem Linksbündnis *(Izquierda Unida)* nahestanden, das »Erinnerungsforum« *(Foro por la Memoria),* das neben anderen Aktivitäten vor allem mit dem Betrieb einer permanent aktualisierten Nachrichtenseite im Internet für die Bewegung insgesamt einen wertvollen Kommunikationsdienst leistet. Darüber hinaus ist in den vergangenen Jahren eine kaum mehr überschaubare Anzahl weiterer, lokal oder regional verankerter Vereine und Bürgerinitiativen auf den Plan getreten, die – zumeist über das Internet vermittelt[21] – die Interessen von Opfern und Angehörigen vertreten und sich an der Suche nach den Verschwundenen beteiligen.[22] Schon bald folgten da-

21 Eine Liste der wichtigsten Internetadressen findet sich in Anhang 1 in diesem Buch.

22 Das neue Interesse der Politik an der Thematik und die damit wachsende Aussicht auf staatliche Gelder hat freilich auch vereinzelt Subventionsjäger auf den Plan gerufen. Die große Mehrzahl der Gruppierungen aber ist zweifellos redlich an der Sache interessiert.

her auch in anderen Regionen Exhumierungen oder – dort wo Repressionsopfer anonym auf Friedhöfen beigesetzt worden waren – die nachträgliche Errichtung von Grabsteinen und Gedenktafeln.[23]

Mit dem Ziel einer vorläufigen Bestandsaufnahme hat Sergio Gálvez Biesca Ende 2005 versucht, die große Vielfalt der zu diesem Zeitpunkt rund 170 registrierten Bürgerinitiativen nach Art, Zielsetzung und geographischer Verortung zu ordnen. Gálvez unterscheidet vier verschiedene Arten von Erinnerungsgruppen: allgemeine Initiativen mit landesweiter Ausstrahlung wie die ARMH oder das *Foro por la Memoria;* Initiativen bestimmter Opfergruppen (politische Gefangene, Widerstandskämpfer etc.); Vereine, die sich, wie die *Asociación de los Pozos de Caudé,* um den Erhalt bestimmter Erinnerungsorte kümmern sowie Geschichtsvereine, die auf lokaler, regionaler oder nationaler Ebene zur Dokumentation der jüngsten Vergangenheit arbeiten. Auffällig ist dabei, daß die geographische Verteilung all dieser Initiativen höchst ungleichmäßig ist. So findet sich die Mehrzahl der Verbände in den drei Autonomen Gemeinschaften Madrid, Katalonien und Andalusien, während in Kantabrien, Navarra, der Extremadura, den beiden Kastilien und den Balearen- und Kanareninseln sehr geringe zivilgesellschaftliche Aktivitäten zu verzeichnen waren. Im Mittelfeld rangieren Autonome Gemeinschaften wie Galicien, Asturien, das Baskenland und Valencia. Die Ursachen für diese regionalen Disparitäten sind vielfältig und reichen von sozialstrukturellen Umständen wie etwa der generell größeren Dynamik der Zivilgesellschaft in Katalonien bis hin zu den unterschiedlichen Betroffenheiten der einzelnen Regionen von Krieg und Repression.[24]

---

23 Ein Beispiel hierfür ist etwa das Massengrab auf dem städtischen Friedhof von Oviedo, dessen Umgrenzungsmauern 2001 von einer Angehörigeninitiative mit marmornen Namenstafeln der dort beerdigten Opfer ausgeschmückt wurde. Vgl. hierzu http://www.fosacomun.com/. Und auch in La Rioja und Aragonien gründeten sich unlängst Vereine, die sich dem Erhalt der beiden bereits in Kapitel VI 2. *Individuelle und kollektive Erinnerungen: das Gedächtnis der Verlierer* erwähnten Grab- und Gedenkstätten, der Pozos de Caudé und La Barranca in La Rioja, verschrieben haben. Im Falle der Pozos de Caudé ist die Initiative mittlerweile parteiübergreifend und wird demnach nicht nur von Sozialisten und Kommunisten, sondern auch von den Anarchosyndikalisten unterstützt.

24 Vgl. S. Gálvez Biesca, *Proceso,* S. 34–39.

Was die Beziehungen der einzelnen Verbände zueinander betrifft, so sind hier insbesondere unter den landesweit operierenden Gruppierungen sehr rasch beträchtliche Gegensätze zutage getreten, die einer koordinierten Zusammenarbeit oder gar der Gründung eines gemeinsamen Dachverbandes bislang im Wege standen. Als Rivalen betrachten sich insbesondere das *Foro por la Memoria* und die ARMH, die als Pionierverband der Bewegung mehr offen als versteckt eine Führungsrolle anstrebt. Die Rivalität ist vor allem aber inhaltlich begründet und offenbart zwei grundverschiedene Konzepte von dem, was besonders mit Blick auf die Exhumierung der »Verschwundenen« als Erinnerungsarbeit verstanden wird. Ihrer eigenen Herkunft entsprechend betont die Gruppierung um Emilio Silva in erster Linie die Rechte der Familienangehörigen und ist ansonsten um politische Neutralität bemüht. Das »Erinnerungsforum« dagegen entstand als (geschichts-)politische Initiative aus dem Umkreis der Kommunistischen Partei und kämpft nach eigener Aussage nicht zuallererst für die Rechte der Angehörigen, sondern für die Erinnerung an das politische Erbe, das die Opfer der franquistischen Repression repräsentieren. Ob diese politische Instrumentalisierung der Vergangenheitsarbeit angemessen ist, mag dahingestellt bleiben. Durchaus begründet war allerdings die Kritik des Forums an der Arbeit der ARMH, insofern sie dieser mangelnde Systematik nachweisen konnte.[25] So ließen insbesondere die ersten Exhumierungen ein fachmännisches forensisches Protokoll vermissen, während man zugleich in der Regel auf eine gerichtliche Anzeige der Todesfälle verzichtete und so Teile der Geschichte der franquistischen Repression gleichsam »privatisierte«. Im Raum stand damit die Gefahr, daß wertvolle Daten verloren gehen und die Vergangenheitsarbeit mittelfristig sogar den entgegengesetzten Effekt erzielt. Eine berechtigte Forderung besteht seitdem deshalb darin, die Exhumierung der »Verschwundenen« des Bürgerkrieges in die Hände des Staates zu überführen.

Sobald die Erinnerungsbewegung einmal einen bestimmten Verbreitungsgrad erreicht hatte und der Verdacht des Vorübergehenden verflogen war, sollten sich auch die Massenmedien für die Thematik interessieren. Anders als Ende der siebziger Jahre berichteten nun

---

25 Vgl. J. M. Pedreño, *Apoyar.*

Exhumierungsarbeiten im Frühjahr 2004 in Guaza de Campos (Palencia)

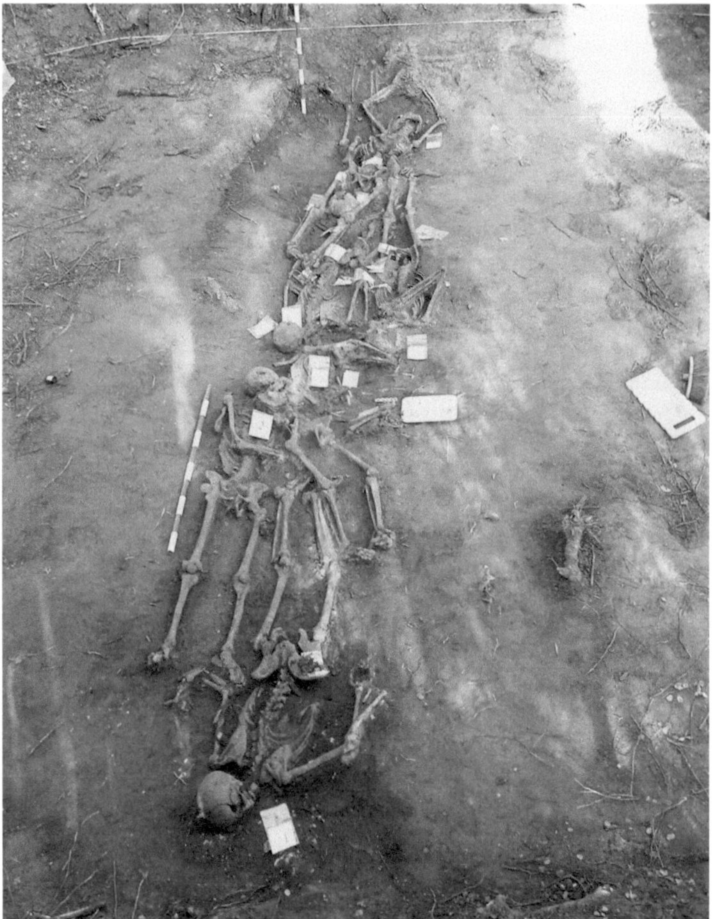

Quelle: ARMH Palencia

nicht nur lokale Blätter, sondern auch die großen nationalen Tageszeitungen ausführlich von den Exhumierungen. Und vereinzelt begab man sich sogar selbst auf Spurensuche und entdeckte – so plötzlich wie verspätet – den unschätzbaren Wert des Zeitzeugengedächtnisses. Zwei Journalisten widmeten sich den Erinnerungen der *niños de la guerra,* jener Generation also, die den Krieg als Kind erlebt hatte.[26] Und zwischen September 2001 und Juni 2002 forderte das beliebte Hörfunkprogramm *Hoy por Hoy* seine Hörer auf, persönliche Erinnerungen an Bürgerkrieg und Nachkriegszeit mitzuteilen. Die Resonanz in Form von oft handschriftlichen Briefen war überwältigend und bewog die verantwortlichen Redakteure, eine Auswahl in Buchform zu publizieren.[27] Eine ähnliche Resonanz fand das Thema zugleich im Dokumentarfilm, und so entstand – zunächst auf private Initiative, später unter Ägide des Staatsfernsehens TVE – eine ganze Reihe neuer Produktionen, die die Arbeit der Bürgerinitiativen dokumentierten oder die letzten Augenzeugenberichte einfingen.[28]

Die Vergangenheit drängte aber auch über andere Kanäle in die Öffentlichkeit. Eine geradezu modische Begeisterung entfaltete sich in der Fachwissenschaft, wo man den inhaltlichen Fokus um all jene Bereiche der republikanischen Geschichte erweiterte, die bisher nur geringe Aufmerksamkeit erhalten hatten. Ins Blickfeld rückte etwa das Thema der sogenannten *Maquis,* jener Widerstandskämpfer, die sich nach Kriegsende mancherorts in die Berge schlugen, um von dort aus den Kampf gegen das Regime fortzuführen. Einen anderen Flucht-

---

26 Vgl. J. Reverte / S. Thomás, *Hijos.*

27 Zu Wort meldeten sich hier ausschließlich die Verlierer. Vgl. C. Elordi, *Años.*

28 Die wichtigsten Produktionen sind *Exilio* (dt. »Exil«, Regie: Pedro Carvajal, Spanien 2002), *Rejas en la memoria* (dt. »Gitter in der Erinnerung«, Regie: Manuel Palacios, Spanien 2004), *Las fosas del silencio* (dt. »Gräber der Stille«, Regie: Montserrat Armengou, Spanien 2003) sowie die Dokumentation zur franquistischen Repressionspolitik *Una inmensa prisión* (dt. »Ein riesiges Gefängnis«, Regie: Carlos Ceacero/Guillermo Carnero, Spanien 2005). Anfang 2004 strahlte TVE außerdem die letzten, dem Bürgerkrieg und der Diktatur gewidmeten Kapitel der Geschichtsdokumentation *Memoria de España* aus. Und unter dem Titel *La memoria recobrada* (dt. »Die zurückgewonnene Erinnerung«) hat das zweite Programm des Staatsfernsehens außerdem im Sommer 2006 eine Dokumentarfilmserie zum Spanischen Bürgerkrieg ausgestrahlt. In fünf Kapiteln von je einer Stunde Sendedauer erzählen prominente Zeitzeugen von den Kriegsereignissen in verschiedenen Teilen Spaniens. Vgl. www.elpais.com vom 25. Juli 2006.

punkt bildete das vielfältige Schicksal der republikanischen Exilanten in so unterschiedlichen Exilländern wie Frankreich, Mexiko und der Sowjetunion. Hierzu organisierte die sozialistische Pablo-Iglesias-Stiftung im Herbst 2002 im »Kristall-Palast« des Retiro-Parks von Madrid eine große Ausstellung, die aufgrund des Publikumsandranges um zwei Monate verlängert wurde. Das größte Interesse aber erregt nach wie vor die franquistische Repression, deren Grausamkeit und Systematik seither bis in die letzten Winkel hinein ausgeleuchtet wird. Und auch hierzu konnte man bereits Ausstellungen – etwa im Museum der Geschichte Kataloniens[29] – und Fachtagungen[30] besuchen. Die Forschung kümmerte sich derweil vor allem um die Erhellung der letzten lokalen Einzelheiten, die den Untersuchungen im nationalen Maßstab bis dato entgangen waren. Ein Blick auf die Quantität wissenschaftlicher Neuerscheinungen zu Themen wie Repression und Exil zeigt seit Ende der neunziger Jahre einen sprunghaften Anstieg, der mit jeweils rund fünfzehn Monographien für die Jahre 2002 und 2003 einen vorläufigen Höhepunkt erreicht hat. Zugleich sank allerdings auch der Innovationsgehalt, da mittlerweile immer weniger Details der franquistischen Repressionspolitik im Verborgenen liegen und jede weitere lokale Studie – neben der wichtigen Präzisierung quantitativer Daten – vieles bereits Bekannte bestätigt.[31]

Dessenungeachtet gingen von der historischen Forschung wichtige Impulse für die Arbeit der Bürgerinitiativen und deren Kampf um Öffentlichkeit aus. Dies zeigt etwa die Aufarbeitung der Geschichte der Zwangsarbeit am konkreten Fall des *Canal de Riego del Bajo Guadalquivir,* eines Bewässerungsprojektes in Andalusien. 22 Jahre hatte es bis zu dessen Fertigstellung gebraucht, und schätzungsweise 10000 Häftlinge waren bei diesem wohl größten, mit Zwangsarbeit realisierten Projekt zum Einsatz gelangt. Um dessen bislang wenig beachtete Geschichte zu erhellen, organisierte die Universität von Sevilla im Februar 2002 unter Beteiligung von lokalen Gruppen, Institutionen und Zeitzeugen einen sechstägigen Workshop. Im Ergebnis führte die Initiative

29 Vgl. den Ausstellungskatalog J. Sobrequés i Callico, *Campos.*

30 Vgl. etwa die Tagungsreihe *Memoria de la guerra y del franquismo* im Círculo de Bellas Artes in Madrid vom 3. November bis zum 15. Dezember 2004.

31 Vgl. hierzu den bibliographischen Anhang in diesem Werk.

nicht nur zu weiteren wissenschaftlichen Studien,[32] sondern auch zu vermehrter öffentlicher Aufmerksamkeit gegenüber der Zwangsarbeiterproblematik insgesamt. Neben Zeitungsberichten und einem vom andalusischen Regionalfernsehen produzierten Dokumentarfilm zum Bau des Guadalquivir-Kanals griff schließlich auch das Linksbündnis (*Izquierda Unida*) die Thematik auf und verlangte im Parlament, an von Zwangsarbeitern errichteten Bauten entsprechende Gedenktafeln anzubringen.[33]

Derartige Aufmerksamkeitserfolge blieben zunächst jedoch ohne Auswirkungen auf den Fortgang der praktischen Vergangenheitsarbeit. Denn gerade mit Blick auf die Exhumierungen fehlte es den Bürgerinitiativen nicht nur an Geld, sondern auch an archäologischem und forensischem Sachverstand, und von offizieller Seite wurde nur selten finanzielle Unterstützung angeboten.[34] Angesichts der gewaltigen Zahl von über 30000 Verschwundenen im ganzen Land kam daher rasch der Gedanke auf, den Staat bei der Lösung dieser Aufgabe mit in die Pflicht zu nehmen. Gehör fand man damit bei den Linksparteien, die sich die Forderungen der Bürgerinitiativen nicht zuletzt auch aus taktischen Gründen rasch zu eigen machten.[35] Seit dem großen Wahlsieg des *Partido Popular* im Jahr 2000 in die Defensive gedrängt, entdeckten die Oppositionsparteien in der Frage der Vergangenheitspolitik plötzlich neues politisches Kapital: In regelmäßigen Abständen legten Sozialisten und »Vereinigte Linke« von nun an Gesetzesinitiativen vor, die mit der Forderung nach Rehabilitation und Entschädigung nacheinander die verschiedenen Opfergruppen der Franco-Diktatur ins Spiel brachten. Mehr als der Sache selbst diente diese als Feldzug »gegen das Vergessen« deklarierte Kampagne aber wohl dazu, den moralischen Druck auf die Regierung zu erhöhen und diese zum Schwur zu zwingen.[36]

---

32 Vgl. etwa G. Acosta Bono, *Canal* sowie I. Lafuente, *Esclavos*.

33 Vgl. D. Rey, *Spanien*, S. 55 f.

34 Aufwendig ist vor allem die DNA-Analyse zur Identifikation der Toten, die bei der ersten Exhumierung in Priaranza del Bierzo unentgeltlich von einem Spezialisten der Universität von Granada vorgenommen worden war.

35 Im besonderen Maße engagierte sich hier die Kommunistische Partei, die mit der Gründung des *Foro por la Memoria* dem Thema der Vergangenheitsarbeit eine eigene Internetplattform widmete.

36 Schon anläßlich der ersten Gesetzesinitiative zur Würdigung der republikani-

Trauerzug im Sommer 2005 in Baltanás (Palencia) Quelle: ARMH Palencia

Zusätzlicher Druck entstand durch die rasch wachsende internationale Aufmerksamkeit. Schon die erste Exhumierung hatte das Interesse ausländischer Korrespondenten auf sich gezogen, und seither stand die Vergangenheitsarbeit in Spanien unter ständiger Beobachtung der Weltöffentlichkeit. Im Sommer 2002 sollten sich dann außerdem die Vereinten Nationen mit der Thematik beschäftigen. Denn im August hatte sich der Verband von Emilio Silva unter Berufung auf die auch von Spanien unterzeichnete UNO-Deklaration über den »Schutz der Personen vor erzwungenem Verschwinden« an die entsprechende Arbeitsgruppe gewandt. Ganz anders dagegen die Situation in Spanien, wo die Regierung Aznar praktisch alle parlamentarischen Initiativen zugunsten der Opfer des Franquismus mit den bekannten Argu-

schen Exilanten 1999 wunderte sich der Historiker Santos Juliá zu Recht über das nach 14 sozialistischen Regierungsjahren so plötzlich gestiegene Interesse an dieser Frage. Vgl. *El País* vom 19. September 1999.

menten blockierte und noch Anfang November 2002 einen Antrag der Sozialisten auf finanzielle Unterstützung der Exhumierungsarbeiten scheitern ließ.[37] Nur einen Tag später aber erreichte die Regierung ein Schreiben der UNO-Arbeitsgruppe, das in der Frage der Verschwundenen des Bürgerkriegs umfassende Untersuchungen empfahl.[38] Zum entscheidenden Datum avancierte dann bezeichnenderweise der 20. November, der 27. Todestag des Diktators: Auf Initiative der Sozialisten stand an diesem Tag im Verfassungsausschuß des Parlaments eine Resolution zur Abstimmung, die zur Entschädigung und Rehabilitierung der Opfer sowie zur finanziellen Unterstützung der Exhumierungsarbeiten aufforderte und der nun endlich auch die Vertreter des *Partido Popular* zustimmten.[39]

Die vergangenheitspolitische Einstimmigkeit der Parteien blieb allerdings nur von kurzer Dauer, da die Regierung Aznar bald darauf zu ihrer gewohnten Blockadepolitik zurückkehrte. Anstelle institutioneller Hilfeleistungen für die betroffenen Familienangehörigen, die nach der Annahme der Resolution vom 20. November zu erwarten gewesen wäre, hüllte sich das zuständige Ministerium in den folgenden Monaten in Schweigen.[40] In ein besonders ungünstiges Licht rückte die Haltung des *Partido Popular* vor dem Hintergrund der offiziellen Bemühungen um die Toten der sogenannten Blauen Division. General Franco hatte diese spanische »Freiwilligenarmee« einst aus Dankbarkeit für die Schützenhilfe im Bürgerkrieg dem deutschen Diktator für dessen Rußlandfeldzug zur Verfügung gestellt. Die Suche nach den sterblichen Überresten der rund 4500 spanischen Gefallenen an der Ostfront war

37 Vgl. www.elpais.com vom 7. November 2002.

38 Da sich die Vereinten Nationen für alle Fälle erzwungenen Verschwindens, die vor ihrer Gründung 1945 geschehen waren, für nicht zuständig erklärten, beruhte ihre Empfehlung an die spanische Regierung nur auf zwei Fällen der Nachkriegsrepression. Vgl. E. Silva/S. Macías, *Fosas,* S. 112–115.

39 Besondere Erwähnung fand in den Pressestellungnahmen die Tatsache, daß die Resolution auch eine explizite Verurteilung von Gewalt zum Zwecke der Politik und somit auch der franquistischen Diktatur selbst enthielt. Vgl. C. Humlebæk, *Usos,* S. 165f. Der Wortlaut der Resolution findet sich bei E. Silva/S. Macías, *Fosas,* S. 363–368.

40 Wie aus einigen Stellungnahmen deutlich wird, wollte der *Partido Popular* die gemeinsame Resolution vom 20. November offenbar als endgültigen vergangenheitspolitischen Schlußstrich verstanden wissen. Vgl. C. Humlebæk, *Usos,* S. 166.

zwar noch unter sozialistischer Ägide in Gang gesetzt worden.[41] Bereits 1995 hatte der damalige Verteidigungsminister mit dem »Volksbund Deutsche Kriegsgräberfürsorge e. V.« ein entsprechendes Abkommen geschlossen. Alles weitere fiel jedoch in die Verantwortung der Regierung Aznar, die 1997 auf einem Soldatenfriedhof in der russischen Ortschaft Pankovska bei Sankt Petersburg ein großes Denkmal zu Ehren der Angehörigen der Blauen Division errichten ließ. Bis zum November 2003 wurden auf Staatskosten außerdem die sterblichen Überreste von 1300 spanischen Soldaten exhumiert und dort beigesetzt, während man 20 weitere Leichname auf Wunsch der Familien nach Spanien überführen ließ.[42]

Angesichts dieser offenkundigen Ungleichbehandlung war die Empörung auf seiten der Bürgerkriegsopfer verständlich. Doch selbst eine amtliche Ermahnung des Ombudsmanns, der sich Ende 2003 der Bürgerbeschwerden angenommen hatte, änderte nichts an der starren Haltung der Regierung. Und so blieben die Aussichten auf eine staatliche Unterstützung der zivilgesellschaftlichen Aktivitäten zunächst gering, zumal alle Umfragen für die im März 2004 anstehenden Parlamentswahlen eine Bestätigung der Konservativen im Amt voraussagten. Bekanntlich waren es dann aber die islamistischen Terroranschläge auf Madrider Vorortzüge am 11. März, in deren Folge das politische Meinungsbild im Lande in kürzester Zeit umstürzte und die oppositionellen Sozialisten unverhofft den Sieg davontragen konnten.[43] Dieses unerwartete Ergebnis weckte auf seiten der Bürgerinitiativen berechtigte Hoffnungen, denn nach dem parlamentarischen Engagement in Sachen Vergangenheit in den vorangegangenen Monaten stand der PSOE nun moralisch in der Pflicht. Und tatsächlich beeilte sich Regierungschef José Luis Rodríguez Zapatero, dessen Großvater selbst Opfer der franquistischen Repression geworden war, entsprechende Maßnahmen in Aussicht zu stellen. Auf diese Ankündigung folgte

41 Vgl. hierzu *El País* vom 1. November 1994.

42 Vgl. www.elmundo.es vom 21. Oktober 2003.

43 Entgegen anderslautender Indizien hatte die Regierung versucht, der baskischen Terrororganisation ETA die Verantwortung für das Attentat zuzuschieben. Bis zum Vorabend der Wahl wuchsen in der Bevölkerung jedoch massive Zweifel an dieser Interpretation. Eine Welle des Protests gegen die irreführende Informationspolitik der Regierung formierte sich und führte schließlich zur Abwahl des *Partido Popular.*

dann am 10. September 2004 die Nachricht über die Gründung einer »Interministeriellen Kommission« mit dem Auftrag, in Zusammenarbeit mit den Bürgerinitiativen »die Situation der Opfer des Bürgerkriegs und des Franquismus« zu untersuchen und Maßnahmen für deren »moralische und juristische Rehabilitation« vorzuschlagen.[44] Bis zu diesem ersten Schritt einer offiziellen Anerkennung der Leiden der Verlierer war seit Einführung der Demokratie mittlerweile ein Vierteljahrhundert verstrichen. Auf der Hand liegt, daß diese Maßnahme für die meisten Betroffenen deutlich zu spät kommt.

3. Bürgerkrieg und Diktatur im Gedächtnis der Generationen

LÄSST MAN DAS PARTEIPOLITISCHE Sponsoring und die derzeitige Aktualität erinnerungspolitischer Fragestellungen einmal beiseite, so gibt die plötzliche Dynamik der jüngsten Erinnerungsarbeit bei näherer Betrachtung einige Rätsel auf. Der Ägyptologe und Erinnerungsforscher Jan Assmann hat in bezug auf die Aktivierung des Zeitzeugengedächtnisses einen zeitlichen Abstand von rund 40 Jahren zur neuralgischen Marke erklärt. Denn mit Überschreitung dieser Zeitschwelle beginnt der Eintritt der betreffenden Generation in das Pensionsalter, das von sich aus sowohl die Bedeutung der Erinnerung als auch »den Wunsch nach Fixierung und Weitergabe« anwachsen läßt.[45] Mit Blick auf die Erfahrung des Zweiten Weltkrieges erklärt dies etwa die in Deutschland seit Ende der achtziger Jahre zu beobachtende Intensivierung der Erinnerungsarbeit, die sowohl von den Zeitzeugen selbst als auch von seiten einer interessierten Öffentlichkeit vorangetrieben wird. Der spanische Fall aber scheint sich dieser Periodisierung nicht ganz zu fügen. Denn mit dem Wechsel zum neuen Jahrtausend, an den sich das Aufkommen einer neuen Erinnerungskultur heftete, betrug der Abstand zu den in Frage stehenden Erlebnissen nunmehr wenigstens 60 Jahre, womit offenkundig eine kritische Zeitgrenze erreicht wurde. Mag das kurze Aufscheinen gesellschaftlicher Trauer- und Erinnerungsarbeit gegen Ende der siebziger Jahre tatsächlich der Reflex eines befrei-

---

44 Vgl. *El País* vom 11. September 2004.

45 J. Assmann, *Gedächtnis*, S. 51.

ten kommunikativen Gedächtnisses gewesen sein, so kann die treibende Kraft der Zeitzeugen heute aus rein biologischen Gründen nur noch marginal sein.

Läßt sich das zivilgesellschaftliche Engagement in Sachen Erinnerungsarbeit aber überhaupt auf eine bestimmte Altersgruppe beziehen? Anhaltspunkte liefern verschiedene repräsentative Umfragen zur jüngeren Vergangenheit, die im Herbst 2000, anläßlich der Vollendung eines Vierteljahrhunderts seit dem Tod des Diktators, von Meinungsforschungsinstituten durchgeführt worden sind. Die Untersuchung des kollektiven Gedächtnisses nach Generationsprofilen ergab, daß gerade die Nachkriegsgenerationen, d.h. diejenigen, die nicht am Krieg, wohl aber an seinen negativen Folgen Anteil hatten, mehrheitlich zu einer weitgehend versöhnlichen Haltung gegenüber der franquistischen Diktatur gefunden hatten. In der Altersgruppe der 45- bis 59-Jährigen meinten demnach 47 Prozent, daß die Franco-Ära als Epoche mit sowohl guten wie auch schlechten Seiten in die Geschichte eingehen werde, und in der Gruppe der über 60-Jährigen erhöhte sich dieser Anteil sogar auf 52 Prozent.

Dieser Befund entspricht offenkundig dem besonderen Erfahrungshorizont der Nachkriegsgenerationen, die zwar einerseits die Folgen des Bürgerkrieges zu tragen hatten, andererseits aber auch mit dem Wirtschaftsboom der sechziger Jahre und der allmählichen Ausbreitung des Massenwohlstands sozialisiert worden waren. Wurde hier die Distanzierung von den ideologischen Konflikten der Elterngeneration und mithin die Ablehnung des Franquismus identitätsstiftend, so milderten die Wohlstandszuwächse und die Möglichkeit, ein Leben nach westeuropäischen Maßstäben zu führen, zugleich das Urteil über das franquistische Regime und dessen alterndes Oberhaupt. Und dies gilt in besonderem Maße für den Lebensrückblick aus der Perspektive des Rentenalters, das die erste Nachkriegsgeneration im Laufe der neunziger Jahre erreichen sollte. Die größte Ablehnung gegenüber dem Franquismus fand sich hingegen in den jungen Generationen, d.h. den Altersgruppen der 18- bis 29-Jährigen und der 30- bis 44-Jährigen. Demnach bewerteten 43 Prozent der ersten und 46 Prozent der zweiten Gruppe die Epoche des Franquismus als einen »negativen« Zeitabschnitt, während sich lediglich sieben Prozent zu einer ausdrücklich positiven Beurteilung bekannten. Und die ablehnende Haltung verstärkte sich, sobald die Figur Francisco Francos selbst zur Sprache kam. Eine deutliche Mehrheit assoziierte den Diktator demnach mit Adjektiven wie »faschistisch«, »autoritär« und »grausam«, und 53 Prozent der unter 35-Jährigen – also diejenigen, die den General höchstens noch als Kind erlebt hatten – gaben an, daß die Erwähnung seines Namens bei ihnen negative Gefühle auslöse.[46]

Ist die moralische Verurteilung jener Epoche aber zugleich auch Indiz für ein besonderes Interesse der Jüngeren an kritischer Aufarbeitung? Oder anders gefragt: Existiert womöglich gerade in der jüngeren Generation das Bewußtsein einer von der Elterngeneration unzureichend bewältigten Vergangenheit? Die wenigen zur Verfügung stehenden Daten zum Geschichtsbewußtsein der jüngeren und jüngsten Altersgruppen sind höchst widersprüchlich. Umfrageergebnisse zum 25. Todestag des Diktators im Jahre 2000 deuteten vor allem in den jüngsten Generationen Indifferenz und eine weit verbreitete Unkenntnis historischer Zusammenhänge an. Nach den Resultaten einer stichpunktartigen Befragung von Schülern der Sekundarstufe hatte die Mehrzahl erhebliche Schwierigkeiten, die historische Figur Francisco Franco überhaupt historisch korrekt einzuordnen. So waren Assoziationen wie »Der König, der vor Juan Carlos regierte!« oder »Franco, in den Cortes von Cádiz«[47] hier keine Seltenheit. Eine andere, empirisch besser abgestützte Umfrage des gleichen Jahres bestätigte den generellen Verdacht, daß insbesondere die jüngste Generation besonders große Defizite bezüglich des Kontextwissens über die Jahrzehnte vor 1975 aufweist. So wußten mehr als 26 Prozent der Befragten in der Altersgruppe der 18- bis 29-Jährigen keine Antwort auf die Frage, wie General Franco einst an die Macht gelangt war. Und unerklärliche 20 Prozent bejahten sogar die Frage, ob während des Franquismus die Menschenrechte respektiert worden seien.[48]

Vor diesem Hintergrund überrascht es nicht, daß die Beteiligung der jüngsten Altersgruppen an der zivilgesellschaftlichen Erinnerungsbewegung kaum mehr als sporadisch zu sein scheint.[49] Als Protago-

---

46 Vgl. F. Moral, *Veinticinco años,* S. 13–18 sowie *El País* vom 19. November 2000.

47 Die *Cortes* von Cádiz sind das erste, 1810 im Ausnahmezustand der Napoleonischen Kriege gebildete Nationalparlament.

48 Vgl. E. Moradiellos, *Espectro,* S. 7.

49 Bezeichnend ist in diesem Zusammenhang, daß es häufig ausländische Jugendliche waren, die als freiwillige Helfer an den jüngsten Exhumierungen von Ver-

nisten der verschiedenen Bürgerinitiativen sind dagegen regelmäßig Personen in Erscheinung getreten, die der Altersgruppe der 30- bis 45-Jährigen zugehören. Und auch die seit Ende der neunziger Jahre geradezu modische Beschäftigung der Lokal- und Regionalgeschichtsschreibung mit dem Phänomen der politischen Repression im Bürgerkrieg und in der Nachkriegszeit unterstützt diesen Eindruck, insofern es sich hierbei in der Regel um Nachwuchswissenschaftler genau dieser Altersgruppen handelt. Wie aber erklärt sich dieses signifikant größere geschichtspolitische Interesse der Enkel der Bürgerkriegsgeneration vor dem Hintergrund der relativen Indifferenz, die für deren Eltern charakteristisch zu sein scheint? Folgt man Julio Aróstegui, so ist auch hier der historische Erfahrungshorizont der jeweiligen Altersgruppe von entscheidender Bedeutung. Während für die Nachkriegsgeneration die Notwendigkeit einer friedlichen Überwindung des Franquismus zur zentralen Frage wurde, ist es für die Enkelgeneration die Transition selbst sowie die Demokratie der achtziger Jahre, die ihre politische Sozialisierung begründet haben. Die Anzahl der Gegenbeispiele mag unendlich sein. Doch als generelle Tendenz scheint festzustehen, daß aus der Transition ererbte gesellschaftliche Grundeinstellungen, die auf Versöhnung und Konsensfindung ausgerichtet waren, mit dem allmählichen Rückzug der Elterngeneration aus dem öffentlichen Leben im Laufe der neunziger Jahre in den Hintergrund rückten. An ihre Stelle trat sodann nicht nur eine neue Polarisierung der politischen Konzepte und Ideen, sondern vor allem auch die kritische Hinterfragung des politischen Erbes der vorangegangenen Generation, d.h. der Transition und ihrer Ergebnisse. Der Einfluß dieses Generationenfaktors ist durchaus greifbar und spiegelt sich letztlich auf beiden Seiten des politischen Spektrums. So wurde etwa der Wahlsieg der konservativen Volkspartei im Jahr 1996 von einer besonders großen Anzahl relativ junger Parteianhänger euphorisch begleitet, und bis heute trägt der mit 70000 Anhängern mitgliederstarke Jugendverband der Partei, *Nuevas Generaciones*, einen neuen Stolz auf konservative Positionen und nationalistische Bekenntnisse zur Schau, der in den siebziger und achtziger Jahren nur selten zu finden war. Auf der anderen Seite des politischen Spektrums scheint seit der Jahrtausendwende dagegen die

---

schwundenen des Bürgerkriegs beteiligt waren. Vgl. etwa *El País* vom 14. Juli 2003.

kritische Auseinandersetzung mit der jüngeren Vergangenheit und ihrer Tabuisierung seit dem Ende des Franquismus zu einer Art Generationenidentität geworden zu sein.[50]

Neben diesem Generationenfaktor darf allerdings nicht vergessen werden, daß der Ursprung der Mobilisierung nicht kollektiv, sondern in der Regel individuell bzw. familiär induziert war. Die zivilgesellschaftliche Aufarbeitung der Geschichte erweist sich in der Summe der Einzelinitiativen letztlich als ein generationenübergreifendes Unternehmen, das sich stets aus ganz konkreten, durch das individuelle Familiengedächtnis tradierte Betroffenheiten speist. Was indes die verbreitete Unkenntnis zeitgeschichtlicher Zusammenhänge unter Jugendlichen betrifft, so erscheint es naheliegend, diese als Folge jenes sprichwörtlichen »Paktes des Vergessens« zu interpretieren, der den öffentlichen Umgang mit der Vergangenheit bis in die neunziger Jahre hinein orientiert zu haben scheint. Angesichts der Komplexität, die die Herausbildung eines historischen Bewußtseins kennzeichnet, sind voreilige Schlüsse hier jedoch unangebracht. Statt dessen müssen – abgesehen vom öffentlichen Umgang mit Geschichte – wenigstens auch der familiäre Kontext und die schulische Sozialisation als Einflußfaktoren mit in Betracht gezogen werden. Auf die große Bedeutung des Familiengedächtnisses wurde bereits mehrfach hingewiesen. Zugleich muß allerdings offen bleiben, welche Folgen das Aussterben der Zeitzeugengeneration für diese in der Regel ausschließlich mündliche Informationsquelle haben wird.

Noch schwerer fällt es dagegen, den Beitrag des schulischen Geschichtsunterrichts zu ermessen, da dessen Erforschung in Spanien erst in den Anfängen steckt. Jüngste Untersuchungen zu Schultextbüchern ergaben, daß die propagandistische Verzerrung der jüngsten Vergangenheit im Sinne des Franquismus nach 1975 zunächst nur langsam aus den Klassenzimmern verschwand. Bei einem quantitativen Vergleich hinsichtlich der Repräsentation einzelner Epochen ist seit Mitte der achtziger Jahre ein wachsendes Interesse am 20. Jahrhundert festzustellen, das den neu hinzugekommenen Themenfeldern Transition und Demokratie geschuldet ist.[51] Und mit der Aufnahme

---

50 Vgl. hierzu J. Aróstegui, *Traumas,* S. 57–92 sowie J. Ledesma/J. Rodrigo, *Caídos,* S. 254 f.

51 Vgl. H. Mätzing, *Diktatur.*

dieser jüngsten Umbrüche hat sich naturgemäß auch der politische Standpunkt gegenüber der Zeitgeschichte insgesamt verändert. In den Lehrbüchern der achtziger Jahre kam dies etwa durch eine um größere Neutralität bemühte Darstellung der Zweiten Republik zum Ausdruck. Und für die Behandlung des Bürgerkrieges setzte das Auftauchen von Abbildungen des berühmten Picasso-Gemäldes »Guernica« einen neuen Akzent. Die Kommentierungen hoben hier jedoch häufig das Leiden der Zivilbevölkerung in modernen Kriegen im allgemeinen hervor, während die konkrete Bombardierung der baskischen Stadt eher am Rande vermerkt wurde. Davon abgesehen fanden sich in vielen Werken bis in die späten achtziger Jahre hinein Spuren der alten Begrifflichkeiten und Deutungsmuster. Nur langsam habe etwa das Konzept des »Bürgerkrieges« propagandistische Begriffe wie »nationale Erhebung« oder »antikommunistischer Kreuzzug« ersetzt, und die heikle Frage der politischen Repression des Franco-Regimes wurde in den meisten Lehrbüchern bewußt ausgeklammert. Statt dessen bemühten sich die Bürgerkriegskapitel um eine gleichmäßige Verteilung der Schuld auf Sieger und Besiegte, womit offenkundig die versöhnungspolitischen Prämissen der Transition unterstrichen wurden.[52]

Ein Paradigmenwechsel zeichnete sich dagegen seit den späten achtziger Jahren ab. Dabei ist nicht nur die sukzessive Aufnahme der neuesten Forschungserkenntnisse, sondern auch eine methodische Neuorientierung zu erkennen, die sich in einer stärkeren Fokussierung gesellschaftlicher Strukturen sowie in Gestalt didaktischer Innovationen niederschlug. Mit Blick auf den Bürgerkrieg betonen die neuesten Lehrbücher außerdem offen den antidemokratischen Charakter des Militärputsches von 1936, während zugleich auf die quantitativen und qualitativen Unterschiede der politischen Repression auf beiden Seiten hingewiesen wird. Und sicherlich ebenso bedeutsam war zugleich die von der sozialistischen Regierung 1990 angestrengte Reform des Bildungswesens, die die spanische Zeitgeschichte erstmals als obligatorischen Bestandteil des Geschichtslehrplans in der gymnasialen Oberstufe verankerte.[53] All diese Innovationen verraten jedoch kaum etwas über die Unterrichtspraxis im Fach Geschichte. Und gerade

52 Vgl. R. Valls, *Guerra* und H. Mätzing, *Diktatur*.
53 Vgl. J. Rodríguez, *Fantasma*.

hier sind die empirischen Daten besonders spärlich. Jüngste Stichprobenumfragen bei Lehrern und Schülern legen den Eindruck nahe, daß mit der zeitlichen Entfernung auch die Kenntnis der entsprechenden Ereignisse abnimmt. Davon abgesehen diente die Behandlung der Zeitgeschichte oft in erster Linie dem pragmatischen Ziel der Ausbildung eines demokratischen Bewußtseins. Als Defizit benennt Rafael Valls dagegen kritische Ansätze wie etwa die fehlende Thematisierung der offiziellen Vergangenheitspolitik nach 1975. Und eine andere, kaum zu ermessende Frage ist, ob und wie die Lehrpläne in der Praxis erfüllt werden. So gibt es Anzeichen dafür, daß aufgrund der chronologischen Ordnung der Lehrpläne gerade die »schwierigen Jahrzehnte« aufgrund von schlichtem Zeitmangel oft nur unvollständig behandelt werden können. Das Ergebnis erscheint daher mehr als widersprüchlich. Denn während formal offenbar längst ein solides, dem neuesten Wissensstand entsprechendes Unterrichtsprogramm etabliert worden ist, bleibt andererseits der empirische Nachweis beträchtlicher Wissensdefizite, die die Sorgen hinsichtlich jenes so oft beschworenen Vergessens der Vergangenheit schließlich doch als begründet erscheinen lassen.[54]

4. Öffentliche Erinnerung: zwischen Sentimentalisierung und Polarisierung

Blickt man auf die Präsenz zeithistorischer Themen in den vielfältigen Sphären massenmedialer Öffentlichkeit, so läßt sich gegenwärtig jedoch eher eine entgegengesetzte Tendenz beobachten. Die Beschäftigung mit der jüngeren Vergangenheit ist derzeit populärer denn je, worauf nicht zuletzt mehrere literarische Publikumserfolge der vergangenen Jahre verweisen. An erster Stelle rangiert hier der Roman *Soldados de Salamina* von Javier Cercas, der bereits zwei Jahre nach seinem Erscheinen verfilmt wurde.[55] Im Mittelpunkt steht die reale Fi-

---

54 Anzumerken ist, daß die Untersuchung von Lehrbüchern regionale Werke unberücksichtigt ließ, während die Umfragen hinsichtlich der Unterrichtspraxis sich ausschließlich auf die Hauptstadt Madrid bezogen. Vgl. hierzu R. Valls, *Guerra* sowie M. Limón/M. Carretero, *Students*.

55 Javier Cercas, *Soldados de Salamina*, Barcelona 2001 (dt. »Soldaten von Salamis«, Berlin 2002).

gur von Rafael Sánchez Maza, eines führenden Mitglieds der faschistischen Partei *Falange,* dem – seiner Erschießung knapp entgangen – ein zweites Mal von einem republikanischen Milizionär das Leben geschenkt wird. Die fiktive Rahmenhandlung in der Gegenwart bildet die Recherchearbeit eines Journalisten, der sich – fasziniert von dieser Randepisode des Krieges – auf die Suche nach dem einstigen Lebensretter begibt und dessen Verliererschicksal als Parallele zu jenem des Falangeführers rekonstruiert. Bis zum Frühjahr 2004 war das Buch in der 33. Auflage bereits über 400 000 mal verkauft worden.[56]

Für eine ganz andere Annäherung an das spanische Trauma steht der ebenfalls erfolgreiche Roman *La voz dormida* der erst vor kurzem verstorbenen Autorin Dulce Chacón.[57] Sie erzählt in einer komplexen Montage unterschiedlicher Handlungsstränge von dem Schicksal einer Gruppe weiblicher Milizionäre in einem franquistischen Gefängnis der Nachkriegszeit. Authentizität wird hier nicht nur durch präzise Faktenrecherche, sondern auch durch umfangreiches, von der Autorin gesammeltes Zeitzeugenmaterial erreicht. Und obgleich die vorgestellten Biographien letztlich doch fiktiv sind, bezieht der Roman Stellung und verleiht jenen eine Stimme, die bisher selten zu Wort kommen durften: die weiblichen Kämpferinnen der Republik, die zusätzlich unter der geschlechtlichen Diskriminierung des Regimes zu leiden hatten.[58]

Eine derart engagierte Haltung, die unmittelbar an die Bewegung zur »Rückgewinnung der historischen Erinnerung« anknüpft, ist gegenwärtig jedoch keineswegs die einzige, ja wohl nicht einmal die häufigste Attitüde im Umgang mit der Vergangenheit. Statt dessen wächst die Zahl der Fälle, in denen die Zeitgeschichte zu Zwecken einer teils satirischen, teils sentimentalen, immer aber politisch unproblematischen Massenunterhaltung genutzt wird. Der Extremfall dessen ist die vollständige Veralberung der Diktatur und ihres Führers, die zwei Filme der jüngsten Zeit, *La Gran Aventura de Mortade-*

---

56 In die Kritik geriet die Versöhnungsbotschaft des Romans, da diese auf einer Umkehrung der Opfer-Täter-Rolle beruhe und hierfür zudem zwei völlig ungleiche Helden – der eine fiktiv und marginal, der andere bedeutend und real – in die Pflicht genommen würden. Vgl. hierzu etwa R. Wildner, *Cercas,* sowie J. Font i Agulló, *Historia.*

57 Dulce Chacón, *La voz dormida,* Madrid 2002.

58 Vgl. hierzu M. Panadés Guerrero, *Chacón.*

lo y Filemón und *¡Buen viaje, excelencia!*, zu Kassenschlagern werden ließ. Beide Filme sind respektlose Abrechnungen, die die Befreiung von den Schatten der Vergangenheit suchen, indem sie deren zentrale Figur rücksichtslos der Lächerlichkeit preisgeben.[59] Allerdings ist zu vermuten, daß derartige Darstellungen weniger eine neue Freiheit im Umgang mit dem Franquismus, als vielmehr die strukturellen Veränderungen auf dem Kinomarkt reflektieren. Mit dem beträchtlichen Anstieg der Besucherzahlen im Laufe der neunziger Jahre, die zugleich eine drastische Verjüngung des Publikums bedeutete, gewann die spanische Filmindustrie jedenfalls an wirtschaftlicher Unabhängigkeit. Zugleich reduzierte die konservative Regierung seit Mitte der neunziger Jahre die staatliche Filmförderung, was die kommerzielle Ausrichtung des spanischen Kinos zusätzlich beförderte. Soll zudem ein Konsumentenkreis erreicht werden, dessen politischer Erfahrungshorizont kaum über die achtziger Jahre hinausreicht, erweist sich die Verpackung der Zeitgeschichte in Form des Slapstick offenkundig als die erfolgreichste Strategie.[60]

Viel Ironie im Spiel ist auch bei dem seit einiger Zeit sehr beliebten Rückblick auf den Alltag unter Franco. Einen beachtlichen Verkaufserfolg erreichte *El florido pensil* von Andrés Sopeña Monsalve, ein Buch, das die einst durch den staatlichen Schulunterricht vermittelten Werte des »Nationalkatholizismus« ins Lächerliche zieht.[61] Der Klappentext deutet diese humoristische Dekonstruktion franquistischer Sozialisationsmuster als eine Art exorzistischer Übung, mit der sich diejenigen, die einst die Grundschulen des Regimes durchliefen, gleichsam ihrer »alten Dämonen« entledigen könnten. Inwieweit ein solches

---

59 Der von der katalanischen Satiretheatergruppe *Els Joglars* 2003 produzierte Film *¡Buen viaje, excelencia!* (dt. »Gute Reise, Exzellenz!«) fokussiert die letzten Lebensjahre Francos und schildert den Diktator als senilen Kleingeist. Aus Furcht vor Repressalien verzichteten einige Kinos auf die Vorführung. Vgl. *Elmundo.es* vom 8. Oktober 2003. *La Gran Aventura de Mortadelo y Filemón* hingegen taucht den Spott über den Franquismus in die Welt der bekannten Comic-Helden Mortadelo und Filemón, die den Globus vor der Habgier eines alternden Tyrannen retten müssen. Vgl. hierzu D. Rey, *Laughing*.

60 Vgl. hierzu B. Jordan, *Film industry*.

61 Bald nach Erscheinen von *El florido pensil* 1994 folgte eine Theaterversion, die mit ebenso großem Erfolg durchs ganze Land zog. 2002 schließlich kam der Stoff dann auch noch in die Kinos. Vgl. A. Sopeña Monsalve, *Pensil*.

Bedürfnis besteht, mag dahingestellt bleiben. Unübersehbar ist allerdings, daß diese Art der Erlösung von Vergangenheit paradoxerweise mit neuen Sehnsüchten gegenüber der franquistischen Epoche einhergeht. Oftmals in Faksimileausgaben ist seit Mitte der neunziger Jahre eine ganze Reihe kurios anmutender Schulbüchlein und Sozialkatechismen der Franco-Zeit erschienen, die der Satire von Sopeña teilweise als Quelle dienten. Dabei dürfte deren kommerzieller Nachdruck wohl kaum auf die Nachfrage einiger weniger Mentalitätshistoriker zurückzuführen sein. Vielmehr verrät die Präsenz solcher Texte auf dem Buchmarkt ein gesellschaftliches Bedürfnis nach Nostalgie, nach einer gleichsam atmosphärischen Erinnerung an die Franco-Zeit.[62]

Nicht vergessen werden darf in diesem Zusammenhang, daß im Laufe der neunziger Jahre die ersten Generationen der Nachkriegszeit das dem sentimentalen Rückblick auf das eigene Leben besonders zugeneigte Pensionsalter erreichten. Und gerade diese Altersgruppen waren weniger von den materiellen und politischen Härten der frühfranquistischen Phase, dafür aber um so mehr vom Wirtschaftsboom der sechziger und siebziger Jahre geprägt worden. Bis zur Mitte der siebziger Jahre hatte es die große Mehrheit der Bevölkerung verstanden, sich mehr oder minder komfortabel innerhalb des Regimes einzurichten. Wo aber die entscheidenden Weichenstellungen des Lebens – Volljährigkeit, Berufseinstieg, Familiengründung – mit den Annehmlichkeiten der modernen Konsumgesellschaft zusammenfielen, glauben viele verständlicherweise, in der Rückschau eine »gute« Zeit zu erkennen. Kein Zufall ist daher die Konjunktur nostalgischer Erinnerungen an die späte Franco-Zeit, und ebenso erklärlich ist, daß gerade die Altersgruppe der über 60-Jährigen in den Umfragen vom Jahr 2000 die größte Indifferenz gegenüber dem Franquismus zeigte.[63]

Angesichts dieser wohlwollend-sentimentalen Stimmungslage gegenüber der franquistischen Wirtschaftswunderzeit konnte der Staatskanal TVE mit der Fernsehserie *Cuéntame cómo pasó* im Herbst 2001 einen wahren Volltreffer landen. Mit der Thematisierung des Alltags einer durchschnittlichen Mittelstandsfamilie, der Alcántara, knüpfte

---

62 Vgl. hierzu C. Molinero, *Crónica.*

63 Demnach bewerteten 52 Prozent die Franco-Zeit als Epoche mit ebenso guten wie schlechten Seiten. F. Moral, *Años*, S. 13.

Cuéntame – zu deutsch »Erzähl mir, wie es geschah« – direkt an das Format der *family soap* an, mit der das spanische Fernsehen bereits in den neunziger Jahren einschlägige Erfahrungen sammelte. Anstelle des typischen Gegenwartsbezugs wurde die Handlung im Falle von *Cuéntame* jedoch komplett in die Vergangenheit der späten Franco-Zeit verlegt. Die Figuren aber bleiben identifikationstauglich, zumal von der Großmutter über das mittlere Alter bis hin zu den Kindern alle Generationen vertreten sind. Und Identifikation ist – neben dem Bemühen um Qualität und historische Authentizität – auch das erklärte Ziel der Produzenten. Wie die Titelmusik verrät, möchte die Serie Brücken schlagen zu »jener Zeit, die uns veränderte«, jener Zeit also, die die sozialökonomischen und kulturellen Grundlagen für das Spanien der Gegenwart legte. Und der Erfolg sollte den Machern recht geben, denn bereits in der ersten Staffel, die im Herbst/Winter 2001/2002 ausgestrahlt wurde, erreichten die Einschaltquoten den magischen Wert von durchschnittlich fünf Millionen Zuschauern. In den folgenden Staffeln überschritt man dann sogar die Acht-Millionen-Schwelle und überflügelte damit selbst den Dauerbrenner Fußball.

Welches Bild von der Franco-Diktatur aber wird durch die Alltagsperspektive der Familie Alcántara vermittelt? Selbstverständlich stehen die Protagonisten stellvertretend für jene überwältigende Mehrheit der Bevölkerung, die politisch weitgehend unauffällig blieb. Und doch unternimmt die Serie mittels zahlreicher Alltagsepisoden, die die einzelnen Familienmitglieder durchleben, eine durchaus realitätsnahe Annäherung an die vielen Grenzen der Freiheit in der spätfranquistischen Gesellschaft. Wenn auch die unmittelbare Konfrontation mit dem Regime ausbleibt, so ist das zentrale Thema vieler Episoden doch der Kampf um private und öffentliche Freiräume und die Auflehnung gegen Konventionen und Institutionen eines altersstarren Regimes. Und obgleich nicht alle Auflehnungsversuche mit Erfolg belohnt werden, stehen die Alcántara – stellvertretend für eine Gesellschaft im Umbruch – langfristig als die Gewinner der Geschichte da, während das Regime wie selbstverständlich auf der Strecke bleibt. Zwar deckt sich diese Deutung durchaus mit der sozialgeschichtlichen Realität der sechziger und siebziger Jahre. Die perspektivische Fixierung von *Cuéntame* auf das *happy end* der demokratischen Gegenwart läßt zugleich aber den Ursprung der Diktatur im Bürgerkrieg und ebenso die damit einhergehende Kluft zwischen Gewinnern und Verlierern innerhalb der Gesellschaft leicht in Vergessenheit geraten. Zumindest was die ersten und erfolgreichsten Staffeln von *Cuéntame* (bis ins Jahr 2004 hinein) betrifft, so wird auch hier die historische Realität entdramatisiert und die Tendenz befördert, den Franquismus einem »warmen Familienfoto« (Vicente Sánchez-Biosca) gleich in den kollektiven Erinnerungsbestand einzuordnen.[64]

Auf der Hand liegt, daß nostalgische Vergegenwärtigungen gleich welcher Art der Mahnung zu kritischer Auseinandersetzung mit Vergangenheit kaum förderlich sind. Inwieweit aber die Gegner der Vergangenheitsarbeit hiervon profitieren, ist dagegen schwer abzusehen. Festzustellen ist allerdings, daß der Geschichtsrevisionismus im Stile eines Ricardo de la Cierva seit der Jahrtausendwende neue Sprachrohre gefunden hat. Zu nennen ist hier neben César Vidal vor allem Pío Moa, ein abtrünniger Altlinker, der in der Transition sogar als Mitglied der linksradikalen Terrorgruppe GRAPO firmiert hatte. »Die Mythen des Bürgerkrieges« heißt sein bislang bekanntestes Werk, in dem er zentrale Interpretamente der akademischen Forschung mit großem argumentativen Aufwand zurückweist. All dies geschieht jedoch einmal mehr mit dem durchsichtigen Ziel, die Frage nach der historischen Schuld umzukehren und einzig das politisch linke Lager für den Ausbruch des Bürgerkrieges verantwortlich zu machen. Wenngleich von der etablierten Fachhistorie weitgehend ignoriert, ist dieser Autor allein aufgrund seines Publikumserfolges bemerkenswert. Sein im Jahr 2003 erstmals erschienenes Werk hat nach Verlagsangaben bis heute mit weit mehr als 200000 verkauften Exemplaren bereits die 36. Auflage erreicht.[65] Zugleich sollte der umstrittene Autor bei einigen dem

64 Der andauernde Erfolg der Serie hat die Produzenten bereits mehrmals zur Fortsetzung animiert. Der annähernd gleiche Takt des Zeitablaufs in der Serie gegenüber der realen Zeit hat dabei nicht nur die Authentizität verstärkt, sondern auch für fast unendliche Fortsetzungsmöglichkeiten gesorgt. Im Februar 2007 ist demnach die achte Staffel mit dem Beginn des Jahres 1975 ausgelaufen. Die große Resonanz der Serie hat außerdem zu einem Zusatzgeschäft im Bereich der Vermarktung von Nostalgieartikeln geführt. Über die Homepage der Serie sind verschiedene Retro-Produkte, darunter CDs mit zeitgenössischer Musik, erhältlich. Vgl. www.cuentamecomopaso.net. Für eine inhaltliche Analyse vgl. D. Rey, *Meistererzählungen*, sowie V. Sánchez-Biosca, *Memoria*.

65 Vgl. *El País* vom 20. November 2005.

Partido Popular nahestehende Massenmedien und Kulturinstitutionen immer wieder ein breites Forum finden, um seine Thesen zu präsentieren.

Allein dieser Verbreitungserfolg aber zeigt an, daß es sich hierbei nicht nur um altfranquistische Rückzugsgefechte im Angesicht einer drohenden Neubewertung von Krieg und Diktatur handeln kann.[66] Statt dessen wurde mit der Geschichte eine neue Front des öffentlichen Meinungsstreits eröffnet, der insbesondere seit der überraschenden Wahlniederlage der Konservativen im März 2004 von diesen mit wachsender Aggressivität geführt wird. Zentrale Entscheidungen der neuen Regierung wie der Rückzug der spanischen Truppen aus dem Irak, das Gesetz über die gleichgeschlechtliche Ehe oder die Frage des Umgangs mit den baskischen Separatisten der ETA dienten den Wortführern des *Partido Popular* als willkommener Anlaß, um die zweifelhafte Kunst der Polemik zu immer neuen Höhen zu treiben und – für Konservative ungewöhnlich – sogar die Straße zu mobilisieren. Die Vergangenheitspolitik ist dabei nicht nur ein weiteres Feld der Auseinandersetzung, sondern gibt der Konfrontation zwischen rechts und links gleichsam eine historische Dimension, indem sie den aktuellen Meinungsstreit gefährlich ins Licht der politischen Eskalation in der Zweiten Republik rückt. Autoren wie Pío Moa fungieren dabei als verläßliche Zulieferer von Hintergrundinformationen und Argumenten, die die Haltung der Volkspartei historisch untermauern.[67]

Die etablierte Historikerzunft in Spanien hatte das Phänomen Moa zunächst ignoriert. Angesichts der medialen Omnipräsenz der vermeintlichen »Revisionisten« aber fühlten sich mehrere Fachvertreter zu entschiedenem Widerspruch herausgefordert. Die bisher schärfste Antwort auf die Thesen Moas ist wohl der »Anti Moa«, ein monumentales Pamphlet des katalanischen Historikers Alberto Reig Tapia, das den Gegner nicht nur mit Sachkenntnis und Faktenwissen, sondern auch mit ätzender Polemik und erdrückendem Umfang niederzuwalzen

---

66 Bei der Präsentation auf der Madrider Buchmesse 2003 widmete Moa sein Werk ausdrücklich dem »jungen Leser«. Vgl. J. Rodrigo, *Mitos,* S. 185.

67 Als Beleg hierfür mag allein der Titel eines weiteren 2004 genau zur »rechten Zeit« erschienenen Werkes von Moa genügen: »1934, der Bürgerkrieg beginnt. Der PSOE und die Esquerra entfesseln den Konflikt« Vgl. P. Moa, *1934.*

versucht.[68] Neben der direkten Auseinandersetzung mit den selbsternannten Revisionisten hat der Streit um die Vergangenheit mittlerweile aber auch innerhalb der etablierten Historikerzunft politische Differenzen akzentuiert und an einigen Stellen zum offenen Bruch geführt. Am deutlichsten wurde dies zuletzt anläßlich eines polemischen Schlagabtausches zwischen den beiden Historikerin Santos Juliá und Francisco Espinosa Maestre in der Internet-Zeitschrift *Hispania Nova.* Im Kern ging es dabei um die interessante Frage der Bewertung der offiziellen Geschichtspolitik seit dem Ende der Diktatur, bei der bedauerlicherweise jedoch auch persönliche Diffamierungen und Diskreditierungen eine Rolle spielten.[69] Und selbst ausländische Fachkollegen bleiben angesichts der aktuellen Debatte nicht ungerührt. Dies zeigt etwa das Beispiel des britischen Spanienexperten Paul Preston, dessen jüngste Publikation schon im Titel den im Zusammenhang mit der franquistischen Repression zweifellos problematischen Begriff des Holocaust bemüht.[70]

Wie die Umfragen zum 30. Todestag des Diktators offenbaren, haben allerdings weder die Nostalgiewelle noch die ultrarechte Geschichtsklitterung Sympathien für die Franco-Diktatur hinzugewinnen können. Vielmehr ist das Gegenteil der Fall. Die Ablehnung der Figur des Diktators bzw. des von ihm geführten Regimes ist gegenüber den Referenzdaten aus dem Jahr 2000 sogar gewachsen. Nach einer von *El País* in Auftrag gegebenen Umfrage beurteilten fast 64 Prozent der Befragten den Franquismus als negative Epoche,[71] während der Diktator laut einer ähnlichen Befragung von *El Mundo* von rund 51 Prozent abgelehnt wurde. Dabei war die Ablehnung in der jungen und jüngsten Generation – wie schon fünf Jahre zuvor – mit rund 66 Prozent am größten. Diese kontinuierliche Tendenz scheint sich auch in der Zustimmung zu den von der Regierung Zapatero in Aus-

---

68 Vgl. A. Reig Tapia, *Anti Moa.* Weitere Abrechnungen mit Moas Thesen sind E. Moradiellos, 1936 und F. Espinosa, *Fenómeno.*

69 Vgl. hierzu F. Espinosa Maestre, *Saturaciones* und S. Juliá, *Miserias.*

70 Vgl. P. Preston, *Holocaust.* Vor Preston hatten bereits die katalanischen Autoren Montse Armengou und Ricard Belis den Begriff des Holocaust in die Debatte eingeführt, diesen jedoch im Titel ihres Werkes noch mit einem Fragezeichen versehen. Vgl. M. Armengou/R. Belis, *Fosas.*

71 Vgl. *El País* vom 20. November 2005.

sicht gestellten vergangenheitspolitischen Maßnahmen zu spiegeln. In dem vom staatlichen Meinungsforschungsinstitut *CIS* erstellten Barometer vom Oktober 2005 stimmten rund 54 Prozent der Befragten für eine derartige Initiative. Und fast ebenso viele meinten, daß es nun an der Zeit sei, den »Opfern des Bürgerkrieges Gerechtigkeit widerfahren« zu lassen. Wie immer aber spiegeln derartige Umfragen lediglich die Stimmungen in einem Zufallssample, das bei anderer Zusammensetzung auch zu ganz anderen Ergebnissen führen kann. Dies etwa war der Fall bei einer zum gleichen Zeitpunkt von *Sigma Dos* durchgeführten Befragung, die zu genau entgegengesetzten Ergebnissen führte. Hier nämlich traf das Vorhaben der Regierung nur bei einem Viertel der Befragten auf Zustimmung, während mehr als 40 Prozent befürchteten, daß durch eine gesetzliche Regelung zugunsten der Verlierer »alte Wunden« aufgerissen werden könnten.[72]

---

72 Überraschend war vor allem aber, daß nach dieser Umfrage selbst 40 Prozent der sozialistischen Wähler diese Befürchtung teilten. Während das *Centro de Investigaciones Sociológicas* insgesamt knapp 2500 Personen befragt hatte, war die Anzahl der von *Sigma Dos* Befragten nicht zu ermitteln. Vgl. www.elmundo.es vom 19. November 2005 und CIS, *Estudio*.

VIII. ERINNERUNGSKULTUR IN SPANIEN: AUF DEM WEG ZUR NORMALITÄT?

1. Spurenbeseitigung: das Ende franquistischer Erinnerungslandschaften

SCHON DAS NEBENEINANDER von kommerziellem Geschichtskonsum und individueller Trauerarbeit zeigt an, daß es für »Normalität« im öffentlichen Umgang mit Vergangenheit keinen Maßstab gibt. Neben den Besonderheiten der Geschichte selbst findet sich eine unendliche Vielfalt gesellschaftspolitischer Einflußfaktoren, die in jedem Einzelfall über Konjunktur und Dynamik öffentlicher Geschichtswahrnehmung bestimmen. Und dennoch wäre es im spanischen Fall zulässig, die große Beharrungskraft franquistischer Herrschaftszeichen rund 30 Jahre nach dem Tod des Diktators als eigenartig, wenn nicht gar als unnormal zu bezeichnen. Ganz oben auf der Inventarliste des franquistischen Nachlasses steht das monumentale Mausoleum im *Valle de los Caídos*, das zum Kulturbesitz des spanischen Staates zählt und von diesem – seit der Beisetzung des Diktators unverändert – als franquistische Gedächtnisstätte erhalten wird. Letzteres äußerte sich vor allem darin, daß der spanische Staat den alten und jungen Anhängern des Diktators wie selbstverständlich das Privileg einräumte, die Anlage alljährlich zu Francos Todestag als Versammlungsort zu nutzen, um von dort aus der Diktatur zu huldigen und gegen die Demokratie zu demonstrieren. Ebenso unbeschadet fanden sich zur Jahrtausendwende aber auch die vielen kleineren Relikte jenes einst flächendeckend im ganzen Lande ausgebreiteten Gefallenenkultes. Neben einem anderen, pantheonartigen Großbau in Pamplona, dessen Restaurierung vor kurzem abgeschlossen wurde,[1] besteht der franquistische Totenkult aus einer ganzen Reihe von steinernen Kreuzen und Denkmälern unterschiedlicher Form und Größe sowie aus zahllosen Namenstafeln, die zumeist an Kirchenmauern bis heute an die »für Gott und Spanien Gefallenen« erinnern.

Ebenso präsent waren zur Jahrtausendwende aber auch die metallenen Zeugnisse der Führer-Verehrung. In Gestalt dreier großer Reiterstandbilder sowie mehrerer Statuen und Bronzebüsten war der *Caudillo* zu diesem Zeitpunkt auf einigen städtischen Plätzen und Straßen noch immer gegenwärtig. Darüber hinaus stellte die Nachrichtenagentur *Europa Press* vor einiger Zeit fest, daß noch immer 15 kleinere Ortschaften in verschiedenen Landesteilen einen Hinweis auf den Diktator in ihrem Namen führen.[2] Weniger auffällig, aber noch deutlich weiter verbreitet ist außerdem der Namenskanon von Mitstreitern und Kriegsschauplätzen aus dem Bürgerkrieg, der bis heute das Straßenregister unzähliger Städte und Ortschaften schmückt. Statistisch besonders auffällig unter den Provinzhauptstädten sind das galicische El Ferrol, die Geburtsstadt des Diktators, und Santander in Kantabrien, wo allein 30 Straßennamen aus der franquistischen Epoche überlebt haben.[3] Eine quantitative Erhebung zur franquistischen Straßennomenklatur ergab indessen, daß in 79 Prozent der Provinzhauptstädte auch nach mehr als 25 Jahren in Sachen franquistischer Symbolik die Kontinuität vor dem Wandel stand. Auf die regionale Ebene übertragen waren es zur Jahrhundertwende die Autonomen Gemeinschaften von Galicien, Asturien und Kantabrien an der Nordküste sowie die Extremadura und Madrid, die die relativ höchste Dichte an franquistischen Straßennamen aufweisen.[4]

---

1 Auch hier kam es zu öffentlichen Polemiken, da die konservative Stadtratsmehrheit die franquistischen Inschriften ebenso wie die Bezeichnung des Gebäudes als »Denkmal der Gefallenen« erhalten wollte. Vgl. *www.diariodenavarra.es* vom 21. November 2005.

2 Dabei handelt es sich in der Regel um Orte, die im Rahmen der landwirtschaftlichen Förderungsprogramme während des Franquismus neu gegründet worden sind. Die Mehrzahl dieser Orte findet sich in Andalusien (Guadalén del Caudillo, Villafranco del Guadalhorce etc.) und in der Extremadura (Albalá del Caudillo, Gévora del Caudillo etc.). Vgl. www.europapress.es vom 17. März 2005.

3 Vgl. A. Espada, *Huellas*.

4 Vgl. M. Duch Plana, *Toponimia*.

Es mag dahingestellt bleiben, inwieweit von all dem heute noch eine politisch infektiöse Wirkung ausgeht. Eine Tatsache ist aber, daß – mit Ausnahme von Katalonien und dem Baskenland, die im folgenden noch gesondert behandelt werden – praktisch im ganzen Land der politische Wille zur Eliminierung derartiger Relikte bis in die jüngste Vergangenheit hinein gefehlt hat.[5] Weniger eindeutig als dieser Befund sind im Einzelfall die zugrundeliegenden Motive. El Ferrol und Santander etwa sind bekannt für konservative Mehrheiten im Stadtrat, für die der Erhalt franquistischer Symbole offenbar lange Zeit eine Herzensangelegenheit darstellte.[6] Der statistische Vergleich zeigt jedoch, daß auch Städte mit wechselnden oder stabil sozialistischen Mehrheiten nach nunmehr sieben Wahlperioden nicht notwendigerweise ein anderes Bild bieten. Prominente Beispiele hierfür sind Madrid, Zaragoza und La Coruña, deren Straßenregister, von der Namensänderung der jeweiligen Hauptverkehrsadern abgesehen, noch die größte Übereinstimmung mit der franquistischen Epoche aufweisen.[7] Die gleiche Nachlässigkeit in Sachen franquistischer Symbolik findet sich aber auch auf zentralstaatlicher Ebene. Denn noch bis 1995 zirkulierten in der spanischen Volkswirtschaft Münzen, die die Parolen des Regimes und das Konterfei des Diktators trugen, und dies obgleich deren Auswechselung bereits 1988 beschlossene Sache war.[8]

Der lange Fortbestand franquistischer Herrschaftszeichen erscheint symptomatisch für die spanische Vergangenheitspolitik nach 1975. Allerdings hat die neue vergangenheitspolitische Sensibilität unterdessen auch diesen Bereich unbewältigter Zeitgeschichte in den Blick ge-

---

5 An einer rechtlichen Grundlage jedenfalls fehlte es nicht. Denn das Gesetz von 1981, das den Austausch der alten Staatswappen an öffentlichen Gebäuden regelt, hätte auch für andere symbolische »Säuberungen« herhalten können.

6 Zwar strich El Ferrol bereits 1982 den Namenszusatz »del Caudillo«; verschiedene Anläufe zur Demontage des großen Franco-Denkmals wurden im Stadtrat bis zum Regierungswechsel 1999 jedoch blockiert. In Santander wich das Reiterstandbild des *Caudillo* 1981 den Umbauarbeiten des Rathausplatzes, dies aber nur, um nach den Arbeiten wieder an seinem alten Standort aufgestellt zu werden. Vgl. hierzu P. Leenknegt, *Franco*, S. 26.

7 Nach einer Zählung des Linksbündnisses *Izquierda Unida* finden sich allein in Madrid 167 entsprechende Straßennamen. Vgl. *El País* vom 19. März 2005 sowie M. Duch Plana, *Toponimia*, S. 386.

8 Vgl. F. Jáuregui/M. A. Menéndez, *Franco*, S. 17.

rückt. Eine der ersten zivilgesellschaftlichen Initiativen, die sich die Entfernung franquistischer Symbolik aus dem öffentlichen Raum auf die Fahnen schrieb, war das in der marokkanischen Exklave Melilla bereits 1999 gegründete »Bürgerkollektiv zur Unterdrückung franquistischer Symbole« (*El Colectivo Ciudadano para la Supresión de Símbolos Franquistas,* COCISFRA). Seither haben landesweit ganz unterschiedliche Initiativen die Forderung aufgegriffen und die Zerstörung franquistischer Symbole nicht zuletzt aus populistischen Interessen bisweilen sogar in die eigenen Hände genommen.[9] In der Regel geht es jedoch zunächst um die schlichte Bestandsaufnahme, da ein offizielles Verzeichnis nicht geführt wird. So hat neben einigen lokalen Gruppen das internetbasierte *Foro por la Memoria* seit Ende 2004 mit einer eigenen Rubrik die »Jagd auf das faschistische Denkmal« eröffnet. Hier sind die Bürger jedoch lediglich aufgerufen, ihren Heimatort nach franquistischer Symbolik zu durchkämmen und diese per Foto und Ortsangabe im Internet zu dokumentieren.[10]

Zwar muß der Korrektheit halber angemerkt werden, daß sich schon in den achtziger und neunziger Jahren in vielen Gemeinden immer wieder Proteste gegen die franquistische Symbolik artikuliert hatten.[11] Und auch die Umgestaltung eines so zentralen Erinnerungsortes wie der Festungsanlage des Alcázar von Toledo war schon lange vor der Jahrtausendwende in Gang gesetzt worden. So hatte das Verteidigungsministerium bereits im September 1986 verfügt, Teile des einstmals als Infanterieakademie genutzten Gebäudes der Regionalregierung von Kastilien-La Mancha für kulturelle Zwecke zur Verfügung zu stellen. Auf den Einzug der Bibliothek von Kastilien-La Mancha, die 1998 feierlich eröffnet wurde, folgte dann ein Jahr später der Beschluß, das Madrider Militärmuseum mit dem bereits vorhandenen »Belagerungsmuseum« in den unteren Räumen des Gebäudes zusammenzulegen und beide Ausstellungen zugleich von allen franquisti-

---

9 So etwa *NOS-Unidade Popular,* eine galicisch-nationalistische Gruppierung, die bereits mit derartigen Aktionen auf sich aufmerksam gemacht hat. Vgl. *Diario de Ferrol* vom 8. Dezember 2003.

10 Vgl. hierzu *La Vanguardia* vom 26. März 2005 sowie die Rubrik des *Foro* unter http://www.foroporlamemoria.info.

11 Siehe etwa die Debatten im Stadtrat von Segovia 1990. Vgl. *El País* vom 9. August 1990.

Illegale Zerstörung einer Franco-Statue im Herbst 2005 in Galicien

Quelle: NOS-Unidade Popular

schen Reminiszenzen zu säubern. Allerdings ist fraglich, ob die sukzessive Umgestaltung des Alcázar auch ohne die konkreten Sachzwänge erfolgt wäre, die hier offenkundig im Spiele waren.[12]

Tatsache ist jedenfalls, daß erst der Druck der Bürgerinitiativen seit der Jahrtausendwende zu jenen öffentlichen Debatten geführt hat, die die Verantwortlichen nun nach und nach zum Handeln zwingen. Allen voran schritt hier das galicische El Ferrol, die Geburtsstadt des *Caudillo,* der bis zum Sommer 2002 in Gestalt einer monströsen Reiterstatue die zentrale Plaza de España okkupierte. Den galicischen Nationalisten, die regionsweit jedoch lediglich eine Minderheit darstellen, war dieses Denkmal schon lange ein Dorn im Auge, was die immer wie-

12 Während die Regionalregierung geeignete Räumlichkeiten für die Schätze ihrer kurz zuvor gegründeten Regionalbibliothek benötigte, erfolgte der Umzug des Madrider Militärmuseums auf Wunsch des Prado-Museums, das dessen Räume als Erweiterung zugesprochen bekam. Vgl. *El País* vom 1./3. Februar 1999.

der verübten Farbanschläge erklärt. Die Abwahl des *Partido Popular* und der Sieg des Kandidaten vom nationalistischen *Bloque Nacionalista Galego* in den Kommunalwahlen von 1999 aber markierte dann den Anfang vom Ende der im Volksmund als »der Esel«, *el burro*, bezeichneten Figurengruppe. Bei der für den 4. Juli 2002 beschlossenen Demontage folgte man ganz der Choreographie des valencianischen Beispiels von 1983 und verlegte diese in die frühen Morgenstunden. Anstelle von Rechtsextremisten mobilisierte das Ereignis aber hier lediglich eine Gruppe galicischer Nationalisten, die den Abtransport mit einer spontanen Feier begleiteten.[13]

Das Ereignis von El Ferrol lenkte die Aufmerksamkeit auf alle übrigen Franco-Denkmäler, darunter insbesondere die beiden Reiterstatuen in Madrid und im nordspanischen Santander. Während aber nach Jahrzehnten der Tatenlosigkeit wenigstens die Sozialisten endlich Handlungsbedarf erkannten, entschlossen sich die Konservativen im gereizten Klima ihrer zweiten Amtsperiode nun erst recht zu systematischer Blockadepolitik. Und so geriet auch die nach allen Maßstäben demokratischer Kultur längst überfällige Demontage der franquistischen Regimesymbolik zum Gegenstand neuer Streitereien und zu einem weiteren vergangenheitspolitischen Auftrag an die seit Frühjahr 2004 amtierende Regierung Zapatero. Dies unterstrich die große Mehrheit der Parlamentarier, die die Interministerielle Kommission im November 2004 aufforderte, die Entfernung aller symbolischen Hinterlassenschaften des Franquismus bis hinunter auf die Gemeindeebene per Gesetz zu verfügen.[14] Offenbar als Zeichen guten Willens veranlaßte das zuständige Ministerium dann im März 2005 den Abbau des Reiterdenkmals auf der Plaza San Juan de la Cruz im Ministerienviertel *Nuevos Ministerios* im Norden der Hauptstadt. In diesem Fall aber protestierten nicht nur rund 700 empörte Rechtsextremisten, sondern auch die Spitzen des *Partido Popular*, die der Ministerin kurioserweise Rückwärtsgewandtheit vorwarfen.[15]

Dennoch sollte der Entscheidung von Madrid eine gewisse Signalwirkung zukommen. Denn kurz darauf verschwanden auch im kasti-

---

13 Vgl. *El País* vom 5. Juli 2002 und *El Periódico* vom 6. Juli 2002.

14 Die munizipale Ebene entzieht sich *de facto* allerdings der Zuständigkeit der Zentralregierung. Vgl. *El País* vom 4. November 2004.

15 Vgl. www.elmundo.es vom 17./18. März 2005.

lischen Guadalajara die Statuen von Franco und dem *Falange*-Gründer José Antonio, und selbst der konservative Bürgermeister von Santander stellte nun in Aussicht, das landesweit letzte Reiterstandbild des *Generalísimo* ins Museum bringen zu lassen.[16] Darüber hinaus begann eine Debatte um die Zukunft jener gewaltigen Mausoleumsanlage im *Valle de los Caídos,* die manchen Franco-Nostalgikern aufgrund der Präsenz der sterblichen Überreste von einer Reihe von katholischen Republikanern allen Ernstes als Denkmal der Versöhnung gilt. Diese Deutung scheint mittlerweile aber selbst in den Reihen des *Partido Popular* obsolet. Statt dessen wächst die Einsicht in die Notwendigkeit einer Umgestaltung des Komplexes zu einer Gedenkstätte mit Aufklärungscharakter.[17] So forderten die Bürgerinitiativen eine Dauerausstellung, die nicht nur die unter Einsatz tausender Zwangsarbeiter realisierte Entstehung des Ortes, sondern auch die franquistische Repression im allgemeinen dokumentiert. Ein offener Streitpunkt allerdings war, ob zu diesem Zweck auch die sterblichen Überreste von Franco und José Antonio aus der unterirdischen Basilika, in der sie jetzt ruhen, entfernt werden müssen. Solange diese aber dort bleiben, ist kaum damit zu rechnen, daß der Ort seine Attraktivität für die extreme Rechte verliert[18] – ein Umstand, der mit dem 30. Todestag des Diktators im November 2005 erneut in Erinnerung gerufen wurde. Obgleich dieser Moment geeignet gewesen wäre, um ein vergangenheitspolitisches Zeichen zu setzen, vollzog sich dort am Vorabend des Todestages, dem 19. November, das gewohnt bizarre Spektakel: Auch in diesem Jahr war es der »Nationalstiftung Francisco Franco« wieder erlaubt worden, zur feierlichen Totenmesse zu laden, und auch diesmal eilten mehrere tausend Sympathisanten herbei, um das Andenken des *Caudillo* zu ehren und die Demokratie zu diffamieren.[19]

---

16 In Guadalajara folgte der Beschluß offenbar auf Empfehlung des Historikers Jesús de Andrés, der vom Stadtrat beauftragt worden war, ein entsprechendes Gutachten anzufertigen. Vgl. J. Andrés Sanz, *Informe*. Vgl. außerdem *El País* vom 24. März 2005 sowie *El Diario de Cantabria* vom 24. März 2005.

17 Hierzu jedenfalls bekannte sich im April 2005 auch die kulturpolitische Sprecherin des *Partido Popular*, Beatriz Rodríguez Salmones. Vgl. *El País* vom 3. April 2005. Vgl. auch Kap. IV 3. *Das »Tal der Gefallenen«: Mausoleum der Sieger* in diesem Buch.

18 Vgl. *El País* vom 3. April 2005 sowie P. Aguilar, *Reconversión*.

19 Vgl. *El País* vom 20. November 2005.

2. Katalonien und das Baskenland: regionale Muster des Erinnerns

OBGLEICH SICH ALSO schließlich auch die nationale Politik der Vergangenheitsarbeit angenommen hat, waren es von Anfang an lokale und regionale Akteure, die hierzu die entscheidenden Impulse beigetragen haben. Die regionale Ebene ist in Spanien aber auch in anderer Hinsicht von Bedeutung. Das Land ist bekannt für einen bis weit in das 19. Jahrhundert zurückreichenden Strukturkonflikt zwischen Zentrum und Peripherie, zwischen einem »inneren«, kastilischen Spanien und einigen Regionen in Küstenlage. Weitab von den Ereignissen des Bürgerkrieges geht dieser Konflikt in seinem Ursprung auf die Existenz und den Behauptungswillen kultureller Besonderheiten zurück, die das politische Zentrum des Landes lange Zeit nicht anerkennen wollte. Katalonien, das Baskenland und Galicien weisen demnach eigene Sprachen, Gebräuche und Rechtstraditionen auf, deren Verteidigung spätestens seit Ende des 19. Jahrhunderts den Anspruch auf politische Eigenständigkeit legitimierte.

Um diesen Forderungen Genüge zu tun, wurde der Übergang zur Demokratie seit 1975 bekanntlich von einer radikalen Dezentralisierung des spanischen Staates begleitet. Auf der Grundlage von sogenannten Autonomiestatuten entstanden bis Mitte der achtziger Jahre insgesamt 17 »Autonome Gemeinschaften«, die über weitreichende politische und administrative Kompetenzen verfügen. Die landesweite Einführung des Autonomiemodells hat allerdings keineswegs dazu geführt, die Unterschiede im Hinblick auf politische Willensbildung, Identität und Selbstverständnis zwischen Zentrum und Peripherie anzugleichen. Dies belegt bereits die Bedeutung von Regionalparteien, die im Baskenland und in Katalonien mehr als die Hälfte, in Galicien rund ein Drittel der Wählerschaft ansprechen, während sich die Politik in den meisten anderen Landesteilen überwiegend an dem klassischen Antagonismus von Rechts und Links orientiert. Und für das »nationalistische« Lager in den drei genannten Regionen stellt der Gegensatz zum politischen Zentrum in Madrid – ob real oder imaginiert – auch weiterhin eine der zentralen Konfliktachsen der Politik schlechthin dar.

Vor diesem Hintergrund erstaunt es nicht, daß auch die Deutung der Geschichte dem regionalen Prisma unterliegt. Und im Falle von

Bürgerkrieg und Diktatur erscheint es für den baskischen und den katalanischen Fall sogar angemessen, von der Existenz regional unterschiedlicher »Gedächtnisgemeinschaften« zu sprechen. Die Ursachen für derartige Diskrepanzen in der Wahrnehmung der Vergangenheit sind vielfältig und reichen zum Teil bis in die Phase der Zweiten Republik und den Bürgerkrieg selbst zurück. Für beide Regionen nämlich hatte sich zu dieser Zeit der lang gehegte Traum regionaler Autonomie erfüllt – für die Katalanen bereits 1932, für die Basken unmittelbar nach Kriegsausbruch im Herbst 1936. Der Sieg der aufständischen Militärs machte das Erreichte jedoch schon bald zunichte, weshalb die Kapitulation der Republik gar als doppelte Demütigung empfunden werden mußte. Nicht von der Hand zu weisen ist außerdem, daß die kulturelle Repression des franquistischen Einheitsstaates dort besonders schmerzlich empfunden wurde, wo nicht nur abweichende politische Einstellungen, sondern auch der Gebrauch einer Regionalsprache und somit die regionale Andersartigkeit schlechthin verfolgt wurden. Im Falle von Katalonien und dem Baskenland haben die Krise der dreißiger Jahre, der Krieg und die anschließende Diktatur das problematische Verhältnis zum politischen Zentrum des Landes somit in besonderer Weise verschärft. Kein Zufall ist daher, daß die oppositionelle Mobilisierung nach 1975 gerade in diesen Regionen besonders stark war und daß die Forderung nach regionaler Autonomie rasch zum festen Bestandteil des kollektiven Wunsches nach Demokratie werden sollte. Und angesichts dieser sozialen Dynamik erklärt sich auch der weitaus mutigere Umgang mit den öffentlichen Herrschaftszeichen der Diktatur. Im Baskenland begannen Aktivisten der Terrorgruppe ETA bereits in der Transition mit der Zerstörung von Gedenktafeln für die Mitstreiter Francos. Und in Katalonien fielen die franquistischen Straßennamen noch Ende der siebziger Jahre der von Sozialisten und Nationalisten getragenen Kampagne *Volem noms populars als carrers* (dt. »Wir wollen populäre Namen für die Straßen«) zum Opfer.[20]

---

20 In Katalonien folgte die Reform der Straßennomenklatur zwei Motiven: Einerseits sollten alle Hinweise auf den Franquismus verschwinden, andererseits sollten die Straßennamen linguistisch katalanisiert werden. Zum Austausch von Denkmälern und Straßenschildern in Katalonien vgl. S. Brinkmann, *Katalonien,* S. 127 ff. Vgl. außerdem A. Lamikiz Jauregiondo, *Vergangenheitsbewältigung,* S. 224, M. Duch Plana, *Toponimia,* S. 385.

Der katalanische und baskische Anti-Franquismus sollte in seiner politischen Bedeutung jedoch weit über die Veränderung von Denkmälern und Straßennamen hinauswachsen. So ist die Diktaturerfahrung im historischen Selbstverständnis beider Regionen geradezu zum Sinnbild für die schlimmste Unterdrückung ihrer kulturellen Selbstbestimmung avanciert und hat sich als rhetorische Figur bis heute tief in die Argumentationsstrategien des nationalistischen Lagers eingebrannt. »Uns Basken hat Franco viel mehr genommen als dem Rest. Er nahm uns unsere Sprache und unsere Identitätszeichen«, so die reflexhafte Antwort eines Schülers aus Bilbao anläßlich einer landesweiten Umfrage zum Geschichtsbewußtsein der Jugend im Jahr 2000. Wie Lehrkräfte bestätigen, sind solche Antworten zumindest im Baskenland keine Seltenheit, da gerade der Radikalnationalismus seit jeher starken Einfluß auf Teile des Jugendmilieus ausübt. Dabei ist es jedoch oft weniger Faktenwissen, als die simplifizierte und zu einem handlichen Feindbild verdichtete Version des Franquismus, die als Kampfargument in dem noch immer schwelenden Konflikt zwischen dem spanischen Staat und dem Baskenland fungiert. Und genau in diesem Sinne äußerte ein anderer Schüler derselben Klasse: »Für mich ist Franco das Synonym für Fascho, und Fascho das für Spanier«.[21]

Integraler Bestandteil solch explosiver Verkürzungen ist die spezifische Wahrnehmung der eigenen Opferrolle im Bürgerkrieg, die im hegemonialen Diskurs des nationalistischen Lagers regelmäßig auf eine nationale Dimension verengt wird. Die dramatische ideologische Polarisierung, die die spanische Gesellschaft der dreißiger Jahre durchlief und die schließlich zur Gewaltexplosion führte, hatte demnach weder im Baskenland noch in Katalonien eine Entsprechung. Die nationalistische Lesart versucht, die sozialökonomischen Konfliktfelder zugunsten einer Zuspitzung auf die nationale Frage zu überspielen und das Bild einer geschlossen antifranquistischen Regionalgemeinschaft zu konstruieren. In letzter Konsequenz verliert hier selbst der Begriff des Bürgerkriegs seinen Sinn. Denn was diesen beiden Regionen angeblich zustieß, war eine Aggression von außen, die sich gegen ihre

---

21 Vgl. J. Rodríguez, *Fantasma.* Zur inflationären Verwendung des Begriffs »Faschist« im öffentlichen Diskurs des Baskenlandes vgl. auch L. Mees, *Basken,* S. 263–266.

Identität als Nationen richtete, eine Aggression, die bis heute gern als Lehrstück für Gegenwart und Zukunft zitiert wird.[22]

Einer historischen Überprüfung halten derlei Deutungen freilich nicht stand. Wie im übrigen Spanien rangierte auch im Baskenland und erst recht in Katalonien die sozialökonomische Dimension des Bürgerkrieges vor der nationalen. Und blickt man auf die Opferzahlen, so war – entgegen landläufiger Annahmen – auch das Ausmaß der franquistischen Repression während und nach dem Krieg in diesen Regionen keineswegs größer als im Landesdurchschnitt.[23] Entscheidend ist vor allem aber die aus nationalistischer Sicht unangenehme Tatsache, daß der militärische Aufstand gegen die republikanische Ordnung sowohl im Baskenland als auch in Katalonien von seiten des nationalistischen Lagers beträchtlichen Rückhalt erfahren hat. Im Falle Kataloniens dominierte in den dreißiger Jahren zwar die eindeutig auf Seiten der Republik verwurzelte *Esquerra Republicana de Catalunya* das politische Spektrum. Bekannt ist aber ebenfalls, daß der katholische Klerus sowie weite Teile des durch die *Lliga Regionalista* repräsentierten Wirtschaftsbürgertums angesichts der sozialrevolutionären Bewegung ihr Heil auf der Seite der Aufständischen suchten. Und auch über das Ende des Bürgerkrieges hinaus sollte das Regime in den Reihen des konservativen Katalanismus wichtige Unterstützer finden.[24] Noch irritierender erweist sich die Situation im Baskenland, wo die nationalistische Bewegung traditionell eine katholisch-konservative Prägung aufwies und gegenüber dem politischen Projekt der Zweiten

---

22 Am deutlichsten erscheint diese konstruierte Kontinuität zwischen Franquismus und Gegenwart auf seiten der Terrorgruppe ETA und ihres Sympathisantenmilieus. Aber auch der moderate Nationalismus des *Partido Nacionalista Vasco* distanziert sich nicht grundlegend von dieser Interpretation. Vgl. hierzu P. Aguilar, *Guerra Civil*, S. 22–28 sowie A. Lamikiz Jauregiondo, *Vergangenheitsbewältigung*, S. 221 f.

23 Daß in den siebziger Jahren gerade im Baskenland der Eindruck einer besonderen Betroffenheit durch den Bürgerkrieg vorherrschte, führt Paloma Aguilar auf die kollektiven Erfahrungen im Spätfranquismus zurück. Seit 1968 war die Terrorgruppe ETA in wachsendem Maße mit zum Teil spektakulären Anschlägen aktiv, wodurch sich das ganze Baskenland in einen permanenten Unruheherd verwandelte. Das Regime reagierte darauf mit Polizeigewalt und zahlreichen Inhaftierungen. Vgl. P. Aguilar, *Guerra Civil*, S. 16 ff.

24 Vgl. hierzu die maßgebliche Studie zur *Lliga Regionalista* von B. Riquer, *Cambó*, sowie I. Riera, *Catalanes*.

Republik von Anfang an große Vorbehalte hegte. Ein offenes Geheimnis ist hier nicht nur die zögerliche Haltung des dominierenden *Partido Nacionalista Vasco* im Angesicht der Militärrevolte, sondern – nach dem Fall des Baskenlandes im Juni 1937 – auch dessen vorzeitiger militärischer Rückzug, der aus Sicht der Republik wie Verrat erscheinen mußte.[25]

Zu bedenken bleibt, inwieweit die während der Transition offiziell praktizierte Tabuisierung der Vergangenheit einen Anteil daran hatte, den Opferdiskurs in diesen Regionen in die abstrakte Kategorie des Nationalen zu überführen. Tatsache ist jedenfalls, daß auch im Baskenland den konkreten Schicksalen der Bürgerkriegsverlierer nach 1975 im Sinne der heutigen Vergangenheitsarbeit keine größere Aufmerksamkeit zuteil wurde. Zugleich scheute sich das nationalistische Lager aber nicht, seine Version der Kriegserinnerung in die Öffentlichkeit zu tragen und das Vakuum des offiziellen Schweigens zu füllen. So hat der nach 1975 erneut zur dominierenden Kraft aufsteigende *Partido Nacionalista Vasco* bereits während der Transition begonnen, den baskischen Kampf auf seiten der Republik ganz offiziell als »nationalen Unabhängigkeitskampf« zu verehren. Zwar war dies ein mutiges Zeichen gegen die Verdrängungsstrategie auf nationalstaatlicher Ebene. Zugleich verleugnet der nationalistische Diskurs aber das Andenken all jener, die wie Republikaner, Sozialisten oder Anarchisten einst für andere politische Ziele litten und starben.[26]

Im Fall Kataloniens sollte sich eine derartige Manipulation der öffentlichen Erinnerung zunächst als schwieriger erweisen, stand diese doch im Widerspruch zu dem einst so klaren Bekenntnis der Region zum republikanischen Projekt. Sowohl das Autonomiestatut von 1932 als auch die Vorherrschaft republikanischer und linkskatalanistischer Kräfte vor und während des Krieges identifizierten Katalonien mehr als jede andere Region mit der Republik. Und es war Josep Tarradellas, Parteifreund und Nachfolger des 1940 von den Franquisten hingerichteten Präsidenten der *Generalitat*, Lluís Companys, der durch seine

---

25 Die Loyalität zur Republik sicherte im Falle der Basken vor allem die Aussicht auf politische Autonomie, die allerdings erst nach Kriegsausbruch bewilligt werden sollte. Vgl. P. Aguilar, *Guerra Civil*, S. 8–13.

26 Vgl. P. Aguilar, *Guerra Civil*, S. 24 f. sowie L. Mees, *Basken*, S. 261 f.

Rückkehr aus dem Exil 1977 gleichsam leibhaftig die Kontinuität zu den dreißiger Jahren herstellte. Zum eigentlichen Symbol der Autonomieforderung wurde vor allem aber Lluís Companys, der »Märtyrer-Präsident« (*President Màrtir*), dessen tragisches Ende schon lange vor dem Tode Francos in Oppositionskreisen zum Sinnbild für das Schicksal der gesamten katalanischen Nation avanciert war.[27] In seiner Person verband sich exemplarisch die Erinnerung an das historische Unrecht der gewaltsamen Zerschlagung der *Generalitat* mit dem Anspruch auf deren Wiederherstellung. Zumindest für eine Zeitlang avancierte Companys so zu einem nationalen Symbol, dem sich nicht nur die katalanische Linke, sondern wie selbstverständlich auch die bürgerlich-katalanistischen Parteien anschlossen.

Nach der endgültigen Wiederherstellung der katalanischen Autonomie 1979 begann das Interesse an der Figur von Companys jedoch interessanterweise rasch wieder zu sinken. Ursache hierfür war in erster Linie der politische Strukturwandel in Katalonien: Im Gegensatz zum Baskenland unterbrachen die ersten Regionalwahlen von 1980 die politische Kontinuität zu den dreißiger Jahren und ließen die damals dominierende *Esquerra Republicana* mit rund neun Prozent der Stimmen zu einer Randpartei absinken. Ihre Rolle übernahm das von Jordi Pujol geführte Parteienbündnis *Convergència i Unió*, dessen Sieg die langjährige Vorherrschaft eines bürgerlich-christdemokratisch geprägten Katalanismus begründete, dem der republikanische und laizistische Politiker Companys kaum als Orientierung dienen konnte. Statt dessen meldeten sich in den Regierungsjahren Pujols des öfteren Stimmen zu Wort, die die katalanische Kirche als Opfer des Franquismus in den Vordergrund zu rücken und mithin die These eines »nationalen« Krieges zu verbreiten versuchten.[28] Bleibendes Zeugnis des

27 Nach der militärischen Niederlage Kataloniens war Companys zunächst nach Frankreich geflüchtet, fiel dort jedoch nach dem deutschen Sieg der Gestapo in die Hände. Diese lieferte ihn umgehend an die franquistische Regierung aus. In Barcelona verurteilte ihn sodann ein militärisches Standgericht wegen »Militärrebellion« zum Tode. Kurz darauf wurde das Urteil in der berüchtigten Festungsanlage von Montjuïc am 15. Oktober 1940 vollstreckt. Zu Companys' unglücklicher politischer Karriere vgl. die kritische Biographie von E. Vila, *Companys*.

28 Dahinter stand nicht zuletzt auch die Absicht, die Kollaboration von Teilen des katalanischen Klerus und des Bürgertums mit dem Regime zu vertuschen. Ein pro-

kurzen Companys-Kultes der Transition ist dagegen das von der Stadtregierung von Barcelona errichtete Companys-Mausoleum in der *Fossar de la Pedrera,* vor dem der Präsident der Regionalregierung an jedem 15. Oktober einen Kranz niederlegt.[29] Trotz dieser offiziellen Geste scheint der Name Lluís Companys für die heutige katalanische Gesellschaft jedoch weitgehend in Vergessenheit geraten zu sein.[30]

Regierungswechsel haben freilich auch auf regionaler Ebene Auswirkungen auf den Umgang mit Vergangenheit, zumal wenn sie – wie in Katalonien – mit den jüngsten zivilgesellschaftlichen Bemühungen um Vergangenheitsarbeit zusammenfallen. Nach der knappen Abwahl von *Convergència i Unió* im November 2003 übernahm der Sozialist Pasqual Maragall die Führung einer Dreierkoalition (*tripartit*), an der neben den katalanischen Ökosozialisten auch die mittlerweile separatistisch orientierte *Esquerra Republicana de Catalunya* beteiligt war. Gestärkt durch das mit mehr als 16 Prozent beste Wahlergebnis seit der Transition, griffen die Linksrepublikaner ihre alte Forderung nach einer juristischen Rehabilitierung von Präsident Lluís Companys wieder auf und traten so neben der zivilgesellschaftlichen Erinnerungsbewegung als eine weitere *pressure group* der Zentralregierung gegenüber. Ein erstes Ergebnis dieser Bestrebungen war, daß die Vizeregierungschefin María Teresa Fernández de la Vega am 15. Oktober 2004 als erste Vertreterin der Zentralregierung am offiziellen Companys-Gedenken in der *Fossar de la Pedrera* teilnahm und bei dieser Gele-

---

minenter Vertreter der »nationalistischen« Deutung des Bürgerkrieges in Katalonien ist der im März 2008 verstorbene Josep Benet. Zu einer Kritik an Benet vgl. A. Canales Serrano, *Robo.*

29 Die *Fossar de la Pedrera* ist ein ehemaliger Steinbruch auf der Rückseite des Montjuïc-Berges in Barcelona, der neben Opfern der Luftangriffe und der revolutionären Gewalt während des Krieges für über 2000 Opfer der franquistischen Repression zur letzten Ruhestätte geworden ist. Noch während der Transition gründeten sich mehrere Bürgerinitativen von Angehörigen, die die Stadtregierung von Barcelona dazu bewegen konnten, das Gräberfeld in einen öffentlichen Friedhof umzuwandeln. In den Jahren 1984/85 verwandelte die Architektin Beth Galí das Gelände in eine parkähnliche Anlage, die auch ein schlichtes Mausoleum für die sterblichen Überreste von Companys beinhaltet.

30 In einer Umfrage von 1991 waren lediglich 34 Prozent der Befragten in der Lage, den Namen Lluís Companys historisch korrekt einzuordnen. Vgl. A. Strubell, *Joc,* S. 208 ff. Zur Bürgerkriegserinnerung in Katalonien vgl. S. Brinkmann, *Katalonien.*

Mausoleum für Lluís Companys im Fossar de la Pedrera (Montjuïc, Barcelona)
Foto: Sören Brinkmann

genheit versprach, eine »vollständige juristische Rehabilitation« des Ermordeten in die Wege zu leiten.[31]

Was die linkskatalanistische *Esquerra Republicana* betrifft, so bildet die Rehabilitierungsfrage allerdings nur einen Baustein in einem weitaus radikaleren Gesamtprogramm, das letztlich auf die Infragestellung der spanischen Monarchie und eine offene nationalistische Konfrontation mit Madrid abzielt. In einem Zeitungsartikel bekannte sich Joan Tardà, *Esquerra*-Abgeordneter im Madrider Parlament, ganz offen zur politischen Instrumentalisierung der Vergangenheitsarbeit: »[D]ie historische Erinnerung beschränkt sich nicht allein auf die Reparation der Opfer; sie muß auch die Anerkennung der republikanischen Werte zur Debatte stellen.«[32] Abgesehen von dem Versuch, die spanische Monarchie zu delegitimieren, nähren die politischen In-

---

31 Vgl. *El País* vom 16. Oktober 2004.
32 Vgl. *La Vanguardia* vom 20. Juli 2005.

Fossar de la Pedrera (Montjuïc, Barcelona)

Foto: Sören Brinkmann

itiativen der *Esquerra* auch die mythische Deutung des Bürgerkrieges als eines in erster Linie nationalen Krieges: So als ob der Bürgerkrieg keine innerkatalanischen Wurzeln gehabt hätte, forderten die Linksrepublikaner mit Blick auf die Erschießung von Präsident Companys im Mai 2004 eine Entschuldigung von der Zentralregierung. Und bald darauf wiederholte die Partei ihre Forderung, wenngleich es diesmal der spanische König sein sollte, der aufgrund seiner Rolle »als Verbindung zwischen der Diktatur und dem demokratischen Staat« um Entschuldigung bitten sollte.[33] Die Regierung Zapatero reagierte verständlicherweise mit Ablehnung, diesmal in seltenem Einklang mit dem *Partido Popular.*[34]

---

33 Vgl. *El País* vom 29. September 2004 sowie www.elmundo.es vom 18. November 2005.

34 Vgl. *Europa Press* vom 14. Mai 2004 und www.elmundo.es vom 18. November 2005.

Der Radikalisierung des nationalistischen Diskurses in Katalonien durch die Regierungsbeteiligung der Linksrepublikaner entspricht die lautstarke Renaissance eines spanischen Nationalismus, der nach Jahren der Diskreditierung durch die franquistische Erfahrung spätestens mit dem Wahlsieg von 1996 von konservativer Seite nach und nach wieder salonfähig gemacht wurde. Zu einem regelrechten *clash of nationalisms* kam es dabei vor kurzem im Streit um die sogenannten »Papiere von Salamanca«, einem Aktenbestand katalanischer Provenienz, der sich gemeinsam mit anderen Dokumenten von Parteien und Institutionen der Zweiten Republik der dreißiger Jahre seit Kriegsende im Besitz des Bürgerkriegsarchivs von Salamanca befand. Die ursprüngliche Aufgabe dieses Archivs war es, Informationen über die besiegten Gegner zu sammeln, um so die politischen Säuberungen der Nachkriegszeit zu systematisieren. Das Archiv war somit ursprünglich ein Instrument der franquistischen Repression, wandelte sich während der Transition dann aber zur landesweit wichtigsten Forschungsstelle über die Geschichte des Bürgerkrieges. Da der Archivbestand auch Dokumente enthielt, die die Existenz der katalanischen Autonomie der dreißiger Jahre dokumentieren, hatte die Regionalregierung bereits Ende der siebziger Jahre den Wunsch auf Rückgabe geäußert. Eine erste Abmachung von 1983 sah vor, den Katalanen Kopien zur Verfügung zu stellen. Die schleppende Umsetzung der Abmachung veranlaßte die sozialistische Zentralregierung nach einer Beschwerde aus Barcelona dann, 1995 die Rückgabe aller Originaldokumente zu beschließen. Mit dem Wahlsieg der Konservativen ein Jahr später verschoben sich die regionalpolitischen Sympathien der Madrider Regierung jedoch zugunsten der ebenfalls konservativ regierten Region Kastilien-León, woraufhin die Entscheidung der Vorgängerregierung wieder rückgängig gemacht wurde.

Den Fortgang der bizarren Fehde bestimmte nicht nur der neuerliche Regierungswechsel von 2004, sondern auch die große Protestbereitschaft in beiden Regionen. In Katalonien mobilisierte die sogenannte »Kommission der Würde« (*Comissió de la Dignitat*) die Massen, woraufhin die Regierung Zapatero erneut unabhängige Experten zu Rate zog. Diese stimmten schließlich mit klarer Mehrheit für die Rückgabe, was in Kastilien-León zu hysterischer Empörung führte. Während der Bürgermeister der vom *Partido Popular* regierten Stadt Salamanca im Frühjahr 2005 den Ombudsmann (*Defensor del*

Pueblo) und dann sogar die UNESCO um Hilfe anrief, versuchte die konservative Regionalregierung, die zum staatlichen Kulturbesitz zählenden Archivalien per Gesetz buchstäblich einzumauern. Den Höhepunkt der kollektiven Erregung bildete eine weitere Protestdemonstration in der 160000 Einwohner-Stadt Salamanca, die im Juni 2005 unter der Führung der Volkspartei mehr als 80000 Demonstranten auf die Straßen brachte. Das offizielle Motto lautete dabei nicht etwa »Für die Einheit des Archivs«, sondern nur »Für die Einheit«, und zahllose Transparente mit der Aufschrift »Spanien und Archiv = Einheit« ließen keinen Zweifel daran, daß die Initiatoren hier exemplarisch auch eine prinzipielle Haltung gegenüber Katalonien bzw. gegenüber dem katalanischen Nationalismus zum Ausdruck bringen wollten.[35]

Diese völlig unverhältnismäßige symbolische Aufladung einer Forschungsstelle, von deren Existenz viele Demonstranten vermutlich erst kurz zuvor erfahren hatten, provoziert geradezu zum Widerspruch. Denn von der Entstehungsgeschichte des Archivs aus betrachtet, läßt dessen Assoziation mit der nationalen Einheit Spaniens nur die Deutung zu, daß hier das autoritäre und exklusiv kastilische Spanien Francos gemeint sein konnte. Die gewaltige Protestbereitschaft in Salamanca ist nicht zu verstehen ohne den Verweis auf die fast parallel zu den Rückgabeverhandlungen laufende politische Debatte um ein neues katalanisches Autonomiestatut. Noch im Wahlkampf 2003 hatte Zapatero in Barcelona seine politische Unterstützung für eine Reform der katalanischen Autonomie in Aussicht gestellt. Der vom *tripartit* dann im September 2005 vorgelegte Entwurf enthielt jedoch mehrere Passagen, deren Konformität mit der spanischen Verfassung in Zweifel stand. Die Folge war nicht nur eine langwierige und konfliktreiche Parlamentsdebatte, sondern auch eine wesentlich vom *Partido Popular* betriebene, landesweite antikatalanistische Mobilisierung, in die sich der Streit um die »Papiere von Salamanca« glänzend einfügte. Letzterer endete jedoch lange vor dem Abschluß der Statutsdebatte mit einem entsprechenden Rückgabegesetz, das am 15. September 2005 schließlich vom spanischen Parlament verabschiedet wurde.[36] Erst ein halbes

35 Vgl. *El País* vom 12. Juni 2005.

36 Die Rückführung der katalanischen Aktenbestände wurde Anfang 2008 endgültig abgeschlossen. Ähnlich begründete Ansprüche anderer Regionen hatte die Kul-

Jahr später endete dann die parlamentarische Debatte um den Statutsentwurf, der schließlich im März gegen die Stimmen des *Partido Popular* den Kongreß passieren sollte. Höchst unzufrieden mit dem Endergebnis war bei dieser Gelegenheit die *Esquerra Republicana,* die ihren Protest mit Stimmenthaltung im Parlament zum Ausdruck brachte. Als die Parteiführung der Linksrepublikaner ihren Wählern mit Blick auf die Volksabstimmung in Katalonien im Juni 2006 dann auch noch ein ablehnendes Votum nahelegte, kam es zum politischen Eklat, der wenig später im Bruch des *tripartit* endete.

Die katalanischen Neuwahlen Ende 2006 führten wider Erwarten nicht zu einer »großen Koalition« zwischen Sozialisten und gemäßigten Nationalisten, sondern zu einer Neuauflage des *tripartit,* der unter der Führung des Sozialisten José Montilla rasch auch den Druck in Sachen Vergangenheitspolitik wieder erhöhte. So bestand eine der ersten Maßnahmen der neuen *Generalitat* in der Wiederaufnahme des bereits zwei Jahre zuvor vorgestellten Projektes einer historischen Mahn- und Erinnerungsstätte zur jüngeren Geschichte. Aufgabe dieses sogenannten *Memorial Democràtic* sei – nach den Worten von Joan Saura, dem Präsidenten der Ökosozialisten und zuständigen *conseller* – die Darstellung und Verbreitung der katalanischen Zeitgeschichte seit der Zweiten Republik unter besonderer Berücksichtigung der franquistischen Repression und des Kampfes für die demokratischen Freiheiten. Wenig später kündigte die *Generalitat* außerdem an, einen Gesetzentwurf für die Öffnung der insgesamt 179 in Katalonien identifizierten Massengräber der Bürgerkriegszeit vorzubereiten.[37] Die Initiative stützte sich auf einen Artikel im neuen Autonomiestatut, das der *Generalitat* erlaubt, »alle Bürger, die aufgrund der Verteidigung der Demokratie und der Autonomieregierung von Katalonien verfolgt

---

tusministerin Carmen Calvo übrigens ausdrücklich zurückgewiesen. Die katalanische Ausnahme begründete sie mit der besonderen Qualität der Dokumente, die u. a. die singuläre Existenz Kataloniens als historische Autonomie bezeugen. Vgl. *El País* vom 16. September 2005.

37 Geschätzt wird, daß in den 179 anonymen Massengräbern in Katalonien rund 9000 Personen beerdigt sind. Die große Mehrheit dieser Toten waren Soldaten, die bei der Eroberung Kataloniens vom Herbst 1938 bis zum Februar 1939 ums Leben kamen. Rund die Hälfte der Gräber befindet sich daher auch auf Friedhöfen. Vgl. www.elperiodico.com vom 18. März 2007.

wurden«, zu rehabilitieren. Zugleich sollten diese Vorstöße offenbar den Druck auf das Madrider Parlament erhöhen, um so den stagnierenden Beratungen über das von der sozialistischen Regierung geplante Entschädigungsgesetz einen neuen Impuls zu verleihen.

Kritik an diesen Plänen kam diesmal nicht nur von seiten der spanischen Rechten, sondern auch aus den Reihen von *Convergència i Unió*. Anders als der *Partido Popular* verweigerten sich die katalanischen Konservativen zwar nicht grundsätzlich, äußerten jedoch starke Zweifel an der politischen Ausgewogenheit des künftigen *Memorial Democràtic*. So sorgte man sich im bürgerlichen Lager wohl nicht zu Unrecht um die Vergeßlichkeit des *tripartit* hinsichtlich der Opfer der revolutionären Gewalt und der stalinistischen Säuberungen im innerkatalanischen Machtkampf während des Krieges. Und für Unverständnis hatte außerdem die Weigerung der Linken gesorgt, den Christdemokraten Manuel Carrasco i Formiguera[38] als Opfer des Franquismus anzuerkennen.[39] Anfang Juni 2007 beschloß die Koalitionsregierung dann jedoch einige Änderungen, die darauf abzielten, unter Beibehaltung einer klaren ethischen Differenzierung zwischen beiden Kriegslagern auch die Opfer politischer Gewalt in der »republikanischen Etappe« mit zu berücksichtigen. Darüber hinaus sieht der Entwurf nun vor, das Leitungsgremium des künftigen *Memorial Democràtic* nicht der *Generalitat*, sondern dem katalanischen Parlament zu unterstellen, um so dessen politische Unabhängigkeit zu gewährleisten. Mit diesen Modifikationen hat der *tripartit* die beiden Kernforderungen der bür-

---

38 Manuel Carrasco i Formiguera war ein führendes Mitglied der *Unió Democràtica de Catalunya*, einer kleinen christlich-katalanistischen Partei, die politisch zwischen der republikanisch-laizistischen *Esquerra Republicana* und der großbürgerlich-konservativen *Lliga Catalana* stand. Bei Ausbruch des Krieges hielt die *Unió Democràtica* loyal zur Republik und zur katalanischen Regionalregierung, wurde jedoch zu einem Ziel des gewalttätigen Antiklerikalismus der Anarchosyndikalisten und des POUM. Um Carrasco vor der Bedrohung zu schützen, schickte die katalanische Regierung ihn als Handelsvertreter ins Baskenland. Auf der Fahrt dorthin fiel Carrasco den »Nationalen« in die Hände und wurde schließlich im Frühjahr 1938 und gegen den Einspruch des Vatikans hingerichtet. Die *Unió Democràtica* existiert bis heute als Juniorpartner des Parteienbündnisses *Convergència i Unió*. Vgl. H. Raguer, *Catòlics*.

39 Zur Kritik an den ursprünglichen Plänen des *tripartit* vgl. den Beitrag von Jordi Pujol in *La Vanguardia* vom 14. Dezember 2006 sowie F.-M. Álvaro, *Guerra*.

gerlichen Katalanisten erfüllt und sich – wie es der Abgeordnete der Ökosozialisten, Jaume Bosch, formulierte – schließlich der Herausforderung gestellt, deutlicher als je zuvor »die Geschichte in ihrer Gesamtheit anzunehmen«.[40]

3. Erinnerungspolitik seit 2004: der schwierige Weg zum Reparationsgesetz

Auf Nationaler Ebene blieb die Hoffnung der Bürgerinitiativen, von der seit 2004 amtierenden Regierung Zapatero rasche finanzielle Unterstützung für ihre Arbeit zu erhalten, zunächst unerfüllt. Dreimal hatte die zuständige Kommission unter Vorsitz der Vizeregierungschefin, María Teresa Fernández de la Vega, ihre eigenen Terminvorgaben für die Präsentation eines entsprechenden Gesetzentwurfs nicht einhalten können.[41] Dabei lag es offenkundig nicht am Eifer der Kommission, die bereits im Frühjahr rund 40 Sitzungen und Anhörungen absolviert hatte. Vielmehr erwies sich die Materie selbst als in wachsendem Maße komplex, was nicht zuletzt auf die lebhafte Lobbyarbeit der Bürgerinitiativen zurückzuführen war. Bis Mitte April 2005 hatte die Kommission nach eigenen Angaben fast 700 Schreiben erhalten, die die unterschiedlichsten Wünsche und Anliegen von Verbänden und Institutionen aus dem ganzen Land dokumentieren. Mit dieser Vorschlagsflut und der erklärten Absicht der Kommission, die Gesamtheit der so vielfältigen Opferschicksale aus vier Dekaden Geschichte zu berücksichtigen, waren die Ansprüche an das geplante Gesetzesprojekt jedoch fast ins Unermeßliche gewachsen.

Aus Sicht der Bürgerinitiativen stand ganz oben auf der Wunschliste die finanzielle Beteiligung des Staates an der Exhumierung der anonymen Massengräber. Dabei wird die Zahl der Opfer der franquistischen Repression nach den Ergebnissen eines von dem Historiker Francisco Espinosa Maestre geleiteten Forschungsprojektes mit dem Titel *Alle Namen* mittlerweile auf bis zu 143 000 geschätzt.[42] In einer

---

40 Vgl. hierzu *El País* vom 8. Juni 2007, *Europa Press* vom 28. April 2007 und www.terra.es vom 20. März 2007.

41 Ursprünglich war geplant, noch vor dem Sommer 2005 die Kommissionsergebnisse zu veröffentlichen. Vgl. *El País* vom 16. März 2005.

42 Vgl. hierzu http://www.todoslosnombres.org/.

Stellungnahme gegenüber *Agence France Presse* vom Herbst 2005 nannte Emilio Silva die Zahl von 551 Verschwundenen, die die von ihm gegründete ARMH landesweit aus insgesamt 73 anonymen Gräbern geborgen habe. In parallelen, vom *Foro por la Memoria* unterstützten Exhumierungen seien die sterblichen Überreste von weiteren 50 Bürgerkriegsopfern identifiziert worden. Zugleich waren bei dieser Organisation mehr als 5000 Hilfsanfragen von Angehörigen im Krieg Verschwundener eingegangen.[43] Gefordert wird daher, der Staat solle nicht nur finanzielle Mittel, sondern auch Gerichtsmediziner und eine entsprechende Infrastruktur bereitstellen, um die Aufgabe »internationalen Maßstäben« entsprechend bewältigen zu können.

Ebenso wichtig und – angesichts des hohen Alters vieler Betroffener – dringlich erschien eine endgültige Regelung von Entschädigungs- und Pensionsansprüchen zugunsten der verschiedenen Opfergruppen. Im Sinne der Versöhnungspolitik wurde hier von staatlicher Seite bereits einiges unternommen, Opfergruppen beklagen aber weiterhin die relativ geringen Leistungen sowie zahlreiche Lücken in der Gesetzgebung. Im Falle von politischen Häftlingen des Franquismus etwa hatte die Regierung González 1990 ein entsprechendes Entschädigungsgesetz verabschiedet, das allerdings nur diejenigen berücksichtigte, die mindestens drei Jahre inhaftiert waren und zum Zeitpunkt der Gesetzgebung ein Alter von mindestens 65 Jahren erreicht hatten. Auf eine Empfehlung des Ombudsmannes hin begannen dann seit 1996 die Regierungen der 17 Autonomen Gemeinschaften, eigene Regelungen zu verabschieden, die die Lücken in der zentralstaatlichen Gesetzgebung mehr oder minder großzügig ausfüllten.[44] Ebenso lückenhaft ist bisher auch die Gesetzgebung zur Rückerstattung von durch das Franco-Regime beschlagnahmtem Privateigentum, insofern diese lediglich die Ansprüche von Parteien und Gewerkschaften, nicht aber die von Pri-

---

43 Vgl. *Agence France Presse* vom 27. Oktober 2005 und *La Voz de Asturias* vom 14. November 2005.

44 Von den 17 Autonomen Gemeinschaften hatten sich nur die Extremadura und das von dem einstigen Minister Francos, Manuel Fraga Iribarne, regierte Galicien einer Entschädigungsregelung verweigert. Seit dessen Abwahl im Juni 2005 und der Regierungsübernahme durch eine Koalition aus Sozialisten und galicischen Nationalisten können sich die Opfergruppen nun auch dort berechtigte Hoffnung auf Anerkennung ihrer Ansprüche machen. Vgl. *La Opinión A Coruña digital* vom 13. November 2005.

vatpersonen und anderweitigen Institutionen berücksichtigte. Völlig ohne gesetzliche Anerkennung blieb dagegen das Schicksal von Folteropfern sowie von den bis zu 400 000 geschätzten Zwangsarbeitern, deren Arbeitskraft in verschiedenen staatlichen Infrastrukturprojekten wie dem erwähnten Guadalquivir-Kanal sowie von privaten Bauunternehmen ausgebeutet worden war.[45] Auf Anerkennung als Opfer des Franquismus warten auch die Exilanten, und schließlich stehen noch die Forderungen der *maquis,* jener antifranquistischen Guerrillakämpfer, im Raume, die den Status als reguläre Soldaten mit entsprechenden Pensionsleistungen beanspruchen.[46]

Zu den vielfältigen Reparationsansprüchen von seiten der Betroffenen kommen außerdem Forderungen technischer Art wie diejenige hinzu, die Stätten anonymer Massengräber möglichst unbürokratisch auch *de iure* in Friedhöfe umwandeln zu können. Von Angehörigen vielfach vorgetragen wurde des weiteren die Forderung nach einer vollständigen Öffnung aller zivilen und Militärarchive, die Aufschluß über die franquistische Repression geben können. Bekannt ist, daß verschiedene Stellen lange vor dem Tod des Diktators mit der Vernichtung entsprechender Archivalien begonnen hatten, und daß viele Archive ihre Bestände bis in die jüngste Zeit hinein bestimmten Gruppen systematisch vorenthielten. Die Verbände verlangten daher freien Zugang und im besten Fall eine Zusammenfassung aller verbliebenen Dokumente von Gerichten, Polizei und Militär in einem zentralen Bürgerkriegs- und Diktaturarchiv. Und schließlich erhob die Bewegung Anspruch auf Mitsprache bei der Gestaltung und Vermittlung einer offiziellen Erinnerungskultur. Dabei reichten die Vorschläge von der Einrichtung offizieller Gedenkstätten für die Repressionsopfer

45 Auf Vorschlag des Linksbündnisses *Izquierda Unida* würdigte das Parlament im Jahr 2002 einmütig das Schicksal der sogenannten Sklaven des Franquismus. Speziellen Entschädigungen in bezug auf den Tatbestand der Zwangsarbeit verweigerte sich jedoch die Mehrheitsfraktion des *Partido Popular*. Kompensationsleistungen sind daher nur im Rahmen der Entschädigungsregelungen für politische Häftlinge möglich. Vgl. hierzu *El País* vom 25. Oktober 2002. Zur Zwangsarbeit im frühen Franquismus vgl. Kap. II 3. *Konzentrationslager, Haftanstalten und Zwangsarbeiter* in diesem Buch.

46 Im Juni 2005 brachten die katalanischen und baskischen Nationalistenparteien einen entsprechenden Gesetzentwurf ein. Vgl. *Europa Press* vom 2. Juni 2005.

über die Revision der Schulgeschichtsbücher bis hin zur Festlegung eines gesetzlichen Gedenktages für die Opfer des Franquismus und des antifranquistischen Widerstands.[47]

Politisch besonders heikel war der Forderungskatalog der Opfergruppen überall dort, wo er grundlegende juristische Fragen wie die der fortdauernden Gültigkeit der franquistischen Rechtsprechung tangierte. Klar zutage trat dies im Falle jener zahlreichen, politisch motivierten Todesurteile, die während und nach Ende des Krieges von Militärtribunalen und anderen Gerichten des franquistischen Regimes gefällt worden waren, die sogenannten *juicios sumarísimos*. Bereits mehrfach waren Angehörige mit dem Versuch gescheitert, vor den zuständigen Gerichten eine Revision solcher Urteile zu erreichen. Ein besonders prominenter Fall war hier der des 1974 zum Tode durch die Garotte verurteilten katalanischen Anarchisten Salvador Puig Antich.[48] Das Scheitern dieser und anderer Revisionsverfahren verwies auf die Notwendigkeit einer grundlegenden Veränderung des Rechtsrahmens, der nur durch Parlamentsbeschluß erreichbar schien. Bereits im September 2003 hatte daher die sozialistische Parlamentsfraktion den Versuch unternommen, die Todesurteile der franquistischen Standgerichte per Gesetz zu annullieren. Das Vorhaben scheiterte jedoch an der konservativen Mehrheit.[49] Aus Sicht von Menschenrechtsorganisationen wie *Amnesty International* und *Equipo Nizkor*, die sich ebenfalls in die Debatte eingeschaltet hatten, ist es mit Revisionen und partiellen Urteilsaufhebungen allein jedoch nicht getan. Vielmehr fordern sie unter Berufung auf internationales Recht die vollständige Annullierung aller politisch diskriminierenden Urteile der franquistischen Rechtsprechung.[50] Den brisantesten Aspekt im Forderungskatalog der

---

47 So etwa das *Foro por la Memoria* in einer Verlautbarung vom 28. September 2004. Vgl. http://www.foroporlamemoria.info.

48 Der Grund für das Todesurteil war der Tod eines Polizisten, der bei der Festnahme von Puig Antich ums Leben gekommen war. Allerdings bestanden von Anfang an berechtigte Zweifel an der Schuld von Puig Antich, weshalb die Angehörigen sich in jüngster Zeit mehrfach erfolglos um eine Verfahrensrevision bemüht hatten.

49 Vgl. hierzu Amnistía Internacional, *España*, S. 55 f.

50 Diese Forderung hatten übrigens auch namhafte Rechtswissenschaftler wie Carlos Castresana Fernández (in: *El País* vom 18. November 2004) und José Antonio Martín Pallín (in: *El País* vom 15. Juni 2004) erhoben.

Menschenrechtsverbände stellt aber wohl der Anspruch auf eine rückhaltlose Aufklärung aller Menschenrechtsverletzungen der franquistischen Diktatur dar. Denn dies schließt zweifellos auch die strafrechtliche Verfolgung der Täter mit ein und würde so einen Grundpfeiler der Transition, namentlich: die im Herbst 1977 per Amnestiegesetz verbriefte Straflosigkeit, die *impunidad,* aufkündigen.[51]

Angesichts der Komplexität der Materie sowie der ihr innewohnenden politischen Symbolik waren die Verzögerungen kaum überraschend. Mit der vom spanischen Parlament im Juni beschlossenen Deklaration des Jahres 2006 zum »Jahr der Erinnerung« war ein Zurück jedoch nun auch aus Prestigegründen nicht mehr möglich. Und tatsächlich, nach fast zwei Jahren Kommissionsarbeit sollte die Regierung Ende Juli 2006, am letzten Sitzungstag vor der Sommerpause, dann endlich einen entsprechenden Gesetzentwurf präsentieren. Timing und Inhalt zielten dabei offenkundig auf das Wohlwollen der konservativen Opposition.[52] Denn anstelle einer expliziten Bewertung der franquistischen Diktatur enthielt die Präambel des Entwurfs eine allgemeine Verurteilung von Gewalt als Mittel der Politik, und in gleicher Weise richtete sich der Gesetzestext nicht an eine bestimmte Opfergruppe, sondern an alle, die in der jüngeren spanischen Geschichte Opfer von politisch motivierter Gewalt und Verfolgung geworden waren. Obgleich die eigentliche Zielgruppe weiterhin die Opfer des Franquismus blieben, versuchte die Regierung also, die Reparationspolitik eingedenk der Mitverantwortung der Linken für den Kriegsausbruch an die Versöhnungspolitik der Transition anzuschließen und auf jede einseitige Schuldzuweisung explizit zu verzichten.[53]

Wie sich bereits zuvor deutlich abgezeichnet hatte, sollten die Zugeständnisse an die Adresse der konservativen Opposition nicht belohnt werden. Statt dessen bezeichnete Mariano Rajoy, der Führer des

---

51 Vgl. hierzu Equipo Nizkor, *Cuestión* und Amnistía Internacional, *España.* Dieser Forderung schloß sich auch das *Foro por la Memoria* an.

52 Für die Präsentation des Gesetzentwurfs hatte man zuvor drei symbolische Daten – den 75. Gründungstag der Zweiten Republik am 14. April, die Deklaration des Jahres 2006 zum »Jahr der Erinnerung« am 22. Juni und den Jahrestag des Kriegsausbruchs am 18. Juli – verstreichen lassen, offenkundig in der Absicht, möglichst wenig Aufsehen zu erregen.

53 Vgl. hierzu Consejo de Ministros, *Proyecto.*

Partido Popular, die Regierungspläne als »enormen Fehler« und warf Zapatero zum wiederholten Male vor, »alte Wunden aufzureißen« und die Ergebnisse der Transition revidieren zu wollen. Ein noch deutlich schwereres Kaliber fuhr der ehemalige Regierungschef José María Aznar auf, als er auf einer Wahlkampfveranstaltung in der Provinz Zaragoza im Mai 2007 mit Blick auf die Vergangenheitspolitik der Regierung sagte: »Zapatero hat erreicht, daß die eine Hälfte Spaniens die andere Hälfte nicht mehr akzeptiert. Genau das politische Schema, das uns vor 70 Jahren zum schlimmsten Moment unserer Geschichte führte, will man nun wiederholen.«[54] Die Anspielung auf den Bürgerkrieg war offenkundig, und dementsprechend wurde sie auch von den Medien interpretiert. Die kuriose Pointe der Affäre war indes, daß die sozialistennahe Tageszeitung *El País* am folgenden Tag richtig stellen mußte, daß Aznar den Begriff »Bürgerkrieg« nicht gebraucht habe.

Weshalb aber sperrte sich die Volkspartei auch jetzt noch so hartnäckig gegen jede Art der historischen Wiedergutmachung? Und warum beharren ihre Führer auf der Weigerung, ein Regime zu verurteilen, das nach allen Kriterien des internationalen Rechts als Unrechtsstaat gelten muß? Zu den bereits an anderer Stelle genannten Gründen gesellte sich seit der vermeintlich unverdienten Wahlniederlage vom März 2004 die Absicht der Führungsspitze des *Partido Popular,* von nun an eine Frontalopposition gegen die Regierung zu fahren. Im Fadenkreuz stand dabei – neben der Vergangenheitspolitik und verschiedenen anderen Reformprojekten der Sozialisten – die politische Bewältigung der islamistischen Terroranschläge von Madrid, die zumindest indirekt für den Wahlsieg Zapateros verantwortlich waren. Die Angriffe auf die Regierung reichten hier von dem Vorwurf einer bewußten Instrumentalisierung der Anschläge bis hin zu dem Versuch, deren Urheber mit der baskischen Separatistenorganisation ETA in Verbindung zu bringen[55], um so die auf eine Verhandlungslösung ausgerichtete Antiterrorpolitik der Regierung in bezug auf das Baskenland zu

54 Vgl. www.elpais.com vom 24. Mai 2007.

55 Im Laufe der mehr als zweijährigen polizeilichen Untersuchungen haben sich alle Verdachtsmomente in dieser Hinsicht als haltlos erwiesen. Dennoch finden sich im konservativen Lager bis zum heutigen Tag namhafte Verfechter dieser Theorie.

diskreditieren. Ein wichtiger Helfershelfer hierbei war der »Verband der Opfer des Terrorismus« (*Asociación de Víctimas del Terrorismo*, AVT), der als Vertreter von Opfern des ETA-Terrors und der Madrider Anschläge auf mehreren Großdemonstrationen gegen die Regierungspolitik gleichsam als Lautsprecher des Partido Popular fungierte. Zwar hatte sich die deutlich größere Zahl der Opferangehörigen des 11. März ursprünglich anderen, eher links stehenden Verbänden angeschlossen. Mit ihrer klaren ideologischen Parteinahme auch weit jenseits der eigentlichen Verbandsinteressen und ihrer medialen Präsenz ist es der AVT unter ihrem damaligen Präsidenten Francisco José de Alcaraz jedoch gelungen, ein wichtiges Feld zu besetzen und gleichsam als asymmetrische Antwort auf die Opferrhetorik der Erinnerungsbewegung das moralische Kapital der Opfer des Terrorismus für das konservative Lager zu aktivieren.

Abgesehen von der Konkurrenz des konservativen Opferdiskurses der AVT wird der ethische Anspruch der Erinnerungsbewegung auf derselben Ebene der Vergangenheit noch durch einen weiteren Akteur in Frage gestellt, die katholische Kirche. In den letzten Jahren der franquistischen Diktatur hatte sich die Kirchenhierarchie, wie erwähnt, mehrheitlich vom Regime distanziert und 1971 in einer aufsehenerregenden Erklärung mit Blick auf den berüchtigten Hirtenbrief der spanischen Bischöfe vom 1. Juli 1937 Fehlverhalten im Bürgerkrieg eingeräumt und um Verzeihung gebeten. In einer pastoralen Stellungnahme zur »aktuellen Situation Spaniens« vom November 2006 diagnostizierten die Bischöfe nun jedoch mit Blick auf die Pläne der Regierung eine Instrumentalisierung »der historischen Erinnerung in selektivem Geist«, die alte Wunden aufreiße. Zugleich fand am 28. Oktober 2007 das Seeligsprechungsverfahren für insgesamt 498 »Märtyrer des 20. Jahrhunderts« in einer großen Pilgerfahrt spanischer Katholiken nach Rom seinen Höhepunkt. Bei den Märtyrern handelte es sich fast ausnahmslos um Opfer der religiösen Verfolgungen aus der Zeit des Bürgerkrieges, deren Beatifikation allerdings in keinem Zusammenhang mit der aktuellen politischen Konjunktur in Spanien stehe, wie die spanische Bischofskonferenz zuvor immer wieder beteuert hatte.[56]

---

56 Vgl. www.elpais.com vom 27. April 2007.

Zwar ist die Befürchtung, daß angesichts der aktuellen, von der Linken dominierten Erinnerungskonjunktur die Opfer der revolutionären Gewalt in der republikanischen Zone in Vergessenheit geraten könnten, nicht gänzlich unbegründet. Der Rückfall in »nationalkatholische« Terminologie und Symboliken unterstreicht andererseits jedoch nur die lang zuvor vollzogene ideologische Verhärtung des spanischen Katholizismus. Weithin unfähig zum gesellschaftlichen Dialog, flüchten sich Teile der Kirchenhierarchie in politischen Aktivismus, der seit der Regierungsübernahme der Sozialisten im Jahr 2004 vor allem darauf abzielt, die Frontalopposition des *Partido Popular* in zentralen gesellschaftspolitischen Feldern zu flankieren. Im Bereich der Vergangenheitspolitik wurde diese Komplizenschaft erst vor kurzem in der von den Konservativen regierten Stadt Valencia offenbar. Dort hatte eine Bürgerinitiative im Frühjahr 2006 wochenlang gegen den Beschluß der Stadtregierung angekämpft, ein anonymes Massengrab mit Opfern der franquistischen Repression auf dem städtischen Friedhof mit neuen Grabnischen zu überbauen. Erst eine richterliche Anordnung stoppte die uneinsichtige Stadtregierung, die andererseits gerade dem Erzbischof von Valencia eine ehemalige Fabrikhalle nahe der Renommier-Zone der neuen »Kunst- und Wissenschaftsstadt« überlassen hatte, um dort ein Mausoleum für 226 »durch den Haß auf den Glauben« im Bürgerkrieg ermordete Valencianer einzurichten.[57]

Für den bewußten Vorsatz, die vergangenheitspolitische Debatte weiter zu polarisieren, ist wohl kaum ein stärkerer Beleg zu finden, als die Instrumentalisierung der Toten. Mit Blick auf die spanische Gesellschaft insgesamt ist jedoch festzuhalten, daß die Kirche seit der Transition dramatisch an Einfluß verloren hat, und daß ihre Einmischung in die Tagespolitik von einer großen Mehrheit der Bevölkerung keinesfalls goutiert wird. Darüber hinaus dürfte auch das provokante Auftreten des *Partido Popular* als Sachwalter des franquistischen Erbes in der spanischen Bevölkerung kaum auf mehrheitliche Zustimmung stoßen. An anderer Stelle wurde aber auch auf das, in entsprechenden Umfragen immer wieder aufscheinende Wohlwollen vieler Spanier gegenüber der Diktatur hingewiesen, wodurch eine klare ethische Ver-

57 Vgl. hierzu *El País* vom 2. Juli 2007.

urteilung erschwert wird. Für den öffentlichen Umgang mit der Vergangenheit hat dies beträchtliche Konsequenzen, insofern es der Volkspartei offenkundig erlaubt, gezielt das katholische und erzkonservative Milieu anzusprechen, ohne dabei größere Sympathieverluste in der politischen Mitte befürchten zu müssen. Die Motivation für den *Partido Popular* wiederum entspringt dabei zweifellos dessen Herkunft aus Teilen des franquistischen Establishments, die sich als eine Art soziologischer Kontinuität in den Führungszirkeln der Partei teilweise bis heute fortsetzt. Die Ehrenpräsidentschaft des Parteigründers Manuel Fraga Iribarne, der sich in den sechziger Jahren bereits als Informations- und Tourismusminister des Franco-Regimes hervorgetan hatte, ist hierfür nur der offenkundigste Beleg. Die Verurteilung des Franquismus als Unrechtsstaat dürfte daher den persönlichen und familiengeschichtlichen Identitäten vieler führender Vertreter des *Partido Popular* widersprechen. Darüber hinaus steht eine derartige Positionierung im Widerspruch zu den wahlstrategischen Interessen der Partei, insofern diese auch weiterhin daran interessiert sein dürfte, die erzkonservativen Ränder des Wählerspektrums zu integrieren. Tatsache ist jedenfalls, daß seit der Transition keine der vielen rechtsextremen Splitterparteien, die in Spanien existieren, auch nur in die Nähe einer parlamentarischen Repräsentation gelangen konnte.

Um den Druck auf die politischen Entscheidungsträger im konservativen Lager zu erhöhen, hat man auf seiten der Linken wiederholt erfolgreich versucht, den Anspruch auf Erinnerung und Reparation zu internationalisieren. Anfang Juli 2006 und somit unmittelbar vor dem 70. Jahrestag des Bürgerkriegsausbruchs verurteilte das EU-Parlament mit einer formalen Erklärung die Franco-Diktatur. Interessant zu beobachten war dabei, daß die spanischen Konservativen zumindest bei dieser Gelegenheit kurz ins »europäische Abseits« gerieten: Nach der Intervention des polnischen Abgeordneten Maciej Giertych von der ultrakonservativen »Liga der polnischen Familien«, der Franco als Retter des christlichen Abendlandes lobte, blieben die spanischen Abgeordneten auch innerhalb der Europäischen Volkspartei allein mit ihrer Weigerung, den Franquismus zu verurteilen. Auswirkungen auf die innerspanische Debatte hatte all dies jedoch nicht.

Während der Versuch der Sozialisten, die konservative Opposition für ihre vergangenheitspolitische Initiative zu gewinnen, ins Leere lief, hatte sich auf der Linken bereits eine zweite Front gegen das Projekt geöffnet. Vertreter von Verbänden und Parteien kritisierten, daß die Kommission in einigen wichtigen Aspekten weit hinter den Forderungen von Bürgerinitiativen und Menschenrechtsgruppen zurückgeblieben war. Die ebenso zentrale wie komplexe Frage einer gesetzlichen Annullierung aller militärischen Standgerichtsurteile des Regimes etwa wollte die Regierung mit der Schaffung eines Rehabilitierungsausschusses ohne juristische Kompetenzen umgehen. Kritisiert wurde außerdem, daß der Staat trotz der Ankündigung finanzieller Hilfen und infrastruktureller Unterstützung die Exhumierung von anonymen Massengräbern weiterhin in der Verantwortung zivilgesellschaftlicher Akteure belassen wollte, und daß er aus Furcht vor politischen Konflikten in den Gemeinden auf eine obligatorische Entfernung der letzten franquistischen Herrschaftszeichen aus dem öffentlichen Raum verzichtete.[58] Für *Amnesty International* indes bestand die eigentliche Problematik darin, daß der Vorschlag der Regierung eine juristische und strafrechtliche Aufarbeitung der franquistischen Gewalt verhindere und so den Täterschutz des Amnestiegesetzes von 1977 fortschreibe, weshalb die Organisation den Entwurf als »Schlußstrichgesetz«, als *Ley de Punto Final,* denunzierte.[59]

Trotz der geradezu utopischen Qualität, die die Forderung nach einer strafrechtlichen Aufarbeitung der Franco-Diktatur in der gegenwärtigen Situation hat, schlossen sich einige Teile der Erinnerungsbewegung dieser Bewertung an. Pate stand dabei jedoch nicht immer die reine Verpflichtung auf die Menschenrechte. Abgesehen von denjenigen, die in der Vergangenheitsarbeit vor allem nach familiengeschichtlicher Aufklärung suchen, hat die Bewegung mittlerweile viele politische Aktivisten angezogen, die die günstige Konjunktur für anderweitige Ziele zu nutzen suchen. Anders als die Pionierorganisation von Emilio Silva, die grundsätzlich um politische Neutralität bemüht ist, hat etwa das *Foro por la Memoria* unter der Führung von José

---

58 Zu den Kommentaren von Parteien und Verbänden vgl. www.elpais.com vom 3. August 2006.

59 Vgl. www.elmundo.es vom 16. November 2006. Als *Ley de Punto Final* wird für gewöhnlich das unter dem argentinischen Präsidenten Raúl Alfonsín 1986 beschlossene Gesetz über das Ende der Strafverfolgung aller an den Menschenrechtsverletzungen der Militärdiktatur beteiligten Soldaten und Offiziere in Argentinien bezeichnet.

María Pedreño, die Vergangenheitsarbeit stets ausdrücklich mit politischen Zielsetzungen verbunden. Fluchtpunkt all dessen ist der Frontalangriff auf die Transition, der von Linksintellektuellen wie Vicenç Navarro erst vor kurzem durch verschiedene Schriften in die öffentliche Debatte getragen worden ist.[60] »Das Amnestiegesetz von 1977 und alle nachfolgende Gesetzgebung, die auf ihrem Geist gründete«, schreibt Pedreño, »verhindern in der Gegenwart die Weiterentwicklung zu einer fortschrittlichen Demokratie...« Darüber hinaus glaubt der Präsident des Forums, »daß das spanische Königshaus hinter allem steht, was eine Untersuchung der Straffreiheit des franquistischen Regimes in unserem Land behindert...«[61]

Die Frage, was man sich unter einer »fortschrittlichen Demokratie« vorzustellen hat, beantwortet die seit einiger Zeit in weiten Teilen der Erinnerungsbewegung höchst populäre Verehrung für die Zweite Republik der dreißiger Jahre, die für viele längst zum idyllischen Gegenbild einer unbehaglichen Gegenwart geworden ist und so die messianische Forderung nach einer Dritten Republik nährt. Vorläufiger Höhepunkt dieser Begeisterung war der 75. Jahrestag der Proklamation der Zweiten Republik am 14. April 2006. Hatte die republikanische Geschichte wegen ihres fatalen Endes und ihrer Untauglichkeit als Vorbild für die postfranquistische Monarchie lange Zeit als Sperrzone der öffentlichen Erinnerung gegolten, so wurden ihr im April 2006 erstmals in fast dreißig Jahren Demokratie landesweit zahlreiche vorwiegend private Ausstellungen und Gedenkfeiern gewidmet. Und selbst die sozialistische Regierung ließ sich – gegen heftige Angriffe von rechts – zu einer schüchternen Rehabilitierung der Zweiten Republik als »wichtigste demokratische Erfahrung« und »unmittelbarsten Vorläufer« der gegenwärtigen Demokratie hinreißen.[62] Während die Sozialisten hiermit jedoch eher zur historischen Aufklärung über eine Schlüsselepoche der jüngeren Geschichte beitragen wollten, ging es vielen privaten Initiativen vor allem um unkritische Verklärung und die politische Absicht, die parlamentarische Monarchie der Gegenwart zu delegitimieren. Blickt man auf die Umfrageergebnisse zur Prä-

---

60 Vgl. hierzu V. Navarro, *Bienestar*, S. 209–216.
61 Vgl. J. Pedreño, *Memoria*.
62 Vgl. *ABC* vom 23. Juni 2006.

ferenz der Staatsform, so zeigt sich jedoch, daß kaum ein Viertel der spanischen Bevölkerung die Republik der Bourbonenmonarchie vorzieht. Zerlegt man die Ergebnisse allerdings nach der Altersstruktur der Befragten, so ergibt sich mit sinkendem Alter eine signifikant wachsende Präferenz für die Republik, die im Jahr 2005 bei der jüngsten Altersgruppe, der 18- bis 25-Jährigen, immerhin bei beachtlichen 38 Prozent lag.[63]

Fuß gefaßt hat dieser neue Republikanismus auch längst in der Politik. Abgesehen von der bereits an anderer Stelle erwähnten katalanischen *Esquerra Republicana* offenbart auch die Kommunistische Partei, der Mehrheitsträger des Parteienbündnisses *Izquierda Unida,* seit einiger Zeit klare Anzeichen, sich von der einst mit großer Mehrheit akzeptierten Monarchie zu distanzieren. Die achte, auf dem 17. Parteikongreß des PCE im Juni 2005 verabschiedete »politische These« reklamiert in diesem Sinne »die Erinnerung [der Opfer des Franquismus] und die Rehabilitierung all ihrer verletzten Rechte« als eine der notwendigen Bedingungen, »um den Zustand einer von oben bewilligten Demokratie vollständig zu überwinden«.[64]

Es ist zweifellos der Radikalisierung der Positionen auf der Linken wie auf der Rechten geschuldet, daß die Regierung auch nach der Präsentation ihres Gesetzentwurfs im Juli 2006 weiterhin mit größter Vorsicht zu Werke ging. Fast unbemerkt in dem Gewitter der kritischen Stimmen blieben indes die relativ moderaten Beurteilungen des Entwurfs seitens jener bürgerlichen Regionalparteien, die für eine Mehrheitsfindung im Parlament eine zentrale Rolle spielen würden. Anders als die spanischen Konservativen kündigten die Vertreter des baskischen *Partido Nacionalista Vasco* und der katalanischen *Convergència i Unió* an, bei der ersten Parlamentsabstimmung lediglich partielle Änderungsanträge einzubringen und so die parlamentarische Weiterbehandlung des Gesetzentwurfs sicherzustellen.[65] Am 14. Dezember 2006, fast ein halbes Jahr später, konnte der Entwurf auf diese Weise dann seine erste parlamentarische Hürde nehmen, während die Gegenanträge des *Partido Popular* und der *Esquerra Republicana* glei-

63 Vgl. die Umfrageergebnisse in www.elmundo.es vom 20. November 2005.
64 Vgl. hierzu http://www.pce.es/pcei_pl.php?id=512 (Juli 2008).
65 Vgl. *Avui* vom 29. Juli 2006.

chermaßen scheiterten. Definitiv fest stand damit aber auch, daß als Verhandlungspartner der Regierung nur das Linksbündnis und die bürgerlichen Nationalisten blieben. Und besonders letztere erhöhten jetzt ihren Preis und verlangten im Einklang mit *Izquierda Unida* u.a. die Annullierung der franquistischen Standgerichtsurteile.[66] Die hartnäckige Weigerung der Regierung, in dieser Frage nachzugeben, führte seit Jahresbeginn 2007 zu einer Verhandlungsblockade. Im April wurde die Öffentlichkeit dann von der Nachricht überrascht, daß Sozialisten und Linksbündnis ein Verhandlungsdurchbruch gelungen sei. Die Kompromißformel sah vor, die Standgerichtsurteile per Gesetz für »illegitim« zu erklären, um einerseits eine generelle Annullierung zu umgehen, andererseits aber dennoch den Weg für Verfahrensrevisionen in konkreten Einzelfällen zu öffnen und so die immer wieder von Familienangehörigen erhobene Forderung nach juristischer Rehabilitierung zu befriedigen.[67]

Um aber auch die erforderliche Unterstützung seitens der baskischen und katalanischen Nationalisten zu gewinnen, wurden an einigen Stellen des Gesetzentwurfs weitere Zugeständnisse nötig. Besonders die christdemokratische *Convergència i Unió* etwa forderte im Sinne des historischen Ausgleichs einen klaren Hinweis auf die antiklerikale Gewalt auf seiten der Republik, während die baskischen Nationalisten ihre Zustimmung außerdem von der Rückgabe der baskischen »Papiere von Salamanca« nach dem Vorbild Kataloniens abhängig machten.[68] Nachdem auch die Sommermonate ohne jeden Verhandlungsfortschritt verstrichen waren, begann die Zeit für das Reparationsgesetz angesichts des absehbaren Endes der Legislaturperiode im Dezember allmählich knapp zu werden. Und so wuchs noch einmal der Druck von seiten der Zivilgesellschaft, die sich in Form

---

66 Vgl. www.elpais.com vom 13. Dezember 2006.

67 Vgl. www.elpais.com vom 19. April 2007.

68 Ähnlich wie im Falle der katalanischen *Generalitat* der dreißiger Jahre umfaßt der Aktenbestand von Salamanca auch zentrale Dokumente der baskischen Autonomie, deren Rückgabe die Regierung aber bereits bei Abschluß der Verhandlungen mit Katalonien definitiv ausgeschlossen hatte, um eine weitere Auflösung des Bürgerkriegsarchivs von Salamanca zu verhindern.

von Manifesten und Aufrufen an die Politik wandte.[69] Was folgte, waren intensive Verhandlungen gegen die Uhr, die Ende September laut Zeitungsberichten aufgrund mangelnder Einigungsmöglichkeiten kurz vor dem Aus zu stehen schienen. Vermutlich war es schließlich aber doch die Einsicht, daß ein Scheitern in einer derart symbolträchtigen Angelegenheit wenige Monate vor den Parlamentswahlen im März 2008 allen Beteiligten schlecht zu Gesicht stehen würde. Davon abgesehen eröffnete der Abstimmungsmodus dieses Gesetzes, das im Parlament Artikel für Artikel beschlossen werden mußte, einen gewissen Spielraum für die Partner der Regierung, in bestimmten Sachfragen ihre Diskrepanz zum Ausdruck zu bringen.[70]

Nach einem weiteren Verhandlungsmarathon um kleinere Teilaspekte stand dann am Ende der ersten Oktoberwoche definitiv fest, daß das Gesetz mit der Zustimmung des Linksbündnisses und der bürgerlichen Nationalisten eine ausreichende Mehrheit finden würde, der sich zudem drei weitere Kleinstparteien anschließen wollten. Für eine kleine Überraschung sorgte die Vorabstimmung des Gesetzentwurfs in der Verfassungskommission am 17. Oktober, bei der der *Partido Popular* unter Beibehaltung seiner grundsätzlichen Ablehnung immerhin zwei Artikel des Gesetzes unterstützte. Diese betrafen einerseits die Erweiterung von Reparationsleistungen für die Repressionsopfer sowie andererseits die Entpolitisierung von Francos Mausoleum im *Valle de los Caídos*.[71] Vollständig in der Opposition blieb dagegen

---

69 Am 20. September präsentierten Vertreter der Bürgerinitiativen und namhafte Intellektuelle – darunter die Schriftstellerin Almudena Grandes und der britische Historiker Paul Preston – ein gemeinsames Manifest mit 500 Unterschriften, das die Regierung zur raschen Verabschiedung des Gesetzentwurfs aufrief. Vgl. www.elpais.com vom 31. August und 21. September 2007.

70 Im Gegensatz zu einem »Organgesetz« (*Ley orgánica*), das als Ganzes eine parlamentarische Mehrheit finden muß, handelte es sich im Falle des Reparationsgesetzes um ein einfaches Gesetz.

71 Der ursprüngliche Plan der Regierung, das *Valle de los Caídos* in ein zeitgeschichtliches Dokumentationszentrum zu verwandeln, hätte den Fortbestand der dortigen Benediktinerabtei bedroht, die von Anfang an als Hüter der Anlage fungiert hatte. Auf Intervention der christdemokratischen *Convergència i Unió* ließen die Sozialisten diesen Plan jedoch fallen und beschränkten sich auf das Verbot von politischen Kundgebungen, was offenbar auch der *Partido Popular* für zustimmungswürdig hielt. Vgl. www.elpais.com vom 8. und 18. Oktober 2007 sowie *La Vanguardia* vom 18. Oktober 2007.

Esquerra Republicana, die in der entscheidenden parlamentarischen Abstimmung am 31. Oktober alle Artikel des Gesetzes mit Gegenstimmen bedachte und seither nicht müde wurde, von »Betrug« zu sprechen. Damit fanden sich die katalanischen Linksrepublikaner in guter Gesellschaft mit einem beträchtlichen Teil der Bürgerinitiativen und Menschenrechtsorganisationen, die wie *Amnesty International* allenfalls eine graduelle Verbesserung in der Berücksichtigung der Opferrechte erkennen konnten.[72] Tatsache allerdings ist, daß viele der Kritiker des Gesetzes letztlich zu dessen größten Nutznießern zählen werden. Und fest steht ebenfalls, daß die wichtigsten Anliegen der Bürgerinitiativen in beträchtlichem Umfang Berücksichtigung gefunden haben: So wird die franquistische Diktatur erstmals offiziell als Unrechtsregime verurteilt; die Reparationsleistungen werden auf alle bislang nicht berücksichtigten Opfergruppen, darunter auch Homosexuelle, ausgedehnt; der Zugang zu den Archiven, die die franquistische Repression dokumentieren, wird erleichtert; der Staat verpflichtet sich, die Exhumierung von »Kriegsverschwundenen« aktiv zu unterstützen; alle Herrschaftszeichen des Franquismus müssen von öffentlichen Gebäuden entfernt werden[73]; das Bürgerkriegsarchiv von Salamanca wird um ein öffentliches Dokumentationszentrum erweitert; das *Valle de los Caídos* wird für politische Kundgebungen gesperrt und die berüchtigten Standgerichtsurteile können künftig vor den zuständigen Gerichten angefochten werden.[74] In der Summe besteht somit kein Zweifel daran, daß das Reparationsgesetz einen ernsthaften Paradigmenwechsel im offiziellen Umgang mit der jüngsten Vergangenheit darstellt.

---

72 Vgl. www.elpais.com vom 19. Oktober 2007.

73 Die entscheidende Parlamentsabstimmung brachte in dieser Hinsicht noch eine kleine Modifikation mit sich. Zuvor nämlich sah der Gesetzestext unter Androhung der Kürzung staatlicher Subventionen vor, auch private Institutionen zur Entfernung aller an den Franquismus erinnernden Symboliken zu verpflichten. Offenkundig zielte diese Bestimmung auf die katholische Kirche, in deren Verantwortung die zahllosen Gedenktafeln jener »Für Gott und Spanien Gefallenen« stehen. Auf Intervention von *Convergència i Unió* wurde dieser Passus jedoch gestrichen.

74 Vgl. den Wortlaut der Endfassung des Gesetzes im *Boletín Oficial del Estado* vom 27. Dezember 2007.

4. Die Zukunft der Erinnerung: eine Zwischenbilanz nach drei Jahren

ANGESICHTS DER VEHEMENTEN Auseinandersetzungen um die Vergangenheitspolitik während der vorangegangenen Legislaturperiode und der weiterhin ablehnenden Haltung der größten Oppositionspartei war der erneute Wahlsieg der Sozialisten im März 2008 mit Blick auf eine Inkraftsetzung der neuen Normen von entscheidender Bedeutung. Doch auch nach Beginn ihrer zweiten Amtsperiode hat sich die Regierung Zapatero mit der Implementierung der beschlossenen Maßnahmen nicht beeilt. Den raschesten und sichtbarsten Effekt erzielte das Gesetz daher auch nicht innerhalb Spaniens, sondern im lateinamerikanischen Ausland, insofern es Kindern und Enkeln von Bürgerkriegsflüchtlingen, die das Land in der Zeit zwischen Juli 1936 und Dezember 1955 verlassen haben, die Möglichkeit einräumt, die spanische Staatsbürgerschaft zu erhalten. Dabei wurde zunächst befürchtet, daß allein in Argentinien bis zu 600000, auf Kuba mindestens weitere 200000 Personen anspruchsberechtigt seien, weshalb sich die diplomatischen Vertretungen bereits auf einen gewaltigen Ansturm vorbereiteten. Aufgrund der praktischen Restriktionen des Gesetzes etwa im Hinblick auf den Berechtigungsnachweis durch Originaldokumente sollten sich diese Befürchtungen allerdings nicht bewahrheiten. Relativ groß war der Andrang dennoch in Havanna, wo bis Mai 2009 immerhin knapp 40000 Personen einen entsprechenden Antrag eingereicht hatten. In Argentinien indessen blieb die Neigung zur Antragstellung sicherlich auch aufgrund der Wirtschaftskrise in Spanien und der mittlerweile recht stabilen ökonomischen Situation im Heimatland deutlich geringer. Alles in allem hat Spanien auf der Grundlage des Reparationsgesetzes bis Oktober 2010 in insgesamt 93344 Fällen – darunter 89001 aus Lateinamerika – die Staatsbürgerschaft verliehen. Da die Frist für die Antragstellung aber erst im Dezember 2011 endet, ist die Gesamtzahl der »Neuspanier« derzeit noch nicht abzusehen.[75]

---

75 Vgl. hierzu *Süddeutsche Zeitung* vom 29. Dezember 2008 sowie elpais.com vom 6. Mai 2009, 16. Juli 2009 und 23. Oktober 2010.

Der größte Streitpunkt blieb auch nach Inkraftsetzung des Reparationsgesetzes der Umgang mit den zahllosen anonymen Massengräbern und dem Schicksal der dort verscharrten Opfer. Dabei war es einmal mehr die katalanische Regionalregierung, die durch eine eigene, weitaus umfassendere Gesetzesinitiative in die Offensive ging, um auch die Defizite der zentralstaatlichen Gesetzgebung an den Pranger zu stellen. Im Juni 2009 verabschiedete das katalanische Parlament – mit Ausnahme der Abgeordneten der Volkspartei – ein Exhumierungsgesetz für alle Bürgerkriegsgräber auf katalanischem Boden.[76] Der entscheidende Unterschied gegenüber der nationalstaatlichen Regelung besteht darin, daß betroffene Familienangehörige lediglich einen Antrag stellen müssen, während die Exhumierung und die Identifikation der sterblichen Überreste vollständig vom Staat übernommen werden. Als Vorleistung hatte der zuständige Ressortchef Joan Saura der Öffentlichkeit bereits im April 2008 eine detaillierte Karte mit 179 in Katalonien lokalisierten oder vermuteten Kriegsgräbern präsentiert.[77] Und kurze Zeit später begann die Regionalregierung außerdem mit der Öffnung des ersten Massengrabes in der zentralkatalanischen Kleinstadt Gurb, dessen Aushebung als Modellfall für alle weiteren Exhumierungen dienen sollte. Bei alldem ist jedoch fraglich, ob die Problematik der anonymen Massengräber in Katalonien eine raschere Aufklärung erfahren wird als im Rest des Landes. Tatsache ist jedenfalls, daß auch die *Generalitat* offenbar aufgrund der beträchtlichen Kosten – die Exhumierung in Gurb mit den sterblichen Überresten von 13 Personen kostete allein 60000 Euro – nicht mehr als drei Exhumierungen pro Jahr plant und sich außerdem die Entscheidung vorbehält, manche Gräber anstelle einer Öffnung lediglich mit einem entsprechenden Denkmal »sichtbar« zu machen.[78]

Die katalanischen Erfahrungen veranschaulichen den enormen Aufwand, den die Aufklärung des Schicksals der »Verschwundenen« in der Praxis bedeutet, und liefern zugleich eine Erklärung für die Weigerung des spanischen Staates, hierfür die volle Verantwortung zu

76 Vgl. lavanguardia.es vom 17. Juni 2009.

77 Deren Anzahl ist mittlerweile auf 237 gestiegen. Vgl. hierzu die offizielle Website der *Generalitat*: http://fossesirepressio.cat/.

78 Vgl. elpais.com vom 18. Juni 2009 und vom 10. November 2010.

übernehmen. Nach einem von der Zentralregierung erarbeiteten kartographischen Verzeichnis aller Massengräber der franquistischen Repression beläuft sich deren Zahl nach derzeitigen Erkenntnissen auf insgesamt 2052. Auf Initiative privater Erinnerungsgruppen wurden davon bisher lediglich rund 230 Gräber exhumiert und auf diese Weise insgesamt 5277 Opfer der franquistischen Repression geborgen. Darüber hinaus ist zu berücksichtigen, daß sich rund die Hälfte der 17 Autonomen Gemeinschaften, die von der konservativen Volkspartei regiert werden, geweigert hat, der Regierung Daten über die in ihrem jeweiligen Territorium lokalisierten Grabstätten zur Verfügung zu stellen, weshalb die Gesamtzahl der Massengräber des Bürgerkriegs die genannten Zahlen noch deutlich übersteigen dürfte.[79] Als erneute Flucht vor der Verantwortung wurde daher auch der Versuch der Regierung gewertet, die infrastrukturelle Unterstützung der Exhumierungen in die Hände der Regionen und Kommunen zu überantworten, da gerade in konservativen Hochburgen eine Totalblockade zu erwarten steht.[80] Dessen ungeachtet ist jedoch festzuhalten, daß die Zahl der in Eigenregie der Bürgerinitiativen vorgenommenen Exhumierungen ohne die finanzielle Unterstützung durch den Staat noch geringer ausgefallen wäre. Denn immerhin hat sich die Regierung im Zeitraum zwischen 2006 und 2010 bereits mit insgesamt mehr als 19 Millionen Euro an den Aktivitäten der Erinnerungsbewegung beteiligt, von denen 5,9 Millionen – also knapp ein Drittel – in 150 Exhumierungsprojekte geflossen sind. Die übrigen Gelder wurden dagegen für viele andere von den Bürgerinitiativen verfolgte Zwecke

79 Daten geliefert haben demnach die Autonomen Gemeinschaften Aragón, Andalusien, Asturien, Kastilien-La Mancha, Katalonien, Kantabrien, das Baskenland und die Extremadura. Vgl. elpais.com vom 23. Oktober 2010.

80 Seit 2009 existiert im Justizministerium ein »Büro der Opfer«, das als Ansprechpartner der Bürgerinitiativen fungiert und u.a. die Aufgabe hat, ein Verfahrensprotokoll für die Exhumierungsarbeiten zu erstellen. Der erste, schon im Dezember 2008 präsentierte Protokollentwurf sah demnach die zentrale Einbeziehung der regionalen und kommunalen Autoritäten vor. Auf die Kritik der ARMH hin wurde der Entwurf jedoch zurückgezogen. Vgl. elpais.com vom 15. Dezember 2008 sowie die entsprechende Website: http://leymemoria.mjusticia.es/paginas/es/oficina_victimas.html.

verwendet, darunter die Finanzierung von Gedenkstätten, Ausstellungen und wissenschaftlicher Dokumentationsarbeit.[81]

Positiv zu verbuchen ist in der erinnerungspolitischen Bilanz sicherlich auch die Tatsache, daß die Entfernung franquistischer Herrschaftszeichen aus dem öffentlichen Raum – trotz mannigfaltiger Widerstände von Vertretern der Volkspartei auf kommunaler Ebene – weiter voranschreitet und daß die alljährlichen Sympathiekundgebungen am Todestag Francos im Valle de los Caídos seit dem Jahr 2008 der Vergangenheit angehören.[82] Überschattet wurden die positiven Effekte in jüngster Zeit jedoch nicht nur von den desaströsen Folgen der Wirtschaftskrise, die angesichts einer Rekordarbeitslosigkeit von rund 20 Prozent derzeit die mit Abstand größte Sorge der Spanier darstellt, sondern auch von der Affäre um den prominenten Untersuchungsrichter des Nationalen Gerichtshofes (*Audiencia Nacional*), Baltasar Garzón. International bekannt wurde Garzón bereits im Jahr 1998, als er gegen den in London weilenden ehemaligen chilenischen Diktator Augusto Pinochet einen Haftbefehl ausstellte und von der britischen Regierung die Auslieferung verlangte, um diesem aufgrund zahlreicher Menschenrechtsverletzungen vor der *Audiencia Nacional* den Prozeß zu machen. Rund zehn Jahre später sollte sich Garzón dann der spanischen Diktatur zuwenden und auf Antrag mehrerer Erinnerungsgruppen ein strafrechtliches Untersuchungsverfahren eröffnen, um das Schicksal von rund 114000 »verschwundenen« Repressionsopfern der Jahre 1936 bis 1951 aufzuklären. Um die juristische Zuständigkeit des Nationalen Gerichtshofes zu legitimieren, hatte sich Garzón dabei auf die nach internationalem Recht geltende Unverjährbarkeit von »Verbrechen gegen die Menschlichkeit« berufen. Von besonderer symbolischer Bedeutung war bei alldem die Tatsache, daß erstmals seit 1975 nicht nur General Francisco Franco, sondern auch 34 weitere hochrangige Regimevertreter posthum von einem spanischen Gericht angeklagt wurden.[83]

---

81 Vgl. insbesondere elpais.com vom 23. Oktober 2010.

82 Kritisiert wird allerdings, daß es den Benediktinermönchen als Hausherren der Anlage weiterhin gestattet ist, an jedem 20. November Totenmessen für den Diktator abzuhalten. Vgl. publico.es vom 27. Dezember 2010.

83 Vgl. elpais.com vom 17. Oktober 2008.

Schon im November 2008 kam die Strafkammer der *Audiencia Nacional* jedoch zu dem Schluß, daß Garzón für die strafrechtliche Verfolgung der Verbrechen der Franco-Diktatur aus formalen Gründen nicht kompetent sei, weshalb dieser das Verfahren an die zuständigen Provinzgerichte delegierte, wo es in der Regel nicht weiter verfolgt wurde.[84] Gescheitert war somit der erste, zweifellos kühne Versuch, die mit dem Amnestiegesetz von 1977 verbriefte Straflosigkeit aufzuheben. Der eigentliche Höhepunkt der Affäre folgte allerdings erst im Frühjahr 2010, als der übergeordnete Oberste Gerichtshof mehrere gegen Garzón gerichtete Strafanzeigen zur Weiterbehandlung annahm. In zwei der Klageschriften werden dem Untersuchungsrichter unter Verweis auf das Amnestiegesetz Kompetenzüberschreitung und Rechtsbeugung vorgeworfen. Der bittere Beigeschmack einer politisch motivierten Entscheidung des zuständigen Richters Luciano Varela wurde dabei gleich von mehreren Umständen bestärkt. Denn offenkundig hatte Garzón in vielen ähnlich spektakulären Fällen der Vergangenheit stets auf die juristische Rückendeckung des Obersten Gerichtshofes bauen können, während dieser gerade jetzt die beiden, zudem offenbar stümperhaft vorbereiteten Klagen der marginalen ultrarechten Beamtengewerkschaft *Manos Limpias* und der faschistischen Splitterpartei *Falange Española* akzeptierte.[85]

Schon die von Garzón im Oktober 2008 eingeleiteten Ermittlungen gegen die Franco-Diktatur hatten in der Öffentlichkeit für Aufsehen gesorgt. Der Beschluß der Justizaufsichtsbehörde, des *Consejo General del Poder Judicial*, den Untersuchungsrichter angesichts der bevorstehenden Eröffnung eines Strafverfahrens vor dem Obersten Gerichtshof im Mai 2010 vom Dienst zu suspendieren, wurde dann jedoch zum Auslöser einer zivilgesellschaftlichen Mobilisierung, die deutlich über das bisher in der Erinnerungsbewegung repräsentierte Milieu hinausging. Schon im April hatte sich die öffentliche Empörung in Form einer landesweiten Protestdemonstration unter dem Motto »Gegen die Straflosigkeit« Bahn gebrochen, die allein in Madrid rund 60000 Demonstranten auf die Straße brachte und erst-

---

84 Vgl. elpais.com vom 18. November 2008 und publico.es vom 18. April 2010.
85 Vgl. etwa *El País* vom 26. März 2010.

mals auch auf die Unterstützung durch namhafte Kunstschaffende wie den international renommierten Filmregisseur Pedro Almodóvar oder die Schriftstellerin Almudena Grandes zählen konnte.[86] Wie jüngste Meinungsumfragen belegen, hat die gesellschaftliche Akzeptanz der Anliegen der Erinnerungsbewegung dabei offenbar auch insgesamt zugenommen. Einer Umfrage zufolge unterstützten im Mai 2010 jedenfalls knapp 65 Prozent der Befragten die Forderung nach einem stärkeren Engagement des Zentralstaates bei der Exhumierung der Bürgerkriegsgräber. Eher überraschend ist vor allem aber die Zustimmung für den juristisch umstrittenen Vorstoß von Garzón, zumal sich an der insgesamt positiven Einschätzung der Transition, die ja nicht zuletzt auf dem Amnestiegesetz von 1977 beruhte, anderen Umfrageergebnissen zufolge kaum etwas geändert hat. Dennoch mißbilligten zu diesem Zeitpunkt 58 Prozent der Befragten (gegen 21,9 Prozent) ein Strafverfahren gegen den Untersuchungsrichter, während sich über 59 Prozent (gegen 26,9 Prozent) sogar für eine juristische Untersuchung der »politischen Verbrechen Francos« aussprachen.[87] An der Eröffnung eines Strafverfahrens gegen Garzón, dem schon seit Mai 2010 formal nichts mehr im Wege steht,[88] dürften diese Ergebnisse jedoch kaum etwas ändern.

Rund drei Jahre nach Inkraftsetzung des Reparationsgesetzes ist die vergangenheitspolitische Bilanz aus Sicht der Bürgerinitiativen alles andere als befriedigend, zumal gerade in der kommenden, voraussichtlich 2012 beginnenden Legislaturperiode mit massivem politischem Gegenwind zu rechnen ist. Denn die Folgen der Wirtschafts-

---

86 In Zusammenarbeit mit einer Reihe von namhaften Schauspielern produzierte Almodóvar unter dem Titel *Kultur gegen die Straflosigkeit* außerdem einen aufrüttelnden Protestfilm. Vgl. http://www.publico.es/especiales/memoriapublica.

87 Vgl. publico.es vom 10. Mai 2010.

88 Die Verzögerung der Prozeßeröffnung führte die Tageszeitung *El País* Ende 2010 auf taktische Erwägungen des Obersten Gerichtshofes zurück, da sich Garzón voraussichtlich noch in zwei weiteren Verfahren verantworten muß. Dabei geht es einerseits um den angeblich irregulären Bezug von Tantiemen aus einer Vortragsreise nach New York sowie andererseits um das angeblich widerrechtliche Abhören von Telefonen im Zusammenhang mit der Untersuchung der sogenannten Gürtel-Affäre, eines politischen Korruptionsskandals, in den eine ganze Reihe von hochrangigen Politikern der konservativen Volkspartei verwickelt sind. Vgl. hierzu elpais.com vom 31. Oktober 2010.

und Finanzkrise sowie das glücklose Krisenmanagement der Regierung Zapatero haben die Sozialistische Partei in ein Stimmungstief gestürzt, das derzeit praktisch keine Hoffnungen auf eine dritte Amtszeit zuläßt. Und was in Sachen Erinnerungspolitik von einer Regierung unter Führung der Volkspartei zu erwarten ist, dürfte durch die vorangegangenen Seiten deutlich geworden sein.

IX. NACHWORT: ERINNERUNG, GESELLSCHAFT UND DEMOKRATIE

DIE GESELLSCHAFTLICHE AUFARBEITUNG von Krieg und Diktatur ist nicht nur in Deutschland und in vielen anderen europäischen Ländern, sondern beinahe weltweit zu einem Signum der vergangenen zwei Dekaden geworden. Und ungeachtet der jeweiligen Tiefe sowie der unterschiedlichen Ebenen der Vergangenheitsarbeit – moralisch, politisch, justiziell – ist heute weitgehend unstrittig, daß von dieser überwiegend positive Impulse für die demokratische Konsolidierung eines Gemeinwesens zu erwarten sind. Denn Vergangenheitsarbeit – so die Annahme – schafft Vertrauen: Vertrauen in die Mitmenschen, soweit es gelingt, Opfer und Täter in ausreichendem Maße mit einzubeziehen; Vertrauen aber auch in die Institutionen des Rechtsstaates, der sich je nach Ursprung und Legitimität vor allem gegenüber den jeweiligen Opfern vergangener Gewalt bewähren muß.

Zwar ist der empirische Nachweis eines gesellschaftlichen Vertrauensgewinns aus Vergangenheitsarbeit nicht leicht zu führen, da der Vertrauensbegriff an sich schwer zu operationalisieren ist. Zumindest aber der negative Zusammenhang, d.h. die nachteiligen Folgen beschwiegener Vergangenheit für das demokratische Zusammenleben, ist von Politikwissenschaftlern für verschiedene Länder längst auch empirisch belegt worden.

Exemplarisch bestätigt findet sich dieser Zusammenhang für die lange Geschichte des gesellschaftlichen Umgangs mit der nationalsozialistischen Vergangenheit in der Bundesrepublik Deutschland.[1] Gerade vor dem deutschen Hintergrund aber erweist sich die spanische

---

1 Vgl. G. Schwan, *Politik,* passim.

Erfahrung einer wesenhaft innergesellschaftlichen Konfrontation, die in einer fast 35jährigen Nachgeschichte perpetuiert und erst durch die Transition überwunden wurde, als Besonderheit mit Folgen. Denn die Gründung der Bundesrepublik glich – allen Mängeln zum Trotz – einem politisch-moralischen Neuanfang, der seine zentrale Legitimation aus der Ablehnung der jüngsten Vergangenheit bezog. Und mag man auch die zahlreichen personellen Kontinuitäten und politischen Inkonsequenzen bedauern, die vor allem die junge Republik belasteten, so ist doch das Junktim aus Überwindung und Bewältigung, aus demokratischem Bekenntnis und öffentlicher Vergangenheitskonfrontation spätestens seit den siebziger Jahren zu einem zentralen Kennzeichen deutscher politischer Kultur geworden.

Ein demokratischer Grundkonsens der politischen Lager findet sich freilich auch am Anfang der neuen spanischen Demokratie. Wie jedoch hinlänglich gezeigt wurde, vermied man eine allzu explizite Verurteilung der jüngsten Vergangenheit, weshalb Kriegs- und Diktaturbewältigung in Spanien bis heute gerade nicht zu den Selbstverständlichkeiten politischer Kultur zählen. Bestand in dieser Frage zunächst aber ein überparteilicher Konsens, so ist es mittlerweile lediglich das bürgerlich-konservative Lager, das sich offenbar aus prinzipiellen Gründen der Vergangenheitsarbeit verweigert. Die neue Popularität des Erinnerns, der sich letzthin auch die Linksparteien angeschlossen haben, hat paradoxerweise jedoch die Aussichten auf einen Erinnerungskonsens, auf eine einmütige Verurteilung der jüngeren von Krieg und Diktatur geprägten Vergangenheit eher erschwert. So lehrt die Erfahrung der vergangenen Jahre, daß eine kritische Aufarbeitung der Geschichte in Spanien offenbar nur um den Preis verschärfter politischer Konfrontationen und einer Art Lagerbildung zu haben ist[2] – eine Erkenntnis, die die politische Klugheit der Tabuisierungsstrategie der Transition zumindest nachträglich zu bestätigen scheint.

---

2 Besonders unpassend erscheint in diesem Zusammenhang das in jüngerer Zeit kämpferisch vorgetragene Bekenntnis des konservativen Lagers zur Verfassung von 1978. In einer programmatischen Erklärung zu dem aus der deutschen politischen Kultur entlehnten Begriff des »Verfassungspatriotismus« (*patriotismo constitucional*) des PP aus dem Jahr 2001 wurde deutlich, daß es weniger um die liberalen Werte der Verfassung als um die Abwehr politischer Ansprüche des baskischen und katalanischen Nationalismus ging, die aus konservativer Sicht die territoriale Integrität Spaniens gefährden. Völlig unterschlagen wurde außerdem die Frage einer kriti-

Davon abgesehen bleibt die Frage, welche Auswirkungen das jahrelange Beschweigen auf die »Qualität« der spanischen Demokratie hatte. Neben politischer Korruption und dem autoritären Gebaren mancher führender Politiker beklagen Politik- und Sozialwissenschaftler regelmäßig den niedrigen Grad politischer Partizipation und gesellschaftlicher Organisation. Seit jener sprichwörtlichen »Enttäuschung«, jenem *desencanto,* der nach Abschluß des demokratischen Übergangs gerade die politisch besonders aktiven Teile der Bevölkerung erfaßte, zeichnet sich die Zivilgesellschaft in Spanien allgemein durch einen im westeuropäischen Maßstab niedrigen Organisations- und Mobilisierungsgrad aus.[3] Weitere Schatten auf die Verwurzelung der spanischen Demokratie werfen außerdem die Unzufriedenheit beachtlicher Teile der Bevölkerung mit der Arbeit der verschiedenen demokratischen Regierungen und der Funktionsweise des Systems insgesamt sowie das relativ geringe gesellschaftliche Ansehen der politischen Institutionen. Seit den achtziger Jahren war es demnach stets ein gutes Drittel, das sich unzufrieden mit der Leistungsfähigkeit der Demokratie erklärte, und deren zentrale Institutionen (Parlament, Regierung, politische Parteien etc.) erhielten unlängst auf einer Zehnerskala lediglich mittelmäßige Bewertungen.[4]

Ein deutlich anderes Bild ergibt allerdings die Frage nach der Legitimation des demokratischen Systems an sich. Angesichts der Alternative eines autoritären Regimes im Stile des überwundenen Franquismus erfreute sich die Demokratie bereits in den Transitionsjahren einer hohen Zustimmung, die seither über alle Regierungswechsel hinweg stabil bei einem Anteil von mindestens drei Vierteln der Befragten geblieben ist. Diesen günstigen Befund unterstützt zudem die in anderen Umfragen nachgewiesene Identifikation der Bevölkerung mit der Verfassung von 1978. Und im Mehrheitsempfinden scheint selbst die Art des demokratischen Übergangs, die das Beschweigen der Vergan-

---

schen Vergangenheitsaufarbeitung, die etwa aus Sicht des Philosophen Jürgen Habermas Kehrseite und Bedingung des Verfassungspatriotismus in einem darstellt. Vgl. hierzu W. L. Bernecker/S. Brinkmann, *Identität,* S. 137ff. sowie H. Rosi Song, *Patriotismo.*

3 Vgl. J.-C. Mainer/S. Juliá, *Aprendizaje,* S. 56ff.

4 Vgl. J. Montero/M. Torcal, *Cultura,* S. 60f., M. Morán/J. Benedicto, *Cultura,* S. 129f. sowie die Umfrageergebnisse im Dossier *El Rey del cambio* in *El País* vom 22. November 2005.

genheit einst begründet hat, nur wenige Makel aufzuweisen. Einer Umfrage des *CIS* aus dem Jahr 2000 zufolge erklärten jedenfalls 86 Prozent der Befragten, sie seien stolz auf die Transition.[5] Den genannten Mängeln zum Trotz scheint es somit, als habe sich die spanische Demokratie auch ohne die öffentliche Auseinandersetzung mit der jüngsten Vergangenheit eine breite Akzeptanz in der Bevölkerung sichern können. Hierfür verantwortlich waren mit Sicherheit die großen Wohlstandsgewinne der letzten beiden Jahrzehnte sowie die weitreichenden Autonomieregelungen, die die Legitimität des Systems nicht nur in den besonders regionalbewußten Regionen substantiell gestärkt hat.

Welcher gesellschaftliche Nutzen ist dann aber von der »Bewegung zur Wiedergewinnung der historischen Erinnerung« heute noch zu erwarten? Ja, ist diese womöglich sogar kontraproduktiv, insofern sie die derzeitige politische Konfrontation zusätzlich anheizt und so auch die Spaltung der Gesellschaft befördert? Javier Pradera, ein bekannter Kommentator der politisch unverdächtigen Tageszeitung *El País,* hat der Vergangenheitsarbeit unlängst zumindest jeden positiven Beitrag für die Weiterentwicklung der demokratischen Kultur abgesprochen.[6] Unabhängig davon, ob diese kritische Einschätzung Zustimmung verdient oder nicht, läßt sich zumindest zweierlei festhalten: Zum einen wird Vergangenheitsarbeit stets ein Nebenkriegsschauplatz der öffentlichen Debatte bleiben; zum anderen scheint sie für die von Bürgerkrieg und Diktatur tatsächlich betroffenen Generationen im wesentlichen zu spät zu kommen. Und doch gibt es Anzeichen dafür, daß die historische Aufklärungsarbeit zumindest im kleinen selbst heute noch ihre von den Gesellschaftswissenschaften behauptete Wirkung erzielen kann. Dies jedenfalls bestätigen die Beobachtungen von Emilio Silva, dem Pionier der Vergangenheitsarbeit in Spanien: »Ich glaube, was [diese Arbeit] bewirkt, ist eine Katharsis, eine kulturelle Revolution, denn ein Dorf, das die Exhumierung eines Bürgerkriegsgrabes erlebte, ist in der darauffolgenden Woche nicht mehr dasselbe. Und dies unter anderem deshalb, weil es den Angehörigen der Erschossenen ein gewisses Vertrauen in das öffentliche Leben zurückgibt.«[7]

---

5 Vgl. P. Aguilar, *Presencia,* S. 23.

6 Vgl. Javier Pradera in *La huella del régimen* in *El País* vom 20. November 2005.

7 Zitiert nach W. L. Bernecker, *Memoria,* S. 182.

SIGLENVERZEICHNIS

ANFD	Alianza Nacional de Fuerzas Democráticas
ARMH	Asociación para la Recuperación de la Memoria Histórica
CEDA	Confederación Española de Derechas Autónomas
CIS	Centro de Investigaciones Sociológicas
CNT	Confederación Nacional del Trabajo
ERC	Esquerra Republicana de Catalunya
ETA	Euskadi Ta Askatasuna
FAI	Federación Anarquista Ibérica
GRAPO	Grupo de Resistencia Antifascista Primero de Octubre
IR	Izquierda Republicana
JARE	Junta de Auxilio a los Refugiados Españoles
JEL	Junta Española de Liberación
JONS	Juntas de Ofensiva Nacional-Sindicalista
KP	Kommunistische Partei
PCE	Partido Comunista de España
POUM	Partido Obrero de Unificación Marxista
PP	Partido Popular
PSOE	Partido Socialista Obrero Español
PSUC	Partit Socialista Unificat de Catalunya
SERE	Servicio de Emigración para los Republicanos Españoles
TVE	Televisión Española
UCD	Unión del Centro Democrático
UdSSR	Union der Sozialistischen Sowjetrepubliken
UNE	Unión Nacional Española
UGT	Unión General de Trabajadores
UNO	United Nations Organization
UR	Unión Republicana
USA	United States of America

LITERATURVERZEICHNIS

ABELLÁN, JOSÉ LUIS (HG.): *El exilio español de 1939*, 3 Bde., Madrid 1976

ACOSTA, GONZALO U. A.: *El canal de los presos (1940–1962). Trabajos forzados: de la represión política a la explotación económica*, Barcelona 2004

AGRAMUNT LACRUZ, FRANCISCO: *Arte y Represión en la Guerra Civil Española*, Valencia 2005

AGUILA, RAFAEL DEL / MONTORO, RICARDO: *El discurso político de la transición española*, Madrid 1984

AGUILAR FERNÁNDEZ, PALOMA / HUMLEBAEK, CARSTEN: *Collective Memory and National Identity in the Spanish Democracy. The Legacies of Francoism and the Civil War*, in: History & Memory 14 (2002), S. 121–164

AGUILAR FERNÁNDEZ, PALOMA: *Aproximaciones teóricas y analíticas al concepto de memoria histórica. Breves reflexiones sobre la memoria histórica de la Guerra Civil Española (1936–1939)*, in: CARLOS BARROS (HG.): *Historia a debate*, Santiago de Compostela 1995, Bd. 2, S. 129–142

AGUILAR FERNÁNDEZ, PALOMA: *Memoria y olvido de la Guerra Civil española*, Madrid 1996

AGUILAR FERNÁNDEZ, PALOMA: *La amnesia y la memoria: Las movilizaciones por la amnistía en la transición a la democracia*, in: RAFAEL CRUZ / MANUEL PÉREZ LEDESMA (HG.): *Cultura y movilización en la España contemporánea*, Madrid 1997, S. 327–357

AGUILAR FERNÁNDEZ, PALOMA: *La Guerra Civil en el discurso nacionalista vasco. Memorias peculiares para un aprendizaje político diferente*, Madrid 1997

AGUILAR FERNÁNDEZ, PALOMA: *Institutional Legacies and Collective Memories: Stateness problems in the Spanish Transition to Democracy,* (1999), URL: http://www.columbia.edu/cu/ilas/publications/papers/aguilar.htm

AGUILAR FERNÁNDEZ, PALOMA: *Agents of memory: Spanish Civil War veterans and disabled soldiers,* in: JAY WINTER / EMMANUEL SIVAN (HG): *War and remembrance in the Twentieth Century,* Cambridge 2000, S. 84–103

AGUILAR FERNÁNDEZ, PALOMA: *Justice, Politics, and Memory in the Spanish Transition,* in: ALEXANDRA BARAHONA DE BRITO / CARMEN GONZÁLEZ-ENRÍQUEZ / PALOMA AGUILAR (HG.): *The politics of Memory. Transitional Justice in Democratizing Societies,* Oxford 2001, S. 92–118

AGUILAR FERNÁNDEZ, PALOMA: *Justicia, política y memoria: los legados del franquismo en la transición española,* Madrid 2001

AGUILAR FERNÁNDEZ, PALOMA: *La presencia de la guerra civil y del franquismo en la democracia española,* in: *Pasajes de pensamiento contemporáneo* 11 (2003), S. 13–23

AGUILAR FERNÁNDEZ, PALOMA: *Una reconversión inevitable,* in: *El País.es,* 8. Mai 2005

AGUILAR FERNÁNDEZ; PALOMA: *Presencia y ausencia de la guerra civil y del franquismo en la democracia española. Reflexiones en torno a la articulación y ruptura del »pacto de silencio«,* in: JULIO ARÓSTEGUI / FRANÇOIS GODICHEAU (HG.): *Guerra Civil. Mito y memoria,* Madrid 2006, S. 245–293

ALBA, VICTOR: *Historia del POUM,* Barcelona 1974

ALBA, VICTOR: *Historia de la resistencia antifranquista (1939–1955),* Barcelona 1978

ALBA, VICTOR: *La oposición de los supervivientes (1939–1955),* Barcelona 1978

ALBERT, MECHTHILD: *Der Kampf um die »Heimatfront«. Emotionalisierung und Ideologie im faschistischen Bürgerkriegsroman,* in: BETTINA BANASCH / CHRISTIANE HOLM (HG.): *Erinnern und Erzählen. Der Spanische Bürgerkrieg in der deutschen und spanischen Literatur und in den Bildmedien,* Tübingen 2005, S. 221–236

ALCALÁ, CÉSAR: *Checas de Barcelona. El terror y la represión estalinista en Cataluña durante la Guerra Civil al descubierto,* Barcelona 2005

ALCALÁ, CÉSAR: *Checas de Valencia. El terror y la represión en la Comunidad Valenciana durante la Guerra Civil,* Barcelona 2006

ALCALÁ, CÉSAR: *Las checas del terror. La desmemoria histórica al descubierto,* Madrid 2007

ALMENDROS, FERNANDO U. A.: *El sindicalismo de clase en España (1939–1977),* Barcelona 1978

ALPERT, MICHAEL: *La reforma de Azaña, 1931/1933,* Madrid 1983

ALTAFFAYLLA KULTUR TALDEA: *Navarra 1936. De la esperanza al terror*, Bd. 1, Tafalla 1986

ALTED VIGIL, ALICIA: *Política del Nuevo Estado sobre el patrimonio cultural y la educación durante la Guerra Civil Española*, Madrid 1984

ALTED VIGIL, ALICIA U. A.: *Los niños de la guerra de España en la Unión Soviética. De la evacuación al retorno (1937–1997)*, Madrid 1999

ALTED, ALICIA: *La voz de los vencidos. El exilio republicano de 1939*, Madrid 2005

ÁLVAREZ JUNCO, JOSÉ: *Mitos de la nación en guerra*, in: SANTOS JULIÁ (HG.): *República y Guerra Civil, vol. XL de Historia de España Menéndez Pidal, dirigida por José M.a Jover Zamora*, Madrid 2004

ÁLVAREZ TARDÍO, MANUEL: *Pactar un olvido colectivo. El control público de la memoria histórica*, in: *Nueva Revista* (online-Ausgabe) 85 (2003), URL: http://www.nuevarevista.net/2003/febrero/nr_articulos85_3.html

ÁLVARO, FRANCESC MARC: *Guerra Civil i ministeris de la memòria*, in: *Serra d'Or*, Nr. 558 (2006), S. 61–63

AMNISTÍA INTERNACIONAL: *España: poner fin al silencio y a la injusticia*, Madrid 2005, URL (Nov. 2005): http://www.es.amnesty.org/esp/docs/victimas_franquismo.pdf

AMO GARCÍA, ALFONSO DEL (HG.): *Catálogo General del Cine de la Guerra Civil*, Madrid 1996

ANDRÉS SANZ, JESÚS: *Simbología urbana y memoria histórica del franquismo: la estatua de Franco de Guadalajara*, in: *Actas del VIII encuentro de historiadores del Valle del Henares*, Alcalá de Henares 2002, S. 353–375

ANDRÉS SANZ, JESÚS: *Las estatuas de Franco y la memoria histórica del franquismo*, in: JUSTO BERAMENDI / MARÍA XESÚS BAZ (HG.): *Memoria e identidades. VII Congreso de la Asociación de Historia Contemporánea*, Santiago de Compostela 2004 (CD-Rom)

ANDRÉS SANZ, JESÚS: *Informe solicitado por el Excmo. Ayuntamiento de Guadalajara sobre la posible retirada de las estatuas del general Franco y de José Antonio Primo de Rivera*, Guadalajara 2005, URL: http://www.uned.es/dcpa/jesusdeandres/investigacion/franquismo.htm

ARANGUREN, JOSÉ LUIS L.: *La evolución espiritual de los intelectuales españoles en la emigración*, in: DERS.: *Obras completas*, Bd. 6, Madrid 1997, S. 108–140

ARBELOA, VÍCTOR MANUEL / BATLLORI, MIGUEL (HG.): *Arxiu Vidal i Barraquer: Església i Estat durant la Segona Republica Espanyola (1931–1936)*, 9 Bde., Montserrat 1971–1977

ARBELOA, VICTOR MANUEL: *Aquella España católica*, Salamanca 1975

ARENHÖVEL, MARK: *Demokratie und Erinnerung. Der Blick zurück auf Diktatur und Menschenrechtsverbrechen*, Frankfurt am Main 2000

ARIAS VELASCO, JOSÉ: *La Hacienda de la Generalidad 1931–1938*, Barcelona 1977

ARIJA, JOSÉ MANUEL: *El horror que no se olvida,* in: *Cambio 16,* Nr. 616 (1983), S. 59–65

ARIJA, JOSÉ MANUEL: *Lo que queda del 36,* in: *Cambio 16,* Nr. 617 (1983), S. 67–71

ARIJA, JOSÉ MANUEL: *Los testigos del horror,* in: *Cambio 16,* Nr. 618 (1983), S. 75–80

ARIJA, JOSÉ MANUEL: *Ni vencedores ni vencidos,* in: *Cambio 16,* Nr. 619 (1983), S. 75–79

ARMENGOU, MONTSE / BELIS, RICARD: *El convoy de los 927,* Barcelona 2005

ARMENGOU, MONTSE / BELIS, RICARD: *Las fosas del silencio: ¿hay un holocausto español?,* Barcelona 2005

ARÓSTEGUI, JULIO: *La memoria de la Guerra Civil en la sociedad española de la Transición,* in: WALTHER L. BERNECKER (HG.): *De la Guerra Civil a la Transición: memoria histórica, cambio de valores y conciencia colectiva,* Augsburg 1996, S. 38–69

ARÓSTEGUI, JULIO: *La guerra de don Ricardo y otras guerras,* in: *Hispania* 57 (1997), S. 777–787

ARÓSTEGUI, JULIO: *La memoria de la guerra civil en la España democrática,* (unveröffentlichtes Manuskript, Madrid 2002)

ARÓSTEGUI, JULIO: *Traumas colectivos y memorias generacionales: el caso de la guerra civil,* in: JULIO ARÓSTEGUI / FRANÇOIS GODICHEAU (HG.): *Guerra Civil. Mito y memoria,* Madrid 2006, S. 57–92

ARÓSTEGUI, JULIO / GODICHEAU, FRANÇOIS (HG.): *Guerra Civil. Mito y memoria,* Madrid 2006

ARTOLA, MIGUEL: *Partidos y programas políticos 1808–1936,* 2 Bde., Madrid 1974/75

ASFORD HODGES, GABRIELLE: *Franco. Retrato psicológico de un dictador,* Madrid 2001

ASSMANN, JAN: *Das kulturelle Gedächtnis. Schrift, Erinnerung und politische Identität in frühen Hochkulturen,* München 1997

AVILÉS FARRÉ, JUAN: *La izquierda burguesa en la Segunda República,* Madrid 1985

AVILÉS FARRÉ, JUAN: *Veinticinco años después: la memoria de la transición,* in: *Historia del Presente,* Nr. 1 (2002), S. 88–97

AZNAR, MANUEL: *Pensamiento literario y compromiso antifascista de la inteligencia española republicana,* Barcelona 1978

BALCELLS, ALBERT: *El problema agrario en Cataluña,* Madrid 1980

BALFOUR, SEBASTIAN: *The reinvention of Spanish conservatism. The Popular Party since 1989,* in: DERS. (HG.): *The Politics of Contemporary Spain,* London 2005, S. 146–168

BARCIELA, CARLOS: *El mercado negro de productos agrarios en la posguerra, 1939–1953,* in: JOSEP FONTANA (HG.): *España bajo el franquismo,* Barcelona 1986, S. 192–205

Barruso, Pedro: *Violencia política y represión en Guipúzcoa durante la Guerra Civil y el primer franquismo,* San Sebastián 2005

Becarud, Jean: *La Segunda República española,* Madrid 1967

Ben-Ami, Shlomo: *Los orígenes de la Segunda República Española. Anatomía de una transición,* Madrid 1990

Benet, Vicente J.: *Franco, NO-DO y las conquistas del trabajo,* in: *Archivos de la Filmoteca. Materiales para una iconografía de Francisco Franco,* hg. v. Vicente Sánchez-Biosca, Bd. 2, Nr. 42/43, Okt. 2002–Febr. 2003, S. 31–51

Bennassar, Bartolomé: *El infierno fuimos nosotros. La Guerra Civil española (1936–1942...),* Madrid 2005

Beramendi, Justo (Hg.): *Memoria e identidades (VII Congreso da Asociación de Historia Contemporánea),* Santiago de Compostela 2004

Bernal, Antonio Miguel: *La propiedad de la tierra y las luchas agrarias andaluzas,* Barcelona 1974

Bernecker, Walther L.: *Anarchismus und Bürgerkrieg. Zur Geschichte der Sozialen Revolution in Spanien 1936–1939,* Hamburg 1978, Neuauflage Nettersheim 2006

Bernecker, Walther L.: *Vergangenheitsbewältigung auf spanisch. Die spanische Diskussion zum 50. Jahrestag des Bürgerkriegsbeginns,* in: *Tranvía,* Nr. 9 (1988), S. 17–20

Bernecker, Walther L. / Collado Seidel, Carlos (Hg.): *Spanien nach Franco. Der Übergang von der Diktatur zur Demokratie 1975–1982,* München 1993

Bernecker, Walther L.: *De la diferencia a la indiferencia. La sociedad española y la guerra civil (1936/39–1986/89),* in: Francisco López-Casero / Walther L. Bernecker / Peter Waldmann (Hg.): *El precio de la modernización,* Frankfurt am Main 1994, S. 63–79

Bernecker, Walther L.: *Spaniens Geschichte seit dem Bürgerkrieg,* München 1997

Bernecker, Walther L.: *Zum Umgang mit ungeliebter Vergangenheit – Die spanische Gesellschaft und die Erinnerung an den Bürgerkrieg von 1936,* in: Jürgen Weber / Michael Piazolo (Hg.): *Justiz im Zwielicht,* München 1998, S. 111–130

Bernecker, Walther L.: *Demokratisierung und Desorientierung: Spanien nach 1975,* in: Peter Waldmann (Hg.): *Diktatur, Demokratisierung und soziale Anomie,* München 2003, S. 121–148

Bernecker, Walther L.: *España entre amnesia y memoria colectiva. Guerra Civil, Transición, Reconciliación,* in: *Estudios Políticos* (Medellín) 23 (2003), S. 55–78

Bernecker, Walther L. / Brinkmann, Sören: *Spaniens schwierige Identität. Geschichte und Politik zur Jahrtausendwende,* in: Walther L. Bernecker / Klaus Dirscherl (Hg.): *Spanien heute. Politik – Wirtschaft – Kultur,* Frankfurt am Main 2004, S. 123–143

BERNECKER, WALTHER L. / BRINKMANN, SÖREN: *Zwischen Geschichte und Erinnerung. Zum Umgang mit der Zeitgeschichte in Spanien*, in: ALEXANDER NÜTZENADEL / WOLFGANG SCHIEDER (HG.): *Zeitgeschichte als Problem*, Göttingen 2004, S. 78–106

BERNECKER, WALTHER L.: *Demokratisierung und Vergangenheitsaufarbeitung in Spanien*, in: BETTINA BANNASCH / CHRISTIANA HOLM (HG.): *Erinnern und Erzählen. Der Spanische Bürgerkrieg in der deutschen und spanischen Literatur und in den Bildmedien*, Tübingen 2005, S. 9–23

BERNECKER, WALTHER L.: *Krieg in Spanien 1936–1939*, Darmstadt 1991, [2]2005

BERNECKER, WALTHER L.: *Recuperando la memoria histórica: fosas comunes en España. Entrevista con Emilio Silva*, in: *Iberoamericana* 19 (*2005*), S. 179–188

BIZCARRONDO, MARTA: *Araquistáin y la crisis socialista de la segunda república*, Madrid 1975

BLINKHORN, MARTIN: *Carlismo y contrarrevolución en España, 1931–1939*, Barcelona 1979

BLINKHORN, MARTIN (HG.): *Spain in Conflict 1931–1939. Democracy and its Enemies*, London 1986

BORKENAU, FRANZ: *The Spanish Cockpit*, Ann Arbor 1963

BORRÁS, JOSÉ: *Políticas de los exiliados españoles 1944–1950*, Paris 1976

BOYD, CAROLYN: *Historia Patria. Politics, history, and national identity in Spain, 1875–1975*, Princeton 1997

BOZAL, VALERIANO: *Pintura y escultura españolas del siglo XX (1939–1990)*, Madrid 1993

BRENAN, GERALD: *The Face of Spain*, London 1950

BRICALL, JOSEP MARIA: *Política económica de la Generalitat (1936–1939)*, Barcelona 1970

BRINKMANN, SÖREN: *Verspätete Erinnerung. Motive und Reichweite der jüngsten Vergangenheitsarbeit in Spanien*, in: *Sozial.Geschichte* 20 (2005), S. 98–114

BRINKMANN, SÖREN: *Katalonien und der Spanische Bürgerkrieg. Geschichte und Erinnerung*, Berlin 2007

BROSZAT, MARTIN: *Was heißt Historisierung des Nationalsozialismus?*, in: *Historische Zeitschrift* 247 (1988), S. 1–14

CANALES SERRANO, ANTONIO: *El robo de la memoria. Sobre el lugar del franquismo en la historiografía catalanista*, in: *Justo Beramendi / María Xesús Baz (Hg.), Memoria e identidades. VII congreso de la Asociación de Historia Contemporánea*, Santiago de Compostela 2004 (CD-Rom)

CAPARRÓS LERA, JOSÉ MARÍA: *El cine español durante la transición política (1973–1982)*, in: RAFAEL QUIROSA-CHEYROUZE Y MUÑOZ (HG.): *Historia de la Transición. II congreso internacional*, Almería 2005 (CD-Rom)

CARDONA, GABRIEL: *El poder militar en la España contemporánea hasta la guerra civil,* Madrid 1983

CARDÚS I ROS, SALVADOR: *Politics and the Invention of Memory. For a Sociology of the Transition to Democracy in Spain,* in: JOAN RAMON RESINA (HG.): *Disremembering the Dictatorship,* Amsterdam 2000, S. 17–28

CARR, RAYMOND / FUSI, JUAN PABLO: *España, de la dictadura a la democracia,* Barcelona 1979

CASANOVA, JULIÁN: *La Iglesia de Franco,* Madrid 2001

CASANOVA, JULIÁN (HG.): *Morir, matar, sobrevivir. La violencia en la dictadura de Franco.* Barcelona 2002

CASAS, RAFAEL: *Masacre: asesinados en la zona republicana durante la Guerra Civil (1936–1939),* Valladolid 2006

CASTELLANO, PABLO: *Por Dios, por la Patria y el Rey. Una visión crítica de la transición española,* Madrid 2001

CASTRO, LUIS: *El recuerdo de los Caídos: una memoria hemipléjica,* in: *Foro por la Memoria (2003),* URL: http://www.nodo50.org/foroporlamemoria/documentos/luis_castro_nov2003.htm

CATTELL, DAVID: *Communism and the Spanish Civil War,* Berkeley 1955

CENARRO, ÁNGELA: *Muerte y subordinación en la España franquista: el imperio de la violencia como base del »Nuevo Estado«,* in: *Historia Social* 30 (1998), S. 5–22

CENARRO, ÁNGELA: *Memory beyond the Public Sphere. The Francoist Repression Remembered in Aragón,* in: *History & Memory* 14 (2002), S. 165–188

CENARRO, ÁNGELA: *La sonrisa de Falange. Auxilio Social en la guerra civil y la posguerra,* Barcelona 2006

CENTRO DE INVESTIGACIONES SOCIOLÓGICAS (CIS): *Estudio 2.622. Barómetro de octubre 2005,* Madrid 2005, URL: http://www.cis.es

CHAMORRO, EDUARDO: *25 años sin Franco. La refundición de España,* Barcelona 2000

CHAVES PALACIOS, JULIÁN: *La historiografía reciente sobre la Guerra Civil de 1936–1939 en los umbrales del nuevo milenio,* in: *Anales de Historia Contemporánea* 16, 2000, S. 409–430

CIRICI, ALEXANDRE: *La estética del franquismo,* Barcelona 1977

CLARET, JAUME: *El atroz desmoche. La destrucción de la universidad española por el franquismo, 1936–1945,* Barcelona 2006

COBB, CHRISTOPHER H.: *La cultura y el pueblo. España, 1930–39,* Barcelona 1981

COBO ROMERO, FRANCISCO: *Revolución campesina y contrarrevolución franquista en Andalucía. Conflictividad social, violencia política y represión franquista en el mundo rural andaluz, 1931–1950,* Granada 2004

Cobo Romero, Francisco / Ortega López, Teresa M.ª: *Franquismo y posguerra en Andalucía Oriental. Represión, castigo a los vencidos y apoyos sociales al régimen franquista, 1936–1950*, Granada 2005

Comas, Ramón: Isidro Gomá / Francesc Vidal i Barraquer: *Dos visiones antagónicas de la iglesia española de 1939*, Salamanca 1977

Comisión Internacional de Juristas: *El imperio de la ley en España*, Genf 1962

Congreso de los Diputados: *Proyecto de Ley por la que se reconocen y amplían derechos y se establecen medidas en favor de quienes padecieron persecución o violencia durante la Guerra Civil y la Dictadura*, in: *Boletín Oficial de las Cortes Generales*, 7. November 2007, URL: www.congreso.es

Consejo de Ministros: *Proyecto de Ley por la que se reconocen y amplían derechos y se establecen medidas en favor de quienes padecieron persecución o violencia durante la guerra civil y la dictadura*, Madrid 2006, URL: http://www.mpr.es/Documentos/memoria.htm (28.07.2007)

Cuesta, Josefina: *Die Erinnerung der Francodiktatur (Spanien 1936–2000)*, in: Bruno Groppo / Christine Schindler (Hg.): *Erinnerung an Diktatur und Verfolgung im internationalen Vergleich*, Leipzig 2001, S. 61–89

Damiano, Cipriano: *La resistencia libertaria (1939–1970)*, Barcelona 1978

Davara Torrego, Francisco Javier: *La aventura informativa de Cuadernos para el diálogo*, in: *Estudios sobre el Mensaje Periodístico* 10 (2004), S. 201–220

De Juana, Jesús / Prada, Julio (Hg.): *Lo que han hecho en Galicia. Violencia política, represión y exilio, 1936–1939*, Barcelona 2006

De la Calle Velasco, M.ª Dolores / Redero San Román, Manuel (Hg.): *Guerra Civil: documentos y memoria*, Salamanca 2006

Detwiler, Donald S.: *Hitler, Franco und Gibraltar. Die Frage des spanischen Eintritts in den Zweiten Weltkrieg*, Wiesbaden 1962

Devillard, Marie José u. a.: *Los niños españoles en la URSS (1937–1997): narración y memoria*, Barcelona 2001

Díaz, José: *Tres años de lucha*, Paris 1970

Díaz-Plaja, Fernando: *La España que sobrevive. Cincuenta años después de la guerra*, Madrid 1987

Domínguez, Alicia: *El verano que trajo un largo invierno. La represión política-social durante el primer franquismo en Cádiz (1936–1945)*, Cádiz 2004

Duch Plana, Montserrat: *Toponimia franquista en democracia*, in: Carlos Forcadell u. a. (Hg.): *Usos públicos de la Historia*, Bd. 1, Zaragoza 2002, S. 377–390

Dutli, Peter / Esefeld, Jörg / Kreis, Pierre: *Neue Stadträume in Barcelona*, Zürich 1991

Ealham, Chris / Richards, Michael (Hg.): *Splintering of Spain. Cultural History and the Spanish Civil War, 1936–1939*, Cambridge 2005

Edles, Laura: *Symbol and ritual in the new Spain*, Cambridge 2000

Egido, Ángeles: *Memoria y represión*, in: *Historia del Presente* 2 (2003), S. 139–147

Egido León, Ángeles (Hg.): *Memoria de la Segunda República. Mito y realidad*, Madrid 2006

Elorza, Antonio: *La utopía anarquista bajo la segunda república española*, Madrid 1973

Equipo Nizkor: *La cuestión de la impunidad en España y los crímenes franquistas*, Madrid 2004, URL: http://www.derechos.org/nizkor/espana/doc/impuesp.html

Equipo Reseña: *La cultura española durante el franquismo*, Bilbao 1977

Espada, Arcadi: *Tras las huellas de la zona nacional*, in: *El País digital*, URL: http://www.elpais.es/especiales/2000/franco/arcadi.htm

Espinosa Maestre, Francisco: *Historia, memoria, olvido. La represión franquista*, in: Arcángel Bedmar González (Hg.): *Memoria y olvido sobre la Guerra Civil y la represión franquista*, Lucena 2003

Espinosa Maestre, Francisco: *El fenómeno revisionista o los fantasmas de la derecha española*, Badajoz 2005

Espinosa Maestre, Francisco: *De saturaciones y olvidos. Reflexiones en torno a un pasado que no puede pasar*, in: *Hispania Nova*, Nr. 7 (2007), URL: http://hispanianova.rediris.es/7/dossier.htm

Fagen, Patricia W.: *Exiles and Citizens. Spanish Republicans in Mexico*, Austin 1973

Falcone, Patrizia: *Barcellona, il Fossar de la Pedrera. Il recupero della memoria*, in: *Abitare* 189 (1990), S. 256–261

Federación Anarquista Ibérica: *Memoria del pleno peninsular de regionales*, Valencia 1937

Federación Libertaria de la Capital (Hg.): *Veinte años de la epopeya libertaria española: 1936, 19 de julio–1956*, o. O., o. J.

Fernández Alba, Antonio: *La crisis de la arquitectura española 1939–1972*, Madrid 1972

Fernández García, Antonio: *La Iglesia española y la guerra civil*, in: *Studia Historica* Bd. III, 4 (1985), S. 37–74

Fernández Sánchez, José: *Memorias de un niño de Moscú*, Madrid 1999

Ferri, Hilbert u. a.: *Las huelgas contra Franco (1939–1956). Aproximación a una historia del movimiento obrero español de posguerra*, Barcelona 1978

Foltz, Charles: *Masquerade in Spain*, Boston 1948

FONT I AGULLÓ, JORDI: *¿Está (de nuevo) la historia en pañales? Consideraciones a propósito de una lectura crítica de la novela Soldados de Salamina*, in: *Historia del Presente*, Nr. 3 (2004), S. 169–183

FORCADELL, CARLOS / SABIO, ALBERTO (HG.): *Paisajes para después de una guerra. El Aragón devastado y la reconstrucción bajo el franquismo (1936–1957)*, Zaragoza 2006

FOULKES, VERA: *Los »Niños de Morelia« y la »Escuela España-México«: consideraciones analíticas sobre un experimento social*, México 1953

FRANÇOIS, ETIENNE / SCHULZE, HAGEN (HG.): *Deutsche Erinnerungsorte. Eine Auswahl*, München 2005

FRASER, RONALD: *Im Versteck*, Reinbek 1972

FRESCO, MAURIO: *La emigración republicana: una victoria de México*, México 1950

FROIDEVAUX, ALEXANDRE: *Erinnerungskultur ›von unten‹ in Spanien. Eine Oral History-Untersuchung der recuperación de la memoria histórica in Valencia (2000–2005)*, Berlin 2007

Für Spanien. Internationale Kunst und Kultur zum spanischen Bürgerkrieg. Zum Gedenken an den 50. Jahrestag des Anfanges des spanischen Bürgerkrieges, Museum Bochum 1986

FUSI, JUAN PABLO: *El problema vasco en la II República*, Madrid 1979

GALLEGO, JOSÉ ANDRÉS: *El nombre de »Cruzada« y la guerra de España*, in: *Aportes. Revista de Historia Contemporánea* 8 (1988), S. 65–71

GALLO, MAX: *Histoire de l'Espagne franquiste*, Verviers 1969

GÁLVEZ BIESCA, SERGIO: *El proceso de la recuperación de la ›memoria histórica‹ en España: Una aproximación a los movimientos sociales por la memoria*, in: *International Journal of Iberian Studies* Nr. 19 (2006), S. 25–51

GARCÍA DURÁN, JUAN: *Los exiliados en México*, in: *Tiempo de Historia* Jg. IV, Nr. 37, (1977), S. 33–43

GARCÍA DURÁN, JUAN: *La Guerra Civil española: fuentes (archivos, bibliografía y filmografía)*, Barcelona 1985

GARCÍA OLIVER, JUAN: *El eco de los pasos*, Barcelona 1978

GARCÍA SABELL, DOMINGO: *Guerra y memoria popular*, in: JULIO ARÓSTEGUI (HG.): *Historia y memoria de la guerra civil. Encuentro en Castilla y León*, Bd. 1, Valladolid 1988, S. 419–427

GARCÍA, HUGO: *La historiografía de la Guerra Civil en el nuevo siglo*, in: *Ayer*, Nr. 62 (2006), S. 285–305

GARCÍA, MIGUEL: *Spanien – Kampf und Gefangenschaft 1939–1969*, Berlin 1975

GARRIDO, GERMÁN: *Juan Benet: Herrumbrosas lanzas*, in: BETTINA BANNASCH / CHRISTIANE HOLM (HG.): *Erinnern und Erzählen. Der Spanische Bürgerkrieg in der deutschen und spanischen Literatur und in den Bildmedien*, Tübingen 2005, S. 496–505

GARRIGA, RAMÓN: *El Cardenal Segura y el nacional-catolicismo*, Barcelona 1977
GERLACH, ERICH / SOUCHY, AUGUSTIN: *Die soziale Revolution in Spanien*, Berlin 1974
GIBSON, IAN: *En busca de José Antonio*, Barcelona 1980
GODICHEAU, FRANÇOIS: *La represión y la guerra civil española. Memoria y tratamiento histórico*, in: *prohistoria*, Nr. 5 (2001), S. 103–122
GOMÁ, ISIDRO: *Pastorales de la guerra de España*, Madrid 1955
GÓMEZ PÉREZ, RAFAEL: *Política y Religión en el Régimen de Franco*, Barcelona 1976
GONZÁLEZ CALLEJA, EDUARDO: *De campos, cárceles y checas. Maneras de ver la represión durante la Guerra Civil y la posguerra*, in: *Revista de libros*, Nr. 87 (2004), S. 6–8
GONZÁLEZ CASANOVA, JOSÉ A.: *Federalismo y autonomía. Cataluña y el Estado español 1868–1938*, Barcelona 1979
GONZÁLEZ-ANLEO, JUAN: *Catolicismo nacional: nostalgia y crisis*, Madrid 1975
GORKIN, JULIÁN: *España. Primer ensayo de democracia popular*, Buenos Aires 1961
GRANADOS, ANASTASIO: *El Cardenal Gomá, Primado de España*, Madrid 1969
GRANJA, JOSÉ LUIS DE LA: *Nacionalismo y II República en el País Vasco*, Madrid 1986
GRIMALDOS, ALFREDO: *La sombra de Franco en la transición*, Madrid 2004
GUBERN, ROMÁN: *Raza: un ensueño del general Franco*, Barcelona 1977
GUBERN, RAMÓN: *La censura. Función política y ordenamiento jurídico bajo el franquismo (1936–1975)*, Barcelona 1981
GUBERN, ROMÁN: *1936–1939: La guerra de España en la pantalla. De la propaganda a la Historia*, Madrid 1986
Guerra y revolución en España 1936–1939, 3 Bde., Moskau 1966
GUTIÉRREZ MOLINA, JOSÉ LUIS: *Colectividades Libertarias en Castilla*, Madrid 1977
GUZMÁN, EDUARDO DEL: *Un millón de presos políticos y doscientos mil muertos en España*, in: *Tiempo de Historia* Jg. 4, Nr. 41 (1978), S. 36–47
HALBWACHS, MAURICE: *Das Gedächtnis und seine sozialen Bedingungen*, Frankfurt am Main 1985
HAMDORF, WOLFGANG MARTIN / LÓPEZ RUBIO, CLARA: *Spaniens Himmel… 60 Jahre danach: Interbrigadisten unterwegs*, in: *Tranvía*, Nr. 44 (1997), S. 52–54
HENSBERGEN, GIJS VAN: *Guernica: The biography of a Twentieth-Century icon*, London 2004

Heredia, Iván: *Delitos políticos y orden social. Historia de la cárcel de Torrero (1928–1939)*, Zaragoza 2005
Hermet, Guy: *Les Catholiques dans l'Espagne Franquiste*, 2 Bde., Paris 1980/81
Hernández García, Antonio: *La represión en La Rioja durante la guerra civil*, Logroño 1984
Herrero Balsa, Gregorio / Hernández García, Antonio: *La represión en Soria durante la guerra civil*, Soria 1982
Herreros, Isabelo: *Mitología de la Cruzada de Franco. El Alcázar de Toledo*, Madrid 1995
Heywood, Paul: *Marxism and the failure of organised socialism in Spain, 1879–1936*, Cambridge 1990
Huhle, Rainer: *Die Geschichtsvollzieher. Theorie und Politik der Kommunistischen Partei Spaniens 1936 bis 1938*, Gießen 1980
Humlebæk, Carsten: *Usos políticos del pasado reciente durante los años de gobierno del PP*, in: *Historia del Presente*, Nr. 3 (2004), S. 157–167
Ibárruri, Dolores: *El único camino*, Paris 1965
Iglesias, M.ª Antonia: *Maestros de la República: los otros santos, los otros mártires*, Madrid 2006
Irujo, Manuel de: *Memorias. Un vasco en el Ministerio de Justicia*, Buenos Aires 1976
Iturralde, Juan de (d. i. Juan José Usabiaga): *El catolicismo y la cruzada de Franco*, Toulouse 1955 (neu aufgelegt u. d. T.: *La guerra de Franco, los vascos y la Iglesia*, 2 Bde., San Sebastian 1978)
Izard, Miquel: *Y van roncas las mujeres arrastrando los cañones*, in: *Historia Social*, Nr. 58 (2007), S. 47–69
Izquierdo, Jesús / Sánchez León, Pablo: *La guerra que nos han contado. 1936 y nosotros*, Madrid 2006
Jackson, Gabriel: *The Spanish Republic and the Civil War 1931–1939*, Princeton 1965
Jackson, Gabriel: *A Concise History of the Spanish Civil War*, London 1974
Jackson, Gabriel: *Annäherung an Spanien 1898–1975*, Frankfurt am Main 1982
Jáuregui, Fernando / Menéndez, Manuel Angel: *Lo que nos queda de Franco. Símbolos, personajes, leyes y costumbres, veinte años después*, Madrid 1995
Jordan, Barry: *The Spanish film industry in the 1980s and 1990s*, in: Barry Jordan / Rikki Morgan-Tamosunas (Hg.): *Contemporary Spanish Cultural Studies*, London 2000, S. 179–192
Juliá, Santos: *Los Orígenes del Frente Popular en España (1934–1936)*, Madrid 1979

JULIÁ, SANTOS: *Proyectos de transición en la oposición antifranquista*, in: WALTHER L. BERNECKER (HG.): *De la Guerra Civil a la Transición: memoria histórica, cambio de valores y conciencia colectiva*, Augsburg 1997, S. 9–37

JULIÁ, SANTOS: *De »guerra contra el invasor« a »guerra fratricida«*, in: DERS. (HG.): *Víctimas de la guerra civil*, Madrid 1999, S. 11–54

JULIÁ, SANTOS (HG.): *Violencia política en la España del siglo XX*, Madrid 2000

JULIÁ, SANTOS: *Echar al olvido. Memoria y amnistía en la transición*, in: *Claves de razón práctica*, Nr. 129 (2002), S. 14–24

JULIÁ, SANTOS (HG.): *Víctimas de la guerra civil*, Madrid 2004

JULIÁ, SANTOS (HG.): *República y Guerra Civil, tomo XL de Historia de España Menéndez Pidal, dirigida por José M.ª Jover Zamora*, Madrid 2004

JULIÁ, SANTOS (HG.): *Memoria de la guerra y el franquismo*, Madrid 2006

JULIÁ, SANTOS: *El franquismo: historia y memoria*, in: *Claves de Razón Práctica*, Nr. 159 (2006)

JULIÁ, SANTOS: *Bajo el imperio de la memoria*, in: *Revista de Occidente*, Nr. 302–303 (2006)

JULIÁ, SANTOS: *De nuestras memorias y de nuestras miserias*, in: *Hispania Nova*, Nr. 7 (2007), URL: http://hispanianova.rediris.es/7/dossier.htm

Keesing's Archiv der Gegenwart, 29. Dezember 1943

KENT, PETER C.: *The Vatican and the Spanish Civil War*, in: *European History Quarterly* 16/4, (1986), S. 441–464

KÖHLER, HOLM-DETLEV: *Der Stachel Brigadisten. Diskussion um Internationale Brigaden*, in: *Tranvía*, Nr. 47 (1987), S. 22

KÖHLER, HOLM-DETLEV: *Der traumatische Bürgerkrieg*, in: *Kommune*, Nr. 11 (1986), S. 26–29

KÜHNE, HORST: *Revolutionäre Militärpolitik 1936–1939. Militärpolitische Aspekte des national-revolutionären Krieges in Spanien*, Berlin 1969

LAFUENTE, ISAÍAS: *Esclavos por la patria. La explotación de los presos bajo el franquismo*, Madrid 2003

LAIZ, CONSUELO: *La lucha final. Los partidos de la izquierda radical durante la transición española*, Madrid 1995

LAMIKIZ JAUREGIONDO, AMAIA: *Hat die Vergangenheitsbewältigung bereits in der Franco-Ära begonnen? Baskische Kulturvereine und das Aufkommen eines alternativen Geschichtsbewußtseins*, in: KRZYSZTOF RUCHNIEWICZ / STEFAN TROEBST (HG.): *Diktaturbewältigung und nationale Selbstvergewisserung*, Wroclaw 2004, S. 215–225

LAUREADOS DE ESPAÑA, DIRECCIÓN ARTÍSTICA: *Fermina de Bonilla / Domingo Viladomat*, Madrid o. J. [1940]

LEDESMA, JOSÉ LUIS: *La »santa ira popular« del 36*, in: CHARLES TILLY (HG.): *From Mobilization to Revolution*, Reading 1978

LEDESMA, JOSÉ LUIS: *La »Causa General«: fuente sobre la »represión«, la Guerra Civil (y el franquismo)*, in: *Spagna contemporanea*, Nr. 28 (2005), S. 203–220

LEDESMA, JOSÉ LUIS / RODRIGO, JAVIER: *Caídos por España, mártires de la libertad. Víctimas y conmemoración de la Guerra Civil en la España posbélica (1939–2006)*, in: *Ayer* 63, Nr. 3, (2006), S. 233–255

LEDESMA, JOSÉ LUIS: *El 1936 más opaco: Las violencias en la zona republicana durante la Guerra Civil y sus narrativas*, in: *Historia Social*, Nr. 58 (2007), S. 151–168

LEENKNEGT, PIETER: *El Franco ecuestre de Capuz: una estatua, tres destinos*, in: *Archivos de la Filmoteca. Materiales para una iconografía de Francisco Franco*, HG. V. VICENTE SÁNCHEZ-BIOSCA, Bd. 2, Nr. 42/43, Okt. 2002–Febr. 2003, S. 12–29

LEVAL, GASTON: *Das libertäre Spanien*, Hamburg 1976

LIMÓN, MARGARITA / CARRETERO, MARIO: *Spanish Students' Interests and Ideas about Learning and Teaching History*, in: MAGNE ANGVIK / BODO VON BORRIES (HG.): *Youth and History. A comparative European Survey on Historical Consciousness and Political Attitudes among Adolescents*, Hamburg 1997, Bd. A, S. 337–343

LINCOLN, BRUCE: *Revolutionary Exhumations in Spain, July 1936*, in: *Comparative Studies in society and history*, Nr. 27 (1985), S. 241–260

LINZ, JUAN JOSÉ: *From Great Hopes to Civil War: The Breakdown of Democracy in Spain*, in: STEPAN, ALFRED / LINZ, JUAN JOSÉ (HG.): *The Breakdown of Democratic Regimes*, Baltimore 1978, S. 142–215

LLORENTE HERNÁNDEZ, ANGEL: *Arte e ideología en el franquismo (1936–1951)*, Madrid 1995

LLORENTE HERNÁNDEZ, ANGEL: *La construcción de un mito. La imagen de Franco en las artes plásticas en el primer franquismo (1936–1945)*, in: *Archivos de la Filmoteca. Materiales para una iconografía de Francisco Franco*, HG. V. VICENTE SÁNCHEZ-BIOSCA, Bd. 1, Nr. 42/43, Okt. 2002–Febr. 2003, S. 47–75

LONGARES, MANUEL: *Una guerra civil entre historiadores*, in: *Cambio 16*, Nr. 900 (1989), S. 112–115

LÓPEZ DE ABIADA, JOSÉ MANUEL: *Culturas de la memoria: transición democrática en España y memoria histórica. Una reflexión historiográfica y político-cultural*, in: *Iberoamericana* 15 (2004), S. 103–122

LÓPEZ PINTOR, RAFAEL: *La opinión pública española del franquismo a la democracia*, Madrid 1982

LÓPEZ-CASERO, FRANCISCO: *Umschichtungsprozeß und sozialer Wandel in einer zentralspanischen Agrarstadt*, in: PETER WALDMANN / WALTHER L. BERNECKER / FRANCISCO LÓPEZ-CASERO (HG.): *Sozialer Wandel und Herrschaft im Spanien Francos*, Paderborn 1984, S. 15–48

LORENZO, CÉSAR M.: *Los anarquistas españoles y el poder 1868–1969*, Paris 1969

LOSADA, JUAN CARLOS: *Los mitos militares en España: la historia al servicio del poder,* Madrid 2005

MACHER, JULIA: *Verdrängung um der Versöhnung willen?*, Bonn 2002

MACHER, JULIA: *Historische »Meistererzählungen« über Bürgerkrieg und Franco-Diktatur in Parlament und Printmedien Spaniens (1975–1978),* in: KRZYSZTOF RUCHNIEWICZ / STEFAN TROEBST (HG.): *Diktaturbewältigung und nationale Selbstvergewisserung,* Wroclaw 2004, S. 139–147

MADALENA CALVO, JOSÉ I.: *Los Lugares de Memoria de la Guerra Civil en un centro de poder: Salamanca, 1936–1939,* in: JULIO ARÓSTEGUI (HG.): *Historia y memoria de la Guerra Civil. Encuentro de Castilla y León,* Bd. 2., Valladolid 1988, S. 487–549

MAINER, JOSÉ-CARLOS / JULIÁ, SANTOS: *El aprendizaje de la libertad 1973–1986. La cultura de la transición,* Madrid 2000

MALAGÓN BARCELÓ, JAVIER: *El exiliado político español en México (1939–1977),* in: *Arbor* 409 (1980), S. 25–36

MALEFAKIS, EDWARD E.: *Agrarian Reform and Peasant Revolution in Spain: Origins of the Civil War,* New Haven 1970

MALLORCA, RAMIRO: *Politische Streiks in Spanien?*, in: *Dokumente* 7, (1951), S. 293–295

MARICHAL, JUAN: *36 años de exilio. Las fases políticas del destierro español (1939–1975),* in: *Historia* 16, Nr. 5, 1976, S. 35–41

MARQUINA BARRIO, ANTONIO: *La diplomacia Vaticana y la España de Franco (1936–1945),* Madrid 1983

MARTÍN GONZÁLEZ, JUAN JOSÉ: *El monumento conmemorativo en España 1875–1975,* Valladolid 1996

MARTÍN RUBIO, ÁNGEL DAVID: *Paz, piedad, perdón … y verdad. La Represión en la guerra civil: una síntesis definitiva,* Madrid 1997

MARTÍN, ENCARNA NICOLÁS: *Por una historia crítica de la memoria: valoración del franquismo y la transición desde la región de Murcia,* in: *Pasajes de pensamiento contemporáneo* 11 (2003), S. 35–39

MARTÍNEZ BANDE, JOSÉ: *Los asedios,* Madrid 1983

MARTÍNEZ MARTÍN, JESÚS A.: *Crónica de un cincuentenario,* in: *Arbor,* Nr. 491/492 (1986), S. 245–253

MARTÍNEZ, CARLOS: *Crónica de una emigración,* México 1959

MATEOS, ABDÓN: *Exilio y clandestinidad. La reconstrucción de UGT, 1939–1977,* Madrid 2002

MATEU, JULIO: *Por qué se constituyó la Federación Provincial Campesina,* Valencia 1937

MÄTZING, HEIKE: *Die Diktatur als Gegenstand historischer »Meistererzählungen«: Spanische Schulbücher vor und nach 1975,* in: KRZYSZTOF RUCHNIEWICZ / STEFAN TROEBST (HG.): *Diktaturbewältigung und nationale Selbstvergewisserung,* Wroclaw 2004, S. 113–119

MAURICE, JACQUES: *La reforma agraria en España en el siglo XX (1900–1935),* Madrid 1975

Meer Lecha-Marto, Fernando de: *La cuestión religiosa en las Cortes Constituyentes de la Segunda República*, Pamplona 1975

Mees, Ludger: *Erinnerungsorte als politische Schlachtfelder. Oder: Krieg, Diktatur und Vergangenheitsbeschlagnahmung im Baskenland*, in: *Comparativ* 13 (2003), S. 59–72

Mees, Ludger: *Die Basken, der große Zeitverteiler und die vergangene Zukunft. Ein Versuch über Diktaturbewältigung, Nationalismus und demokratischen Alltag*, in: Krzysztof Ruchniewicz / Stefan Troebst (Hg.): *Diktaturbewältigung und nationale Selbstvergewisserung*, Wroclaw 2004, S. 257–266

Méndez, Diego: *El Valle de los Caídos. Idea, proyecto y construcción*, Madrid 1982

Mendiola, Fernando / Beaumont, Edurne: *Esclavos del franquismo en el Pirineo. La carretera Idal-Vidángoz-Roncal (1939–1941)*, Tafala 2006

Mintz, Frank / Peciña, Miguel: *Los amigos de Durruti, los trotsquistas y los sucesos de mayo*, Madrid 1978

Mintz, Frank: *La autogestión en la España revolucionaria*, Madrid 1977

Mir, Conxita: *Vivir es sobrevivir. Justicia, orden y marginación en la Cataluña rural de posguerra*, Lérida 2002

Moa, Pío: *Los mitos de la guerra civil*, Madrid ²2004

Moa, Pío: *1934, comienza la guerra civil. El PSOE y la Esquerra emprenden la contienda*, Barcelona 2004.

Molas, Isidre: *El sistema de partits politics y Catalunya (1931–1936)*, Barcelona 1972

Molinero, Carme / Sala, Margarida / Sobrequés, Jaume (Hg.): *Los campos de concentración y el mundo penitenciario en España durante la Guerra Civil y el franquismo*, Barcelona 2003

Molinero, Carme / Sala, Margarida / Sobrequés, Jaume (Hg.): *Una inmensa prisión. Los campos de concentración y las prisiones durante la Guerra Civil y el franquismo*, Barcelona 2003

Molinero, Carme: *Crónica sentimental y falsa memoria del franquismo*, in: *Historia del Presente*, Nr. 1 (2002), S. 98–100

Molinero, Carme: *Memoria de la represión y olvido del franquismo*, in: *Pasajes de pensamiento contemporáneo* 11 (2003), S. 25–32

Molinero, Carme: *Memòria i silencis sobre la guerra civil i el franquisme durant la transició*, in: Marta Rovira / Félix Vázquez (Hg.): *Polítiques de la memòria. La transició a Catalunya*, Barcelona 2004, S. 19–37

Montero Moreno, Antonio: *Historia de la persecución religiosa en España, 1936–1939*, Madrid 1961

Montero, José Ramón / Torcal, Mariano: *La cultura política de los españoles: pautas de continuidad y cambio*, in: *Sistema* 99 (1990), S. 39–74

MORADIELLOS, ENRIQUE: *Un incómodo espectro del pasado: Franco en la memoria de los españoles*, in: *Pasajes de pensamiento contemporáneo* 11 (2003), S. 5–11

MORADIELLOS, ENRIQUE: *1936. Los mitos de la Guerra Civil*, Barcelona 2004

MORAL, FÉLIX: *Veinticinco años después. La memoria del franquismo y de la transición a la democracias en los españoles del año 2000*, Madrid 2001

MORÁN, MARÍA LUZ / BENEDICTO, JORGE: *La cultura política de los españoles. Un ensayo de reinterpretación*, Madrid 1995

MORENO GÓMEZ, FRANCISCO: *La guerra civil en Córdoba (1936–1939)*, Madrid 1985

MORGAN-TAMOSUNAS, RIKKI: *Screening the past: history and nostalgia in contemporary Spanish cinema*, in: *Barry Jordan / Rikki Morgan-Tamosunas (Hg.): Contemporary Spanish Cultural Studies*, London 2000, S. 111–122

MORODO, RAÚL: *Los orígenes ideológicos del franquismo: Acción Española*, Madrid 1985

MUÑOZ SORO, JAVIER / LEDESMA, JOSÉ LUIS / RODRIGO, JAVIER (HG.): *Culturas y políticas de la violencia. España siglo XX*, Madrid 2005, S. 147–192

NADAL, ANTONIO: *La violencia en la España republicana*, in: *Anales de la Universidad de Alicante, Historia Contemporánea*, Nr. 10–11 (1993–1994), S. 111–119

NAVARRO, VICENÇ: *Bienestar insuficiente, democracia incompleta. Sobre lo que no se habla en nuestro país*, Barcelona 2003

NAVARRO, VICENÇ: *La transición y los desaparecidos republicanos*, in: EMILIO SILVA U. A. (HG.): *La memoria de los olvidados*, Valladolid 2004, S. 115–131

NEUSCHÄFER, HANS-JÖRG: *Das 20. Jahrhundert*, in: DERS. (HG.): *Spanische Literaturgeschichte*, Stuttgart 2001, S. 315–423

NODINOT, JEAN-FRANÇOIS: *L'Eglise et le pouvoir en Espagne*, Paris 1973

NÚÑEZ SEIXAS, XOSÉ MANOEL: *Die Diktatur vergessen, um die Nation zu retten: Das historische Gedächtnis und der neopatriotische Diskurs in Spanien*, in: *Comparativ* 14 (2004), S. 56–75

NÚÑEZ SEIXAS, XOSÉ MANOEL: *Gibt es einen spanischen Nationalismus nach 1975? Zur Rolle des historischen Gedächtnisses im spanischen patriotischen Diskurs*, in: KRZYSZTOF RUCHNIEWICZ / STEFAN TROEBST (HG.): *Diktaturbewältigung und nationale Selbstvergewisserung*, Wroclaw 2004, S. 229–243

OEING, DAG: *Wahlenthaltung: Profil und Motive der spanischen Nichtwähler*, in: WALTHER L. BERNECKER / KLAUS DIRSCHERL (HG.): *Spanien*

heute. Politik – Wirtschaft – Gesellschaft, Frankfurt am Main 1998, S. 63–99
Ortega López, Teresa M.ª: *»Se hace camino al andar«. Balance historiográfico y nuevas propuestas de investigación sobre la dictadura franquista*, in: *Ayer*, Nr. 63 (2006), S. 259–278
Palacio Atard, Vicente: *Cinco historias de la república y de la guerra*, Madrid 1979
Panadés Guerrero, Marta: *Dulce Chacón: La voz dormida* (2002), in: Bettina Bannasch / Christiane Holm (Hg.): *Erinnern und Erzählen. Der Spanische Bürgerkrieg in der deutschen und spanischen Literatur und in den Bildmedien*, Tübingen 2005, S. 563–574
Pattee, Richard / Rothbauer, Anton Maria: *Spanien. Mythos und Wirklichkeit*, Graz 1954
Payne, Stanley G.: *Politics and the Military in Modern Spain*, Stanford 1967
Pedreño Gómez, José María: *Apoyar a la ARMH es enterrar la memoria*, in: *http://www.nodo50.org/foroporlamemoria/*, (23.1.2004)
Pedreño Gómez, José María: *Recuperar la Memoria es luchar por la III República*, in: *Foro por la Memoria*, 14. April 2005, URL: http://www.nodo50.org/foroporlamemoria/inicio.htm
Pedreño Gómez, José María: *Más allá de la Comison Interministerial*, in: *Foro por la Memoria*, 2. Juli 2005, URL: http://www.nodo50.org/foroporlamemoria/inicio.htm
Peiró, Ignacio: *La era de la memoria: reflexiones sobre la historia, la opinión pública y los historiadores*, in: *Memoria y Civilización*, Nr. 7 (2004), S. 243–293
Peiró, Ignacio: *La consagración de la memoria. Una mirada panorámica a la historiografía contemporánea*, in: *Ayer*, Nr. 53 (2004), S. 177–205
Pérez Baró, Albert: *30 meses de colectivismo en Cataluña (1936–1939)*, Barcelona 1974
Pérez Yruela, Manuel: *La conflictividad campesina en Córdoba 1931–1936*, Madrid 1979
Pichler, Georg: *Der Alcázar von Toledo – die Schaffung eines Mythos*, in: Bettina Bannasch / Christiana Holm (Hg.): *Erinnern und Erzählen. Der Spanische Bürgerkrieg in der deutschen und spanischen Literatur und in den Bildmedien*, Tübingen 2005, S. 161–176
Pinilla García, Alfonso: *La memoria de la Guerra Civil en la Transición. Gestión del pasado y construcción del presente*, in: Rafael Quirosa-Cheyrouze y Muñoz (Hg.): *Historia de la Transición. II congreso internacional*, Almería 2005 (CD-Rom)
Powell, Charles T.: *España en democracia, 1975–2000*, Barcelona 2001
Powell, Charles T.: *Mirando atrás sin ira: el cambio de régimen político*

en España, Bilbao 2001, URL: http://servicios.elcorreodigital.com/auladecultura/powell1.html (07/2008)

Prada, Julio: *De la agitación republicana a la represión franquista. Ourense 1934–1939*, Barcelona 2006

Prats, Alardo: *Vanguardia y retaguardia de Aragón*, Buenos Aires 1938

Preston, Paul: *The Coming of the Spanish Civil War: Reform, Reaction and Revolution in the Second Republic*, London 1973

Preston, Paul (Hg.): *Revolution and War in Spain 1931–1939*, London 1984

Preston, Paul: *Franco, »Caudillo de España«*, Barcelona 2002

Quintanilla, Miguel Ángel: *A propósito del patriotismo. Autoestima o autocondena, límites de la conciencia histórica*, in: *Nueva Revista* (online-Ausgabe) 85 (2003), URL: http://www.nuevarevista.net/2003/febrero/nr_articulos85_2.html

Raguer, Hilari: *La Espada y la Cruz (La Iglesia, 1936–1939)*, Barcelona 1977

Raguer, Hilari: *Catòlics catalans contra l'alçament. La »Unió Democràtica de Catalunya« durant la guerra civil*, in: *L'Avenç* Nr. 10 (1978), S. 46–51

Raguer, Hilari: *El Vaticano y la Guerra Civil Española (1936–1939)*, in: *Cristianismo nella Storia* 3, April 1982, S. 137–209

Raguer, Hilari: *La pólvora y el incienso. La Iglesia y la Guerra Civil Española*, Barcelona 2001

Ramírez Jiménez, Manuel: *Los grupos de presión en la Segunda República Española*, Madrid 1969

Ramon Resina, Joan / Winter, Ulrich (Hg.): *Casa encantada. Lugares de memoria en la España constitucional (1978–2004)*, Frankfurt am Main 2005

Ramos-Oliveira, Antonio: *Historia de España*, 3 Bde., México 1951

Ranzato, Gabriele: *Dies Irae. La persecuzione religiosa nella zona repubblicana durante la Guerra Civile Spagnola (1936–1939)*, in: *Movimiento operaio e socialista*, Nr. 2, 11 (1988), S. 195–220

Ranzato, Gabriele: *El pasado de bronce. La herencia de la guerra civil en la España democrática*, Barcelona 2007

Reig Tapia, Alberto: *Ideología e historia. (Sobre la represión franquista y la guerra civil)*, Madrid 1986

Reig Tapia, Alberto: *Memoria viva y memoria olvidada de la guerra civil*, in: *Sistema*, Nr. 136 (1997), S. 27–41

Reig Tapia, Alberto: *La ideología de la victoria: la justificación ideológica de la represión franquista*, in: *Revista de Occidente* 223, (1999), S. 25–40

Reig Tapia, Alberto: *Memoria de la Guerra Civil. Los mitos de la tribu*, Madrid 1999

REIG TAPIA, ALBERTO: *La autoimagen de Franco: la estética de la raza y el imperio,* in: *Archivos de la Filmoteca. Materiales para una iconografía de Francisco Franco,* HG. V. VICENTE SÁNCHEZ-BIOSCA, Bd. 1, Nr. 42/43, Okt. 2002–Febr. 2003, S. 97–121

REIG TAPIA, ALBERTO: *Quosque tandem Pío Moa?,* in: URL: http://www.h-debate.com

REIG TAPIA, ALBERTO: *Anti Moa. La subversión neofranquista de la historia de España,* Barcelona 2006

RESINA, JUAN RAMON (HG.): *Disremembering the Dictatorship: The Politics of Memory in the Spanish Transition to Democracy,* Amsterdam 2000

REY, DAVID: *Die Franco-Ära in der medialen Geschichtskultur Spaniens,* in: *Jahrbuch für Europäische Geschichte* 4 (2003), S. 113–159

REY, DAVID: *Erinnern und Vergessen im post-diktatorischen Spanien,* in: MARTIN SABROW / RALPH JESSEN / KLAUS GROSSE KRACHT (HG.), *Zeitgeschichte als Streitgeschichte. Große Kontroversen nach 1945,* München 2003, S. 347–369

REY, DAVID: *Ist das ganze Spanien in Babia? Lokale und regionale Initiativen des kollektiven Erinnerns an die Franco-Ära,* in: *Comparativ* 13 (2003), S. 47–58

REY, DAVID: *Historische Meistererzählungen über die Franco-Ära im spanischen Fernsehen: Die historische Seifenoper Cuéntame,* in: KRZYSZTOF RUCHNIEWICZ / STEFAN TROEBST (HG.): *Diktaturbewältigung und nationale Selbstvergewisserung,* Wroclaw 2004, S. 101–111

REY, DAVID: *Laughing at the dictator. Franco and Franco's Spain in the Spanish blockbuster »Mortadelo y Filemón«,* in: *Zeithistorische Forschungen* (online-Ausgabe) 1 (2004), URL: http://www.zeithistorische-forschungen.de/16126041-Rey-3-2004

RICHARDS, MICHAEL: *Un tiempo de silencio. La guerra civil y la cultura de la represión en la España de Franco, 1936–1945,* Barcelona 1999

RICHARDS, MICHAEL: *From War Culture to Civil Society. Francoism, Social Change and Memories of the Spanish Civil War,* in: *History & Memory* 14 (2002), S. 93–120

RIERA, IGNASI: *Los catalanes de Franco,* Barcelona 1998

RIQUER I PERMANYER, BORJA DE: *El último Cambó 1936–1947. La tentación autoritaria,* Barcelona 1997

ROBINSON, RICHARD A.: *The Origin of Franco's Spain. The Right, the Republic and the Revolution, 1931–1936,* Pittsburgh 1970

RODRIGO SÁNCHEZ, JAVIER: *La bibliografía sobre la represión franquista: Hacia el salto cualitativo,* in: *Spagna contemporanea,* Nr. 19 (2001), S. 151–169

RODRIGO SÁNCHEZ, JAVIER: *Prisioneros de guerra y campos de concentración,* in: *Pasado y Memoria. Revista de Historia Contemporánea,* Nr. 2 (2003), S. 295–306

RODRIGO SÁNCHEZ, JAVIER: *Los campos de concentración franquistas. Entre la historia y la memoria,* Madrid 2003

RODRIGO SÁNCHEZ, JAVIER: *Amnesia and Remembrance: Coping with the History of Concentration Camps in Spain,* in: KRZYSZTOF RUCHNIEWICZ / STEFAN TROEBST (HG.): *Diktaturbewältigung und nationale Selbstvergewisserung,* Wroclaw 2004, S. 173–180

RODRIGO SÁNCHEZ, JAVIER: *Los mitos de la derecha historiográfica. Sobre la memoria de la guerra civil y el revisionismo a la española,* in: *Historia del Presente,* Nr. 3 (2004), S. 185–195

RODRIGO SÁNCHEZ, JAVIER: *Políticas de la memoria, lugares del olvido. Los campos de concentración franquista y la recuperación de la memoria histórica,* in: JUSTO BERAMENDI / MARÍA XESÚS BAZ (HG.): *Memoria e identidades. VII congreso de la Asociación de Historia Contemporánea,* Santiago de Compostela 2004 (CD-Rom)

RODRIGO SÁNCHEZ, JAVIER: *Cautivos. Campos de concentración en la España franquista, 1936–1947,* Barcelona 2005

RODRÍGUEZ AISA, MARÍA LUISA: *El Cardenal Gomá y la guerra de España. Aspectos de la gestión pública del primado, 1936–1939,* Madrid 1981

RODRÍGUEZ JIMÉNEZ, JOSÉ LUIS: *Franco. Historia de un conspirador,* Madrid 2005

RODRÍGUEZ TEIJEIRO, DOMINGO: *La imposición de una identidad: la función socializadora del sistema penitenciario en la postguerra civil (1938–1945),* in: JUSTO BERAMENDI /MARÍA JESÚS BAZ (HG.): *Memoria e identidades. VII Congreso da Asociación de Historia Contemporánea,* Santiago de Compostela 2004 (CD-Rom)

RODRÍGUEZ, JESÚS: *Ese fantasma de la historia,* in: *El País digital,* URL: http://www.elpais.es/especiales/2000/franco/rodrig.htm

ROMERO, ELADI: *Itinerarios de la Guerra civil. Guía del viajero curioso,* Barcelona 2001

ROSAL, AMARO DEL: *Historia de la UGT de España 1901–1939,* Barcelona 1977

ROSAL, AMARO DEL: *Historia de la UGT en la emigración, 1939–1950,* Bd. 1: 1939–1940, Barcelona 1978

ROSI SONG, H.: *El patriotismo constitucional o la dimensión mnemotécnica de una nación,* in: JOAN RAMON RESINA / ULRICH WINTER (HG.): *Casa encantada. Lugares de memoria en la España constitucional (1978–2004),* Frankfurt am Main 2005, S. 223–239

RUIZ MANJÓN, OCTAVIO: *El Partido Republicano Radical 1908–1936,* Madrid 1976

RUIZ-MANJÓN, OCTAVIO: *La Segunda República española. Balance historiográfico de una experiencia democratizadora,* in: *Ayer,* Nr. 63 (2006), S. 279–297

RUIZ RICO, JUAN JOSÉ: *El papel político de la Iglesia Católica en la España de Franco (1936–1971),* Madrid 1977

Rundschreiben der spanischen Bischöfe an die Bischöfe der ganzen Welt über den Bürgerkrieg in Spanien, Graz 1937

SABÍN, JOSÉ MANUEL: *Prisión y muerte en la España de postguerra,* Madrid 1996

SÁEZ-ARANCE, ANTONIO: *Auf der Suche nach einem neuen »demokratischen Zentralismus«? Nationalkonservativer Geschichtsrevisionismus im Spanien der Jahrtausendwende,* in: KRZYSZTOF RUCHNIEWICZ / STEFAN TROEBST (HG.): *Diktaturbewältigung und nationale Selbstvergewisserung,* Wroclaw 2004, S. 267–273

SALAS LARRAZÁBAL, RAMÓN: *Historia del Ejército Popular de la República,* 4 Bde., Madrid 1973

SALAS LARRAZÁBAL, RAMÓN: *Los datos exactos de la guerra civil,* Madrid 1980

SALAS LARRAZÁBAL, RAMÓN: *Los fusilados en Navarra en la guerra de 1936,* Madrid 1983

SAMPEDRO BLANCO, VÍCTOR FRANCISCO / SAIZ TOMÉ, RAQUEL: *Consumo de medios de comunicación y memoria histórica,* in: URL: http://interculturalcommunication.org/pdf/sampedrosaiz.pdf

SÁNCHEZ AGUSTÍ, FERRÁN: *Espías, contrabando, maquis y evasión. La Segunda Guerra Mundial en los Pirineos,* Lleida 2003

SÁNCHEZ NAVARRO, ÁNGEL J.: *La transición española en sus documentos,* Madrid 1998

SÁNCHEZ, JOSÉ MARÍA: *The Spanish Civil War as a religious tragedy,* Notre Dame 1987

SÁNCHEZ-BIOSCA, VICENTE (HG.): *La imagen del Alcázar en la mitología franquista,* Madrid 2000 (=*Archivos de la Filmoteca,* Nr. 35, Juni 2000)

SÁNCHEZ-BIOSCA, VICENTE: *La memoria impuesta. Notas sobre el consumo actual de imágenes del franquismo,* in: *Pasajes de pensamiento contemporáneo* 11 (2003), S. 43–48

SANDNER, ROWENA: *Francisco Franco Bahamonde: Raza und Verfilmung von José Luis Sáenz de Heredia,* in: BETTINA BANASCH / CHRISTIANE HOLM (HG.): *Erinnern und Erzählen. Der Spanische Bürgerkrieg in der deutschen und spanischen Literatur und in den Bildmedien,* Tübingen 2005, S. 337–352

SANDOVAL, JOSÉ / AZCÁRATE, MANUEL: *Spain 1936–1939,* London 1966

SAZ, ISMAEL: *Franquismo, el pasado que aún no puede pasar,* in: *Pasajes de pensamiento contemporáneo* 11 (2003), S. 51–59

SCHMOLLING REGINE: *Literatur der Sieger. Der Spanische Bürgerkriegsroman im gesellschaftlichen Kontext des frühen Franquismus (1939–1943),* Frankfurt am Main 1990

SCHMOLLING, REGINE: *Der Kreuzzug gegen das republikanische Anti-Spanien: Mythenbildung in den Bürgerkriegsromanen der Sieger*

(1939–1943), in: BETTINA BANASCH / CHRISTIANE HOLM (HG.): *Erinnern und Erzählen. Der Spanische Bürgerkrieg in der deutschen und spanischen Literatur und in den Bildmedien*, Tübingen 2005, S. 265–284

SCHÜLE, CHRISTIAN: *Die Toten kehren heim*, in: *Die Zeit*, 22. Mai 2003

SCHÜLER-SPRINGORUM, STEFANIE: Krieg und Fliegen. Die Legion Condor im Spanischen Bürgerkrieg, Paderborn 2010

SCHUSTER, MARTINA: *Macht und Monument – Franco und Hitler als Bauherren*, Unveröff. Magisterarbeit Universität Erlangen-Nürnberg 1998

SCHWAN, GESINE: *Politik und Schuld. Die zerstörerische Macht des Schweigens*, Frankfurt am Main 2001

SERNA, JUSTO: *Las iluminaciones de Pío Moa. El revisionismo antirrepublicano*, in: *Pasajes de pensamiento contemporáneo*, Nr. 21/22 (2006), S. 99–108

SEVILLA GUZMÁN, EDUARDO: *La evolución del campesinado en España*, Barcelona 1979

SEVILLANO CALERO, FRANCISCO: *La construcción de la memoria y el olvido en la España democrática*, in: *Ayer*, Nr. 52 (2003), S. 297–319

SILVA, EMILIO / MACÍAS, SANTIAGO: *Las fosas de Franco. Los republicanos que el dictador dejó en las cunetas*, Madrid 2003

SMITH, LOIS E.: *Mexico and the Spanish Republicans*, Berkeley 1953

SOLÉ I SABATÉ, JOSEP M.: *La repressió franquista a Catalunya 1938–1953*, Barcelona 1985

SOLÉ TURA, JORDI / AJA, ELISEO: *Constituciones y períodos constituyentes en España (1808–1936)*, Madrid 1979

SOPEÑA MONSALVE, ANDRÉS: *El florido pensil. Memoria de la escuela nacionalcatólica*, Barcelona 1998

STRUBELL, ANTONI: *El joc de la memòria i la desmemòria: els mites de la transició a Catalunya*, in: MARTA ROVIRA / FÉLIX VÁZQUEZ (HG.): *Polítiques de la memòria. La transició a Catalunya*, Barcelona 2004, S. 197–218

SUEIRO, DANIEL: *El Valle de los Caídos. Los secretos de la cripta franquista*, Barcelona 1983

THOMPSON, JOHN PATRICK: *The Civil War in Galiza, the Uncovering of the Common Graves, and Civil War Novels as Counter-Discourses of Imposed Oblivion*, in: *Iberoamericana* 18 (2005), S. 75–82

TODOROV, TZVETAN: *Los abusos de la memoria*, Barcelona 2000

TORRES, AUGUSTO M.: *Diccionario Espasa cine español*, Madrid 1999

TORRES, RAFAEL: *Los esclavos de Franco*, Madrid 2000

TOSSTORFF, REINER: *Neue Literatur zum Spanischen Bürgerkrieg*, in: *Tranvía*, Nr. 44 (1996), S. 47–50

TRANCHE, RAFAEL R. / SÁNCHEZ-BIOSCA, VICENTE: *NO-DO. El Tiempo y la Memoria*, Madrid 2001

Trenzado Romero, Manuel: *Cultura de masas y cambio politico: El cine español de la transición,* Madrid 1999

Triana Toribio, Núria: *A punk called Pedro: la movida in the films of Pedro Almodóvar,* in: Barry Jordan / Rikki Morgan-Tamosunas (Hg.): *Contemporary Spanish Cultural Studies,* London 2000, S. 274–282

Tuñón de Lara, Manuel: *Luchas obreras y campesinas en la Andalucía del siglo XX,* Madrid 1978

Tuñón de Lara, Manuel u. a.: *Der Spanische Bürgerkrieg. Eine Bestandsaufnahme,* Frankfurt am Main 1987

Tuñón de Lara, Manuel: *Tres Claves de la Segunda República. La cuestión agraria, los aparatos del Estado, Frente Popular,* Madrid 1985

Tuñón de Lara, Manuel: *Versuch einer Gesamteinschätzung – Ein halbes Jahrhundert danach,* in: ders. u. a.: *Der Spanische Bürgerkrieg. Eine Bestandsaufnahme,* Frankfurt am Main 1987, S. 625–650

Tusell, Javier: *La Segunda República en Madrid. Elecciones y partidos políticos,* Madrid 1970

Tusell, Javier: *Las elecciones del Frente Popular,* 2 Bde., Madrid 1971

Tusell, Javier: *El secreto de los papeles del general,* in: *El País digital,* URL: http://www.elpais.es/especiales/2000/franco/tusell.htm

Ugalde, José Antonio: *El sentido de la guerra en la Región de Juan Benet,* in: *Revista de Occidente,* Nr. 178 (1996), S. 125–139

Uribe, Vicente: *La política agraria del Partido Comunista,* Valencia 1937

Valcuerde, José M.ª / Narotzky, Susana (Hg.): *Las políticas de la memoria en los sistemas democráticos: poder, cultura y mercado,* Sevilla 2005

Valls, Rafael: *Die Funktionalisierung der Geschichte im Unterricht oder Was will die spanische Erziehungsministerin,* in: Verena Radkau García / Javier Pérez Siller (Hg.): *Identitäten – Mythen – Rituale. Beispiele zum Umgang mit der Nation aus Lateinamerika und Spanien,* Hannover 1998, S. 133–143

Valls, Rafael: *La Guerra Civil española y la dictadura franquista: las dificultades del tratamiento escolar de un tema potencialmente conflictivo,* (unveröffentlichtes Manuskript, Oktober 2004)

Vega García, Rubén: *Das Erbe des Franquismus,* in: *Tranvía,* Nr. 44 (1997), S. 35–40

Vega Sombría, Santiago: *La superación positiva de la guerra civil, la asignatura pendiente de la transición,* in: Carlos Navajas Zubeldia (Hg.): *Actas del III simposio de historia actual,* Logroño 2002, Bd. 2, S. 691–708

Vega Sombría, Santiago: *De la esperanza a la persecución. La represión franquista en la provincia de Segovia, 1936–1939,* Barcelona 2005

Vega, Pedro: *Historia de la Liga de Mutilados,* Madrid 1981

VELÁZQUEZ, JOSÉ LUIS / MEMBA, JAVIER: *La generación de la democracia. Historia de un desencanto*, Madrid 1995

VIDAL-BENEYTO, JOSÉ: *Diario de una ocasión perdida. Materiales para un principio*, Barcelona 1981

VILA, ENRIC: *Lluís Companys: la veritat no necessita màrtirs. Crònica d'un drama personal i politic*, Barcelona 2006

VILLARÓS, TERESA, M.: *El mono del desencanto. Una crítica cultural de la transición española (1973–1993)*, Madrid 1998

VILLARROYA I FONT, JOAN: *Revolució i Guerra Civil a Badalona 1936–1939*, Badalona 1986

VINYES, RICARD: *Irredentas. Las presas políticas y sus hijos en las cárceles franquistas*, Madrid 2002

VIÑAS, ÁNGEL: GUERNICA: *las responsabilidades*, in: *Historia* 16, 25 (1978), S. 127–143

VIÑAS, ANGEL: *Técnicas de fraude en el caso de Paracuellos, dossier Manipulaciones de la Historia reciente: el caso español, de Temas para el Debate*, Nr. 147 (Februar 2007), S. 34–36

VOSSEN, URSULA: *Schatten der Erinnerung. Film und Literatur im Spanien nach Franco*, St. Augustin 2002

WIELAND, LEO: *Los Niños – Rentner aus Rußland*, in: *FAZ* vom 10. Dezember 1983

WILDNER, RALPH: *Javier Cercas: Soldados de Salamina und Verfilmung von David Trueba (2001/2003)*, in: BETTINA BANNASCH / CHRISTIANE HOLM (HG.): *Erinnern und Erzählen. Der Spanische Bürgerkrieg in der deutschen und spanischen Literatur und in den Bildmedien*, Tübingen 2005, S. 547–562

WILTON, JENNIFER: *Memoria und Desmemoria. Warum in Spanien von Erinnerungspolitik gesprochen werden kann*, in: *Tranvía*, Nr. 65 (2002), S. 8–10

YSÀS, PERE: *La primera generación del postfranquismo*, in: RAFAEL RUZAFA ORTEGA (HG.): *La Historia a través del cine. Transición y consolidación democrática en España*, Bilbao 2004, S. 51–70

INTERNETADRESSEN ZUR AKTUELLEN VERGANGENHEITSARBEIT

Allgemeine Verbände und Initiativen

Asociación para la Recuperación de la Memoria Histórica (ARMH)
http://www.memoriahistorica.org.es/joomla/

Foro por la Memoria
http://www.foroporlamemoria.info/

Equipo Nizkor (Spanien)
http://www.derechos.org/nizkor/

Amnesty International (Spanien)
http://www.es.amnesty.org/index.php

Mapa de la Memoria (Landkarte der Erinnerung)
http://www.mapadelamemoria.com/

Despage (Desaparecidos de la Guerra Civil y el Exilio Republicano)
http://www.nodo50.org/despage/

AfarIIREP (Asociación de Familiares y Amigos de Represaliados)
http://www.afar2rep.org/

Asociación de Amigos de las Brigadas Internacionales
http://www.brigadasinternacionales.org/

Archivo Guerra y Exilio
http://www.galeon.com/agenoticias

Regionale und lokale Initiativen

ARMH Catalunya (Katalonien)
http://www.memoriacatalunya.org/

Asociació Catalana d'expresos polítics (Katalonien)
http://www.conc.es/exprespol/

Fòrum per la Memòria del País Valencià (Valencia)
http://www.forumperlamemoria.org

El Canto del Búho (Valencia)
http://www.elcantodelbuho.org/index2.html

ARMH Valladolid (Kastilien-León)
http://www.memoriahistoricavalladolid.org/site/index.php

Asociación Salamanca Memoria y Justicia (Kastilien-León)
http://www.salamancamemoriayjusticia.org/

ARMH Cuenca (Kastilien-La Mancha)
http://www.armhcuenca.org/

ARMH Coria del Río (Andalusien)
http://www.memoriahistoricacoria.es/

ARMH Aragón (Aragonien)
http://www.memoriahistoricaaragon.es/

Liberados del Olvido (Aragonien)
http://www.liberadosdelolvido.org/memoria/

Recuperación de la Memoria Histórica (Extremadura)
http://historiaex.unex.es/index.php?option=com_frontpage&Itemid=1

Web de la Fosa Común de Oviedo (Asturien)
http://www.fosacomun.com/

Asociación Pozos de Caudé (Aragonien)
http://www.nodo50.org/pozosdecaude/

Represión en la Rioja (La Rioja)
http://www.represionrioja.com/

Offizielle Informationsseiten

Víctimas de la Guerra Civil (Spanisches Kultusministerium)
http://pares.mcu.es/victimasGCFPortal/staticContent.form?viewName=presentacion

Centro Documental de la Memoria Histórica (Spanisches Kultusministerium)
http://www.mcu.es/archivos/MC/AHN/index.html

Memorial Democràtic (Regierung von Katalonien)
http://www20.gencat.cat/portal/site/memorialdemocratic

Fosses i Repressió (Regierung von Katalonien)
http://fossesirepressio.cat/

Memoria Histórica (Regierung des Baskenlandes)
http://www.jusap.ejgv.euskadi.net/r47-shomemh2/es/

Todos (...) los nombres (Regierung von Andalusien)
http://www.todoslosnombres.org/

ARBEITERKÄMPFE IN BARCELONA 1936–1938

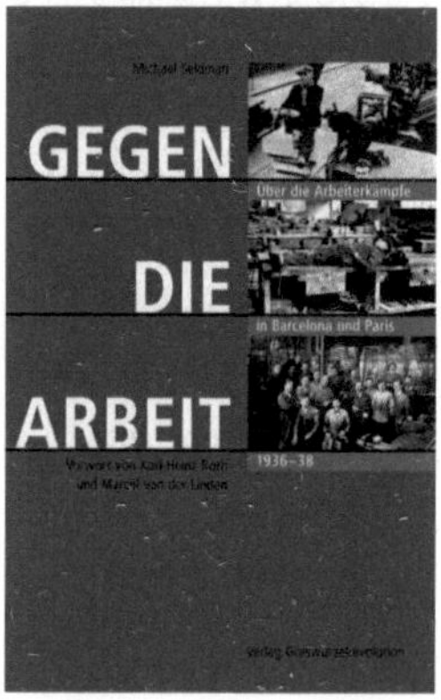

Michael Seidman

Gegen die Arbeit

Über die Arbeiterkämpfe in Barcelona und Paris 1936–1938

Mit einem Vorwort von Karl Heinz Roth und Marcel van der Linden

Aus dem Amerikanischen von »Wildcat«-Gruppe und Freie ArbeiterInnen-Union (FAU) Leipzig, durchgesehen und überarbeitet von Andreas Förster

477 S. | 24,90 Euro | ISBN 978-3-939045-17-5

Findet das von linken und sozialdemokratischen Gewerkschaften und Parteien eingeklagte »Recht auf Arbeit« in den sozialhistorischen Erfahrungen der radikalen Arbeiterbewegung überhaupt eine Grundlage? Michael Seidmans materialreiche historische Studie über Barcelona während der spanischen Revolution und Paris während der Zeit der Betriebsbesetzungen und der Volksfront 1936–1938 zeigt, dass in beiden Ländern an der Basis individuelle und kollektive Formen von Arbeiterwiderstand und Arbeitsverweigerung anhielten, ja sogar aufblühten. Revolution hieß für die Arbeiter und Arbeiterinnen in Barcelona und Paris nicht mehr, sondern weniger arbeiten. Mit seiner Forschung füllt Seidman nicht nur eine Lücke in der Geschichtsschreibung der Arbeiterbewegung, sondern veranschaulicht gleichzeitig, dass aktuelle Diskussionen über eine radikal weniger wachstums-, profit- und produktionsorientierte Wirtschaftsweise auf eine lange, untergründig verlaufende proletarische Verweigerungstradition Bezug nehmen können.

»Das Buch behandelt eine Schlüsselepoche der linken Geschichte und stellt Fragen, die wieder hochaktuell sind.« Wildcat, Fühjahr 2012

**»Das Buch ist ein Stück wichtige Arbeitergeschichtsschreibung, die ansonsten ignoriert und vernachlässigt wird.«
Peter Nowak in: Neues Deutschland, 13.1.2012**

www.graswurzel.net

»DEUTSCHE ANARCHOSYNDIKALISTEN« IN BARCELONA

D. Nelles, U. Linse, H. Piotrowski, C. Garcia

Deutsche AntifaschistInnen in Barcelona 1933–1939

Die Gruppe »Deutsche Anarchosyndikalisten« (DAS)

425 S. | zahlr. Abb. | 24,90 Euro
ISBN 978-3-939045-22-9

Am 19. Juli 1936 trat eine kleine Gruppe deutscher EmigrantInnen in Barcelona ins Rampenlicht der politischen Öffentlichkeit. An der Seite ihrer spanischen GenossInnen kämpften Mitglieder der Gruppe »Deutsche Anarchosyndikalisten im Ausland« (DAS) gegen deutsche Nationalsozialisten, die sich den putschenden Militärs unter General Franco angeschlossen hatten. Beim Sturm auf den Deutschen Klub erbeutete die DAS Dokumente, die belegten, dass die gut organisierte Auslandsorganisation der NSDAP in Spanien GegnerInnen des NS-Regimes überwachte und einschüchterte sowie Einfluss nahm auf die spanische Innenpolitik.

Die Aktivitäten der DAS und der deutschen Freiwilligen, die in anarchistischen Milizen kämpften, stehen im Zentrum dieser Arbeit. Das Buch hat einen dreifachen Bezug: Es ist ein Beitrag zum deutschen Exil in Spanien und des Engagements deutscher Freiwilliger im spanischen Bürgerkrieg, ein Beitrag zur Geschichte des internationalen Anarchosyndikalismus in der Zwischenkriegszeit und ein Beitrag zur Geschichte der sozialen Revolution in Spanien.